国家社科基金
GUOJIA SHEKE JIJIN HOUQI ZIZHU XIANGMU
后期资助项目

# 周代黄淮地区夷夏政治地理研究

## The Reaserch on the Political Geography of Yixia in Huanghuai Region in Zhou Dynasty

鄢国盛 著

长江出版传媒
湖北人民出版社

图书在版编目（CIP）数据

周代黄淮地区夷夏政治地理研究 / 鄢国盛著. — 武汉：湖北人民出版社, 2023.10
ISBN 978-7-216-10649-8

Ⅰ. ①周… Ⅱ. ①鄢… Ⅲ. ①中国历史—研究—周代 Ⅳ. ①K224.07

中国国家版本馆CIP数据核字（2023）第104542号

责任编辑：刘婉玲
封面制作：董 昀
责任校对：范承勇
责任印制：肖迎军

周代黄淮地区夷夏政治地理研究
ZHOUDAI HUANGHUAI DIQU YIXIA ZHENGZHI DILI YANJIU

| | |
|---|---|
| 出版发行：湖北人民出版社 | 地址：武汉市雄楚大道268号 |
| 印刷：武汉市籍缘印刷厂 | 邮编：430070 |
| 开本：787毫米×1092毫米 1/16 | 印张：16.75 |
| 字数：292千字 | 插页：3 |
| 版次：2023年10月第1版 | 印次：2023年10月第1次印刷 |
| 书号：ISBN 978-7-216-10649-8 | 定价：68.00元 |

本社网址：http://www.hbpp.com.cn
本社旗舰店：http://hbrmcbs.tmall.com
读者服务部电话：027-87679656
投诉举报电话：027-87679757
（图书如出现印装质量问题，由本社负责调换）

# 国家社科基金后期资助项目
# 出版说明

后期资助项目是国家社科基金设立的一类重要项目，旨在鼓励广大社科研究者潜心治学，支持基础研究多出优秀成果。它是经过严格评审，从接近完成的科研成果中遴选立项的。为扩大后期资助项目的影响，更好地推动学术发展，促进成果转化，全国哲学社会科学工作办公室按照“统一设计、统一标识、统一版式、形成系列”的总体要求，组织出版国家社科基金后期资助项目成果。

全国哲学社会科学工作办公室

# 序

20世纪30年代，傅斯年曾发表过一篇《夷夏东西说》，在先秦史学界产生过很大的影响。傅氏将上古中国的民族划分为两大系统，他说在三代及三代以前，在中国的大地上，地理的形势只有东西之分，并无南北之限，夷与商属于东系，夏与周属于西系，这两个系统，因对峙而生争斗，因争斗而起混合，因混合而文化进展。此说确是傅氏的一个创见，对于探索华夏民族的起源、研究上古各民族的相互融合过程，无疑起了推动的作用。但这毕竟是将近一百年前的学者的看法，随着史学研究的更加深入、精细，特别是考古发掘成果的不断涌现，傅氏此说也受到了普遍的质疑。现在的学者大多把夏族、商族、周族都看作是华夏民族的前身，几乎没有人把商看成是与夷人为同一系统的民族。尽管如此，傅氏此说仍有其独特的学术价值，它在指出中国古代文明之多元发展的同时，也论证了夷人对三代中原王朝政治的影响，对夷人在华夏民族生成过程中所发挥的作用给予了特别的关注，同时也指出了夷人与华夏民族的争斗与融合，乃是先秦史上的一条极其重要的线索。

在先秦文献中，“夷”字并不少见。一般情况下，“夷”都是用来指称“非我族类”的人种或人群。甲骨文中有没有“夷”字，目前尚不能肯定。有学者认为，卜辞中的“人方”，就是商代的“夷方”。但也有学者指出，“人方”就是商时的一个方国，商人当时对东部的族群，还没有“夷”这样一个泛指性的称谓。西周时人用“夷”来称呼少数族群就已经相当普遍了，在西周的青铜器铭文中，常见周人与东夷、南淮夷、淮夷等发生战事的记载，另外在“夷”字前冠以一个特定的字眼，成为“某夷”的辞例也十分常见，这都给人以深刻的印象。到了春秋战国时期，“夷”更成为华夏族人对周边少数族群的蔑称。大约是在战国的晚期，当时华夏之外的“异族”都被安上了确定的方位，于是有了“北狄”“东夷”“南蛮”“西戎”之称。

在先秦史上，夷人到底是一个怎样的存在?“夷”的称谓是什么时候开始出现的？夷人的地理分布有着怎样的历史变迁?“夷夏”的观念大约是什么时候形成的？淮夷是从哪里来的？东夷与淮夷究竟有什么区别？周人与夷人之间相互的斗争与融合过程又是怎样的？夷人在早期华夏民族的形成过程中发挥过怎样的作用？诸如此类的问题，不断地引发着学者的研究兴趣，不断地有学者从不同的角度进行着深入的探索。摆在读者面前的这本《周代黄淮地区夷夏政治地理研究》，就是试图解答上述这些问题的一部很有价值的新著。作者把研究的重点放在了周代，系统考察了从西周到战国时期黄淮地区周人与夷人的相互关系，分析了东夷、淮夷的地理分布，探讨了西周以来与淮夷不断发生战争的原因及影响，对“东夷”“淮夷”这两个概念的内涵及其从西周到春秋间的演变做了深入细致的辨析。作者认为，表示族名的“夷”这一称号是周人的发明，商代并无此称，但这一称谓，确与商时的“人方”有关。西周时期人们所说的“夷”，有着明确的地域性，那时称居于山东的土著为“东夷”，称居于淮河流域的土著为“淮夷”或“南夷”“南淮夷”。“东夷”“淮夷”是两个地区的族群泛称，包括了众多的夷人邦国。到了春秋战国时期，“东夷”“淮夷”这两个概念发生了变化，“东夷”所包括的族群范围已超出了山东地区，涉及了淮河流域；与之相应的，“淮夷”这一族群概念则明显缩小，进而成为了一个具体的国族之称。在《春秋》经传中，淮夷与郳、莒、徐、杞等已并称无别。西周的早期，主要是东夷为患，王室的用兵，大多是针对着山东诸夷的。穆王以后，淮夷的侵扰多了起来，直到厉王时期演变成对王室的大举入侵，成了周人不得不面对的心腹大患。但与此同时，周人与夷人之间的交往与融合也日渐增多，不少本来属于夷人的邦国逐渐成为了华夏的一员。今日人们所说的“夷夏观念”，应该是在西周时期形成的。西土民族的周人与东方的夷人，本来相隔悬远，缺乏交流往来，加之战争频仍，就很容易促成族群观念的产生。本书的作者把对夷夏关系发展变化的梳理作为一条主要线索，认为这种变化最直观地体现在政治地理格局的变动上，因此，在这个问题上用力颇多。同时，作者对夷夏观念的演变，也给予了极大的关注。

这是一部功力扎实、讲求实证并富有创见的著作。作者的学风朴实严谨，对前人的成说，给予了充分的重视，但又不肯轻易盲从，凡可疑之处，一定要考而后信。对金文资料，往往是博采众家说解之长，寻求最合理的解释，努力避免与文献做简单的比附。对于传世文献，更是始终持一种临深履薄的慎重态度，细加辨析，发现了文献记载的错误或矛盾之处，往往要探究其所以致误之由。从方法论的角度来说，本书比较好地做到了文献与考古资料的结合。另外，作者心思细密，往往能从很小的地方入手，通过考证，判定一个字之真义，或者一件事之真相，或者一个地名的真实位置，进而借此说明一个更大的有时甚至是带有全局性的问题。例如作者从伯𢦚(师雍父)

诸器的年代研究入手,论及西周王朝建立以来对外经营方略的缺陷,从而揭示出淮夷之患形成的原因。又如书中对曾侯與编钟“君庇淮夷”的辨析,对师卫器中的地名“祝其”和“郘师”的考证,对《左传》中“夷庚”的解说,以及利用莒侯少子簋以确定莒国灭亡的时间,等等,都是以小见大的佳例。

作者鄢国盛君,毕业于南开大学。在硕士研究生阶段,曾随导师陈絜教授研习甲骨与金文,在古文字学方面打下了很好的基础。他的硕士学位论文题目是“西周淮夷综考”。在攻读博士学位期间,继续研治金文甲骨,得益于陈絜教授指导尤多。他的博士论文题目是“商周时期的东夷与淮夷”,显然是对硕士论文的研究范围做了拓展(顺便说一句,如今的先秦史研究,选题越来越难。在博士阶段如果另起炉灶,做一个全新的题目,在短短的三四年时间内,做深做细是很困难的。因此在硕士阶段研究的基础上,扩大题目的范围,提升研究的广度和深度,以完成博士论文,实在是一种不错的选择)。毕业之后,鄢君任职于辽宁师范大学,授课之余,仍做一些先秦史的课题,尤究心于夷夏关系的研究,并不断地有所创获。这本《周代黄淮地区夷夏政治地理研究》,就是他对博士论文加以修改、加工、充实,并添加了近10余年来潜心治学所得的最新成果。

今年4月,收到鄢君的来信,称他的这部书稿已经送到了出版社,即将出版了,他想让我给他写一篇序。我自忖已经退休多年,“隐居”于偏僻小镇,对学术界的新观点、新动态懵然无知,本不敢轻易动笔;但每逢听到学生、晚辈们在学业上有新的进展、取得了一些新的成绩,总免不了欢欣鼓舞,有一种想向别人推介的冲动,故对写序的要求也就斗胆应承了下来。上个月收到了书稿的复印件,通阅一过,就我目前的认识水平,拉杂写下了上述这些文字,权当作序吧。

2023年10月4日赵伯雄序于香河果岭墅

# 目 录

# 绪　论

## 一、选题缘起与意义

从公元前11世纪武王克商到公元前221年秦灭六国，这前后约八百年的时间就是中国历史上的周代。旧时将夏商周合称为三代，周指的是西周，后经春秋、战国，完成了由封建制向统一集权制的转变，是中国历史承上启下的关键时期。相比于夏、商二朝，周有一定数量的典籍存世，为后人了解其概况提供了基本资料。孔子说："周监于二代，郁郁乎文哉，吾从周。"又说："殷因于夏礼，所损益可知也；周因于殷礼，所损益可知也。其或继周者，虽百世可知也。"孔子奉西周为理想社会的典范，以周代流传下来的经典传授弟子，是周文化的倡导者和传承者。西汉随着儒学定为一尊，周的政治制度、思想文化、伦理道德给中国传统社会打下了深刻烙印。可以说周代是中国古典文化的源头。

以本书将要讨论的"夷"来说，它在史籍中颇为常见，时至今日人们也并不陌生。但探究其源头，一般人就很难说清楚了。古时中原王朝出于文化偏见，好以天朝上国自居，认为华夏文化最为优越，习惯用"夷""夷狄""蛮夷""四夷"之类的带有贬义色彩的词汇指称边裔民族，反映出传统夷夏观念贬斥夷狄、严夷夏之防的特点，这在儒家经典《春秋公羊传》中有非常明显的体现[①]。秦汉以后王朝处理与外邦或周边民族的关系，都不免受其影响。直到鸦片战争，仍蔑称英国人为"英夷"，兴办洋务，将学习西方科技美其名曰"师夷长技"，实际上都是一种盲目自大的表现。可见夷夏观念对中国传统文化影响之深远。实际上，追根溯源，"夷"这一名称及与之相关的夷夏观念，同儒家所标榜的礼仪制度一样，都源自西周。铜器铭文显示，最早在周公东征时，周人开始将居于今天山东一带的国族称为夷或东夷。山东地区有着良好的地理环境和丰富的自然资源，是早期最适合人类居住的地区之

① 赵伯雄：《春秋学史》，山东教育出版社，2004年，第47～49页。

一。山东新石器时代的考古学文化自成一系，经历了后李文化、北辛文化、大汶口文化、龙山文化的发展过程，在龙山时期达到繁荣的顶峰。随后的岳石文化进入早期青铜时代，与中原有了较为密切的交往。商代随着王朝势力向东扩张，鲁西北、鲁西南形成了商人据点与土著邑聚交错分布的局面，殷墟也发现了东方文化遗存，这一时期的土著文化仍有较强的生命力。但自从周公率师东征，凭借强大的武力在东方实施封建，镇压东方国族的反抗，山东地区的政治地理景观就开始发生了显著变化。周人本是西土民族，踏入这片未曾涉足的土地，征服原住民，因族群认同产生的偏见在战争中进一步得到强化，夷夏观念就是在这种背景下形成的。西周中期以后发动南征，周人称淮河流域人群为南夷、淮夷，也是同样的道理。可见夷夏观念是伴随着夷夏冲突而来的，其实是夷夏关系问题中的一个方面，本书所要探讨的就是中国早期夷夏关系问题。

夷这一名称是周人的发明，考察夷夏关系最初的状况，自然要以周代为主，因此本书将研究的主要时段限定在周代。西周时期人们所说的夷，包括山东地区的东夷和淮河流域的淮夷，地理范围正好属于今天黄淮地区。东夷、淮夷两类人群分布地域相连，文化习俗相近，有着密切的关系。战国时人们将四方异族泛称为夷，黄淮地区以外的国族其实与早期的夷人在血缘、文化上并无关系，为不引起歧义，需要强调研究范围在黄淮地区。古代民族间的军事冲突、贸易关系常与政治有关，与此相关的国族分布、封建形势、战争进程、商旅往来与资源运输通道等问题无不需要依靠地理的研究来解决。基于以上考量，拟将本书题名定为“周代黄淮地区夷夏政治地理研究”。

古代出土铜器铭文十分有限，学者谈论夷夏之争，所能利用的最早的材料，只有春秋战国时期几部文献中的零星记载，这些内容受晚近观念影响，不能反映西周时期的真实情况。今则不然，记录与东夷、淮夷之间战争的周代彝器铭文逐年递增、数量可观，为我们深入研究提供了资料保障。此外黄淮地区夷族遗存的考古发掘和研究，也为我们从考古文化上分析夷夏交争的态势提供了新的视角。夷夏关系问题近年得到一些学者的关注，但是由于对传世文献的解读、对出土材料的考释仍有歧见和不足，不少问题仍存在争议，因此甄别各种材料，详加研究，仍然十分必要。

关于本课题研究的意义，具体来说有如下几点：

第一、由于血缘、文化等方面的差异，随着中原王朝的不断扩张，族群冲突加剧，周夷之间产生敌对心理，双方的族群观念意识得到了强化。但中原王朝的征服也促使双方之间的交流与往来不断加深。双方关系既有冲突敌对又有和平相处。经过长期的斗争与融合，黄淮地区的夷人最终融入华夏民族中,可以说夷人是早期华夏民族形成的一个重要源头,它所创造的文明也是华夏文明重要组成部分。早期华夏核心地区的中原民族与夷人融合的主要阶段即在周代,因此探讨周代夷夏关系,对于我们深入认识华夏民族形成、中华文明起源等问题具有重要意义。

第二、周代夷夏之争与周王朝封邦建国、武装扩张有密切关系。分封诸侯实际上具有地方政区性质[①],对新占领土地和人口实施有效统治的同时,也构建起藩卫周邦的屏障。诸侯往往分封在与异族交界的前沿,比如分封晋、邢抵御戎狄,分封曾、鄂扼控荆楚,分封齐、鲁镇抚东夷。周王朝建立之后,对外经营的重点在东土和南土,与东夷、淮夷矛盾最为激烈持久,因此所封的诸侯数量也较多,探讨周代夷夏关系,必然要研究封建格局。金文和考古发现,有不少黄淮地区封国的材料,可以与文献相互印证,有助于探讨当时封建情况。金文对周夷之间战争的记载,所涉地名颇多,其中不少可与先秦传世文献相互印证,对其详加考证,可以较好地复原当时双方交通往来路线和战争地理进程,进而对双方势力范围盈缩变化、族群分化与融合乃至周代黄淮地区夷夏格局的形成与演变有整体的认识。

第三、探讨夷夏关系,必然涉及夷夏观念问题。如果对周代夷夏观念认识模糊不清,许多问题的研究终将是无本之木。只有厘清这一问题,才能准确判断出土材料及传世文献中纷繁不一的各种名号人群的族属,从而正确地探讨夷夏关系相关问题。事实上,周代所谓的夷,涉及多种因素,既有文化、血缘方面的,也有地域和政治方面的。探讨这些因素,对出土材料中夷夏族属认定,有重要意义。

第四、本课题的研究亦重视爬梳传世文献。这些材料大多形成于周秦之际,其所记载的商周史事,不可避免地掺入当时的社会观念。因此,研究中既需要厘清这些材料中舛误失实之处,亦要探明其形成的深层原因,并且还要从这些扭曲的记载中披沙拣金,发现史实的要素。研究过程中对相关东夷史料的甄别考辨也有助于今后对这些材料的科学运用。

## 二、本课题研究的历史和现状

### (一) 古代学者研究概述

古代学者对于淮夷、东夷的认识主要体现在经史领域中。由于自汉代以来经学成为显学,学者注重注解、整理经典文献,对于其中有关淮夷的内容亦多有阐释。两汉魏晋学者对淮夷的阐释主要以解说名物为主,如《尚

① 朱凤瀚:《商周家族形态研究》,天津古籍出版社,2004年,第238~239页。

书》伪孔传、郑玄、马融等之解说,《诗》毛传,《左传》贾逵注、杜预注等,都保存了不同历史阶段学者研究淮夷的代表性观点。他们或以为"淮、夷二水名",或以为淮夷是"淮水之上夷民",意见并不统一。

汉魏以来,史学领域有两部重要的著作反映了学者对于淮夷、东夷的认识。西汉司马迁《史记》中的《周本纪》《鲁周公世家》等篇,记载周初东征史事,涉及淮夷、东夷,对后世学者研究淮夷的起源、东夷与淮夷的关系等问题影响很大。另一部史学作品是南朝刘宋范晔的《后汉书·东夷列传》,是书采择晋代发现的《竹书纪年》相关记载,最早且比较系统地总结了三代居于淮、泗间的徐夷、淮夷等东夷集团各族的盛衰,具有一定的史料价值。

唐宋以降,学者对经典的研究更加深入,考据之风渐兴。唐代孔颖达主持编订的《五经正义》,对于以往学者有关淮夷的观点多有记述和考证。宋王应麟《诗地理考》,辑录宋代学者有关《诗经》地理问题的研究成果,其中"淮夷"一条下收录诸家关于淮夷问题的考述,基本认同淮水南北皆有夷。此后各代学者对淮夷亦多有考证,观点与宋人基本一致。如明代焦竑《六家诗名物疏》,清代顾栋高《春秋大事表》、胡渭《禹贡锥指》、高士奇《春秋地名考略》、张尚瑗《诗经通义》、陈奂《诗毛氏传疏》等,皆有类似的观点。陈奂对史料的甄别与考证最为精详,总结徐与淮夷的分合关系、盛衰历程,至今具有启发意义。古代学者对淮夷或东夷的认识,可以用胡渭的话做一概括:"淮南北近海之地,皆为淮夷……淮夷盖在东方荒服之内,故亦谓之东夷。今徐、扬二府近海之地皆是也。"[①]另外,《论语》《韩非子》《墨子》等传世文献中又有"九夷"之称,九夷亦即淮夷。刘宝楠《论语正义》、孙诒让《墨子间诂》都有详细的考证。

综观汉至清以来学者的论述,大多以梳理文献、说解名物、考证地望为主。魏晋以后,观点趋于一致。古代学者对东夷族群的起源、迁徙、分合兴衰等相关问题重视还不够。但是,他们的研究为后人进一步的探索打下了基础,尤其是清代学者的研究成果,至今仍具有重要参考价值。

### (二)近代以来学者研究述评

20世纪初,近代西方民族学理论的引入,使民族史研究逐渐步入科学的轨道,东夷作为先秦时期重要部族集团,也自然受到学者的重视。30到40年代,出现了三部研究早期民族集团、夷夏关系的重要成果,分别为蒙文通的《古史甄微》、傅斯年的《夷夏东西说》、徐旭生的《中国古史的传说时代》。

① (清)胡渭:《禹贡锥指》,上海古籍出版社,1996年,第133~134页。

三部著作都对东夷集团在华夏民族形成中的地位给予了很高的评价。虽然在取材上仍以传世文献为主,对于东夷、淮夷、徐夷诸族名号之认识也沿袭传统观点,但能够从宏观上划分古代民族集团,讨论早期民族关系大势,使东夷民族史的研究为学者所关注,具有十分重要的意义。

20世纪30年代以来,由于出土材料的大量发现,以及研究方法、研究角度的多样化,夷夏关系研究逐渐细化,下面分类予以介绍:

1. 有关淮夷问题的研究

淮夷的起源是学者长期讨论的课题。20世纪30年代,陈梦家、郭沫若都发现卜辞中有所谓“隹夷”一词。陈氏作《隹夷考》,认为隹夷即传说中的鸟夷,它起源于东北,后来沿海南下迁徙至淮岱,典籍中所记分布于山东及淮河下游一带的诸多夷族皆其分支别种[①]。郭氏则将“隹”读作“淮”,认为卜辞隹夷即淮夷[②]。后来学者多从郭说,认为商代有淮夷[③]。“卜辞淮夷说”影响较大,许多学者信从其说,但其立论依据也受到某些学者质疑[④],相关问题仍有深入研究之必要。

20世纪50年代,学者对诸夷名号之关系及其分布亦有所论及,王玉哲说“淮夷,当是指的淮水流域的夷,对山东的夷而言,故称南夷或南淮夷。东夷、南夷或者本是一族,后来有一部分向南迁移,于是始分成两部”[⑤]。徐中舒也持有类似的观点,谓“金文称淮夷或南夷,即南淮夷之省称,南淮夷非一,而徐最为大国,因其居淮而又在成周之南故周人称之为南淮夷,徐则其自称之词”[⑥]。

20世纪80年代至90年代初,出现了许多研究淮夷的文章。淮夷的起源与分布、诸夷名号之关系仍是学者讨论的热点。早在60年代顾颉刚撰成《尚书大诰译证》,其中有一部分题为《周公东征史事考证》,长30余万言。1983年之后,顾氏后学王煦华将其整理,分篇陆续发表于《文史》杂志上,《徐

① 陈梦家:《隹夷考》,《禹贡》半月刊,第5卷第10期,1936年7月。

② 郭沫若:《殷契粹编》,科学出版社,1965年,第360页,收入氏著《郭沫若全集·考古编》第3卷,科学出版社,2002年,第360页。

③ 从其说者有童书业:《童书业历史地理论集》,中华书局,2004年,第248页;钟柏生:《殷商卜辞地理论丛》,台北艺文印书馆,1989年,第214页;李修松:《先秦史探研》,安徽大学出版社,2006年,第364页;孙亚冰:《甲骨文中的人方》,《东方考古》第4集,科学出版社,2008年,第237页。

④ 陈秉新等:《出土夷族史料辑考》,安徽大学出版社,2005年,第4页。

⑤ 王玉哲:《论先秦的“戎狄”及其与华夏的关系》,《南开大学学报》1955年第1期,收入氏著《古史集林》,中华书局,2002年。

⑥ 徐中舒:《禹鼎的年代及其相关问题》,《考古学报》1959年第3期。

和淮夷的迁、留——周公东征史事考证四之五》①是其中的一篇。文章对徐、淮夷早晚不同时期之地望、迁徙之轨迹进行了细致的考证。顾氏认为，周初的徐与淮夷都居于山东，后来除淮夷留下一部分外，都迁到了淮河南北，即今苏、皖两省北部，并延伸至河南。淮夷实即潍夷，得名于山东之潍水，留在山东的那部分仍沿淮夷旧称，南迁的则更名为南淮夷、南夷。黄盛璋也先后有两篇文章讨论淮夷的分布和迁徙。他于1983年发表的《驹父盨盖铭文研究》认为淮夷是殷末帝辛所征人方的一部分，分布在淮水流域，殷末周初淮夷曾向北扩张到鲁南，后因周鲁之侵逼，又返回淮域故土②。他在1989年发表的《淮夷新考》③，全面系统地研究甲骨金文及经史相关材料，其观点较原先则有所变化，认为淮夷原本有东夷与南淮夷两大集团，而最早皆称东夷（人方），后为周鲁讨伐驱赶，留在山东的仅有一部分，另外大部分向东南迁至淮水南北两岸，结论与顾颉刚的观点大体相同。

这一时期，学者对诸夷名号之间的关系的讨论还有如下几种意见。李学勤根据兮甲盘铭文指出南淮夷即淮夷④。刘翔主张东夷是泛称，淮夷起初是东夷的一支，居于淮、泗之间，后遭到周人征伐，南迁至淮河两岸，改称为南淮夷，南夷则在江汉流域，与南淮夷无涉⑤。张懋镕对于东夷、淮夷、南夷之间的关系也有独到的见解。他结合铜器铭文与文献记载，认为淮夷起初是居于山东之东夷的一支，周初周公东征，淮夷被迫向南移动，逐渐从东夷集团分离出来，因为地望的变化，西周中晚期多被称作南淮夷，至于南夷，他同意刘翔的看法，认为是江汉流域诸邦。西周晚期形成了南淮夷、南夷、东夷三足鼎立的军事集团，对周王朝构成威胁⑥。顾孟武认为东夷是山东半岛至江淮滨海地区的部族，淮夷向来居于淮水流域，属东夷的一支，不曾迁徙⑦。

本时期周与淮夷的军事、政治、经济关系也为学者所关注。文献与出土材料对周与淮夷之间的军事冲突的记载，基本涵盖了西周早、中、晚三个历

---

① 顾颉刚：《徐和淮夷的迁、留——周公东征史事考证四之五》，《文史》第32辑，中华书局，1990年。

② 黄盛璋：《驹父盨盖铭文研究》，《考古与文物》1983年第4期。

③ 黄盛璋：《淮夷新考》，《文物研究》第5辑，黄山书社，1989年。

④ 李学勤：《兮甲盘与驹父盨——论西周末年周朝与淮夷的关系》，《新出青铜器研究（增订版）》，人民美术出版社，2014年。

⑤ 刘翔：《周夷王经营南淮夷及其与鄂之关系》，《江汉考古》1983年第3期。

⑥ 张懋镕：《西周南淮夷称名与军事考》，《人文杂志》1990年第4期。

⑦ 顾孟武：《有关淮夷的几个问题》，《中国史研究》1986年第3期。

史阶段,而以西周中、晚期的战事最多,以上各位学者在论文中亦多有讨论。李学勤、刘翔等学者还对淮夷与周人的贸易关系、贡纳关系进行了研究[①]。

2000年以后,由于新材料的发现,学者对淮夷的研究又有新的成果。朱凤瀚考证淮夷活动区域(南国)在苏、皖北部,豫东南、西南,鄂北等地,大致包括了淮水流域、南阳盆地与汉、淮间平原一带[②]。其中心区域则在江苏西北部淮水与泗水交会之处,今洪泽湖周边地区。他还提出与淮夷相对的东夷分布在南部、东南部,艮孳是淮夷的别称等论断[③]。韩巍讨论应侯视工簋时指出,淮夷、南淮夷、淮南夷、南夷四个族称所指是同一个大族群,其分布范围主要在淮河中上游,而东夷则是与淮夷相区别的另一个大族群,其分布范围主要在今山东和苏北一带[④]。何景成也系统梳理相关铜器铭文,对淮夷相关问题进行了详尽全面的研究,主张淮夷、南淮夷、南夷所表示的是同一类族群,还推测应侯视工簋、竞卣、鄂侯驭方鼎中的三个不同写法的“坏”字是同一个地名,应侯视工簋中的“坏”字与小子𤔲卣中的人方名号“䍐”音近可通,地望可能在今江苏邳州一带[⑤]。朱继平《从淮夷族群到编户齐民——周代淮水流域族群冲突的地理学观察》[⑥]全面搜集相关金文材料,从民族地理的视角,对两周时期淮河流域族群冲突地理进程进行了系统的梳理,推动了淮夷问题的研究,但书中某些观点及论证细节仍值得商榷。

综观已有的成果,可将学界对淮夷的研究大致分为两个阶段。20世纪90年代以前学者结合金文与文献,试图厘清淮夷诸名号之间的区别,对淮夷起源、迁徙等问题做了非常深入的研究。2000年以后,随着新材料的发现,学者对文献中的相关记载产生了怀疑,转而着力从新材料入手探讨淮夷的地望与名号等问题,逐渐认同淮夷出现时间在西周中期,而对于传世文献记载的淮夷早期历史则讨论不多。诸如淮夷之患形成的深层背景,两周夷夏观念的形成与演变,西周晚期淮夷内侵地理问题及周王朝南土封建体系的变迁等相关问题,都有继续深入探讨的必要。

---

① 李学勤:《兮甲盘与驹父盨——论西周末年周朝与淮夷的关系》,《新出青铜器研究(增订版)》,人民美术出版社,2014年;刘翔:《周宣王征南淮夷考》,《人文杂志》1983年第6期。

② 朱凤瀚:《柞伯鼎与周公南征》,《文物》2006年第5期。

③ 朱凤瀚:《由伯𢦏父簋铭再论周厉王征淮夷》,《古文字研究》第27辑,中华书局,2008年。

④ 韩巍:《读〈首阳吉金〉琐记六则》,《新出金文与西周历史》,上海古籍出版社,2011年。

⑤ 何景成:《应侯视工青铜器研究》,《新出金文与西周历史》,上海古籍出版社,2011年。

⑥ 朱继平:《从淮夷族群到编户齐民——周代淮水流域族群冲突的地理学观察》,人民出版社,2011年。

2. 有关征人方的研究

人方是周人所谓东夷的前身，东夷名号之由来与之密切相关。对人方的战争是晚商历史的大事，相关卜辞材料十分丰富。这些材料一般干支、地名齐备，且干支大多可以相连，对于研究战争的过程、人方地望等问题有十分重要的价值，因此历来为学者所重视。

商末征人方不止一次，卜辞与金文中有明确记载的就有十祀和十五祀，还有学者认为有八祀①。至于具体的王世又有帝乙说和帝辛说，近年学者意见逐渐统一为帝辛说。

除时代问题外，学界讨论最多的还是人方地望问题。主要有东方说和东南说。早在20世纪30年代初期，郭沫若②、明义士③、董作宾④等人就曾注意这类卜辞。郭沫若谓人方即东夷，乃合山东之岛夷与淮夷而言，这是广义的东方说。明义士、董作宾则倾向于人方是山东的东夷，这是狭义的东方说。这一时期学者依据文献考证出的地名不多，主要有齐、雇、攸、淮、灉等地，诸家意见分歧不大，所考地名皆在鲁西、皖北一带。20世纪40年代，董作宾又作《殷历谱》，在下编卷九《日谱三·帝辛日谱》中，对征人方卜辞详加搜集，排成征人方日谱，并绘制了十祀征人方路线图。他采纳郭沫若的意见，将人方位置定在淮南。这是学者第一次较为系统全面地研究征人方卜辞。

此后在20世纪50年代，陈梦家《殷虚卜辞综述》⑤、岛邦男《殷墟卜辞研究》⑥的相关部分，以及李学勤的《殷代地理简论》⑦都对征人方日谱进行了修订，研究方法主要是以文献所记古地名为依据，并结合卜辞地名之间的关联，复原商代地理情况。所释地名虽然逐渐增多，但意见分歧较大。陈梦家注意到商周古文字"人""夷"写法有别，提出武丁时期的夷方与乙辛时期人方是两个不同的邦方，夷方在西，人方在南。他认为征人方所经地点多在豫境中黄河以南和东南以及皖境的淮北，往返路线多是沿沁、睢、浍等水斜行。岛邦男也认同人方在淮水一带，不过他认为夷方、人方是同一个方国。在复原征人方路线时，他采用了地名分组系联的方法，即首先选取几个可考的地名作为基点，然后将相关地名分组系联，最后组成统一的地名网络。这种分

①⑥〔日〕岛邦男：《殷墟卜辞研究》，濮茅左、顾伟良译，上海古籍出版社，2006年。

② 郭沫若：《卜辞通纂》，科学出版社，1983年。

③〔加〕明义士：《表较新旧版殷虚书契前编并记所得之新材料》，《齐大季刊》1933年第2期。

④ 董作宾：《殷历谱》，《董作宾先生全集(乙编)》，台北艺文印书馆，1977年。

⑤ 陈梦家：《殷虚卜辞综述》，中华书局，1988年。

⑦ 李学勤：《殷代地理简论》，科学出版社，1959年。

组系联的方法更加科学。李学勤则提出了人方西方说,认为征人方所至淮水是渭水支流褒水。

20世纪80年代末,钟柏生著《殷商卜辞地理论丛》[①],其关于人方地望之观点与岛氏基本相同。他是继岛氏之后研究人方地理问题用力最勤的学者,他对材料的甄选更为细致,基本克服了以往学者在地名系联时过于随意的弊端,确立了干支系联的基本原则,其研究方法亦较前人更加科学严谨。这一时期还有丁骕的《重订帝辛征人方日谱》[②],鉴于各家考释卜辞地名意见不统一,他提出了征人方路线的三种可能情况,一是将人方定在淮河流域,另两个是将人方定在山东。后来在其《夏商史研究》一书《人方谱与地名》部分又有新论[③],不过他的研究论证不及前人周密。20世纪90年代前期,郑杰祥著《商代地理概论》[④],仍沿用早期学者的方法,侧重于依据文献记载考释地名,所释地名颇多,亦多有独到的见解。他对于人方地望的观点与董作宾、岛邦男等学者大体相同。

20世纪90年代后期,学者开始意识到以往研究方法的弊病。以前的研究常常是将卜辞地名与文献记载相比附。卜辞有异地同名的情况,后世文献中相同或相似的地名也较多,学者研究时往往有先入为主的倾向,因此得出的结论大相径庭。相比于文献材料,考古发现更为直接可靠。利用考古学证据探讨人方地理问题成为这一时期研究的一大特点。李学勤《重论夷方》一文,联系山东出土的商代铜器探讨夷方的方位,修正了原先主张的人方西方说,认为人方即商末周初山东的东夷[⑤]。王恩田对征人方日谱做了进一步修订,并以考古材料为依据,考证出杞在新泰、索在兖州、商在泰安、攸在滕州,将人方地望确定在鲁南滕州、费县一带[⑥]。2000年以后,方辉也综合考察山东地区的考古材料,认为商末鲁北、鲁东南都有人方分布,征人方路线先是沿鲁北东进,后来继续由鲁北沿沭河南下至莒县。他还结合鲁北盐业之考古发现,分析认为商王朝对鲁北用兵是为了控制当地的食盐资源[⑦]。

---

① 钟柏生:《殷商卜辞地理论丛》,台北艺文印书馆,1989年。

② 丁骕:《重订帝辛征人方日谱》,《董作宾先生逝世十四周年纪念刊》,台北艺文印书馆,1978年。

③ 丁骕:《夏商史研究》,台北艺文印书馆,1993年。

④ 郑杰祥:《商代地理概论》,中州古籍出版社,1994年。

⑤ 李学勤:《重论夷方》,《民大史学》第1辑,中央民族大学出版社,1996年。

⑥ 王恩田:《人方位置与征人方路线新证》,《胡厚宣先生纪念文集》,科学出版社,1998年。

⑦ 方辉:《从考古发现谈商代末年的征夷方》,《东方考古》第1集,科学出版社,2004年,收入氏著《海岱地区青铜时代考古》,山东大学出版社,2007年。

2005年以后，李学勤又陆续发表了数篇文章，对人方名号和地望的看法逐渐明确。他认为人方即夷方，征人方卜辞中的“淮”，应读为“潍”，夷方分布在山东潍河一带[①]。2010年，社科院的《商代史》出版，其中罗琨的《商代战争与军制》[②]，孙亚冰、林欢的《商代地理与方国》对人方问题也都有专门的研究。罗琨基本沿袭了陈梦家的观点。孙亚冰、林欢注重搜集学界最新的甲骨缀合成果，所编排的日谱最为完善，认为人方位置早晚有变化，帝辛时期人方大致在鲁南、皖北一带，早期的分布可能靠西一些。近年，陈絜对殷末东土问题的研究用力最勤，相继发表了一系列重要文章，提出商代车马行进速度约在40公里左右[③]，在此基础之上，发掘《左传》等典籍材料并联系简帛与金文材料中的地名，探讨殷周之际东土地理问题。其研究涉及东土田猎区划定、卜辞东土地名群、征人方路线、人方地望、周公东征路线诸问题，建立起相对可靠的东土地名网络。主要观点认为晚商时期的田猎区分布在泰山周围，淄、汶流域，殷末征人方战争发生地点大致在原山、莱芜一带[④]。此外，赵庆淼亦发表文章探讨晚商鲁北虘地相关地理问题[⑤]，田秋棉释出小子罥簋中的“雩”字，论证滴水地望[⑥]，皆推动了殷末东土地理问题研究。

综观以上成果，学者对于人方研究大致经历了两个阶段。早期以文献比附、地名系联为主要方法，后期随着考古资料的发现，又偏重于依赖考古材料，以期寻找可靠的证据。长期以来，学者的研究方法、研究视角在改变，但众说纷纭的局面却一直没有变。这固然是材料匮乏的因素所致。但正因为材料之不足，过于强调任何一种方法进行的研究，都容易使结论不够稳妥。即使是考古材料，如果不加甄别，也容易导致研究结论的错误，况且真

① 李学勤：《论新出现的一片征人方卜辞》，《殷都学刊》2005年第1期；《商代夷方的名号和地望》，《中国史研究》2006年第4期；《帝辛征夷方卜辞的扩大》，《中国史研究》2008年第1期。

② 罗琨：《商代战争与军制》，中国社会科学出版社，2010年；孙亚冰、林欢：《商代地理与方国》，中国社会科学出版社，2010年。

③ 陈絜、赵庆淼：《“泰山田猎区”与商末东土地理——以田猎卜辞“盂”“雩”诸地地望考察为中心》，《历史研究》2015年第5期。

④ 陈絜：《㬪方鼎铭与周公东征路线初探》，《古文字与古代史》第4辑，台北“中央研究院”历史语言研究所，2015年；《卜辞滴水与晚商东土地理》，《中国史研究》2017年第4期；《卜辞京、鸿地望与先秦齐鲁交通》，《史学集刊》2016年第6期；《“鸡麓”地望与卜辞东土地理新坐标》，《古代文明》2017年第1期。

⑤ 赵庆淼：《卜辞“虘”地与“黎之蒐”》，《中国史研究》2016年第2期。

⑥ 田秋棉：《“小子罥簋”与卜辞滴水地望补证》，《青铜器与金文》第3辑，上海古籍出版社，2019年。

正能与卜辞地名相印证，且有确切出土层位的商代遗物仍为数甚少，在这种情况下，传统文献的记载仍有重要参考价值，卜辞地名系联法在构建地名网络时也具有十分重要的作用，三种方法综合运用，才有可能得到相对较为客观的结论。

3. 考古学界对于东夷、淮夷相关问题的探讨

考古学界对夏代东夷文化的探索起步较晚。20世纪30年代起，山东地区就有一种不同于龙山文化风格的遗存相继被发现，但限于材料和认识水平，学者长期没有将之辨识出来。直到六七十年代，这类遗存再次大量被发现，才引起了学者的注意，20世纪80年代被学者正式命名为岳石文化。此后不久，学者对其文化内涵、分布、年代、族属、社会经济状况与周边文化之关系等问题进行了深入的探讨，取得了许多重要成果，使我们对于海岱地区早期社会有了比较清晰的认识。由于岳石文化是广泛分布于山东及其周边地区的继山东龙山文化之后的文化遗存，其时代大体相当于夏代中晚期至商代早期，学者大多认为它是夏商时期的东夷文化。随着研究不断深入，学者逐渐由单纯的考古学文化研究，深入到夷夏关系、海岱地区文明进程等历史问题的探讨。具体说来，主要涉及商夷文化融合方式、海岱地区政治地理格局、商文化东进路线、商周时期海岱地区的古国族等问题。

徐基认为海岱地区商化进程有多种不同方式，大致可以总结为三种：一是赶尽杀绝式的文化取代；二是将战败夷人作为奴隶集中管理，使他们逐渐被同化；三是土著或夷人上层主动接受商文化①。栾丰实也认为鲁北地区商文化进程主要是通过夷人的商化完成的，除少数系武力征服的结果，多数情况都是和平方式下夷人主动接受商文化而完成的②。高广仁从海岱地区商代国族分布，殷、夷礼俗的相似性等方面讨论商夷融合③。高江涛、庞小霞对岳石文化时期夷、夏、商三大集团的分布、对峙、交流、融合进行研究，并分析造成这种格局的原因④。两人还合作探讨了商文化东进通道⑤。孙亚冰也利用考古发现对商与东方方国之间的交通干道进行了研究⑥。

此外还有三部专著。栾丰实的《东夷考古》专论新石器时代至周代东夷

---

① 徐基：《豫东与鲁西商文化遗存的启示》，《中国历史文物》2010年第4期。

② 栾丰实：《商时期鲁北地区的夷人遗存》，《三代文明研究(一)》，科学出版社，1999年。

③ 高广仁：《海岱区的商代文化遗存》，《考古学报》2000年第2期。

④ 高江涛、庞小霞：《岳石文化时期海岱文化区人文地理格局演变探析》，《考古》2009年第11期。

⑤ 庞小霞、高江涛：《晚商时期商文化东进通道初探》，《中原文物》2009年第5期。

⑥ 孙亚冰：《商代的道路交通网络》，《甲骨文与殷商史》新一辑，线装书局，2008年。

考古文化[①]。王迅的《东夷文化与淮夷文化研究》则研究夏商周三代东夷与淮夷文化[②]。徐昭峰《夏夷商三种文化关系研究》主要从二里头夏文化、岳石文化代表的东夷文化与商文化之间的关系入手,探究早期民族的融合[③]。王迅将夏商时期江淮地区的考古学文化认定为淮夷文化,有学者提出异议[④]。淮夷文化考古材料发现有限,有关淮夷文化、群舒文化之间的关系如何界定等问题还有待于今后考古工作深入调查,目前对于淮夷问题的研究仍以文献与古文字材料为主。另外考古学界对东夷文化的界定主要是根据山东地区特有的考古文化遗存来区分的,关于人方地望至今仍有部分学者持淮河说,而两地商代考古文化并不一致,寻找人方地望除了考古资料外,还需要综合利用出土文献与典籍材料。

4. 东周东夷、淮夷古国研究

春秋以后,黄淮下游出现了许多被中原王朝斥为蛮夷的小国,其历史或可追溯至夏商时期,但由于相关材料的匮乏,其具体情况多不可考,有关文献与考古材料大多集中在春秋以后。这些夷族方国比较重要的有莒、邾、郳(小邾)、徐等,它们在历史上影响较大,相关材料比较丰富,有许多问题值得探讨。

莒是东夷大国,春秋时期非常活跃,文献记载也最为丰富。有关莒的族姓,文献中有嬴、己二说,学者对此多有讨论[⑤]。莒国一直延续到战国时期才灭亡,文献记载或说灭于齐,或说灭于楚,这一问题也为学者所关注。近年随着莒国考古材料不断增加,莒文化被列为山东地区与齐、鲁文化并列的一支重要考古文化,日益为学者所重视。

对于邾国的研究最早要属王献唐的《春秋邾分三国考》[⑥]。后来小邾国墓地的发现,极大推动了小邾国史的研究。学者对小邾墓的年代、墓主身份、墓葬形制、小邾国之疆域、内政外交等问题都进行了深入的讨论[⑦]。

徐也是历史悠久的东夷大国,徐国地望、迁徙、周徐关系、徐文化等都是学者研究的热点,老一辈学者如徐旭生、徐中舒等都有专门的研究。后来徐

---

① 栾丰实:《东夷考古》,山东大学出版社,1996年。

② 王迅:《东夷文化与淮夷文化研究》,北京大学出版社,1994年。

③ 徐昭峰:《夏夷商三种文化关系研究》,科学出版社,2013年。

④ 宫希成:《夏商时期安徽江淮地区的考古学文化》,《东南文化》1991年第2期。

⑤ 高广仁:《莒国在东周夷夏融合大势中的地位和作用》,《考古学集刊》18,科学出版社,2010年。

⑥ 王献唐:《春秋邾分三国考》,齐鲁书社,1982年。

⑦ 枣庄市山亭区政协编:《小邾国文化》,中国文史出版社,2006年。

国墓葬的发现又带动了学者探讨徐国历史与文化的热情,孔令远的《徐国的考古发现与研究》是新时期利用考古材料研究徐国历史文化的重要论著[①]。

另外鲁北地区的杞、纪、莱、句须、宿,江淮地区的群舒、黄、蓼、英、六、钟离等夷族小国史料相对较少,有的也有考古发现,学者也有研究。对于淮水流域异姓诸邦之研究比较系统的文章或论著有徐少华的《周代南土历史地理与文化》[②]、陈伟的《楚东国地理研究》[③]、李学勤的《论汉淮间的春秋青铜器》《从新出青铜器看长江下游文化的发展》等[④],后来又陆续有一些汉淮、江淮古国的考古发现,学者亦有专文进行讨论。另外,朱凤瀚的《中国青铜器综论》[⑤]对于山东、江淮地区出土的夷族方国铜器有全面的研究,其中也涉及相关族姓、地望、历史等问题的探讨。

## 三、研究思路与研究方法

本书不打算过多陈述前人研究清楚的问题,想尽量将个人研究所得呈现给读者。全书主要以时间顺序为线索,关注重点问题,通过对基本史料的考察和分析,一窥周代夷夏关系发展与变化以及夷夏观念的形成与演变过程。

夷夏本是两个不同民族,双方活动区域不同,其互动往来亦如历史上其他民族一样,大体以战争冲突与和平交往为主,相关材料中尤其以战争问题的记载数量最丰富,且所涉人物、地名较多,对其断代并详加考证,可以较为清晰地复原当时双方地域疆界的变化、势力范围的盈缩,从政治地理格局的变化,直观地反映出夷夏融合之历史进程,因此,历史地理学的方法是本文研究中所运用的重要方法之一。

探讨早晚不同时期夷夏冲突与融合的进程,基本按照时代顺序展开。三代夷夏之间的融合以周代为剧,故本书以两周时期为主要研究时段。但因为周人所谓的夷,其名号渊源与商代东土方国人方有着密切联系,为追根溯源,有必要事先探究商代东土地理与人方问题。通过梳理山东地区商代考古发现材料,可以大致确认殷末商人在东土扩张的势力范围。以此为基本参照,再结合殷墟甲骨刻辞与商金文材料,其中尤以田猎刻辞与征人方卜

---

① 孔令远:《徐国的考古发现与研究》,四川大学博士学位论文,2002年。

② 徐少华:《周代南土历史地理与文化》,武汉大学出版社,1994年。

③ 陈伟:《楚东国地理研究》,武汉大学出版社,1992年。

④ 李学勤:《论汉淮间的春秋青铜器》,《文物》1980年第1期;李学勤:《从新出青铜器看长江下游文化的发展》,《文物》1980年第8期。

⑤ 朱凤瀚:《中国青铜器综论》,上海古籍出版社,2009年。

辞材料为主，运用古文字学、甲骨学的基本方法，考释文字，考订地名，将古文字中的地名落实到地图上，从而大致勾勒出商人在鲁北地区田猎区范围、晚商东土重要据点与侯国、人方地望与征人方路线，为下一步继续探讨周代东土夷夏地理格局问题作铺垫。

周代夷夏关系是本文研究的主体。武王克商扶植武庚之后，仍然危机四伏。占领中原、征服东方是周王朝统治者的头等大事。实际上武王、成王两次伐商都伴随着封建活动，通过考察两次东征及黄河中下游的封建进程，可以较好地认识东土夷夏格局形成的基本过程。尤其是成王初年，东土已是商人经营既久的重镇，形成了殷遗及亲商土著东夷交错分布的格局，这些国族参与三监叛乱，其实力之强大，使得征服东土不能一蹴而就。传世文献对周人东征的记载以周公东征为主，其材料来源基本都是周秦之际作品，并非周初实录。较文献材料更为可靠的则是铜器铭文，但这些铭文所涉及地名族名文字多奇诡难识，各家所释莫衷一是，而近年新近公布的师卫器同时记载了丰公、召公等重要人物东征的内容，其中地名亦可与商周地名、族名及传世文献相关记载相联系。运用古文字学方法释读其中新见地名、族名，对于西周早期东征问题及东土政治地理格局的研究大有裨益。

东夷大约在穆王时期基本被征服。此后，处理淮夷问题成为周人对外关系的主要内容。以往学者关注重点大多在周与淮夷交争的相关历史地理问题，对于淮夷之患爆发的原因未有专门深入之研究。本书尝试系统梳理周与淮夷关系发展变化始末，淮夷之患的形成是关注重点之一。而这一问题涉及穆王时期对外经营策略的转变，虽然典籍所载穆世历史多具神话色彩，不可据为信史，但结合铜器铭文与简帛文献综合考察，并联系昭穆时期诸如南巡、伐楚、平定东土、西巡、涂山之会等一系列重大事件，以及淮河上游地区的考古学文化面貌转变情况，可以较好地复原穆王时期各重大事件的时间顺序，同时也可以厘清穆世早晚不同时期对外关系发展变化，从而探明穆王时期淮夷之患发生的历史背景与深层原因。

考察淮河上游地区封建情况，可以看出周人南土封建的缺陷，分析有关双方战争的铜器铭文，梳理西周中晚期周与淮夷之间战争发展过程、力量消长变化情况可以对淮河流域政治地理格局变迁有一个全面的认识。

春秋时期黄淮地区夷族邦国林立，这些国家在大国争霸兼并活动中相继被吞并，最终融入华夏民族中。传世典籍尤其是《左传》对这一时期东夷集团诸国记载较为详细，历年考古发现材料亦较为丰富，因此对于春秋时期夷夏交融问题的研究，本书采取划区分国逐一探讨的方式，分作淮河上游、淮河中下游与山东地区三个部分，在列国争霸兼并的背景下考察夷人国族的存灭。研究夷夏关系,对于史料中名号纷繁的族名,其族属何者为华夏、何者为夷,它们之间有何联系,也是必须明确的问题,这就需要探讨夷夏观念问题。关于这一问题本书亦不想踵迹前人,以《春秋》经传等材料为主探讨诸如夷夏之防、夷夏之辨等老生常谈的问题。实际上夷并非其族群自称,而是中原王朝以华夏民族的视角冠予的名号。探讨夷这一名称之产生与演变,本身就体现着中原王朝夷夏观念的变化。这也是本文着力研究之处。通过系统梳理甲骨文、金文以及传世文献,利用古文字学、文献学,以历史发展的眼光加以考察,可以厘清夷这一称谓由一个方国发展为民族名称进而分化演变的基本脉络,同时也可以探明中原王朝在使用这一称呼时,遵循着怎样的基本原则,以及夷称有哪些不同内涵等问题。

总之,政治地理格局的变化是夷夏双方冲突融合最为直观的体现,从历史地理的角度勾勒周代夷夏关系的历史进程,是本书研究的主要思路,对夷夏关系发展变化的梳理也是贯穿本书的一条主要线索。而夷夏之间的对立、融合又总是伴随着夷夏观念问题,明确夷夏之别,才能更好地探讨夷夏关系,周人所谓的夷这一概念实际上经历了复杂的变化过程,因此夷夏观念的演变也是本文研究中所贯彻的一条重要线索。研究中两条线索相互照应,相辅相成。本书按照时代顺序展开,重点选取一些有重要史料价值和研究意义的材料为切入点,由点及面地对相关问题进行深入分析探讨,而并不是事先搭建一个面面俱到的框架,再削足适履地采择材料去填充这个框架。具体使用的理论方法涉及历史地理学、文献学、考古学、古文字学、年代学等。

## 四、相关概念与地理概况说明

### (一)周代的“东国”与“南国”

金文中习见的“南或”“东或”“四或”等词,其中的“或”有时也写作“國”,乃是“或”累加义符“囗”构成。《诗经》诸篇中也有“南國”“北國”“四國”[①],指的是南方、北方与四方。陈梦家在讨论卜辞“四土”“四方”时,综合考察甲骨文、金文与文献材料,指出西周金文中或、國、域为一词[②]。赵伯雄在讨论西周国野制度时,也肯定了陈氏的观点,指出金文中的“或”并不是具有城墙环

① “南國”见《小雅·四月》、《大雅·常武》《崧高》;“北國”见《大雅·韩奕》;“四國”见《小雅·正月》《雨无正》《青蝇》、《大雅·民劳》《抑》《江汉》、《豳风·破斧》等。

② 陈梦家:《殷虚卜辞综述》,中华书局,2004年,第319页。

绕的都邑[①]。国家博物馆入藏的作册封鬲铭文有这样一句:"……虔夙夕卹周邦、保王身、谏辪四或……。"王冠英说:"'四或'义略同于'四方',指周邦以外的邦族或国家。……'谏辪四或'是为治理四域而出谋划策的意思。"[②]王氏也将金文中的"或"读作"域"。这样的理解是可信的。金文中类似的例子还有很多,如:

王令明公遣三族伐东或……(鲁侯簋,《集成》4029)

王令毛公以邦冢君、土驭、或人伐东或痟戎;三年静东或。(班簋,《集成》4341)

……淮夷繇我帛畮臣,今敢搏厥众叚,反厥工事,弗速(迹)我东䤋……(师寰簋,《集成》4313.2)

用昏无殳广伐南或。(柞伯鼎,《铭图》2488)

淮南夷毛敢搏厥众詈,敢加兴作戎,广伐南國。(应侯视工簋盖,《铭图》5311)

……亦唯鄂侯驭方率南淮夷、东夷,广伐南或、东或。(禹鼎,《集成》2833)

上引诸器铭文中冠有东、南方位名词的"或",皆应作土、域解。周金文中的"或"字大多与方位名词相配,除"东或""南或"外,还有"内國""中或""下或"等形式的词,此外还有"我或"。学界对于这些名词中"或"的理解仍有歧义,有学者认为是国家,也有学者解释为"域"。因此有必要加以说明。

内國:

王令䧹曰:"歔,淮夷敢伐内國,汝其以成周师氏戍于由𠂤。"……(录尊,《集成》5419,西周中期)

这是说淮夷侵犯周土,周王命令䧹率成周师氏戍守由𠂤这个地方。"内國"就

① 赵伯雄:《周代国家形态研究》,湖南教育出版社,1990年,第160~170页。

② 王冠英:《作册封鬲铭文考释》,《中国历史文物》2002年第2期。

是内域、内土。

中或：

唯王初迁宅(度)于成周……(王)曰："余其宅兹中或，自之辥民"……(何尊，《集成》6014，西周早期)

何尊铭文记载了周初成王迁都成周之事[①]，其中的"中或"就是洛邑所在的中土，《尚书》诸篇中记载营洛一事的《召诰》称洛邑为"土中"。《诗经·大雅·民劳》"惠此中國，以绥四方"，毛传云："中國，京师也。四方，诸夏也。"周人认为成周是天下四方的中心，《史记·周本纪》记载周公营建成周时说："此天下之中，四方入贡道里均。"可见"中或"之义仍是中土、中域。

我或：

王曰："父厝，雩之庶出入事(使)于外，尃命尃政，埶小大楚赋，无唯正昏，弘其唯王智，乃唯是丧我或。……"(毛公鼎，《集成》2841，西周晚期)

大意是，周王对厝说，以往凡诸出入使于外者，布命布政，征收贡赋，不论是非，一依王意而行，因是而致丧我或。铭中"乃唯是丧我或"与《大雅·召旻》"今也日蹙國百里"意思相近，"丧國"即蹙国减土，并非亡国。"或"仍作土、域解[②]。

下或：

用天降大丧于下或，亦唯鄂侯驭方率南淮夷、东夷广伐南或、东或，至于历内。王乃命西六师、殷八师曰："剿伐鄂侯驭方，勿遗寿幼。"……肆武公乃遣禹率公戎车百乘……(禹鼎，《集成》2833，西周晚期)

铭文提到鄂侯率南淮夷、东夷入侵周土，曾经打到"历内"，即王畿之内(详见第三章第二节)。因而鼎铭记周王朝这次遭遇的不幸时说"天降大丧于下或"，"下或"本义就是下土，与上天相对。《诗经》中颂扬鲁僖公的《鲁颂·泮宫》"奄有下國""奄有下土"，也是"下國"与"下土"互见，"國"也并没有国家

① 唐兰：《何尊铭文解释》，《文物》1976年第1期，收入氏著《唐兰先生金文论集》，紫禁城出版社，1995年。

② 对此铭文的释读主要参考陈梦家：《西周铜器断代》上册，中华书局，2004年，第296页。

的意思。

总之,西周金文中的“或”“國”都训作土、域,指的是一片区域的土地。另外需要指出的是,师寰簋铭中的“㰷”的含义与其他铭文中的或、國相同,从字形分析,所从之“邑”是标识词义的累加义符。也就是说,“邑”本来也是表示区域的一个词,没有明确的边界。

现在我们进一步考察周代四域的内涵。周人对四域的划分是以周邦为中心的。如逨盘铭(《铭图》14543)、作册封鬲铭中的“周邦”,便与“四或”“万邦”“四方”对言。“东或”“南或”自然包括在“四或”之中。其实,四土观念的产生可以追溯到商代,商王占卜商与四方受年的卜辞曰:

> 己巳王卜,贞,今岁商受年。王占曰:吉。
> 东土受年。
> 南土受年。吉。
> 西土受年。吉。
> 北土受年。吉。(《合集》36975,黄组)

“商”与“四土”对文,可见商人已具有“中商”与“四土”的观念。周人习称“四域”“东域”“南域”,与商人的四土、东土、南土等,只是殷周语言上的差异,实际含义并无区别。周人观念中的国家疆域,是以王畿为中心,四域为外围的一种结构。这种笼统的疆域观是在当时特定历史条件下产生的。对于这种情况,王玉哲有很好的论断,他说:“商、周当时王朝的情况,概括地说,就是以一个大邑为都城,并以此为中心,远远近近的周围,散布着属于王朝的几个或十几个诸侯‘据点’。‘据点’与‘据点’之间还散布着不属于王朝或者还是敌对的许多方国。”[①]当时诸侯各国实力较弱,它们的领地多是以城邑为中心的据点,各国之间还存在着很多隙地,国土并没有连成片,因此那时也没有疆界的概念,只能笼统地划以四土、四域。而战国时期,诸侯互相兼并,各国形成大片的领土,相互之间的疆界产生,各国内部又实行郡县制度,领土又进一步以郡、县为单位分割区划,“四域”这一宽泛的领土概念就不常被人们使用了。

周代四域的情况与外服制有密切关系。《尚书·酒诰》言殷代服制云:“越在外服:侯、甸、男、卫、邦伯;越在内服:百僚、庶尹、惟亚、惟服、宗工、越百姓里居(君)。”殷代是否已经有这种二服制还很难说,但这种制度在周初是确实存在的。西周康王时的吴令方彝也有类似的记载:

---

① 王玉哲:《殷商疆域史中的一个重要问题——“点”和“面”的概念》,《郑州大学学报(哲学社会科学版)》1982年第2期,收入氏著《古史集林》,中华书局,2002年。

王命周公子明保尹三事四方。……明公朝至于成周,出令。舍三事令:眔卿事寮,眔诸尹,眔里君,眔百工,眔诸侯:侯、甸、男,舍四方令。(《集成》9901,西周早期)

杨树达曾指出最末一句有倒文,本应作“舍四方令:眔诸侯,侯、甸、男”[①],如此一读就很通顺了。内服其实指的是各种供职于周王朝的贵族、职官、百工,因为要供职于王室,所以大多居于王畿或近畿地区,而外服指的是大小诸侯与邦君,他们的封国在畿外,也就是所谓的四域之中。而实际上,在周人看来东部与南部地区格外重要,无论是古文字还是文献材料中,多见东域、南域,而罕有北域、西域。周本西土之邦,克殷以后成为天下共主,其忧患不在西、北,而在东、南。所以周王朝分封的外服诸侯也大多在东、南两个方向,以应对东夷、南夷等边裔民族。

“域”既然是一个宽泛的概念,“东域”“南域”也自然没有严格的疆界。本文所讨论的东夷与淮夷,分别处在东域、南域两大区域中。需要说明的是,在成周建成之前,周王朝都城在关中的宗周,此时中原对周人而言也是东域,如《尚书·康诰》称洛邑为东国洛。周公东征初步平定了山东地区的叛乱,成周建成之后,周人入主中原,此后的东域,则指的是以山东地区为主,包括相邻的豫东和苏北部分地区。以周代封建格局而言,齐、鲁、邾、滕、薛以东,以及宋国东部地区都属于周代东域。至于南域则主要是南阳盆地南部、淮水流域与汉淮间平原一带[②],周代封国陈、蔡、曾、鄂、江、黄等国皆在其中。

东域、南域这两个地理概念本身并不是完全对等并列的,而是存在重合的部分。这重合的部分就在淮河中下游地区。淮河中下游的苏、皖以北地区与鲁南相接,是沂沭河谷平原向南的延伸,西周中晚期的史密簋(《铭图》5327)、师寰簋(《集成》4313)铭文中侵犯东域的淮夷就是在淮河下游苏皖北部一带,苏皖以北自然可以认为是南域。而20世纪80年代舒城九里墩春秋晚期墓出土的青铜鼓座[③],又可说明苏皖以北亦可称东国。该器铭文残泐较多,经诸家考释,仍可读出一些文字,其中鼓座上圈有“余敖厥于之玄孙童(钟)麗(离)公鈛”,下圈有“余处此东土,至于淮上”。由上圈铭文可知此器

① 杨树达:《积微居金文说(增订本)》,中华书局,2004年,第7页。

② 朱凤瀚:《论西周时期的“南国”》,《历史研究》2013年第4期;赵燕姣:《西周时期的“南国”“南土”范围刍议》,《南方文物》2013年第4期。需要说明的是,两位学者认为南国与南土有别,这个问题仍有争议,本书采用南国、南土含义相同的意见,不作差别对待。

③ 安徽省文物工作队:《安徽舒城九里墩春秋墓》,《考古学报》1982年第2期。

当是钟离国之物,钟离国墓葬在安徽凤阳、蚌埠一带被发现[①],这件铜器出现在舒城,当是因为赠送或掠夺等原因流传过去的。下圈铭文钟离君自称其国在东土、淮上,说明今天淮水中下游的凤阳、蚌埠一带,在春秋时期是被看作东土的。莒南大店所出春秋晚期莒叔之仲子平钟也提到钟鸣之音“闻于夏东”[②]。可见春秋时期东土又包有鲁南苏北甚至安徽的部分地区。因为淮河中下游这一带相对于中原而言,既不是正东,也不是正南,而是两者之间的过渡带。更为主要的是,淮河上游两周之际在华夷融合的背景下形成的诸小国,多与中原诸侯联姻,依附于中原诸侯,位于华夏边缘,淮河中下游地区正处其东,因而被称为东土。

以上是对金文“或”字的说明,这个字已经约定俗成释为“国”,本书正文仍按通行办法处理,不再改释。

### (二)早期黄淮地区自然地理概况

古代交通不发达,族群之间的交往互动很大程度上受地理环境因素的制约和影响。考察中原王朝与东夷、淮夷的斗争、交流等问题,需要通过地理的研究才能实现,因此有必要对黄淮地区地理情况作一交代。东夷所在的东土主要属于黄淮地区的山东地区,淮夷所在的南土,在黄淮地区以淮河流域为主的地方,东土与南土区域概念并不是互相排斥的,在淮河下游发生重合。

#### 1. 黄河下游山东地区的地貌与水文[③]

山东地区地貌类型可分为山地、丘陵、平原等,以小清河口至苏、鲁交界的绣针河口一线为界,分为东、西两部分。西为山东内陆,东为山东半岛。内陆北、西、南侧与冀、豫、皖、苏四个地区接壤;半岛东突于黄、渤海之间。在地理描述上,按照行政区划与自然地理区间,将全区分为鲁西、鲁北、鲁东和鲁中南。鲁西以黄河为界分为二,黄河以北德州、聊城两地区为鲁西北;黄河以南、东平湖—南四湖以西的菏泽地区与济宁地区西部为鲁西南。小清河以北为鲁北,主要包括惠民和东营市。潍河与沭河以东为鲁东,包括胶东和鲁东南两部分,基本上胶莱河以东为胶东或胶东半岛;沭河以东为鲁东南。小清河以南,鲁西、鲁东之间统称鲁中南。其中,南四湖以东,包括枣庄

---

① 安徽省文物考古研究所等:《安徽凤阳卞庄一号春秋墓发掘简报》,《文物》2009年第8期;安徽省文物考古研究所等:《安徽蚌埠双墩一号春秋墓发掘简报》,《文物》2010年第3期。

② 山东省博物馆等:《莒南大店春秋时期莒国殉人墓》,《考古学报》1978年第3期。

③ 本部分主要参考山东省地方史志编纂委员会编:《山东省志·自然地理志》,山东人民出版社,1996年。

和临沂地区南部的临(沂)、郯(城)、苍(山)为鲁南。

鲁西、鲁北为平原分布区,大体呈弧形围绕于鲁中南山地丘陵的西部及北部。平原几乎全由黄河泛滥堆积物构成,地势坦荡,西南高,东北低。鲁北的泰鲁沂山前平原以泰鲁沂山地的北缘为南界,以小清河和潍河谷地分别为其西界和东界,北临莱州湾。鲁西平原位于黄河以南、鲁西湖带以西,区域轮廓似簸箕状,簸箕口指向鲁西湖带,南、北、西三面为高地。

鲁中南为山地丘陵区,西侧被鲁西、鲁北平原包围,东侧以潍河—沭河谷地与鲁东丘陵为界,北临莱州湾,南与江苏省接壤,北部地势高。水系以鲁山为中心,向南、北、西呈放射状分布。区内北部主要山地有泰鲁沂山地、徂徕山、蒙山等,均为断块山地。泰山主峰高1532米,为最高峰。区内南部为丘陵平原区,区内地势和缓,除枣庄北部部分低山丘陵外,海拔多不超过300米。区内的沂沭河中游平原为沂、沭河冲积而成的平原,西依尼枣丘陵,东界沭东丘陵,南与苏北平原连接,总体呈北窄南宽的喇叭状。

鲁东以平原丘陵为主。胶莱平原位于鲁东的中部、胶莱河流域。南、西、东三侧大致以海拔50米的等高线与山地丘陵为界,西侧以潍河东岸狭长地带与泰鲁沂山前丘陵为界。胶莱平原以东为丘陵地区。

早期山东地区水系主要有济水、淄水、汶水、潍水、泗水、沂水,后二者古时与淮水相通,故并入淮水流域介绍。战国中期以前黄河下游河道,据《禹贡》《山海经·北山经》《汉书·地理志》的记载有三条,都流经河北平原,入海口分别在今沧州、天津、黄骅,不在本书研究地理范围内。

济水,据史念海的研究[①],是由黄河分流出来的支津,分流的地方在汉代的荥阳县境(今河南荥阳市东北),济水由黄河溢出循着广武山北麓东流,流过敖山以北和荥渎相会合。又东流经荥阳县北,又东南会砾石溪水,又东会索水,再东入荥泽。济水出荥泽后分为南济和北济,都注入巨野泽。南济经过阳武县故城(今河南原阳县东南二十八里)南,封丘县(今河南封丘县)南,大梁城(今开封市西)北,小黄县故城(今开封市陈留镇东北三十三里)北,东昏县故城(今兰考县东北二十里)北,济阳县故城(今兰考县金丰公社北五十里)南,冤句县故城(今菏泽市西南四十里)南,定陶县故城(今菏泽市定陶区西北四里)南在乘氏县(今巨野县西南)西入巨野泽。北济水流经的地方,据《水经注》所载,则是经过今河南原阳县南、封丘县北、长垣县西南,山东菏泽

---

① 济水情况主要参考史念海:《论济水和鸿沟(上)》,《陕西师范大学学报(哲学社会科学版)》1982年第1期;《论济水和鸿沟(中)》,《陕西师范大学学报(哲学社会科学版)》1982年第2期;《论济水和鸿沟(下)》,《陕西师范大学学报(哲学社会科学版)》1982年第3期。

市吕陵镇南、定陶区北，至郓城县南入于巨野泽。南济与北济由巨野泽流出，为单一河道，由泰山西南，绕泰山西北，再经过它的北面流入海中。

潍河，发源于沂水县官庄乡箕山西麓宝山坡村西北，东南流至莒县库山东村南，又东南流至五莲县管帅镇，屈而东北流，至诸城北转向北流，经高密、安丘、坊子、昌邑等县区入海。

淄水，源出自今莱芜西北的泰山山脉的原山，东北流过临淄东，又东北经广饶县入海。

汶水，与淄水同出于原山，西南流，经宁阳县、汶上县以北，汇入古济水。

湖沼。先秦时期，黄河下游分布着众多湖沼，学者将它们划分为三大湖沼带。第一湖沼带，在今修武、郑州、许昌一线左右的黄河古冲积扇顶部；第二湖沼带，在今濮阳、菏泽、商丘一线以东地区；第三湖沼带，位于河北邯郸至宁晋之间的太行山东麓冲积扇的前缘洼地。其中第二湖沼带位于豫东鲁西南地区，与本书所讨论的东土密切相关。其中最著名的湖沼有大野泽、菏泽、雷夏泽以及孟诸泽，大致在早全新世黄河冲积扇前缘与中全新世黄河冲积扇前缘之间。另外还要指出，鲁西南地区今天所谓的“南四湖”，即微山、昭阳、独山、南阳四个串联在一起的大湖，也属于这一湖沼带。但它们形成大湖的时间较晚，在先秦时期这里是古泗水流经之地，至晚在隋代这里仍是一片沼泽，宋代黄河自阳武决口，夺泗注淮出海，黄河河道逐年淤高，使泗水原流注淮水的出路受阻，河水长期滞留于济宁至徐州之间的沼泽洼地，形成南四湖的雏形。湖泊形成后，又受元、明、清各代蓄水济运及黄河泛滥的影响，逐渐演变成现代的南四湖。

2. 淮河流域的地貌与水文

淮河位于黄河、长江两大水系之间，是中国自然地理南北分界线。淮河流域包括今河南东南部、安徽北部、江苏北部和山东南部。北宋以前黄河下游东北流注于渤海，虽偶尔南泛入淮，但对整个淮河水系并未构成严重影响，淮河干流相对稳定，保持独流入海。流域上游以南以桐柏山、大别山为界，构成了与长江流域的分水岭，以北以伏牛山、嵩山为界构成与黄河流域分水岭。淮河中下游大部分地区为平原，与长江流域、黄河流域相连，下游东北部为沂沭河谷与鲁中南山地丘陵。流域南北两侧都没有完整的地理界线。流域整体呈自西北向东南倾斜地势。

淮河水系分为淮河水系和沂沭泗水系两大系统。淮河干流分为上、中、下三段：上游自桐柏山至豫皖两省交界的洪河口，长360公里；中游自洪河口至洪泽湖，长490公里；下游自洪泽湖至三江营通长江，全长约150公里。沂沭泗水系发源于山东沂蒙山区，由沂河、沭河、泗水等水组成。这些河流上游源出山区,水流湍急,暴涨暴落,下游进入平原,水流平缓,泥沙淤塞,过去没有正常的排水出路,易发洪涝灾。

据《水经注》与《汉书·地理志》的记载,淮河干流及其主要支系的情况大致如下:

淮河干流。源出桐柏胎簪山,东经新息县(今息县)南、期思(今淮滨东南)北,又东北过原鹿(今阜南南)南、安丰(今霍邱西)东北;又东经寿春(今寿县)西北,当涂(今蚌埠西)、钟离(今凤阳东)二县北;经徐县(今泗洪南)南,又东经盱眙(今泗洪东南)故城南,又东经广陵淮阳城(今泗阳南)南;又东北经淮阴(今清江西南)西、北,又东至广陵淮浦县,入于海。淮河的这条流路,在上中游与今天淮河流路基本一致,唯下游自今盱眙以下,与今流路完全不同,它穿过洪泽湖,东北至今清江市,沿废黄河流路至今涟水县东境入海。

淮河主要支系大约有11条,本文所涉及的有汝水、颍水、睢水、泗水、沂水与沭水。下面分别介绍。

汝水。据《水经·汝水注》,上游即今北汝河,东流经襄城(今县)后,右会滍水(今沙河)、昆水(今灰河)、醴水(今澧河),在奇雒城(今漯河)分为二支:主流南下,于今西平东会潕水(今洪河上游),又东南经上蔡(今县西),沿今南汝河经新蔡(今县)南,东南流注淮水,汊流自今漯河市东出,沿大㶏水折南流,名曰㶏水,由今洪河流路东南至新蔡入主流。㶏水在鲖阳(今临颍鲖城)县西,左岸有分流富水支出,东南流又支分为润水(今润河)和谷水(今谷河),分别在今颍上西南注入淮水。

颍水。《水经注》颍水河源同今,东南至西华(今县南)附近,左会洧水(今双洎河与大浪沟)、右会大㶏水(自汝水分出);又东南至项县(今沈丘),北合沙水(今蒗荡渠)支津;又东南至细阳(今太和东)南,细水(今茨河)自西北来注之;又东南经女阴(今阜阳)北,汝水支津故渎入焉。此故渎自汝水分支大㶏水流出,东南沿今汾河与泉河至阜阳流入颍水,当为汉晋时代汝水的另一分流,北魏时代已断流成故渎。颍水又东南至今正阳关北注入淮水。

睢水。《水经注》睢水在陈留西北出沙水,东南流经雍丘之北,又东南至睢阳(今商丘)南、栗县(今夏邑)北,又东南经竹邑城(今宿县离集)南,折东流至睢陵(今睢宁)北、下相(今宿迁西)南,东注泗水入淮水。

泗水。《汉书·地理志》泗水有两源:一出鲁国卞县(今泗水卞桥),一出济阴乘氏(今菏泽东)。两源在方与(今鱼台西)合流,东南至睢陵入淮。汉代睢陵故城在今泗洪东南,古泗水入淮之口当在今洪泽湖中。《水经注》以出卞县的今泗水为源流,至方与谷庭城(今鱼台)合菏水。菏水即为《汉志》的泗水西源,出于黄河分流济水。泗水又东南至徐州合汴水,又东南沿今废黄河至角城(今清江西)入淮水。泗水下邳以下河段,西汉与北魏时期流路略有变化。

沂水与沭水,在《水经注》时代,二水同属泗水支流,由泗入淮。沂水唐至宋时期,均在下邳入泗水;沭水初期亦至下邳之东入泗水,后期动荡不定,下游沿今新沂河流路入游水或独流入海。

洪泽湖,形成时间较晚,它所在的地区在先秦时期是地势低洼的平原与湖沼。洪泽湖的成因与鲁西南的南四湖成因相同,都与黄河变迁有关。宋代黄河南徙,夺淮入海,由于淮河下游地势平坦,河水流速变缓,黄河裹挟的泥沙在下游淤积,阻塞河道,淮水受阻后东溢,将原先零散分布的一些小的湖泊连成一片,遂形成了洪泽湖。

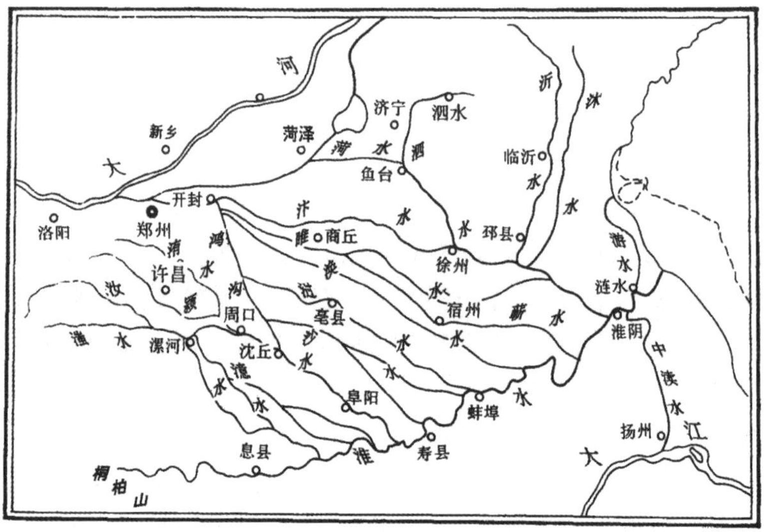


图0-1 独流入海的淮河水系[①]

(三)民族与族群

民族这一概念是近代西方学术思潮影响下的产物。梁启超是较早谈论民族问题的代表性人物之一,他曾介绍德国政治学家伯伦知理的定义,认为"同地、同血缘、同面貌、同语言、同文字、同宗教、同风俗、同生计"是构成民族共同体的八个要素[②]。这一定义过于严密苛刻,在实际的民族认定中难免会造成障碍。新中国成立以来,斯大林对民族问题的探讨在学界最具影响

① 采自邹逸麟主编:《黄淮海平原历史地理》,安徽教育出版社,1993年,第109页。

② 梁启超:《政治学大家伯伦知理之学说》,《梁启超全集》第4卷,北京出版社,1999年,第1069~1070页。

力,其基本观点为:“民族是人们在历史上形成的一个有共同语言、共同地域、共同经济生活以及表现在共同文化上的共同心理素质的稳定的共同体。”[①]不难看出,关于民族的定义虽然宽严不同,但大体上都侧重于体质和文化所表现的客观外在特征描述。考古学家和历史学家探讨古代民族溯源问题基本也遵循这一原则,将同一血缘、同一文化、同一语言的人群视为同一民族。基于这种认识,本书涉及的周人、商人、夷人这些人群,亦可以称为周民族、商民族、夷族。

族群(ethnic group)概念大约出现在20世纪上半段,被西方学者用来讨论两个群体的文化接触。对这一概念的定义也是多种多样的,起初也大多着眼于种族、语言、文化等外在特征。学者研究过程中也注意到基于客观特征的界定,与研究对象自身的民族认同有时并不完全一致的困难。直到60年代,巴斯提出族群边界理论,才为族群研究打开了新的局面。巴斯从族群的排他性和归属性界定族群,认为“族群单位和文化的相似性与差异之间不存在简单的一一对应关系”,“文化特质并不是客观差异的总和,而只是当事人自己认为这些特质有意义”[②]。族群是由本身组成成员认定的范畴,造成族群最主要的是其边界,一个族群的边界不一定是地理的,而主要是社会的边界。在生态性的资源竞争中,一个群体通过强调特定的文化特征来限定我群的“边界”以排斥他人。巴斯的观点解决了客观特征论的不足。本族意识是与其他族群互动中产生的,没有“异族意识”就没有“本族意识”,没有“他们”就没有“我们”,没有“族群边缘”就没有“族群核心”[③]。族群与民族定义侧重不同,亦有联系。本书使用族群的概念,一般是指一个民族的次级单位,比如淮夷族群、东夷族群,从族属上来讲,它们都属于夷这个民族。

---

① 〔苏联〕斯大林:《民族问题和列宁主义》,《斯大林全集》第11卷,人民出版社,1953年,第286页。

② 〔挪威〕弗雷德里克·巴斯主编:《族群与边界:文化差异下的社会组织》,李丽琴译,商务印书馆,2014年,第7页。

③ 王明珂:《华夏边缘:历史记忆与族群认同》,浙江人民出版社,2013年,第6页。

# 第一章　晚商海岱地区商夷地理

从考古材料来看，自商代早期商人就大规模向东扩张，并迅速在海岱地区占据了主导地位，以山东为主的海岱地区自此不再是土著族群的天下。商文化东进使海岱地区的政治格局、文化面貌发生了复杂的变化。到晚商时期，商人建立的殖民据点、商王朝扶植的土著方国和不服王化的土著三种势力交错分布的格局基本形成。其中与商人矛盾最尖锐的就是人方。《左传》昭公四年云："商纣为黎之蒐，东夷叛之。"昭公十一年曰："纣克东夷而陨其身。"《吕氏春秋·古乐》亦云："商人服象，为虐于东夷。"所谓东夷就是卜辞中的人方，也有学者径称之为夷方，它与周代东夷有着密切的渊源关系，因此在探讨周代东夷问题之前，有必要对商文化在东土的推进以及人方有关问题进行初步的梳理。

## 第一节　商文化在海岱地区的扩张

大约在夏商之际，山东岳石文化发展进入晚期[①]。夏末商初这段时间，夷商关系相对比较和平，文献记载的"景亳之会"多被学者认为是商汤联合东土夷人灭夏的盟会[②]。岳石文化在其晚期出现明显衰落的迹象，与之形成鲜明对比的则是商王朝日益强盛。早商一期阶段，商人统治核心区主要在以偃师商城与郑州商城为中心的伊洛—郑州一线，此后不断向周围扩张。至早商三期时，商文化开始向东、东南方向扩张，与山东岳石文化发生接触和联系。海岱地区的商代考古资料十分丰富，受商文化影响颇深，有助于我

① 考古学者一般将岳石文化界定为夷人文化，实际上"夷"作为族群称号出现时间较晚，为方便起见，本节介绍商代山东地区文化仍使用考古学界通行的说法。

② 张国硕：《论夏末早商的商夷联盟》，《郑州大学学报（哲学社会科学版）》2002年第2期；方辉：《景亳之会的考古学观察》，《海岱地区青铜时代考古》，山东大学出版社，2007年。

们研究夷商融合大势。本节主要依据考古材料探讨商文化东进在海岱地区形成的夷商格局。

## 一、海岱地区商代考古概况

随着商文化东进与土著文化的退缩，海岱地区商代考古文化格局发生了显著的变化。总体而言，商文化东进是由豫北向东经鲁西沿着鲁中山地南北两侧进入海岱地区腹地。

早商阶段，海岱地区内的商文化遗存数量不多，典型的遗址只有鲁西南的菏泽安丘堌堆和鲁西北的济南大辛庄两处。而称得上大型遗址的只有大辛庄遗址一处[①]。大辛庄遗址时代自二里岗上层一期一直延续到殷墟文化四期。经过历年发掘，出土遗物丰富，铜器、甲骨与商文化高度一致，学者推测这里是商代地方贵族家族居地[②]。此外这里还发现了与岳石文化有密切渊源的"第二类文化遗存"，时代从大辛庄一期持续到三期，为我们研究商夷融合方式提供了线索。

中商阶段，商文化开始大规模向东扩张，原岳石文化分布区逐步被商文化取代。有学者将这一时期海岱地区商文化划分为三个区域：一是鲁北地区济水、小清河流域，二是豫东鲁西南地区，三是汶泗流域[③]。鲁北地区中商文化以大辛庄为中心，向东达到瀰河一线，这一时期的遗存有大辛庄、禹城薄芦，周尹，齐河尹屯、曹庙，章丘马彭北，长清归德乡前平村，茌平南陈庄、阳谷、东阿。豫东鲁西南地区，发现中商文化遗存的地点有安丘堌堆，曹县莘家集，杞县鹿台岗，民权吴岗、李岗、牛牧岗，睢县襄台、周龙岗，柘城孟庄等。汶泗流域的中商遗存主要有泗水天齐庙、尹家城，济宁凤凰台、潘庙、玉皇顶，邹县西朝阳村，滕州前掌大、轩辕庄、吕楼、大康留等。值得一提的是，中商文化还发展到苏北鲁南地区，主要遗址有江苏徐州高皇庙、铜山丘湾、沭阳万北；山东郯城店子乡小麦城、归义乡南泉东和南泉北等。鲁北的济水、小清河流域和汶泗流域是中商时期商人向东经略的重点地区。

晚商阶段海岱地区商文化遗存较早、中商时期大大增多。鲁北地区形成了以苏埠屯墓地为代表的晚商文化苏埠屯类型，其分布范围沿泰沂山脉北侧西起东阿、阳谷，东不过潍河，北界在今滨州一带。主要遗址有东阿王

---

① 根据2003年发掘的材料，大辛庄遗址上限可能早到二里岗下层二期。山东大学东方考古研究中心等：《济南市大辛庄商代居址与墓葬》，《考古》2004年第7期。

② 朱凤瀚：《大辛庄龟腹甲刻辞刍议》，《文史哲》2003年第4期。

③ 高江涛、庞小霞：《岳石文化时期海岱文化区人文地理格局演变探析》，《考古》2009年第11期。

集，平阴朱家桥，长清小屯，齐河郝庄，济南大辛庄、城子崖，邹平丁公、芦泉村，滨州兰家村，青州苏屯、埠屯等。苏埠屯墓地时代属于殷墟三、四期，发现有四墓道大墓，出土铜器多有(醜)、等族氏铭文，学者或以为此地是薄姑居地，也有认为是齐国墓地。寿光益都侯城还发现了多件“己”字铭文的商代铜器，学者多认为是纪国遗物。大辛庄晚商墓地还出土了两件索氏铭文铜器。

鲁南汶泗流域，晚商文化是以滕州前掌大墓地为代表的前掌大类型。与鲁北商文化稳步推进不同，汶泗流域晚商文化在殷墟二、三期出现了中断，直到殷墟四期商文化遗址又在这一地区较多出现，似说明这一带曾是商夷之间拉锯争夺地带。鲁东南一带考古发掘工作还十分有限，这一带文化面貌不甚清楚，推测仍属土著文化分布区。

潍河以东的胶东半岛晚商时期属珍珠门文化分布区。它与岳石文化有着明显的继承关系，在陶质、陶色、纹饰方面二者十分接近。在芝水遗址中还曾发现了介于岳石文化和珍珠门文化之间的过渡性文化堆积。珍珠门文化炊器用鬲，又说明它同时也受商文化影响①。

通过以上分析，我们对商文化东进后海岱地区的夷商格局可以归纳如下：二里岗下层期海岱地区仍是土著岳石文化分布区，自二里岗上层期开始，商文化出现在鲁西地区，并很快占据主导地位，至晚商时期，除了鲁中山地和胶东半岛以外的地区都是商文化分布区。

## 二、商人东扩与夷人商化

商文化东进使海岱地区的考古学文化面貌发生了复杂的变化，通过分析商文化分布区内夷人文化因素的消亡过程，大体可以理清夷商融合的进程。下面重点以早商大辛庄二类遗存、晚商苏埠屯大墓，以及鲁西南汶泗流域考古情况，探讨商人经略东土所采取的手段和夷人商化的历程。

### （一）鲁北地区商代遗存反映的夷商融合

考古材料显示，商文化东进首先选择了鲁北的大辛庄作为据点，然后渐次向东推进。大辛庄遗址1936年经英国人林仰山发现并报道以来，逐渐受到关注。20世纪50年代以来，山东考古工作者多次对遗址进行勘探、发

---

① 中国社会科学院考古研究所编著：《中国考古学·夏商卷》，中国社会科学出版社，2003年，第461～463页。

掘[①]。其中1984年秋季[②]、2003年春季[③]、2010年上半年[④]和下半年[⑤]的发掘工作都有重大收获，遗址的分期逐渐完善，遗址的性质也日趋明朗。2003年出土的甲骨和2010年出土的高规格铜器，使多数学者相信大辛庄遗址是商王朝贵族领地，同时也是商王朝经略东土的重要基地。

大辛庄遗址建立在生土文化层上，似说明商人进入这一地区并未与土著族群发生冲突，并且遗址东侧20公里处就是岳石文化城址城子崖所在，两种文化遗址如此近距离共处，也说明海岱地区土著族群对于商人的进入采取了比较宽容的态度。

最能反映夷商融合情势的则是大辛庄商文化“第二类遗存”（图1-1）。这类遗存没有单独的文化层或遗迹，而是与商文化遗存混杂伴出。它既保留着许多当地夷人传统文化作风，又逐渐被商人同化，延续时代从大辛庄一期至三期，相当于二里岗上层文化期，此后基本不见。此类遗存的陶器有夹砂褐陶和泥质灰陶两大类。夹砂褐陶多为手制，器表以素面为主，部分器物内外壁有刮抹痕，器形有甗、鬲、鼎、盆、罐、瓮、钵、碗等。学者又按土著文化因素表现形式的差异，将其分为三类[⑥]。甲类为典型的土著夷人文化因素，如半月形双孔石刀、素面褐陶鼎、素面褐陶袋足甗、卷沿罐和卷沿盆等。乙类总体风格是土著式的，只是某些部位吸收了商式作风，如夹砂褐陶方唇鬲、方唇甗和罐等。此类是夷人土著文化对商文化的吸收和模仿。丙类器物形制和装饰是商式的，而陶质是当地的红褐陶系，如夹砂红褐陶、绳纹鬲和泥质红褐陶簋等。此类是商文化的地方产物。

对于二类遗存的性质，有学者主张是沦为商人俘虏的夷人所创造，大辛庄遗址是商王朝集中拘役管理战败夷人的大型据点[⑦]。也有学者认为鲁北地区商化进程主要是通过和平融合方式完成的，而非商人侵入，将土著赶尽

---

① 方辉：《大辛庄遗址的考古发现与研究》，《山东大学学报（哲学社会科学版）》2004年第1期。

② 山东大学东方考古研究中心：《大辛庄遗址1984年秋试掘报告》，《东方考古》第4集，科学出版社，2008年。

③ 山东大学东方考古研究中心等：《济南市大辛庄遗址出土的商代甲骨文》，《考古》2003年第6期；《济南市大辛庄商代居址与墓葬》，《考古》2004年第7期。

④ 山东大学历史文化学院考古系等：《济南大辛庄遗址139号商代墓葬》，《考古》2010年第10期。

⑤ 赵晓林：《刻字铭文铜器可能揭开历史谜团》，《济南日报》2011年4月11日第8版。

⑥ 栾丰实：《商时期鲁北地区的夷人遗存》，《三代文明研究（一）》，科学出版社，1999年。

⑦ 徐基：《豫东与鲁西商文化遗存的启示》，《中国历史文物》2010年第4期。

杀绝取而代之的结果[①]。我们更倾向于后者。即大辛庄二类遗存当是归附来到这里的商人的土著夷人所创造，他们受商文化影响，逐渐被商人同化。

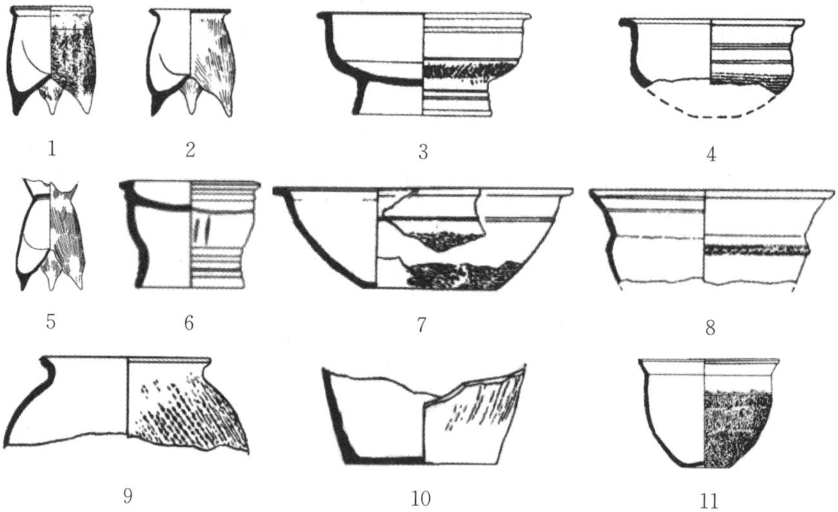

1.鬲(大辛庄Ⅲ2H100:2)　2.鬲(大辛庄Ⅲ2J2:8)　3.簋(大辛庄Ⅲ2J2:4)
4.深腹盆(大辛庄Ⅲ2H100:13)　5.甗(大辛庄Ⅲ6G24:10)　6.豆(大辛庄Ⅲ2J2:2)
7.浅腹盆(大辛庄Ⅲ2J2:5)　8.大口尊(大辛庄Ⅲ4H20:1)　9.小口瓮(大辛庄Ⅲ6G24:10)
10.深腹罐(大辛庄Ⅲ6G24:42)　11.深腹盆(大辛庄Ⅲ2H100:2)

**图1-1　大辛庄二类文化遗存典型陶器**

除大辛庄以外，鲁北地区商文化遗存大多属于晚商时期，即殷墟文化期。在鲁北的晚商中、下等遗址中，往往伴有当地土著夷人遗存，如夹砂褐陶罐、圜底鼎、素面鬲、弧裆甗和高圈足碗形簋等。而高等级的遗址却几乎完全仿照殷墟规制，最为明显的就是青州苏埠屯醜族大墓。1965年至1966年，考古工作者在苏埠屯发掘了4座商代墓葬，并公布了一号墓葬的发掘材料。该墓有4条墓道，墓室为长方形，墓室中部有“亚”字形椁室，椁室中部有“T”字形腰坑，共有48个殉人和6只狗。该墓虽早年被盗，仍出土了大量精美铜器，其中以两件青铜大钺最为引人注目[②]。发掘者认为墓主身份为仅次于商王的方伯一类人物。也有学者指出醜族当是受商王拉拢扶植的方国势力[③]。而与苏埠屯相距不足10公里的一般性聚落赵铺遗址，不仅在葬俗上保留了古老的夷人手握獐牙的习俗，随葬品也多为典型的夷人土著文化

① 栾丰实：《商时期鲁北地区的夷人遗存》，《三代文明研究(一)》，科学出版社，1999年。
② 山东省博物馆：《山东益都苏埠屯第一号奴隶殉葬墓》，《文物》1972年第8期。
③ 徐基：《豫东与鲁西商文化遗存的启示》，《中国历史文物》2010年第4期。

遗物[①]。

(二)商文化在鲁西南汶泗流域的推进

鲁西南地区汶泗流域商化进程则与鲁北不同。以杞县鹿台岗和泗水尹家城、济宁潘庙等遗址为例。该类遗址堆积状况是,商文化遗存直接叠压在岳石文化层之上。二者时间大体衔接,且商文化堆积中未见类似原岳石文化的遗存,说明土著居民可能被侵入的商人杀戮或驱逐出去。滕州前掌大墓地是这一地区发掘材料最为丰富的遗址,其时代跨越了殷墟四期和西周早期,部分墓葬可能到了西周中期前段。学者多认为这里属于薛国[②],也有学者指出前掌大遗址可能与文献记载的薛并无关系[③]。至于这一地区的文化内涵、性质及与商文化的关系,还有待于今后考古材料的发现与研究。

总的来说,鲁北可以看作是亲商的夷人分布区,商文化在这一地区推进比较顺利,商人以和平进驻方式建立据点,或是拉拢扶植夷人上层,在鲁北地区实行"以夷治夷"的统治方式,使鲁北地区逐渐纳入商王朝统治范围。夷人上层与商王朝来往密切,较早地接受了王朝礼制,下层夷人由于较少或者几乎没有与商文化直接接触的机会,而是通过夷人上层间接被动地接受商文化,因而其商化程度较慢[④]。在鲁西南汶泗流域,商人则采取了强硬的军事入侵策略,将这一地区的夷人逐出或直接消灭,商文化二、三期出现的退缩现象似显示夷商之间斗争互有胜负的形势。殷末东土商文化基本形成了从鲁南、鲁北两个方向将鲁中地区包围的态势。鲁中淄潍上游、沂水上游、泰沂山脉、莱芜地区基本不见商文化分布。鲁北商文化东线大约以潍河界。

---

① 青州市博物馆:《青州市赵铺遗址的清理》,《海岱考古》第1辑,山东大学出版社,1989年。

② 冯时:《殷代史氏考》,《黄盛璋先生八秩华诞纪念文集》,中国教育文化出版社,2005年;何景成:《商代史族研究》,《华夏考古》2007年第2期。

③ 李朝远:《前掌大墓地中的"史"及其他》,《东方考古》第4集,科学出版社,2008年;燕生东、王琦:《泗水流域的商代》,《东方考古》第4集,科学出版社,2008年。

④ 栾丰实:《商时期鲁北地区的夷人遗存》,《三代文明研究(一)》,科学出版社,1999年。

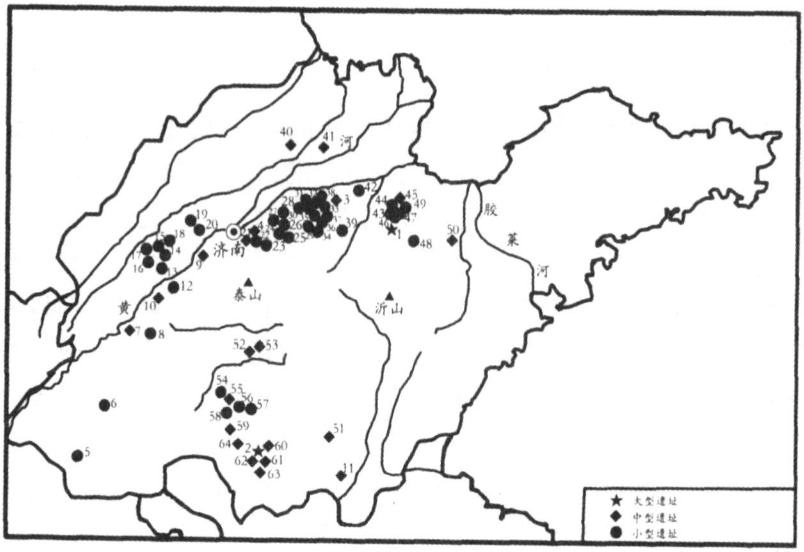


**图1-2 晚商晚期山东地区商文化遗址分布图**①

## 第二节 人方活动范围与征人方路线

人方是晚商东土最为重要的方国。在商王朝国力空前强盛的武丁时期,人方也是商人对外拓张征服的对象之一。卜辞对此有所记载,如:

> 壬午卜,宾贞,王叀妇好令征人。(《合集》6459,宾组)

> 贞,王叀侯告比征人。六月。(《合集》6460正,宾组)

> 王叀人征。
> 勿唯人征。(《合集》6583,宾组)

> 贞,王令妇好比侯告伐人……(《合集》6480,宾组)

侯告、妇好是武丁时期卜辞习见人物,他们参与对外征战的材料屡见不鲜。上揭卜辞是侯告、妇好、商王征伐人方的记录。武丁时期虽然倾力于对外扩张,与周边邦方战争频繁,但人方还不是主要敌对方国,它与商王朝的关系

① 采自陈雪香:《山东地区商文化聚落形态演变初探》,《华夏考古》2007年第1期。

并不总是兵戎相见,也有臣服与和睦的一面。如以下卜辞:

……寅卜……令人方。(《合集》20249,𠂤组)

唯人方受佑。(《合集》20612,宾组)

第一条卜辞表明人方受商王指挥,听其号令,这是臣服于商的表现,第二条卜辞是商王卜问人方的安危,反映了商王对人方休咎的关切。

众所周知,武丁时期对外扩张,发生冲突较多的是𢀛方、土方、羌方等,对人方用兵的记载较少,当时人方可能还不是商人主要征服目标,抑或人方在武丁几次用兵之后即归服商人。上举商王卜问人方受佑的材料或即说明这一点。人方与商王朝关系恶化,并成为商王朝主要敌国是殷末的事。

武丁以后的几世商王卜辞中,对人方记载一度十分稀少,在晚期无名组、黄组卜辞中,征人方的材料又大量出现,这时人方已成为商王朝的主要敌对势力。殷商晚期双方关系恶化,商王朝对人方大举用兵,最终也使商王朝国力大衰,埋下了灭亡的隐患。文献中所谓"纣克东夷而陨其身"就是古人对商王朝灭亡历史教训的总结。

## 一、关于征人方卜辞地名研究涉及问题的探讨

殷墟卜辞是研究人方问题的基本材料,其中尤以征人方卜辞最为学者关注。这类材料主要集中于无名组与黄组卜辞中,时间有据可考的有两次,即帝辛十祀与十五祀。其中又以十祀征人方卜辞数量最为丰富,所记地名众多,可据以编排成谱,对于探讨人方地望、征人方路线等问题大有帮助。学者很早就注意到这一类卜辞,董作宾是排谱第一人,此后陈梦家、岛邦男、李学勤、钟柏生、郑杰祥、罗琨、王恩田、门艺、孙亚冰等学者又不断增加新材料,剔除错误材料,使日谱渐趋完善。学者在这方面的探索不断有所突破,某些聚讼已久的问题逐渐取得了共识。关于人方活动地理位置,以往有沁阳说[①]、山东说[②]、淮河说[③]等多种不同意见,近年学界观点趋同于山东说[④]。征人方卜辞中有不少地名也重复出现于田猎刻辞中,且地名之间的组合关

① 陈梦家:《殷墟卜辞综述》,中华书局,1988年,第255～264页;李学勤:《殷代地理简论》,科学出版社,1959年,第7页。

② 董作宾:《殷历谱》,《董作宾先生全集(乙编)》,台北艺文印书馆,1977年,第751～752页。

③ 〔日〕岛邦男:《殷墟卜辞研究》,濮茅左、顾伟良译,上海古籍出版社,2006年,第749～770页。

④ 李学勤:《商代夷方的名号和地望》,《中国史研究》2006年第4期;陈絜:《㠱方鼎铭与周公东征路线初探》,《古文字与古代史》第4辑,台北"中央研究院"历史语言研究所,2015年。

系相对固定，可以相互印证，有的族名或地名同见于商周铜器铭文与《左传》等先秦典籍。综合考察这些材料，整理出成体系的地名组，考订其地望，再结合山东考古文化分布情况，就可以初步复原殷末东土政治地理情况，进而探索诸如人方分布区域、征人方路线等重要问题。

（一）"征人方""来征人方"刻辞的性质

所谓征人方卜辞，主要是末尾附记"征人方""来征人方"字样的卜辞。一般认为"征人方"是去程，"来征人方"是返程，这些卜辞大多记载商王某天在某地拟前往某地。根据所记月份、干支以及途经地名，可以将这些卜辞串联起来，构成一个商王往来活动的记录。以此为主干，将其他田猎或王步卜辞中干支、地名可以与之系联的材料嵌入其中，就比较完整地复原出征人方日谱。基于这种认识，学者探征讨人方路线时，大多先考定征人方起点与终点，然后再将往来其间的地名顺次相连，构成一幅跨越范围很广的路线图①。实际上，卜辞附记的"征人方""来征人方"都属于大事纪年性质的刻辞，与商王当日或预卜未来几日的活动未必有直接关系。大事纪年是商周之际常见的一种纪时方式，比如，《合集》37398"在九月，唯王十祀彡日，唯王来征盂方伯炎"、小子𠭰卣（《集成》5417）"在十月，月唯子令望人方霉"、尹光鼎（《集成》2709）"唯王征井方"、小臣俞尊（《集成》5990）"唯王来征人方，唯王十祀又五，彡日"、旅鼎（《集成》2728）"唯公大保来伐反夷年"、𤔲簋（《铭图》5136）"唯八月公陕殷年"、作册魖卣（《集成》5432）"唯公大史见服于宗周年"等。这些当年发生的重大事件与文本主体内容并无直接关系，仅起到纪年的作用。以往勾勒征人方往返路线的学者，大多倾向于将征人方卜辞视为征人方行程的记录，认为其中每一个地名都是行军途经之地，因此将这些地名从起点到终点顺次排开，形成一条很长的路线。实际上，根据田猎刻辞所反映的诸地名之间的关系，大多数地名相互之间距离较近，征人方地名之间实际距离不能严格按照卜辞干支间隔天数计算里程，这些地名大多密集分布于某一区域之内，并非是散布于大邑商与征人方前沿的交通线路上一线排开的状态。

根据征人方卜辞所记年月可知，商王在十祀九月甲午这天预卜联合攸侯喜征人方（《合集》36482），大约不久之后即踏上征程，然而直到十二月才到达攸（《合补》11142），期间耗时95天。根据近年学者研究，人方活动于淄潍之间、

① 董作宾：《董作宾先生全集（乙编）》，台北艺文印书馆，1977年，第754页；〔日〕岛邦男：《殷墟卜辞研究》，濮茅左、顾伟良译，上海古籍出版社，2006年，第771页。

汶水与淄水以东地区[①]。从大邑商出发到达这一区域行程300多公里,即使走走停停,至多不出一个月即可到达[②],而实际用时却是正常情况的三倍,很难想象单纯以征伐为目的的行军会如此旷日持久,其间商王应当进行了田猎、巡省等与征人方不相干的活动,因而途中或盘桓巡省地方,或停留处理政务,以至于历时三个多月才到达前线。试以丧、攸两地之间的行程为例,根据日谱,商王征人方到达丧之后,又经过乐、雷、商、京、嫀、危等地到才到达攸,用时数十天(参本章末附表一),因为材料残缺,实际途经地点应当更多。其实,丧、攸皆与棼邻近,由丧经棼即可至攸,不需要迂回绕远。如以下无名组卜辞:

> 丁[亥卜],贞,王[其]田丧,亡灾。
> 戊子卜,贞,王其田棼,亡灾。(《合集》33547)

丧、棼两地行程必在一日之内。再看晚商棼犬卣铭:

> 王由攸田棼=作父丁尊。瀼。(《铭图》13261)

棼下有重文符,裘锡圭读为"棼犬",铭文可断读为"王由攸田棼,棼犬作父丁尊"[③]。商王从攸前往棼田猎,棼地犬官当是受到王的嘉奖,作了这件铜器。商王能从攸直接前往棼,说明棼、攸两地接近。结合之前两条田猎刻辞可知,由丧经棼即可到达攸,用时仅需两日。而征人方卜辞中商王却绕经至少六处地点,显然其行动路线不是直接前往攸侯领地。此外,还可以列举如下一版出组卜辞:

> 辛丑卜,行贞,王步自刚于雇,亡灾。
> 癸卯卜,行贞,王步自雇于勐,亡灾。在八月,在自雇。
> 己酉卜,行贞,王步自勐于来,亡灾。(《合集》24347)

---

① 李学勤:《商代夷方的名号和地望》,《中国史研究》2006年第4期;李学勤:《帝辛征夷方卜辞的扩大》,《中国史研究》2008年第1期;陈絜:《㙷方鼎铭与周公东征路线初探》,《古文字与古代史》第4辑,台北"中央研究院"历史语言研究所,2015年,第279页;陈絜、赵庆淼:《"泰山田猎区"与商末东土地理——以田猎卜辞"盂""劳"诸地地望考察为中心》,《历史研究》2015年第5期。

② 宗周到成周的路程与大邑商至淄潍之间路程大致相当,据晋侯穌钟(《铭图》15298)记载周王于正月既生霸戊午由宗周出发,二月既望癸卯到达成周,中间穿过崎岖难行的豫西山地用时仅月余。

③ 裘锡圭:《棼器探研》,《古文字研究》第24辑,中华书局,2002年,收入氏著《裘锡圭学术文集》第3卷,复旦大学出版社,2012年,第132～141页。

其中雇、劼都是十祀征人方卜辞中的地名。据征人方日谱，九月癸亥在雇，十月癸酉在劼。从上揭卜辞来看，雇、劼当邻近，因此商王卜问自雇步于劼。同理已酉日刻辞中劼与来也不远，行程当在一日之内。下文将要介绍，来为攸侯边邑，因此由雇出发到攸有这样一条路线，即雇—劼—来—义—攸，用时四天就可到达。这也说明“征人方”刻辞实为大事纪年。实际上征人方卜辞附记的“征人方”也恰好只记到十祀十二月，第二年正月就改为“来征人方”(《合补》11232)，基本与王年更迭相始终，也符合大事纪年的特征。

（二）卜辞相邻地名间里程推算依据

至于如何推算卜辞地名之间的距离，也需要作一说明。卜辞记载地名之间的关系，情况可分为几种。有一种卜辞干支与地名记载明确，可以直接根据干支推算两地间日程，如：

> 己酉卜，在乐贞，今日步于丧，亡灾。
> 庚戌卜，在丧贞，今日步于香，亡灾。(《合集》36501＋36752，黄组)

商王于前日在乐拟前往丧，次日已到丧，又拟前往香。由此可以确定，乐与丧之间的日程必在一日之内。像这类完整记录干支与起止地点的材料，可以直接运用“干支系联法”确定相邻两地之间的关系，但这类材料并不多见。

征人方卜辞中许多地名也见于田猎刻辞，因而田猎刻辞对于判断征人方地理问题也有重要价值。但田猎刻辞大多比较简略，有时在同一日占卜多个地点，选取其中一地进行田猎，如：

> 翌日辛，王其迍丧，亡灾。
> 于向。
> 于宫。
> 于盂。(《合集》29030，无名组)

丧、向、宫、盂四地应在商王驻跸地周围，相互邻近，像这类一日卜问多个地名的，也可以认定各地相互间日程基本在一日之内，至多不过两日。

还有不同日占卜不同地点的，如：

> 辛卯卜，贞，王其田丧，亡灾。
> 壬辰卜，贞，王其田向，亡灾。(《合集》33547，黄组)

前日卜问去丧地田猎，次日卜问去向地田猎。无论是否成行，丧、向两地都比较接近，两地之间行程应在一日之内。类似辞例在田猎刻辞中也不在少数。

还有一日之内可到达两处地点的，如：

王其田，涉滴至于㬊，亡灾。(《合集》28883，无名组)

王其田盂，至㬊，亡灾。(《合集》28885，无名组)

上揭两条田猎刻辞中的滴、㬊或盂、㬊，商王从驻跸之地出发都在一日之内可以到达。可知滴、㬊，盂、㬊极近，进而也可以推断盂、滴两地行程当亦在一日之内。两辞中的滴与㬊，盂与㬊距离商王驻跸之地当有远近之别。商王出猎前，有时也卜问田猎地点之远近，进行选择，如：

王其田远，湄日亡灾。
其𫐉(迩)田，湄日亡灾。(《屯南》3759，无名组)

裘锡圭认为这是一组对贞卜辞，卜问去远处田猎还是近处田猎[①]。其说可信。商王出猎所择之地，都在驻地附近，虽有远近之别，但一日之内可达，这样的田猎地应当不少，一日之内可以经过两个地点的情况应当比较普遍。

此外，还要考虑当时禁忌习俗对田猎活动的影响，不同组类卜辞出猎日期不尽相同。以与征人方相关的无名组、黄组为例，商王出行田猎的日期多以乙、戊、辛、壬为主，其次是丁，其他日期基本不出猎[②]。如以下无名组卜辞：

壬午卜，贞，王其田向，亡灾。
乙酉卜，贞，王其田丧，亡灾。
戊子卜，贞，王其田虘，亡灾。(《合集》33543)

三条卜辞日期虽然不是紧密相连，但期间间隔的癸、甲、丙、丁等日皆是不出猎或较少出猎的日期，因此向、丧、虘三处地名之间距离实际也大都在一日之内，最多不超过两日。

推算相邻两地之间的道路里程，商代车马日行速度也是需要注意的问题。旧说以"师日行三十里"为准[③]，实际古时行军速度未必如此缓慢。松丸

---

① 裘锡圭：《释殷墟甲骨文里的"远""𫐉"(迩)及有关诸字》，《裘锡圭学术文集》第1卷，复旦大学出版社，2012年，第167～176页。

② 李学勤、彭裕商：《殷墟甲骨分期研究》，上海古籍出版社，1996年，第367页。

③ 《汉书》，中华书局，1962年，第3058页。

道雄认为商代车马半日内最大行程为20公里[①]，宋镇豪推算商代行军日平均速度约在60～70里[②]，陈絜考证商周时期日行军速度约在40公里左右[③]。这些观点较旧说更为切近实际。综合学者的研究，基本可以认为卜辞两地之间行程如果在一日之内，其路程应当不出40公里。当然，行军速度虽然是判断道路里程的重要依据，但实际行军因突发事件、粮草辎重、随行人数、气候路状等因素左右，必有疾徐之变，驻跸地点之间也受地形地理因素限制，道里远近亦各不相同，需要结合具体材料进行分析判断。

征人方卜辞所记地名大多是田猎地名，反映商王是穿过田猎区前往攸侯领地，同时也说明攸侯领地与田猎区相邻。了解田猎活动及田猎区的基本特点，对于我们判断田猎地名之间的距离关系，进而判断商王行动路线也具有一定帮助。

殷代有固定的田猎区，在田猎区中设有犬官专门管理，如卜辞、金文中的盂犬（《合集》27907）、林犬（《铭图》13261）、囚犬（《合集》36424）、牢犬（《合集》27910）、濉犬（《合集》27902）、成犬（《合集》27914）、兑犬（《合集》27898）、阦犬（《合集》27916）、盖犬（《屯南》4584）等都是各田猎地的犬官。根据卜辞地名同版关系，这些地名都互相关联，当属于同一个大田猎区。这些犬官平时负责管理田猎区内的猎场，商王出猎前，他们预先侦察猎物行踪，向商王报告出猎方向，担任向导，并与商王一同行猎。如：

> 乙未卜，在盂犬告有鹿。（《合集》27919反，何组）

> 叀在牢犬亢比，亡灾，擒。（《合集》27910，无名组）

东土田猎区田猎地名众多，个别田猎地所设犬官可能同时监管本地及周边田猎地，比如商王常从盂出发，联合盂犬田噚，噚与盂邻近，而无犬官。噚可能就是邻近盂而由盂犬负责管理的一处田猎地。

商代有固定的田猎区，猎区内有多处田猎地，并设有专门的犬官负责管理，可视为后代皇家猎场的滥觞。猎场一般选择有兽群出没，湖淖星布，草木茂盛的丘陵或平原地区。田猎方式基本采取围猎，如卜辞：

---

① 〔日〕松丸道雄：《殷墟卜辭中の田獵地について—殷代國家構造研究のために—》，《東洋文化研究所紀要》，第31冊，東京大學東洋文化研究所，1963年，第72～108頁。

② 宋镇豪：《夏商社会生活史》，中国社会科学出版社，2005年，第319页。

③ 陈絜、赵庆淼：《"泰山田猎区"与商末东土地理——以田猎卜辞"盂""噚"诸地地望考察为中心》，《历史研究》2015年第5期。

丁亥卜，王，我叀卅鹿逐，允获十六，一月。(《合集》10950，𠂤宾间组)

追逐有30头鹿的鹿群，最终捕获16头，当是围猎所获。历代猎场自然地理环境基本相似，古时交通工具变化不大，车马或步行速度基本无差异，因此可以晚近皇家围猎的实例来推测商代田猎活动情况及猎场之间的距离。此类材料保存最为丰富的要属清代木兰围场及木兰秋狝的相关记载。木兰围场在今河北省东北部，东西长150公里，南北100余公里，面积略大于今围场县。围场有驻防官兵专门管理。围场内又分72小围。清帝行猎一般在每年八月，行猎持续两旬。为充分利用时间，通常是每天更换一处猎场，次日到邻近的猎场打猎，转历约20个围场。商王田猎也是持续多日，每次也更换不同猎场，与清代木兰秋狝十分相似。木兰72围相邻各围场距离近者三五里，一般三四十里，至多不过五十里。因为距离较近，所以清帝转围有充裕的时间，能够保证每日出猎①。商代田猎地之间的距离估计与木兰围场类似。实际上，由于随行人员及辎重较多的缘故，商王的队伍行动速度不会太快。基于这种认识，卜辞中商王贞问的田猎地或者拟前往之地，基本都应是当日可达之地。

## 二、出土材料反映的东土地理与人方地望

基于以上认识，可以利用卜辞和金文材料探讨攸侯地望及䜌族及其分支在东土的分布，判断人方大致方位。

### (一) 攸侯领地位置推测

考察攸侯地望，可以先确定与攸直接或间接相关地名的位置，再以之为坐标，推断攸的大致位置。这样的地名主要有潅、来、乐等几处。下面就这一问题展开讨论。

十祀征人方卜辞中有一个重要人物攸侯喜，商王从大邑商出发前曾卜问联合攸侯喜征人方：

甲午，王卜贞，作余彭，朕桒彭，余步比侯喜征人方，上下𩂣示，受余有佑，不𠭯𢦏，𡆥告于大邑商，亡巷，在畎。王占曰：吉。在九月，遘上甲𠩄，惟十祀。(《合集》36482，黄组)

征人方途中经过攸，《合补》11142甲曰：

① 成常福等：《木兰围场》，《故宫博物院院刊》1986年第2期；景爱：《清代木兰围场的交通》，《中国历史地理论丛》1993年第3期。

乙巳，王卜，在危贞，今日步于攸，亡灾，在十月又二。(黄组)

商王自危步于攸，当是会同攸侯喜征讨人方，而战事结束之后，商王又回到攸侯领地，如：

丙午卜，在攸贞，王其呼在爿牧延执胄人方㲋，焚白梡。弗悔。在正月，唯来征人方。

弜执。

辛亥卜，在攸贞，大左族有擒。

不擒。(《合集》36492+36969+《怀特》1901，黄组)[①]

㲋是人方首领私名。"执胄人方㲋，焚白梡"应是处置俘获的人方首领的一种做法，或即献俘仪式。辛亥日占卜是否有所擒获，与田猎活动有关。《英藏》2562记载帝辛田元、逖从攸东，也都是征人方归来在攸侯领地附近进行的田猎活动。田猎本身也兼具军事演习的性质。商王联合攸侯出征人方，归途又驻跸于攸侯领地处置战俘，举行田猎，说明攸侯领地是接近人方前沿的军事要地。攸地是确定人方大体方位的一个重要坐标。李学勤曾列举两版卜辞，对于判断攸的方位有重要价值：

[乙]亥，王[卜贞]，自今春至[于]翌，人方不大出，王占曰：吉。在二月遘祖乙彡，惟九祀。(《合集》37852，黄组)

其大出，吉。

醜其驿至于攸，若。王占曰：大吉。

其迟于之，若。(《合集》36824，黄组)

两辞内容属于对贞关系，李学勤认为二者是一版之折，其说可信[②]。众所周知，山东青州苏埠屯晚商墓地出土了大量"亚醜"铜器，这附近当即卜辞醜或小臣醜的领地。上揭卜辞商王先是贞问人方是否会出动，又根据人方动向占卜命醜通过驿站联络攸侯，亦或原地待命。派醜执行这项任务可能也是因其领地与攸比较接近。由此推测攸大致在鲁北地区。

与攸邻近的地名还有爿。在上揭卜辞《合集》36492+36969+《怀特》1901中，商王在攸呼令爿牧延执行献俘任务，爿牧延是在爿地的牧官，其私名为延。历组卜辞《合集》32982更为明确揭示了攸、爿等地的关系：

---

①② 李学勤：《帝辛征夷方卜辞的扩大》，《中国史研究》2008年第1期。

戊戌贞，右牧于爿，攸侯由鄙。

中牧于义，攸侯由鄙。

由上辞可知，义、爿皆为攸侯领地之边鄙。而爿又与瀗邻近：

甲辰卜，在爿牧延启，有……邑……在瀗。(《屯南》2320，无名组)

瀗是水名，也是地名。《孟子·公孙丑下》:“孟子去齐，宿于晝。”《水经·淄水注》云:“(瀗)水出时水，东去临淄城十八里，所谓瀗中也。”[①]其地在今淄博市临淄区以西，学界一般认为此即卜辞瀗地所在[②]。攸侯边邑爿在瀗附近，攸侯之都亦当与之相去不远。

攸侯另一处边鄙义与来邻近，卜辞云：

丁丑卜，在义，田来，执羌，王其勺于……大乙、祖乙，有正。(《屯南》2179，无名组)

卜辞记载商王在攸侯边邑义占卜去来地田猎。典籍中作为国族名或地名的“来”亦作“莱”。《左传》襄公二十八年记载齐庆丰田于莱，可知莱在春秋时期仍是齐国的一处田猎地。学者或以为此莱即被齐所灭的莱国。《左传》记载襄公二年齐宴弱城东阳以逼莱，襄公六年围莱，莱侯奔棠，遂灭之，由此可知莱在东阳与棠之间，不出今即墨、高密两市范围。此莱距齐都临淄约一百五十里，较远。莱本是殷商旧国。《史记·殷本纪》:“契为子姓，其后分封，以国为姓，有殷氏、来氏、宋氏、空桐氏、稚氏、北殷氏、目夷氏。”且莱国原本与临淄邻近。《史记·齐太公世家》记载齐国初封时，营丘边莱，齐太公东就国，莱侯来伐，与之争营丘。可知在齐分封之前莱就已立国于东土临淄附近。春秋莱国与齐都较远，与《史记》所说营丘边莱不符。春秋时期齐都临淄周边有田猎地贝丘(《左传》庄公八年)，在博兴南、临淄西北。同为田猎地的莱极有可能也在这一区域。按临淄附近有时水，见于《水经·淄水注》。杨伯峻指出时水出临淄西南矮槐树铺，旧由桓台、博兴合小清河入海[③]。《水经·瓠子河注》说时水又名耏水[④]。《左传》襄公三年齐侯与士匄盟于耏外，杨伯峻注:“齐都临淄西北郊近耏水处。”[⑤]来与耏同属之部字，声母泥、来旁纽，音近可通。

---

① (北魏)郦道元著，(清)王先谦校:《合校水经注》，中华书局，2009年，第400页。

② 胡厚宣:《甲骨学商史论丛初集(外一种)》，河北教育出版社，2002年，第27页。

③ 杨伯峻:《春秋左传注》庄公九年经“乾时”注，中华书局，2016年，第194页。

④ (北魏)郦道元著，(清)王先谦校:《合校水经注》，中华书局，2009年，第369页。

⑤ 杨伯峻:《春秋左传注》，中华书局，2016年，第1016页。

卜辞来当即文献中的郲。因来在时(郲)水附近,故亦称时来,《左传》隐公元年正义引《世本》云:"子姓,殷、时来、宋、空同、黎比、髦、目夷、萧。"[①]与前引《殷本纪》对照可知,时来即来。或许因为莱与齐都临近,且与齐不睦,被齐逼迫,后来东迁至即墨、高密一带。

值得注意的是,晚商时期来族可能也参与了征人方之役。作册般甗铭文云:

> 王宜人方无敄,咸,王赏作册般贝,用作父己尊。来册。(《集成》944)

作册般是来族成员,为王朝作册,族氏铭文因此为来册。铭文记载商王以俘虏的人方首领为人牲祭祀,作册般受到赏赐。可能他也追随商王参加了征人方的战争。作册般虽是王朝史官,但因其出身于东土,随王东征也是很自然的事。

攸之边邑爿、义,前者邻近潧,后者邻近来,潧在临淄西南,来在临淄西北。攸当大致也在潧、来两地不远的地方。

田猎刻辞中还有两处重要田猎地盂、丧,与攸有间接联系,也可以作为判断攸侯地望的依据。两地在田猎刻辞中出现频率极高,当位于田猎核心区。据卜辞可知两地相互邻近:

> 辛酉[卜],贞,王[其]田丧,亡灾。
> 壬戌卜,贞,王其田盂,亡灾。(《合集》37573,黄组)

两地行程在一日之内。有时丧、盂并称,如:

> 虘霾(雩)……
> 二田丧、盂霾(雩),有大雨。(《合集》30044,无名组)

可见两地极近。而同版中的虘也应当与丧、盂距离不远。"虘"或作"𪓐",释为"皆",是"楷"字声符[②],铜器铭文中常见的"楷侯",即黎侯[③],山西黎城县西关村发现的西周时期楷侯墓葬证实了这一论断[④]。《左传》昭公四年"商纣为黎之蒐,东夷叛之",杜预注:"黎,东夷国名。"《史记·楚世家》集解引服虔说亦

① (晋)杜预注,(唐)孔颖达等正义:《春秋左传正义》,上海古籍出版社,1990年。

② 朱德熙、裘锡圭:《平山中山王墓铜器铭文的初步研究》,《朱德熙古文字论集》,中华书局,1995年。

③ 王伟、王辉:《清华简鄁国与甲骨文中的𥎦(利邑)和金文中的檣(楷)氏》,《古文字研究》第29辑,中华书局,2012年。

④ 李学勤:《从清华简谈到周代黎国》,《出土文献》第1辑,中西书局,2010年。

云:“黎,东夷国名也,子姓。”黎地当在殷东。春秋齐境有地名犂,与黎同音。《左传》哀公十年云:

> 夏,赵鞅帅师伐齐,大夫请卜之。赵孟曰:“吾卜于此起兵,事不再令,卜不袭吉。行也!”于是乎取犂及辕。

犂亦称犂丘,《左传》哀公二十三年记载,晋荀瑶伐齐,战于犂丘,齐师败绩。据杜预注,犂或在济南隰阴县。赵庆淼据此判断,其地在今济南市北、济阳县西南20公里的耿镇境内[①]。其说可信。𩜿可作为判断盂、丧方位的一处坐标。而盂与攸侯边鄙永及邻近的元都有联系。《屯南》1092:

> 辛巳卜,王其奠元眔永、𩜿,在盂奠,王弗[悔],潼。大吉。(无名组)

永即征人方卜辞中的攸侯喜鄙永,元据征人方卜辞,也是攸侯领地近邑。《英藏》2562正:

> ……
> 乙巳,王卜,在溫贞,今日步于攸,亡灾。
> 己未,王卜,在贞,田元,往来亡灾。
> 乙丑,王卜,在攸贞,今日逃,从攸东,亡灾。(黄组)

己未日占卜地名未刻,但据征人方日谱,正月这段时间商王基本都驻跸在攸。由攸田元,当日即可往返,因此卜辞卜问“往来亡灾”。事实上,根据晚商田游规律,商王经常在甲地占卜前往乙地,次日在乙地占卜去丙地,第三日在乙地占卜前往丁地[②]。此版卜辞虽然干支并不紧密相连,但基本也符合这一活动规律。己未日商王在攸当无疑问。当日可往返,元一定在攸侯领地附近。永与元也接近,如:

> 丁丑卜,争贞,来乙酉眢用永来羌自元……(《合集》239,宾组)

商代人名、地名、族名三位一体,永当即永地永族首领,永从元获得羌,永地当与元不远。《屯南》1092元、永、𩜿并举,且称在盂奠,可见攸侯边鄙永及其近邑元以及盂都与𩜿有联系。

丧与乐较近,征人方卜辞记载:

---

① 赵庆淼:《卜辞“麐”地与“黎之蒐”》,《中国史研究》2016年第2期。

② 陈絜:《卜辞滴水与晚商东土地理》,《中国史研究》2017年第4期。

己酉卜，在乐贞，今日步于丧，亡灾。

庚戌卜，在丧贞，今日步于香，亡灾。（《合集》36501＋36752，黄组）

乐到丧行程在一日之内。卜辞地名亦有“泺”（《合集》5902），从构形分析当是水名，乐与泺当是地名与水名同名。据《说文》：“泺，齐鲁间水也。”《春秋》桓公十八年“公会齐侯于泺”，杜注：“泺水在济南历城县西北，入济。”泺水源头在今济南趵突泉。乐当因泺水而得名，其地在泺水附近，在今济南市区[①]。由此可知，丧在济南的乐附近，盂大约在济南以北济阳以西，与𩰲相对较近。

盂与澅有间接联系。《屯南》2739：

丁丑卜，翌日戊，王其田澅，弗擒。弘吉。

叀𡙈田，亡灾，擒。弘吉。

……（无名组）

商王占卜选择𡙈或澅进行田猎，两地应当接近。再结合《合集》28885田盂至𡙈的占卜，可知由盂经𡙈可至澅。再由澅经爿就可到达攸。

盂与临淄西北的来也接近，如：

……

丁亥，王卜，贞，田盂，往来亡灾。王占曰：吉。

戊子，王卜，贞，田来，往来亡灾。王占曰：吉。

……（《合集》37746，黄组）

盂、来之间行程在一日之内。而来与攸之边鄙义相邻，因此由乐至攸比较便捷的路线有三条：(1)乐—丧—㯿—攸；(2)乐—盂—𡙈—澅—爿—攸；(3)乐—丧—盂—来—义—攸。以乐、虘与澅、来为坐标，基本可以确定攸侯领地大致方位，攸较乐更近于澅与来，因此攸应在济南与临淄之间，而更靠近临淄一侧的鲁北地区。济南、临淄之间王朝田猎区与攸侯领地交错分布，二者是相邻关系。

（二）𠦪及其支族在东土的分布

晚商东土大族𠦪族也参与了征人方的活动，金文有如下记载：

癸巳，𠨘商（赏）小子□贝十朋，在□𠂤，唯𠨘令伐人方𩁹、𡙈，□用

① 王恩田：《人方位置与征人方路线新证》，《胡厚宣先生纪念文集》，科学出版社，1998年。

作文父丁奠彝。在十月四。龚。[1](簋，《集成》4138)

乙巳，子令小子⿱夆啚先以人于堇，子光商(赏)⿱夆啚贝二朋，子曰：贝唯蔑汝历，⿱夆啚用作母辛彝。在十月=，唯子令望人方䍐。

龚母辛。(小子⿱夆啚卣器、盖，《集成》5417)

铭文虽有残泐，个别人名地名不易辨识，但可以确定所记都是龚族参与征伐人方的内容。实际上，不仅龚族，它的支族也大多分布在东土，从龚族及其支族几处据点分布情况，也可以窥见商王朝在东土的势力范围，这也有助于推测人方位置。龚族家族规模庞大，属于龚族及其分支的铜器大多出土于山东，如济南长清出土的包括龚及其分支[illegible]族的铜器，费县也出土大量龚叡铜器。因此，学者认为龚族原本居住在山东地区[2]，此说可信。长清出土的铜器数量多，皆属龚族之器，济南一带可以确定是龚族居地。至于传出费县的铜器，其铭文中的龚叡，表示的是龚族支族叡，还是龚族人私名为叡，还有争议。这里着重讨论龚族支族商、齐、束。

1. 商

传世铜器有一件商妇甗，根据器形特征推测大约属于殷墟文化三四期，铭文为"商妇作彝，龚"(《集成》867)。晚商金文和卜辞中同类称谓还有陆妇(《集成》3621)、齐妇(《集成》486)、雷妇(《合集》21796)、望乘妇(《合集》32896)等。一般认为妇前的字都是女子所嫁之夫的族名或私名[3]。按此说法，商妇就是嫁与商族之妇，而甗铭末尾所缀族氏铭文"龚"，则表明商族是由龚族分衍出来的支族。作为龚族分支的商，其身份、地望在卜辞中也有线索可寻。卜辞有"侯商"之称，见于《小屯南地甲骨》，曰：

丁亥贞，王令保老因侯商。

丁亥贞，王令陕彭因侯商。[4](《屯南》1066，历组)

两辞纵向并列契刻于骨扇中间部位，"侯商"之前皆有一字大小之空隙。其中

---

① 释文参考田秋棉：《"小子䍐簋"与卜辞滴水地望补证》，《青铜器与金文》第3辑，上海古籍出版社，2019年。

② 何景成：《商末周初的举族研究》，《考古》2008年第11期；陈絜：《小臣缶鼎与晚商龚族族居地》，《青铜器与金文》第2辑，上海古籍出版社，2018年。

③ 陈絜：《商周姓氏制度研究》，商务印书馆，2007年，第68～69页。

④《屯南》1082为同文残辞，两者可互相参照。其中"商"字上部从一"辛"，与商王族子商名号从二"辛"的商字写法不同，本文所论仅限于从一"辛"之商所代表的国族。

保老、陕彭之称十分罕见，根据相关卜辞、金文相关辞例可以断定它们都是人名。

陕在卜辞中通常表示人名或地名，如：

庚申卜，古贞，王使人于陕。若。王占曰：吉。若。（《合集》376正，宾组）

贞，陕比𠂤侯归不。（《合集》3291，宾组）

贞，叀陕令[illegible]禽。（《合集》6050，宾组）

第一条卜辞中的“陕”就是地名，其他两条是卜辞习见的“令某人比某人”“令某人[illegible]某”句式，学者已多有讨论[①]。众所周知，商代的人名往往也是族名[②]。陕也可以表示族名，“陕彭”当是“族名＋私名”的形式。这类名号最典型的例子就是武丁时期武官望乘。“保老”也属于这种称名形式。在晚商铜器铭文保鼎（《集成》1001）、保父丁簋（《集成》3180）、保爵（《集成》7406）、保父己斝（《集成》9214）中，“保”都是族氏铭文。卜辞“保老”当是私名为老的保族首领。

值得注意的是，卜辞中还有“某因某”之句式，如：

己卯贞，今日王令[illegible]因我。（《屯南》2273，历组）

[illegible]是武丁时期的人物，卜辞对其记载较多，无庸备举。辞中的“我”是人名，不是反身代词，这一点据语境不难判断，例如“甲午卜，宾贞，我㞢王事”“贞，我弗其㞢王事”（《合集》5480正）、“我来十”（《合集》9741反）诸辞中的“我”都是人名。由此可见，“因”是动词[③]，其施动者与受动者都是人，都是商王臣属。

侯是商王朝外服职官[④]，其称名主要有“侯某”“某侯”或“某侯某”三种形式。称“侯某”的如侯告、侯光等，称“某侯”如杞侯、曩侯等。一般认为这两类名称中的“某”兼指人名、族名及地名。至于“某侯某”之称，可省为“侯

① 刘源：《殷墟“比某”卜辞补说》，《古文字研究》第27辑，中华书局，2008年；朱凤瀚：《再读殷墟卜辞中的“众”》，《古文字与古代史》第2辑，台北“中央研究院”历史语言研究所，2009年。

② 商代人名、族名、地名往往三位一体，参陈絜：《商周姓氏制度研究》，商务印书馆，2007年，第73～76页。

③ 其他辞例有《合集》32881、《屯南》2438等，具体含义尚不清楚，诸家观点可参看于省吾主编、姚孝遂按语编撰：《甲骨文字诂林》，中华书局，1996年，第92～103页。

④ 裘锡圭：《甲骨卜辞中所见的“田”“牧”“卫”等职官的研究——兼论“侯”“甸”“男”“卫”等几种诸侯的起源》，《裘锡圭学术文集》第5卷，复旦大学出版社，2012年，第153～168页。

某”，亦可省作“某侯”，侯前的字是族名，之后的字则是私名，如攸侯喜亦称为攸侯、侯喜，㠱侯虎可称为㠱侯、侯虎[①]。侯商是否可能是“某侯商”的省略形式，也就是说商是私名，另有其他族名？下面一组卜辞就涉及这一问题，为讨论方便，先抄录如下：

> 乙丑……侯商……告……
> 乙丑贞，王其奠臽侯商于父丁。
> 乙丑贞，王令……
> 己巳贞，商于臽奠。
> 己巳贞，商于[illegible]奠。
> 乙亥贞，王其夕令臽侯商于祖乙门。
> 于父丁门令臽侯商。(《屯南》1059，历组)

> 丙寅贞，王其奠臽侯，告祖乙。
> 丙寅贞，王其奠臽侯，告祖乙。
> ……贞，王其奠臽侯，告祖乙。(《合集》32811，历组)

> 己巳贞，商于臽奠。
> 己巳贞，商于[illegible]奠。
> 辛未贞，其告商于祖乙，杋。
> 辛未贞，夕告于祖乙。
> ……丑……令……侯……(《屯南》4049，历组)

这是商王占卜奠臽侯之辞。根据裘锡圭的研究，奠是商王将战败者或其他臣服国族的一部分或全部奠置在商王控制区域内的一种做法[②]。裘先生将“臽侯商”视作人名，如此一来，《屯南》1066中的侯商就很有可能是臽侯商之省称，即商是私名，臽是族名。但是，按此理解，己巳日卜问的“商于臽奠”就不好解释，一般被奠置的国族都是从原来居地被迁往新地，以便于商王役使，臽侯商在其原居地被奠不符合这种处置方式，所以裘先生推测臽侯可能曾经因某种原因失去了原来的封地。对于上述卜辞宋镇豪提出另外一种释读，即将商视作动

① 陈梦家：《殷墟卜辞综述》，中华书局，1988年，第330页；杨升南：《卜辞中所见诸侯对商王室的臣属关系》，《甲骨文与殷商史》第1辑，上海古籍出版社，1983年，第129页。

② 裘锡圭：《说殷墟卜辞的“奠”——试论商人处置服属者的一种方法》，《裘锡圭学术文集》第5卷，复旦大学出版社，2012年，第169～192页。

词，第一版第二条卜辞读为："乙丑，贞，王其奠𠂤侯，商于父丁。"[①]联系其他诸辞"商于𠂤奠""商于𢆶奠""其告商于祖乙""夕告于祖乙"中"商""告"的用法，可以认为商为动词的解释更为合理。同样的辞例还有：

癸丑卜，宾贞，今春商毃舟由（胄？）。（《合集》6073，宾组）

贞，勿商毃由（胄？），戠。（《合集》18596，宾组）

毃舟是卜辞中常见的人名，毃是其族名[②]。裘锡圭曾在相关文章中引用这两条材料，将"商"读为"赏"[③]，其说可信。如将前举奠𠂤侯卜辞中的"商"读作"赏"，也可以说通。第一版卜辞最末两条"令𠂤侯商"需要特别说明[④]，类似的句式可参考以下金文：

甲子，王赐寝孳商（赏），用作父辛尊彝，在十月又二，遘祖甲协日，唯王廿祀。（寝孳方鼎，《新收》924，商晚期）

唯五月，辰在丁亥，帝司（后）赏庚嬴贝卅朋、迖丝廿寽商（赏），用作文辟日丁宝尊彝。𢀜。（庚嬴卣，《集成》5404，商周之际）

"王赐寝孳商（赏）""帝后赏庚嬴贝卅朋、迖丝廿寽商（赏）"当作一句读，商仍读为赏，表示名词。"令……赏"与"赐/赏……赏"是相同的句式。西周册命铭文中，"令"或"命"也有近似于赏的含义，如夒簋（《集成》4046）"王令夒在（缁）市、旂"，即簋（《集成》4250）"王呼命汝：赤芾、朱黄、玄衣、黹屯、銮旅（旂）"。总之，上述奠𠂤侯卜辞中的"商"都读作"赏"。

商不是𠂤侯的私名，在下文将要讨论的材料中，"商"表示族名或地名，那么侯商很有可能属于前举商代诸侯名号中的第二种形式，商兼指人名、族名与地名。请看如下几条历组卜辞：

丁巳卜，贞，王令并伐商。（《合集》33065，历组）

---

① 宋镇豪：《甲骨文所见殷人的祀门礼》，《甲骨文与殷商史》新二辑，上海古籍出版社，2011年，第19～20页。

② 见《合集》5488、5507、32555、32834、32835、32850、33690、《屯南》4052。

③ 裘锡圭：《说甲骨卜辞中"戠"字的一种用法》，《裘锡圭学术文集》第1卷，复旦大学出版社，2012年，第164页。

④ 宋镇豪先生读为"令𠂤侯，商"，将商理解为"受赏"，参宋镇豪：《甲骨文所见殷人的祀门礼》，《甲骨文与殷商史》新二辑，上海古籍出版社，2011年，第19～20页。

庚寅贞,王令并伐商。(《屯南》2907,历组)

丁巳卜,贞,王令并甲商伐[①]。(《屯南》4054,历组)

己酉卜,攸亢告启商。(《屯南》312,历组)

上揭卜辞材料时代大约都属武丁时期,所卜内容都与伐商有关。可能早期商与王室关系紧张,后来被征服,又成为东土诸侯。根据卜辞记载参与伐商的并、攸两族之大致方位,也可以推断商是东土国族。并与戏同时出现于同一条卜辞:“辛未,贞,叀戏令即并。”(《合集》32886)戏受命与并会合,两者应当相距不远,而戏族所在又可以根据近年山东徐楼村考古发现得以确认。李学勤、赵平安两位先生曾先后撰文对墓中所出宋公鼎铭进行考释,并探讨了墓主身份[②]。根据后来发掘简报披露的材料[③],这是一处春秋时期滥公夫妇异穴合葬墓,比较重要的铭文有如下三种:

有殷天乙唐孙宋公圝作滥叔子餗鼎,其眉寿万年子子孙孙永宝用之。(宋公圝鼎,M1:39)

有殷天乙唐孙宋公圝作滥叔子餗铺,其眉寿万年子子孙孙永宝用之。(宋公圝铺,M1:24)

唯正月初吉丁亥,滥公宜脂余其臧金,用铸其爨宜鼎。(滥公鼎,M2:25)

发掘整理者已经指出M1是滥公夫人墓,M2是滥公墓,并断定枣庄东徐楼村是春秋滥国所在地。据赵平安考证,铜器铭文中的“滥”读作“滥”,即春秋时期从邾国分裂出去的滥国,其说可信。春秋滥地得名当源于商代戏族。由此推断与戏邻近的并也在殷东,很可能就在枣庄附近的鲁南地区[④]。

---

① 三条卜辞中的“伐”字皆写作𢦏,是伐之异体,参林沄:《甲骨文中的商代方国联盟》,《古文字研究》第6辑,中华书局,1981年,第79页。

② 李学勤:《枣庄徐楼村宋公鼎与费国》,《史学月刊》2012年第1期;赵平安:《宋公圝作滥叔子鼎与滥国》,《中华文史论丛》2013年第3期。

③ 枣庄市博物馆等:《山东枣庄徐楼东周墓发掘简报》,《文物》2014年第1期。

④ 严志斌先生根据寿光出土的“己并”复合族氏铭文铜器,认为商代的并在山东寿光一带,亦可备一说,参严志斌:《商代青铜器铭文研究》,上海古籍出版社,2013年,第331页。

《屯南》312之“攸亢”是攸侯亢之省称。“启”有前导之义，古代出征时前军称启[①]，攸侯“启商”是作为前军伐商，由此可知，商与攸应当不远。实际上，征人方卜辞与田猎刻辞中也有地名商：

> ……
> 丙午卜，在商贞，今日步于乐，亡灾。
> 己酉卜，在乐贞，今日步于丧，亡灾。
> ……（《合集》36501）

虽然卜辞记载由商到乐共历四天，但是商王占卜的特点是每去一地都事先占卜，四天之内如果途经他处，不会缺漏不卜，并且卜辞云“今日步于某”，也说明所前往之目的地当日可达。因此商与乐之间行程实际上应当在一日之内。商地有水名滴，如同卜辞有地名乐亦有泺，有画亦有澅等，都是地名水名同名，相关卜辞如下：

> 王其田，涉滴至于㙃，亡灾。（《合集》28883，无名组）

> 王其田盂，至㙃，亡灾。（《合集》28885，无名组）

前文已经讨论，由滴经㙃即可到达盂。因此商也极有可能在鲁北济南与临淄之间这片区域。它与鲁北田猎区交错分布，与攸侯领地也比较接近。

2. 齐

晚商齐妇鬲铭文（《集成》486）云：“齐妇。㚔。”齐是夫家族名，㚔则是齐的母族。也就是说，晚商时期齐是㚔的另一个分支。地名齐主要见于黄组卜辞，皆称齐𠂤，如：

> 癸巳卜，贞，王旬亡𡆥，在二月，在齐𠂤（次）。唯王来征人方。（《合集》36493）

> 庚寅卜，在齐𠂤（次），王𨒪，往来无灾。（《合集》36804）

> 癸丑，王卜，贞，旬亡𡆥，在齐𠂤（次）。（《合集》36821）

① 于省吾：《释启》，《甲骨文字释林》，中华书局，1979年，第289页。

癸丑，王卜，贞，旬亡𡆥，在十月又一，在齐𠂤(次)。(《怀》1886)

𠂤读为次，是师旅驻扎之地。上揭卜辞商王在不同时间多次在齐次活动，说明殷末齐次是商王经营东方的一处重要军事据点。众所周知，齐即后来西周齐国都城，在山东临淄。从地理位置看，淄水发源于鲁中地区，穿过鲁北山地，经鲁北山前平原，继续向北，注入渤海。而齐所在恰好是淄水进入鲁北平原的入口，又因其濒临淄水，故称临淄。齐战略地位十分重要，因此商代时就已经成为重要的军事据点，有䢅族支族领有此地。

3. 朿(棘)及祝其

《殷周金文集成》收录一件晚商时期的卣，铭曰：

亚朿。寍豊作父癸宝尊彝。䢅(《集成》5360，图1-3左)

1. 祝其卣铭文(《集成》5360)

2. 师卫簋铭文拓本(《铭图》5142)

图1-3

由铭文可知，作器者寍豊是䢅族分支朿族成员。陈絜分析朿从来(麦)、从矢，是表麦芒之义的会意字，并指出《集成》6481觯"䢅棘。𡟰作祖辛彝"作器者𡟰与《集成》5309卣"亚朿。无𡟰作祖彝"之作器者无𡟰是同一人，因此，朿、棘所示为同一族，两字同源，含义相近，朿亦即棘。其说可信①。春秋时期齐、鲁皆有棘地。䢅族支族商、齐等都在鲁北，因此棘很有可能也在鲁北。《左传》昭公十年："桓子召子山私具幄幕、器用、从者之衣屦，而反棘焉。"杜预注："棘，子山故邑，齐国西安县东有戟里亭。"戟里亭亦作棘里亭，其地在临淄以西不远，商代棘族居地当即在此。作器者寍豊当与师卫簋(图1-3右)中的地名䨲𡨦城有关，即春秋时的祝其，在淄水上游今淄博市博山区(详第二章)。

---

① 陈絜：《小臣缶鼎与晚商䢅族族居地》，《青铜器与金文》第2辑，上海古籍出版社，2018年。

（三）关于人方位置的推测

人方在大邑商以东，现在基本成为学界共识。记载征人方的甲骨、金文材料也直接显示人方活动于山东地区。著名的梁山七器中的小臣俞犀尊就是其中一件，其铭曰：

丁巳，王省夒、京，王赐小臣俞夒贝。唯王来征人方，唯王十祀又五，肜日。（《集成》5990）

除小臣俞犀尊之外，其他几件皆属召氏家族铜器。陈絜指出，小臣俞是殷末东土俞族首领。梁山七器中的大保簋铭云：

王伐录子耶（聖），𫊣厥反，王降征令于大保，大保克敬亡遣，王侃大保，赐休榆土，用兹彝对令。（《集成》4140）

其所记王赐大保之榆土即商代小臣俞之领地。据陈絜考证，俞在山东肥城句窳亭[①]。商王征人方返回时经过此地，可证人方在山东地区。另外，滕州前掌大商代史族墓葬出土的枽盉也与征人方有关，根据冯时的考释，铭文读作：

枽擒人方澭伯宛首乇。用作父乙尊彝。史。[②]（《铭图》14766）

冯时解释说，澭伯为人方首领名号，澭即澭水，是今河南商丘以东汳水故道，澭伯率领的一支人方就在这一地区活动[③]。澭字锈蚀不清，其确切含义还可以继续探讨。但枽征伐人方这件事，说明山东境内有人方活动。

甲骨材料也指明人方在东方。《殷墟甲骨辑佚》690与《合集》36182两版缀合的内容相似，曰：

己未，王卜贞，畲[巫九备，人方伐东国，典东]侯，册[人方，余其比多侯]甾戋人方，亡[壱在畎……]

丁巳，王卜贞，畲巫九备，遇人方率伐东国东，典东侯，册人方，妥余一[人]，[余]其比多侯，亡左自[上下]于㪤示，余受有佑，王占曰：大

---

① 陈絜：《"梁山七器"与周代巡狩之制》，《汉学研究》2016年第34卷第1期。

② 李学勤的释文为"枽擒人方于浮，伯鯀锡戈，用作父乙尊彝。史"，亦值得参考。见李学勤：《论荣仲方鼎有关的几个问题》，《黄河文明与可持续发展》2008年第1期，收入氏著《当代名家学术思想文库·李学勤卷》，万卷出版公司，2010年。

③ 释文参冯时：《殷代史氏考》，《黄盛璋先生八秩华诞纪念文集》，中国教育文化出版社，2005年。

吉……彡，王彝在……[1]

“东国”以往或释为“东戈”，李学勤释为“东国”，认为即东土。“东侯”李学勤说是东方的诸侯。不过东也可能是地名，即《逸周书·作雒解》“建管叔于东”“殷、东、徐、奄及熊盈以略”“俾中旄父宇于东”之东，陈逢衡、吴庆恩皆认为其地属秦汉之东郡，在东昌、大名、曹州府界内[2]。卜辞东侯盖居于此范围内。商王以东方的东侯征伐侵扰东土之人方，足证人方在东。

征人方日谱中，商王到达攸之后，又转历几处地点，其中售与淮，对于探讨人方地望至关重要，《英藏》2564云：

己卯卜，在……贞，王其𠂤……灾。
辛巳卜。
癸未卜，在售贞，王步于減，亡灾。
乙酉卜，在減立贞，王步于淮，亡灾。（黄组）

甲骨文“𠂤”多与战争、杀伐有关，己卯日所卜，所𠂤对象虽残缺，但可以推断应当是人方。据排入日谱的卜辞记载，商王卜问从售前往減，又卜从減前往淮，可以断定当已成行，并且期间在減停留一日，亦可推知三处地点之间基本也是一日可达。其中售是属于人方的一处地名[3]，如无名组《屯南》2064卜问“王族其敦人方邑售”，李学勤指出其内容是关于十祀征人方战况的记录[4]。与售不远的淮不可能是南方的淮河，只能是山东的潍水。文献中不乏将“潍”写作“淮”的例子。《汉书·地理志》“琅琊郡灵门”条下将“潍”写作

① 两条卜辞释文分别参李学勤：《论新出现的一片征人方卜辞》，《殷都学刊》2005年第1期；李学勤：《殷墟甲骨辑佚序》，《殷墟甲骨辑佚：安阳民间藏甲骨》，文物出版社，2008年。

② 黄怀信等：《逸周书汇校集注》，上海古籍出版社，2007年，第512～513页。

③ 田猎刻辞中有一处地名舊，与售字虽然相似，但人方邑售字上部所从为隹，而舊上部之鸟形有冠，写法有别。从卜辞地名之间系联关系看，两者也有区别，如：

……丧、舊田不受佑。（《合集》29004）
丙辰王卜，在萛贞，今日步于䟽……
戊午王卜，在䟽贞，田舊，往来无灾。兹御。获鹿狐。
己未王卜，在䟽贞，今日步于僨，无灾。
庚申王卜，在僨贞，今日步于㔹，无灾。
辛酉王卜，在㔹贞，今日步于灉，无灾。（《前2·7·8》，黄组）

卜辞中的舊都是田猎地名，且与丧、䟽等田猎地邻近，其地当在鲁北田猎中心区，因此它不可能是人方之邑售。

④ 李学勤：《帝辛征夷方卜辞的扩大》，《中国史研究》2008年第1期。

“淮”①，又如《左传》昭公十二年“有酒如淮”，《释文》云：“学者皆谓淮当为潍。”人方之邑雋在潍水附近，因此李学勤认为商王朝与人方交界在淄、潍一带②。方辉认为人方在鲁北，殷末征人方是为了控制鲁北的海盐③，这些观点都极具启发意义。

综合前文对东土地理格局的讨论可知，晚商鲁北地区济南至临淄之间是商人势力范围，这一地区王朝田猎区与东土诸侯贵族领地交错分布。尤其是淄水流域，其下游的临淄地区是商人重要的势力范围。其中齐是龚族分支，同时也是王朝军事据点，龚族另一分支棘也在其附近，攸侯领地亦在其西北不远，淄水上游又有棘族成员祝其驻守。由此看来，整个淄水流域被商人牢牢控制。而淄水流经鲁北山谷之间，古称弇中或莱芜谷，是联系鲁北与鲁中南地区的一条重要通道。鲁北地区是商人长期经营的重镇，由临淄经莱芜谷南下进入鲁中，或直接从临淄东行进入潍水流域，都十分便捷。征人方提到的淮，必然是潍水。潍水流域附近当属人方活动区域。十祀征人方所涉地名多在鲁北，因此当时征人方所行路线当是经鲁北济南、临淄一线东行至潍水。当然，人方可能分布较广，由滕州前掌大史族铜器亲盉可以推测，鲁中地区当亦有人方，沂水上游地区也很有可能是人方领地。

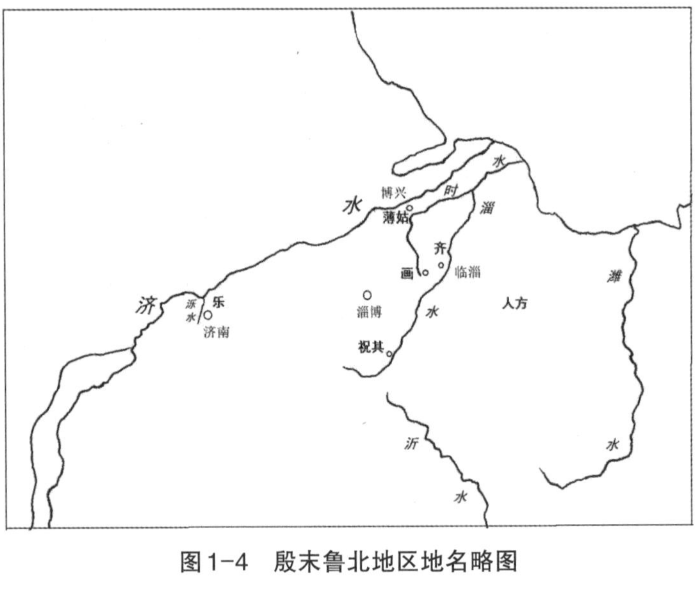


图1-4　殷末鲁北地区地名略图

① 王先谦：《汉书补注》，中华书局，1983年，第744页。

② 李学勤：《夏商周与山东》，《烟台大学学报（哲学社会科学版）》2002年第3期。

③ 方辉：《从考古发现谈商代末年的征夷方》，《海岱地区青铜时代考古》，山东大学出版社，2007年。

# 附表一　帝辛十祀征人方日谱

| 年月 | 干支 | 祭祀田猎 | 往来征人方 | 地点 | 编号 |
|---|---|---|---|---|---|
| 十祀九月 | 甲午 | 遘上甲壹 | 步从攸侯<br>喜征人方 | 告于大邑商 | 《合集》36482 |
| 九月 | 癸亥 | | 征人方 | 在雇 | 《合集》36485<br>《合集》36487 |
| 十月 | 癸酉 | | 征人方 | 劼 | 《合集》36504 |
| | 乙酉 | | | 在香 | 《合集》36553 |
| | 丁亥 | | | 在丧 | 同上 |
| | 己丑 | | | 在乐 | 同上 |
| | 辛卯 | | | 在雇 | 同上 |
| | 癸巳 | | | 在雇 | 同上<br>《英藏》2524 |
| 十祀十月 | 甲午 | | 征人方 | 在雇,从东 | 《合集》37856 |
| | 乙未 | | | 在雇 | 《合集》36553 |
| | 丁酉 | | | | 同上 |
| | 己亥 | | | 在雇 | 同上 |
| | 辛丑 | | | 在商 | 同上 |

续表

| 年月 | 干支 | 祭祀田猎 | 往来征人方 | 地点 | 编号 |
| --- | --- | --- | --- | --- | --- |
| 十一月 | 癸卯 | | 征人方 | 在商 | 《英藏》2524 |
| | 己酉 | | | 在古 | 《合集》36553 |
| | 辛亥 | | | 在古 | 《合集》36553 |
| | 壬子 | | | 在商，步于亳 | 《合集》36567＋《合补》1115＋《合集》36830[①] |
| 十一月 | 癸丑 | | 征人方 | 在亳 | 《英藏》2524 |
| | 甲寅 | | | 在亳，步于㴁 | 《合集》36567＋《合补》1115＋《合集》36830 |
| | 乙卯 | | | 在㴁，步于鬲 | 同上 |
| | 丁巳 | | | 在鬲，步于㜸 | 同上 |
| | 己未 | | | 在㜸，戈从亳西 | 同上 |
| | 庚申 | | | 在㜸 | 同上 |
| | 辛酉 | | | 在㜸，步于雚 | 《合补》11142 |
| 十一月 | 癸亥 | | 征人方 | 在雚 | 《英藏》2524 |
| | 癸亥 | | | 在雚，步于危 | 《合补》11142 |
| | 甲子 | | |  | 同上 |
| 十二月 | 己巳 | | | 在危，步于攸 | 同上 |
| 十二月 | 癸酉 | | 征人方 | 攸？ | 《英藏》2524 |
| | 己卯 | | | 在□，其亩□ | 《英藏》2564 |

① 孙亚冰缀，其中《合集》36567为《后》9·12与《前》2·9·6的缀合，前者在下，后者在上。参孙亚冰、林欢：《商代地理与方国》，中国社会科学出版社，2010年，第383、384页。

续表

| 年月 | 干支 | 祭祀田猎 | 往来征人方 | 地点 | 编号 |
| --- | --- | --- | --- | --- | --- |
|  | 壬午 |  |  | 雋立 | 《合集》36442 |
| 十二月 | 癸未 |  | 征人方 | 在雋 | 《合补》11232 |
|  | 癸未 |  |  | 在雋，步于淢 | 《英藏》2564 |
|  | 甲申 |  |  | 在淢 | 《前》2•16•5 |
|  | 乙酉 |  |  | 在淢立，步于淮 | 《英藏》2564 |
|  | 丙戌 |  |  | 在淮，步于□ | 《合集》36968<br>《英藏》2563 |
|  | 庚寅 |  |  | 在澭，畣林方 | 《合集》36968<br>《英藏》2563 |
|  | 壬辰 |  | 征人方 | 在澭 | 《合集》36968<br>《英藏》2563 |
| 十二月 | 癸巳 |  | 征人方 | 在澭 | 《合补》11232<br>《合集》36484 |
| 十祀十二月 | 甲午 | 彡日 |  | 在澭師，步于糫 | 《英藏》2563 |
| 十一祀正月 | 丁酉 |  |  | □師，从…… | 《英藏》2563 |
|  | 己亥 |  |  | 在舂師，步于淩 | 《英藏》2563 |
| 正月 | 庚子 | 获犷十又一 |  | 在淩師，步于澴 | 《合集》37475＋<br>《英藏》2562＋<br>《合补》11141[①] |
|  | 辛丑 |  |  | 在淩師，步于杲 | 同上 |
|  | 壬寅 |  |  | 在杲，步于永 | 同上 |
| 正月 | 癸卯 |  | 来征人方 | 在攸侯喜鄙永 | 《合补》11232<br>《合集》36484 |

---

① 董作宾缀，参董作宾：《殷历谱》下编卷九·日谱三·帝辛日谱，《董作宾先生全集》，台北艺文印书馆，1977年，第741页。

续表

| 年月 | 干支 | 祭祀田猎 | 往来征人方 | 地点 | 编号 |
|---|---|---|---|---|---|
| | 癸卯 | | 来征人方 | 在攸 | 《合集》36494 |
| | 癸卯 | | | 在永餗,步于□ | 《合集》37475+《英藏》2562+《合补》11141 |
| | 乙巳 | | | 在澅,步于攸 | 同上 |
| 正月 | 丙午 | 执胄人方䨓,焚白桄 | 来征人方 | 在攸 | 《合集》36492+36969① |
| | 己酉 | | | 在攸 | 《合集》36822 |
| | 辛亥 | | | 在攸 | 同上 |
| | 辛亥 | 大左族有擒 | | 在攸 | 《合集》37518 |
| 正月 | 癸丑 | | 来征人方 | | 《合补》11232 |
| | 丁巳 | | | 在攸 | 《合集》36822 |
| | 己未 | | | 在攸 | 同上 |
| | 己未 | 田元 | | | 《合集》37475+《英藏》2562+《合补》11141 |
| 正月 | 癸亥 | | 来征人方 | 在攸 | 《合补》11232 |
| | 乙丑 | | | 在攸,戋从攸东 | 《合集》37475+《英藏》2562+《合补》11141 |

① 李学勤缀,参李学勤:《帝辛征夷方卜辞的扩大》,《中国史研究》2008年第1期。

续表

| 年月 | 干支 | 祭祀田猎 | 往来征人方 | 地点 | 编号 |
| --- | --- | --- | --- | --- | --- |
| 二月 | 癸酉 | | 来征人方 | | 《合补》11232 |
| | 癸酉 | | 来征人方 | 在攸 | 《合集》36494 |
| | 丁丑 | | | 在□，步于戴 | 《合集》37475＋《英藏》2562＋《合补》11141 |
| | 戊寅 | | | 在戴，步于危 | 同上 |
| | 庚辰 | | | 在危，步于叉 | 同上 |
| | 辛巳 | | | 在叉，步于沚 | 同上 |
| | 壬午 | | | 在沚，步于杧 | 《合集》36901 |
| 二月 | 癸未 | | 来征人方 | 在㶣 | 《合补》11232 |
| | 丙戌 | | | 在洹，步于□ | 《合集》36751 |
| | 庚寅 | | | 在婚，步于杞 | 同上 |
| | 壬辰 | | | 在杞，步于商 | 同上 |
| 二月 | 癸巳 | | 来征人方 | 在商雷商季 | 《合补》11232 |
| | 癸巳 | | 来征人方 | 在商雷季商啚 | 《英藏》2525 |
| | 癸巳 | | | 在商，戋鼺，于师北 | 《合集》36751 |
| | 甲午 | | | 在商，步剢 | 同上 |
| 三月 | 癸卯 | | 来征人方 | 在雪 | 《合补》11232 |
| | 乙巳 | 田□ | 来征人方 | 在□ | 《合集》36501＋36752＋37410＋36772[①] |

① 门艺在蔡缀379基础上所缀，参王蕴智、门艺：《黄组田行卜辞新缀14例》，《古文字研究》第27辑，中华书局，2008年。

续表

| 年月 | 干支 | 祭祀田猎 | 往来征人方 | 地点 | 编号 |
| --- | --- | --- | --- | --- | --- |
| | 丙午 | | | 在商,步于乐 | 同上 |
| | 己酉 | | | 在乐,步于丧 | 同上<br>《英藏》2565正 |
| | 庚戌 | | | 在丧,步于香 | 同上 |
| | 辛亥 | | | 在香,步于敢 | 同上 |
| | 癸丑 | | | 在敢,步于□ | 《英藏》2565正 |
| | 癸丑 | | | 在敢 | 《英藏》2525 |
| | 甲寅 | | | 在敢,步于奠 | 《合集》36501+36752+37410+36772 |
| | 乙卯 | 田师东 | | 在奠 | 同上 |
| | 丙辰 | | | 在奠,步于㲋 | 同上,并见《合集》37434 |
| | 戊午 | 田舊,获鹿狐 | | 在㲋 | 《合集》37434 |
| | 己未 | | | 在㲋,步于僭 | 同上 |
| | 庚申 | | | 在僭,步于勆 | 同上 |
| | 辛酉 | | | 在勆,步于灉 | 同上 |
| 四月 | 癸酉 | | 来征人方 | 在云奠河邑 | 《英藏》2525 |
| 五月 | 癸卯 | | 来征人方 | 在害𠂤 | 《合集》36495 |
| 五月 | 癸亥 | | | 害𠂤 | 同上 |

# 第二章　周伐东夷

周代东土夷夏政治格局是周人东进过程中逐渐形成的。武王克商之后，尚无力统治商人全部领土，只能采取折中的策略，命纣子武庚奉守殷祀统率殷民，再设“三监”来监控武庚。顾炎武谓：“宗庙不毁，社稷不迁，时殷未尝亡也。所以异乎曩日者，不朝诸侯，不有天下而已。”[①]殷人仍保持高度自治，原有氏族组织基本未受破坏。而商王畿之外，尤其是商人经营既久的山东地区，周人更是未曾涉足。成王平定“三监之乱”后，将王朝疆域拓张到山东地区，与东夷形成对峙之势。此后东夷又时常反叛，直至穆世才基本被平定，东土夷夏格局基本定形。

## 第一节　成王二次东征与黄河中下游封建体系

《逸周书·度邑解》记载武王克商之后“具明不寝”，对周公说：“维天建殷，厥征天民名三百六十夫，弗顾亦不宾成，用戾于今。”[②]殷人实力尚强，并未真心归服周人，令武王寝食难安。二年之后武王驾崩，“三监”与武庚发动叛乱，山东地区的国族亦参与其事，一时间东方大乱。为挽救危局，成王、周公为首的周王朝统治者发起东征，拉开了王朝向东拓张的序幕，此即学界所谓“二次东征”。

### 一、二次东征地理进程

二次东征讨伐的首要对象是中原的武庚，其次是盘踞在东土的殷人。

---

① (清)顾炎武:《日知录》，上海古籍出版社，2012年，第103页。

② 黄怀信等:《逸周书汇校集注》，上海古籍出版社，2007年，第470页。

当时成王新即位，缺乏治国经验，由周公辅佐[①]。《逸周书·作雒解》曰："周公、召公内弭父兄，外抚诸侯，九(元)年夏六月葬武王于毕。二年又作师旅，临卫征殷，殷大震溃。"[②]《尚书大传》云："(周公)一年救乱，二年克殷。"可知东征是在安葬武王，稳定内政之后发起的。

召公奭所作大保簋记成王伐武庚云：

> 王伐录子耶(聖)，𢦚厥反，王降征令于大保，大保克敬亡(无)遣，王侃大保，赐休榆土，用兹彝对令。(《集成》4140)

"王伐录子耶(聖)"可与清华简《系年》"成王屎(继)伐商邑，杀录子耿"[③]对读。录子聖即录子耿，亦称王子禄父(《逸周书·作雒解》)，也即武庚。"王降征命于大保"未言征命具体内容，下文说大保完成任务恭敬小心没有差错，不言拓土杀敌之功，似说明他没直接参与克商之役，他很有可能留在后方，执行内政后勤之类的工作[④]。

周公伐商的铜器有小臣单觶，曰：

> 王后叚，克商，在成自(师)，周公赐小臣单贝十朋，用作宝尊彝。(《集成》6512)

叚从"厂""土""又"会意，表示某种行为动作，具体含义尚无定论[⑤]，姑且不谈。铭文记载成王克商之后，周公在成师赏赐下属小臣单十朋贝以示嘉奖。地名成师，与成周是否一地，学者间尚有分歧。如依《尚书大传》"五年营成周"之说，克商时成周尚未营建，则成师不可能是成周。唐兰推定是东土的郕国，在今山东鄄城[⑥]。陈梦家亦持此说，并联系竞卣(《集成》5425)铭文"以成师即东"之语，认为成师之地当不甚东，或在濮阳，并指出它介于朝歌与曲阜之间，是克商以后践奄途中所经地点[⑦]。马承源则认为洛邑在武王时期就

① 成王初年周公主政，但并未称王，也没有单独的纪年。参彭裕商：《西周青铜器年代综合研究》，巴蜀书社，2003年，第24～28页；杨升南：《周公摄政未称王》，《洛阳师范学院学报》2012年第1期。

② 黄怀信等：《逸周书汇校集注》，上海古籍出版社，2007年，第550～551页。

③ 李学勤主编：《清华大学藏战国竹简(贰)》，中西书局，2011年。

④ 黄锦前：《卿器系联与周公东征》，《东岳论丛》2018年第7期。

⑤ 陈梦家释为"圣"，读为"黜"，见氏著《西周铜器断代》上册，中华书局，2004年，第10页；唐兰释作"反"，见氏著《西周青铜器铭文分代史征》，中华书局，1986年，第36页。

⑥ 唐兰：《西周青铜器铭文分代史征》，中华书局，1986年，第37页。

⑦ 陈梦家：《西周铜器断代》上册，中华书局，2004年，第10～11页。

是重要城邑，成王五年已经是政治军事中心，铭文中的成师是成周，周公克商还师驻军于此①。两种观点分歧在于成周营建年代上，根据下文对成周营建过程的探讨，马说更为可信，成师当即成周。

记载周公伐商的还有卿盘（《铭图》14432）："周公来伐商，滅宔(酬)卿，赐金，用作宝彝。"②是说周公伐商归来，赏赐给卿金。此外沬司土疑簋（《集成》4059）"王来伐商邑"、炣簋（《铭图》5136）"公陕殷年"、宜侯夨簋（《集成》4320）"王省武王、成王伐商图"也都记载成王或周公伐武庚之事。就目前材料来看，西周早期有关克商的铜器除了武王时期的利簋（《集成》4131），其他如大保簋、小臣单觯、卿盘、沬司土疑簋所记都是成王初年的二次东征。

击败武庚翌年，成王、周公继续向山东地区进军，讨伐参与叛乱的东土殷人。当时东土较强者，一是鲁南的奄侯，一是鲁北的薄姑。金文记伐奄侯云：

> 王伐蓋侯，周公某，禽祝，禽又囗祝，王赐金百寽，禽用作宝彝。（禽簋，《集成》4041）

> 王征蓋，赐刚劫贝朋，用作朕高祖宝尊彝。（刚劫卣，《集成》5383）

蓋侯即奄侯，见诸文献，如《左传》定公四年"因商奄之民，命以伯禽"，《韩非子·说林》"周公旦已胜殷，将攻商蓋""乃攻九夷而商蓋服"，《墨子·耕柱篇》"古者周公旦非关叔，辞三公，东处于商蓋，人皆谓之狂"。商奄是殷末商王朝东土的诸侯，在今山东曲阜，被灭之后其地被分封给鲁国。由上揭禽簋铭文可知成王东征商奄时，周公、伯禽也参与其事。消灭商奄之后周人挥师北伐薄姑。《尚书》中的《将蒲姑》与此役有关，此篇已逸，幸有𪨷鼎记载其事，云：

> 唯周公于征伐东夷：豊伯、薄姑。咸𢦏，公归，禦于周庙。戊辰，饮秦饮，公赏𪨷贝百朋，用作尊鼎。（《集成》2739）

① 马承源主编：《商周青铜器铭文选》第3卷，文物出版社，1988年，第17页。

② 滅宔是复合词，还见于爯簋"王弗忘应公室，滅宔爯身，赐贝卅朋，马四匹"（《铭图》5233），伯姜鼎"天子滅宔伯姜，赐贝百朋"（《集成》2791）。滅释作灭，见郭店简《唐虞》"乱之至滅"，清华简《说命中》"我先王滅夏"，可读作蔑，参黄德宽主编：《古文字谱系疏证》，商务印书馆，2007年，第2490页。宔读为"酬"，参陈絜：《甲骨金文中的"𠥼"字及其相关问题之检讨》，《青铜器与金文》第3辑，上海古籍出版社，2019年。

薄姑,《汉书·地理志》认为是殷之诸侯。亖伯据甲骨文材料可知,是商王室姻亲,都在临淄、博兴一带[①]。此次出兵征讨两族的路线大致是沿汶水和淄水进入鲁北[②]。之前已经攻克商奄,无后顾之忧,伐灭薄姑亦取得了成功。

## 二、黄河中下游封建体系的初步形成

成王平定东土叛乱用时3年,《诗·豳风·东山》谓:"自我不见,于今三年。"《史记·周本纪》亦云:"管蔡畔周,周公讨之,三年而毕定。"战后中原与鲁北、鲁西的强敌被肃清,为了控制新占领土地,周王分封了许多邦国,其中有一部分是侯,肩负着拱卫王畿、开疆拓土的职责,从其地理分布情况可以看出周与东夷之间对立的政治地理格局特点[③],这些诸侯主要有卫、齐、鲁、滕、薛、纪。除此之外,还有一个比较特殊的是宋国,其分封体现了周人对殷遗的态度。封建之外,成王还完成了东都成周的营建,构建起以成周为中心的封建体系。下面对东都营建及各主要诸侯国的封建情况分别进行讨论。

### (一)成周

二次东征胜利之后,周王朝疆域大幅扩张。此时都城宗周就显得偏远,为了便于控制中原与东方诸侯,周公主持兴建东都成周。《尚书》中的《召诰》《洛诰》《多士》诸篇皆涉及此事,其所谓新邑、洛邑、新邑洛、洛师、新大邑皆指成周。《洛诰》记周公卜宅洛邑说:"我乃卜涧水东、瀍水西,惟洛食。我又卜瀍水东,亦惟洛食。"占卜结果以涧水以东及瀍水东、西两岸而近于洛水之处为吉。考古工作者在瀍水两岸发现了较为集中的西周早期文化遗存[④],证实了文献关于成周位置的记载[⑤]。

关于周公营建成周的相关活动,《召诰》《洛诰》记载较为详细。《召诰》记从二月乙未相宅到三月甲子正式兴建一系列事件的日期,但都不记年。《洛诰》记竣工后成王前来举行典礼,时间是周公行政的七年十二月戊辰,年月日俱全。两篇诰辞学者理解不尽相同,自汉代以来对成周营建时间主要有两种观点。一种以《史记》为代表,如《周本纪》云:"周公行政七年,成王长,

① 详第五章。

② 陈絜:《𡈼方鼎铭与周公东征路线初探》,《古文字与古代史》第4辑,台北"中央研究院"历史语言研究所,2015年。

③ 朱凤瀚:《关于西周封国君主称谓的几点认识》,《两周封国论衡——陕西韩城出土芮国文物暨周代封国考古学研究国际学术研讨会论文集》,上海古籍出版社,2014年,第274页。

④ 洛阳市文物工作队:《洛阳北窑西周墓》,文物出版社,1999年;《洛阳北窑西周车马坑发掘简报》,《文物》2011年第8期。

⑤ 刘富良等:《西周早期的成周与王城》,《安金槐先生纪念文集》,大象出版社,2005年。

周公反政成王，北面就群臣之位。成王在丰，使召公复营洛邑，如武王之意。周公复卜申视，卒营筑，居九鼎焉。曰：‘此天下之中，四方入贡道里均。’作《召诰》《洛诰》。”《鲁世家》亦说：“成王七年二月乙未，王朝步自周，至丰，使太保召公先之雒相土。其三月，周公往营成周雒邑，卜居焉，曰吉，遂国之。”可见，司马迁认为《召诰》《洛诰》所记同为周公行政七年之事，也就是说从兴建到竣工都在周公摄政七年，亦即成王七年一年之内完成。《汉书·律历志》引刘歆《三统历》也认为二篇诰辞所记是周公七年致政时事①。另一种观点为郑玄提出，认为《召诰》之作“是周公居摄五年”②，“二月、三月当为一月、二月，不云正月者，盖待治定制礼乃言正月故也”③，所据当是《尚书大传》周公“五年营成周，六年制礼乐，七年致政成王”之说。支持两种观点的学者自清代以来不乏其人，此不赘举。从《尚书》相关诰辞所记周公至洛邑的时间来看，《召诰》为三月乙卯，《洛诰》为乙卯，《多士》为三月，只是详略不同，当是同一时间④。《召诰》有月无年，盖因《洛诰》而省略⑤。上述两种观点当以周公七年为是。

周公摄政没有独立纪年，他行政的七年亦即成王七年。营建洛邑自七年二月开始，至十二月告成。兴建成周，除了治理天下，还有为致政成王举行典礼做准备的用意。《召诰》载周公之语，曰：“其作大邑，其自时配皇天，毖祀于上下，其自时中乂，王厥有成命，治民今休。”大意是说，在这天下之中，建立大邑，让成王在此昭告上天，治理万民。据《洛诰》记载，洛邑建成之后，成王来到洛邑相宅，举行殷见之礼，祭祀文王、武王，然后命周公留守成周，他本人“退即辟于周”，也就是回到岐周正式行使王权⑥。

需要说明的是，成周洛邑并非成王七年一次性建成，在周公大兴土木之前，洛邑就已经是一处重要的都邑了。《尚书·多方》记载周公传达成王对洛邑殷人的训诫，提道：“惟五月丁亥，王来自奄，至于宗周。”又说：“今尔奔走臣我监五祀……尔乃自时洛邑，尚永力畋尔田，天惟畀矜尔。”成王践奄在即

① 《汉书》卷21下。

② 《周礼·大司徒》疏引。

③ 《诗·大雅·文王》疏引。

④ 朱凤瀚：《〈召诰〉、〈洛诰〉、何尊与成周》，《历史研究》2006年第1期。杜勇：《〈尚书〉周初八诰研究（增订本）》，中国社会科学出版社，2017年，第65～67页。

⑤ 杨筠如：《尚书核诂》，陕西人民出版社，2005年，第300页。

⑥ 金文周是岐周，参陈絜：《周代农村基层聚落初探——以西周金文资料为中心的考察》，《新出金文与西周历史》，上海古籍出版社，2011年，第161～165页；赵庆淼：《再论西周时期的“周”地及相关问题》，《三代考古（八）》，科学出版社，2019年，第497～512页。

位第三年,亦即周王朝建立的第五年,洛邑殷民臣服于有周也正好五年。由此可知,洛邑原本是商王朝的邑落[①],武王克商将其占领,洛邑之殷民遂成为周人治下臣民。

武王占领洛邑经过了一番深思熟虑。克商之后,虽然以三监监视武庚,但殷人实力尚存,不可掉以轻心。返回西土之前,武王曾安抚和告诫殷人要顺服于周王朝,在讲话最后说道:"予维及西土,我乃其来即刑,乃敬之哉!庶听朕言,罔胥告!"[②]以刑杀这种严厉的警告威慑殷人,说明殷人存在反叛的迹象,并未真心归附。殷人据有中原,对周人来说犹如芒刺在背。返回西土途中,武王就着手策划建立东都。他专门登太室山相度地形,选定天下之中的洛邑为今后定鼎中原的都邑。回到宗周与周公的一番谈话,明确地表达了这一意图,曰:

> 呜呼,旦! 我图夷兹殷,其惟依天室。其有宪命,求兹无远。天有求绎,相我不难。自洛汭延于伊汭,居易无固,其有夏之居。我南望过于三涂,我北望过于岳鄙,顾瞻过于有河,宛瞻延于伊洛。无远天室。[③]

"夷兹殷"即平定殷人,与𢉩簋"公陕殷年"(《铭图》5136)的"陕殷"意思相同[④]。天室即太室山[⑤],"依天室",是依傍太室山建立都城,从地形描述来看,选址就在洛邑[⑥]。可见武王已有彻底平定殷人,夺取中原之意。《史记·周本纪》记载,武王克商后"营周居于雒邑而后去",《左传》桓公二年亦云:"武王克商,迁九鼎于雒邑。"说明武王度邑之后,就在洛邑兴建了宫室。但武王克殷二年而卒,接连又发生三监叛乱,营建成周的工程只能中止[⑦]。平定三监之乱之后,成王将战败的殷顽民迁至洛邑。《多士》记成王训诰殷民"多士,昔朕来自奄,予大降尔四国民命。我乃明致天罚,移尔遐逖",又说"今尔惟时宅尔邑,继尔居,尔厥有干有年于兹洛,尔小子乃兴,从尔迁"。透露成王将这些战败被俘的殷顽民迁到成周,其目的一是便于管制,同时也为继续兴建成周补充人力。成王五年效仿武王在成周举行祼礼。何尊记此事"惟王初

---

① 黄组卜辞《合集》36959、36960有商王在洛占卜的记录,亦可证洛邑本是商人之邑。

②《逸周书·商誓》,黄怀信等:《逸周书汇校集注》,上海古籍出版社,2007年,第464页。

③《逸周书·度邑》,黄怀信等:《逸周书汇校集注》,上海古籍出版社,2007年,第479～481页。

④ 张光裕:《𢉩簋铭文与西周史事新证》,《文物》2009年第2期。

⑤ 林沄:《天亡簋"王祀于天室"新解》,《史学集刊》1993年第3期。

⑥ 张怀通:《武王伐纣史实补考》,《中国史研究》2010年第4期。

⑦ 鲁鑫:《何尊与成王度邑》,《青铜器与金文》第10辑,上海古籍出版社,2023年。

迁宅于成周，复禀武王礼，祼自天，在四月丙戌”，“惟王五祀”（《集成》6014）。成周的兴建又重新启动。成王七年，周公监督建成成周最后一批宫殿，成周的兴建正式完成。

洛邑在武王克商时被周人占领，并确定为东都的选址，虽然曾因武庚叛乱，营建进程一度中止，但一直在周王朝的严格控制之下。

（二）卫

卫国始封君康叔是武王同母少弟。《史记》记载，武王克殷分封同母兄弟，康叔年少未封[①]，成王平定三监之乱后，康叔受封为卫君，居河、淇间故商墟[②]。卫君为何称康叔，《史记》并未交代。《史记·卫康叔世家》索隐引宋忠说：“康叔从康徙封卫，卫即殷墟定昌之地。畿内之康，不知所在。”认为康叔封卫之前食采于畿内之康邑。《白虎通·姓名》：“管、蔡、曹、霍、成、康、南，皆采也。”[③]也认为康是畿内采邑。清代学者如江永、孙星衍等都认同康在王畿之内，并联系晚近文献中名康或与康谐音的地名，考订康在河南禹城或汝州[④]。但问题是，康叔封卫之前三年，成王忙于平定三监与征伐东土，并无分封诸侯之举。如果说康叔受封于更早的武王时期，当时王畿仅限于关中，河南禹城、汝州一带还不是周人的势力范围。童书业《春秋史》对旧说存疑，谨慎地认为康侯之国不知所在，未采清人之说[⑤]。实际上，康叔受封之初就是诸侯。《史记·卫康叔世家》索隐指出：“《康诰》称命尔侯于东土，又云‘孟侯，朕其弟，小子封’，则康叔初封已为侯也。”所言甚是。杜预曾指出：“经、传不见畿内之国称侯、男者，天子不以此爵赐畿内也。”[⑥]这一论断已得到学者的普遍认同[⑦]。康侯既然是诸侯[⑧]，其封国不当在畿内，康邑在畿内之说就不能成立。

康侯始封时间及大致位置可从《尚书·康诰》找到线索，有几条材料值得

---

① 《史记·管蔡世家》。

② 《史记·卫康叔世家》。

③ （清）陈立：《白虎通疏证》，中华书局，1994年，第419页。

④ 禹城说见（清）江永：《春秋地理考实》卷2“襄公二十九年”，《诗礼春秋四书尔雅地理文献集成》，上海交通大学出版社，2009年，第278页；汝州说见孙星衍：《尚书今古文注疏》，中华书局，1986年，第354页。

⑤ 童书业：《春秋史》，上海古籍出版社，2010年，第114页。

⑥ 《诗·大雅·烝民》正义引杜预说，见《毛诗正义》，台北艺文印书馆，2001年，第674～675页。

⑦ 魏芃：《西周春秋时期的“五等爵称”研究》，南开大学博士论文，2012年；邵蓓：《〈封许之命〉与西周外服体系》，《历史研究》2019年第2期。

⑧ 康侯封有自作方鼎传世，铭文曰：“康侯封作宝尊。”（《集成》2153）是康为诸侯的确证。

注意，现依次摘录如下：

> 乃寡兄勖，肆汝小子封，在兹东土。
> 汝惟小子，乃服惟弘王，应保殷民，亦惟助王宅天命，作新民。
> 往哉，封。勿替敬典，听朕告汝，乃以殷民世享。

《康诰》以王的口吻向封发号施令，其作者有武王和周公两说，前文已指出周公辅政未称王，《康诰》作者只能是武王[①]。周初成周未建成时，中原对周人来说也是东方，当时称洛邑所处的中原为东国、东土，如《康诰》“周公初基，作新大邑于东国洛”[②]、《洛诰》“予乃胤保，大相东土，其基作民明辟。予惟乙卯，朝至于洛师”。上揭《康诰》第一句内容是武王要将康叔分封到中原。第二句是武王勉励康叔保有殷民，辅助教化殷人，使之成为周王朝新的臣民。第三句是全篇末句，康叔即将启程前往封国，武王叮嘱他遵守典制，谨遵训诰，长久地统治殷民。综观三句可知《康诰》是康侯将要前往封国时武王对他的训诰。诰辞中提示康侯受封之地在中原，其封国又皆为殷民，由此可以确定康侯的封国一定在殷王畿，离殷都不会太远[③]。分封康侯应是武王克殷之后回到宗周作出的部署。

成王平定武庚叛乱后，又将殷都淇卫赐给康侯。沬司土疑簋铭曰：

> 王来伐商邑，诞令康侯鄙于卫。沬司土逘眔鄙，作厥考尊彝。𠳄（《集成》4059）

“鄙于卫”的含义是理解铭文的关键，以往学者意见不一，对商、卫、沬三个地名之间关系认识也混淆不明。近年王旭东从聚落结构的视角进行研究，指出“鄙”与《左传》僖公二十四年“鄙在郑地氾”、庄公二十八年“群公子皆鄙”中的鄙字用法相同，意思是“居于边邑”，认为卫是位于商邑鄙野的二级聚

① 关于《康诰》作者与时代可参考屈万里：《尚书集释》，中西书局，2014年，第145～147页。

② 此句是《康诰》篇首四十八字错简中的一句，原本可能属于《洛诰》。参屈万里：《尚书集释》，中西书局，2014年，第147页。

③ 唐宋时还有康叔封于河内怀县之说，（清）梁玉绳《史记志疑》卷十二“封康叔为卫君”下按语曰：“李商隐《为怀州李中丞谢上表》云：‘苏公旧田，怀侯故邑。’《寰宇记》谓周封康叔为怀侯，岂康叔初封为怀，后乃改卫欤？《路史·国名纪》五谓封康叔为怀侯，即为卫。”[（清）梁玉绳：《史记志疑》，中华书局，1981年，第930页。]若就地理而言，怀县在河内殷王畿范围之内，离淇卫不远，符合卫国始封时期的情况，但此说亦缺乏材料依据，鲜有学者采信，其合理性还有待研究。另外，古文康、褱（怀）二字字形相近，传抄过程中可能误将“康”写作“褱”。

落，沬又是邻近于卫的三级聚落，商邑—卫—沬是三级层层相依的都鄙聚落结构[①]。此说较好地厘清了地名之间的层级关系，当为可信。铭文大意是说成王伐商归来，命令康侯进驻商邑边鄙的卫地，沬司土遥也一同前往卫地。沬司土遥又称沬伯遥（《集成》2344），他本是沬族首领，投靠周人之后，被授予沬地司土之职，替周人打理地方事务。沬是卫附属的下一级聚落，康侯徙卫，沬伯自然要前去拜见。大约不久康侯就被成王正式册封领有淇卫，《左传》定公四年所载"命以《康诰》而封于殷墟"即此事。康侯之国之所以称卫，是由于后来将都城迁徙到了卫。《世本》云："康叔居康，从康徙卫。"清华简《系年》说："乃先建卫叔封于康丘，以侯殷之余民。卫人自康丘迁于淇卫。"都说卫国都城由康迁徙至卫。但徙都时间并不在康叔时期。根据金文可知，周代诸侯徙都，国号也随之改变，如宜侯夨簋（《集成》4320）虞侯夨被康王册命侯于宜，受命前他自称虞侯，受命后就改称宜侯。而卫国第二代国君是康伯髦[②]，洛阳北窑西周墓还出土了属于他的康伯壶盖（《新收》362），证明他仍以康为氏，也就说明当时都城仍在康，卫人徙卫的时间当在康伯髦之后。淇卫有孟门、太行之险，是战略要地，纳入康侯领土之后，仍是一处非常重要的都邑。20世纪30年代在浚县辛村卫国墓葬中发现有"卫师"字样的铜泡[③]，说明此地是一处军事要地。或许因为卫是殷商旧都，有着优越的基础条件，更适宜建都，后来卫人就迁都于此。康侯继承了殷王畿故地，领有殷民七族，屏藩周邦，是王室十分器重的诸侯。

（三）宋

宋国始封君微子是纣王庶兄，武王克殷后主动投降周人，受到优容。武庚反叛被诛，成王兴灭继绝，扶植微子奉守殷人先祀，但仍心存芥蒂，没有将他留在殷王畿，而是派到较为偏远的商丘建立了宋国。早在殷商时期已有宋，卜辞中的宋伯歪（《合集》20075）是其首领，从名号可知是商王朝外服邦伯[④]。山东滕州前掌大墓地曾出土一件商周之际的觚，铭文曰："宋妇彝。史。"（《铭图》9778）宋妇或即宋族嫁于史族之妇。可见商宋与史族有联姻关系，两族关系亲密，距离应当不远。商丘与滕州较近，很有可能早在商代就是宋的领地，微子受封当是因袭商宋旧地。商丘处于黄淮平原，属四战之地，无险可守。顾栋高评论周人分封宋国的用意说：

---

① 王旭东：《殷代国家形态研究》，南开大学博士学位论文，2021年。

② （晋）杜预：《春秋释例》卷9，中华书局，1985年，第411页。

③ 《集成》11858、11859。

④ 殷墟卜辞中一般称外服邦伯为某伯，方国为某方伯。详见第五章。

> 周室棋布列侯，各有分地，岂无意哉！盖自三监作孽，武庚反叛，周公诛武庚而封微子于宋。岂非惩创当日武庚国于纣都，有孟门、太行之险，其民易煽，其地易震，而商丘为四望平坦之地，又近东都，日后虽子孙自作不靖，无能据险为患哉。[①]

环顾宋国周边，西有东虢，北有卫，东有鲁，南面是淮河流域。东虢、卫、鲁三国皆姬姓懿亲，其中鲁卫又极为亲密，史书说“大姒之子，唯周公、康叔为相睦也”[②]，“封伯禽、康叔于鲁、卫，地各四百里，亲亲之义，褒有德也”[③]。宋南面淮河是淮夷分布区。但周王朝分封宋的目的并不是要它独当一面，成为捍御南夷的诸侯。典籍与出土材料中的宋君皆不称侯[④]，也能说明这一问题。宋不是诸侯，究其原因：一是宋国地处四战之地，没有军事防卫功能，不具备作为诸侯的必要条件；二是周王朝的封建体系设计起初并不在意东南地区淮河流域，低估了淮夷的威胁。后来穆世淮夷之患爆发，令周人措手不及，就暴露了周初封建体系设计的这一弊端[⑤]。宋君虽然于周为客，行用“公”这一最高级别的尊称，享有“天子有事膰焉，有丧拜焉”的礼遇[⑥]，实际上却不受周王重视，被隔离在姬姓诸侯构筑的封建体系之外，难以有所作为。

(四) 鲁

鲁国始封君为周公长子伯禽。关于鲁国始封地望，史书记载在山东曲阜，后来又有学者提出在河南鲁山。鲁山说与鲁国徙封问题有关。以傅斯年为代表的学者认为鲁国始封于鲁山，之后徙封至曲阜。《鲁颂·閟宫》“王曰叔父，建尔元子，俾侯于鲁。……乃命鲁公，俾侯于东”，傅氏以《閟宫》先言“侯于鲁”，次言“侯于东”为鲁徙封东土之证据，又以《閟宫》“居常与许，复周公之宇”之许为今许昌一带的许国，结合《左传》春秋早期鲁在许有田、许为鲁国附庸的历史，推断鲁国始封在许附近的河南鲁山县[⑦]。这样就出现异地同名的两处鲁。实际上，《诗经》所言“侯于鲁”“侯于东”，是错文见意的行文

---

① (清)顾栋高：《春秋大事表》，中华书局，1993年，第529页。

② 《左传》定公六年。

③ 《史记》卷17《汉兴以来诸侯王年表序》。

④ 《左传》、清华简《系年》、春秋时期铜器铭文中宋君皆称公，西周早期的疑尊、疑卣铭(《铭图》792、881)则称宋伯，可许是刚即位的新君，但均不见侯的称谓，可以证明宋不属于诸侯。

⑤ 详参第三章。

⑥ 语见《左传》僖公二十四年。

⑦ 傅斯年：《大东小东说——兼论鲁燕齐初封在成周东南后乃东迁》，《中研院历史语言研究所集刊论文类编·历史编·先秦卷》，中华书局，2009年，第20页。

方式，因鲁在东方，又可以称为东，通过变换文字达到一唱三叹的效果，这种做法在《诗经》中习见，鲁、东并没有本质上的区别。《左传》定公四年明确记载成王分封鲁公伯禽，因商奄之民，封于少皞之墟。商奄、少皞都在曲阜，徙封之说不成立。河南鲁山与曲阜之鲁只是不同时代两处碰巧重名的地名，两者并无关联。况且，鲁山之地本属应国。《左传》僖公二十四年记载，周公平定三监之乱后，分封姬姓诸侯，有所谓“邘、晋、应、韩，武之穆也”，杜注：“四国皆武王子。”[①]可知应国与鲁国受封时代相同。据《汉书·地理志》《水经·滍水注》《括地志》诸书记载，应国地望在鲁山县应乡，今属平顶山市。20世纪70年代以来平顶山应国墓地考古发现也证实了文献的记载[②]。鲁山属应国，不可能同时又分封给鲁国。至于《閟宫》所说常、许两地，也当在山东，《毛传》即云：“常、许，鲁南鄙、西鄙。”常可读为堂，春秋有地名堂阜，《左传》庄公九年：“管仲请囚，鲍叔受之，及堂阜而税之。”杜注：“堂阜，齐地，在东莞蒙阴县西北。”在今山东蒙阴西北15公里。许为鲁地亦有史料可证。《晏子春秋》卷五：“景公伐鲁，傅许，得东门无泽。”所谓傅许，是以蚁傅的方式攻打许邑。查检《春秋》经传齐景公时伐鲁之役有二，分别在鲁定公七年与八年，傅许之役或发生在此两年之中。两次战事《春秋》皆称“齐国夏帅师侵我西鄙”，与《毛传》所云许在鲁西鄙相合。最后还有一个疑点需要说明，《左传》隐公八年记载郑国请以助祭泰山之祊田易鲁之许田，代鲁祀周公。鲁在许国附近有祀周公之田，也是某些坚信鲁国始封于鲁山的学者的重要依据。实际上，据《史记·鲁周公世家》记载，周公在丰临终时曾嘱托将他葬于成周，但成王最终将他葬在毕。据《左传》僖公二十四年杜注，毕在长安县北，属关中地区。因此鲁君祭祀周公当回到宗周，而不应在成周。春秋时期改在成周祭祀周公，显然与宗周覆灭，王室东迁有关。周邦失去关中地区，周公及鲁侯家族祭祀周公只能在东都成周进行，因此许田的获得很有可能晚在春秋初年而非西周早期，与鲁国始封也没有关系。

奄曾经是商王朝旧都。《古本竹书纪年》“南庚更自庇迁于奄”，“阳甲即位，居奄”，“盘庚即位，自奄迁于北蒙曰殷”[③]。自南庚至盘庚有三代居奄，盘庚迁殷之后，又成为奄侯领地，经过长期经营，这一带商人实力雄厚，周边又有许多土著夷人分布。《韩非子·说林》说：“周公旦已胜殷，将攻商盖。辛公

---

① 应国始封君为武王之子也得到了应公鼎铭文的证实，相关研究可参陈絜：《应公鼎铭与周代宗法》，《南开学报（哲学社会科学版）》2008年第6期。

② 任伟：《西周封国考疑》，社会科学文献出版社，2004年，第217页。

③ 方诗铭、王修龄：《古本竹书纪年辑证》，上海古籍出版社，1981年，第28～29页。

甲曰：'大难攻，小易服，不如服众小以劫大。'乃攻九夷，而商盖服矣。"可见商奄之地族群复杂，不易征服。伯禽就封之后，《史记·鲁周公世家》说："鲁公伯禽之初受封之鲁，三年而后报政周公。周公曰：'何迟也？'"伯禽用三年之久的时间教化鲁人，也反映出商奄之地难治的事实。成王践奄之后将奄地分封给最值得信任的周公，周公辅政不能脱身，由其子伯禽就封，成为镇抚东土的重要诸侯。

（五）齐

《左传》昭公二十年说齐："昔爽鸠氏始居此地，季萴因之，有逢伯陵因之，蒲姑氏因之，而后太公因之。"薄姑被灭之后，成王分封齐国镇守鲁北。《史记》记载齐国都城在营丘，如《周本纪》："于是封功臣谋士，而师尚父为首封，封尚父于营丘，曰齐。"《齐世家》亦云："武王已平商而王天下，封师尚父于齐营丘。"关于营丘地望主要有三种观点。一说在临淄，见于《汉书·地理志》，曰："临淄，师尚父所封"，"临淄名营丘"。一说在营陵，见于《汉书·地理志》，北海郡营陵县本注谓："或曰营丘。"颜师古注："应劭曰：'师尚父封于营丘，陵亦丘也。'臣瓒曰：'……营陵，《春秋》谓之缘陵。'"营陵在今山东昌乐县东南50里，而薄姑在今山东博兴县东北15里，两者直线距离超过100公里，齐国疆域不可能如此之大。《管子·小匡》记载齐国始封方圆不过360里，营陵明显过远，并且营陵之地当时属于寿光的纪国，因此营陵之说不可信。第三种观点认为在高青。高青陈庄发现了西周时期齐国城址和墓葬，出土了西周早期至西周中期的齐国铜器，有学者认为陈庄是齐国早期都城营丘所在①。但是陈庄遗址面积较小，不具备都城规模②，有学者认为这里应当是齐国公族的封邑③。

临淄与薄姑邻近，当是齐都营丘所在。20世纪80年代在临淄齐故城河涯头村春秋五号墓殉马坑下发现了三座西周时期的墓葬，出土陶器与铜器皆制作精美④，显示墓主人身份非同一般，发掘者认为墓主是齐国公室⑤。这批铜器中的鼎、簋鼓腹较深，略微倾垂，大多素面，显示出西周早中期之际的特征，由此推测墓葬年代当不晚于穆王时期。在河涯头附近的东古村还出

① 王恩田：《高青陈庄西周遗址与齐都营丘》，《管子学刊》2010年第3期。

② 徐学琳：《高青陈庄西周城址性质探讨》，《管子学刊》2011年第1期。

③ 赵庆淼：《高青陈庄引簋铭文与周代命卿制度》，《管子学刊》2015年第3期。

④ 山东省文物考古研究所编著：《临淄齐故城》，文物出版社，2013年，图版六〇、图版六一、图版六二。

⑤ 山东省文物考古研究所编著：《临淄齐故城》，文物出版社，2013年，第546页。

土了殷代上层贵族使用的车马器[①]。卜辞中也有地名“齐次”[②]，是商王征人方回程途经之地，说明早在殷商齐就是一处军事要地。临淄不仅是鲁北东西交通要道咽喉，同时又是贯通山东南北的古莱芜道北出口，在东土与鲁国互成掎角之势，是镇守东方的重镇。

（六）滕

鲁国以南有滕。《左传》僖公二十四年记载滕国始封，曰：“昔周公吊二叔之不咸，故封建亲戚，以蕃屏周。管、蔡、郕、霍、鲁、卫、毛、聃、郜、雍、曹、滕、毕、原、酆、郇，文之昭也。”《世本》云：“滕，姬姓，侯爵，错叔绣，文王子。”滕始封君错叔绣是文王之子，平定三监之乱之后受封为诸侯。滕国故城在山东省滕州市姜屯镇，距市区西南7公里处。20世纪70至80年代，在邻近的庄里西村发现了西周早期滕国墓地[③]，出土滕侯及滕国贵族史𩁹铜器多件。这些铜器具有明显西周早期特征，有的还保留殷商遗风，综合器形、纹饰、铭文判断，大多属于成王至康王时期[④]。滕侯家族铜器，如吾鬲（《集成》565）“吾作滕公宝尊彝”，就是为祭祀滕公所作。西周诸侯死后享有“公”这一称号的一般仅限于始封君，比如鲁公、唐公、齐公等，由此判断，滕公应当是第一代滕君错叔绣[⑤]，吾和滕侯是其子，二人可能是兄弟，也可能是同一个人。

史𩁹器群年代要早于吾鬲和滕侯簋，𩁹觯和𩁹簋[⑥]铭文曰：

唯伯初令（命）于宗周，史𩁹赐马二匹，用作父癸宝尊彝。（𩁹觯，《铭图》10655）

---

① 山东省文物考古研究所编著：《临淄齐故城》，文物出版社，2013年，第528、530页。

② 《合集》36493、36804、36805、36821，《怀》1886。

③ 万树瀛、杨孝义：《山东滕县出土西周滕国铜器》，《文物》1979年第4期；滕县博物馆：《山东滕县发现滕侯铜器墓》，《考古》1984年第4期；杜传敏等：《1989年山东滕州庄里西西周墓发掘报告》，《中国国家博物馆馆刊》2012年第1期。

④ 杜传敏等：《1989年山东滕州庄里西西周墓发掘报告》，《中国国家博物馆馆刊》2012年第1期。

⑤ 朱凤瀚：《关于西周封国君主称谓的几点认识》，《两周封国论衡——陕西韩城出土芮国文物暨周代封国考古学研究国际学术研讨会论文集》，上海古籍出版社，2014年，第277～279页。

⑥ 两器收录于《首阳吉金——胡盈莹、范季融藏中国古代青铜器》（上海古籍出版社，2008年），与《1989年山东滕州庄里西西周墓发掘报告》公布的𩁹墓出土铜器是同一个人所做，可以断定这些铜器是同墓早年流出材料。

> 唯九月，诸子具服，公乃令，在廙，曰："凡朕臣兴晦。"𠭯敢对公休，用作父癸尊彝。(𠭯簋，《铭图》5106)

史𠭯从其名称可知是滕国史官，伯、公应当是滕君，即前揭滕侯器中的滕国始封君滕公[①]。伯和公是周代诸侯或邦君贵族常见的尊称，两者有等级差别，公比伯身份更为尊贵，一般只有高级执政大臣或重要诸侯才拥有此称。比如永盂(《集成》10322)中的益公，负责出纳王命，井伯、荣伯等三有司之类的行政官员都听命于他[②]，其身份与毛公鼎(《集成》2841)中位极人臣、总揽内外政务的毛公相似，是王朝重臣。公这一称号不能世袭，需要由王任命获得[③]。如班簋(《集成》4341)中的毛伯，在受命接替虢城公之后，职位有所提升，才称毛公[④]。上述几例都是王朝内服高官，外服诸侯的情况也类似。《史记·卫康叔世家》记载西周末年犬戎杀幽王，卫武公将兵佐周平戎有功，被平王命为公。《卫康叔世家》所载西周时期的卫君多称伯，武公即位之初当亦沿袭此号，后来平戎有功才被册命为公。一旦晋升为公，伯这一称号就不再称用。𠭯器中滕君由伯而称公的情况可与卫武公升迁的经历相类比。觯铭"伯初令(命)于宗周"，应当是说滕君即位之后首次去宗周朝见周王，接受册命成为公。他回国之后，正式使用公这一尊称，在𠭯簋中就被称作公。也有学者将"伯初令于宗周"理解为受封为诸侯，似乎不妥。因为诸侯始封或徙封，要由王畿或原封地迁出，必然发生地点的转换，记录册命时都会明确说明出任诸侯的地点。如周王分封燕侯克时说"令克侯于匽"(克罍，《铭图》13831)，徙封唐叔虞于晋说"王令唐伯侯于晋"(䚄公簋，《铭图》4954)，徙封虞侯于宜说"侯于宜"(宜侯夨簋，《集成》4320)，分封杨侯说"肇建长父侯于杨"(卌二年逨鼎甲，《铭图》2501)。依此惯例，册封错叔应当说"王令错叔侯于滕"。再者错叔绣原本是周王朝卜正[⑤]，居住在宗周，他在原居地受命，不应说"初受命于宗周"。"初受命于宗周"是说他初次离国前往宗周受命，这与"匽(燕)侯旨初见事于宗周"(匽侯旨鼎，《集成》2628)的表述相似，只不过滕侯是去受命，匽侯是去述职。错叔绣应当是原本食采于错[⑥]，平

---

① 王峰、李鲁滕：《近见𠭯器铭文略考》，《中国国家博物馆馆刊》2012年第1期。

② 刘源：《从韩伯豐鼎铭文看西周贵族政体运作机制》，《史学集刊》2018年第3期。

③ 韩巍：《读〈首阳吉金〉琐记六则》，《新出金文与西周历史》，上海古籍出版社，2011年，第208页；杜勇：《清华简〈祭公〉与西周三公之制》，《历史研究》2014年第4期。

④ 郭沫若：《班簋的再发现》，《文物》1972年第9期，收入氏著《郭沫若全集·考古编》第6卷，科学出版社，2017年。

⑤ 《左传》隐公十一年："滕侯、薛侯来朝，争长。薛侯曰：'我先封。'滕侯曰：'我，周之卜正也。薛，庶姓也，我不可以后之。'"

⑥ 错应在关中一带，具体位置不能详考。

定三监之乱之后，被封为滕侯。

（七）薛

薛在滕国之南，是妊姓之邦，历史比较悠久，祖先可追溯至夏代。《左传》定公元年记载："薛之皇祖奚仲居薛，以为夏车正，奚仲迁于邳。仲虺居薛，以为汤左相。"薛国故城在滕州市官桥镇西南，遗址内已经发现了春秋时期的薛国墓葬[①]。东邻1公里的前掌大村则是商代史族墓地。薛国早期材料十分稀少，只有1件传世薛侯鼎（《集成》2377），铭文云："薛侯戚作父乙鼎彝。史。"从字体和行用日名、族氏铭文之特点，可判断其为西周早期器。铭文反映薛侯出自史族，说明他与前掌大史族一脉相承，由此可知薛是东方土著，周王朝褒封薛侯的时间大致也应当在成王践奄之后。

（八）纪

纪侯之国在山东寿光，是齐国东邻。春秋早期纪侯为齐所迫而大去其国，最终被齐兼并。纪国始封情况史书没有明确记载。最早的事迹见于《史记·齐太公世家》，云："哀公时，纪侯谮之周，周烹哀公。"集解引徐广曰："周夷王。"《史记·秦始皇本纪》正义引《帝王纪》记此事云："纪侯谮齐哀公于周懿王，王烹之。"由于材料匮乏，事件发生的具体王世不能详考，但不论懿王还是夷王，其时代都属西周中期偏晚。目前所见纪侯铜器，时代较早的也在西周中期或晚期，如传世的纪侯貉子簋（《集成》3977）、纪侯簋（《集成》3772）及清末发现于寿光纪侯台的纪侯钟（《集成》14）。20世纪80年代，在寿光县（今寿光市）益都侯城故址发现一批晚商铜器，其中有15件铜器铭文为"己并"，另有1件刀和2件锛铭文为"己"，整理这批材料的学者认为此即封爵前的纪国[②]。王献唐也提出纪是商代旧国，周代重封[③]。如此说可信，其始封时间应当在周公消灭薄姑之后，与齐国始封时间大致相当。

综合以上分析，可以对周初中原及东土封建体系形成过程及布局特点作一总结。这一封建体系的构建肇始于武王。武王克商，设三监监视武庚，使商人保持高度自治。返回宗周他又选定洛邑为东都、分封康叔到殷王畿，这两项举措都是为翦商和入主中原作准备。但天不假年，武王克商二年而卒，未能实现其宏伟目标。成王即位之后，以平定武庚之乱为契机，夺取了殷人在中原和

① 山东省济宁市文物管理局：《薛国故城勘查和墓葬发掘报告》，《考古学报》1991年第4期。

② 寿光县博物馆：《山东寿光县新发现一批纪国铜器》，《文物》1985年第3期。

③ 王献唐：《山东古国考》，齐鲁书社，1983年，第67页。

东方的全部领土，彻底消除了殷人反叛的威胁，成为真正的天下共主。周公主持对新占领土地的重新分配，实行大规模的分封，在中原与东土构建起一套比较严密的封建体系。具体来说，在中原将殷都淇卫分封给康侯，使之成为成周以北的主要屏藩。又命微子率殷之余民迁往较为偏远的商丘建立宋国，达到削弱殷人又不灭绝殷祀的目的。在黄河以南完成东都成周的营建，实现了武王定鼎中原的夙愿。东方的封建也经过精心的考量。在地形狭长的鲁北平原，分封以齐、纪为主的诸侯。齐位于鲁北东西通道与纵贯鲁北的淄水河谷交会处，交通地理位置十分重要。齐国以东的纪国可能是投降周王朝的殷人。纪国以东是潍河，鲁北封建东不过于此，潍河以东包括整个胶东地区当时仍是东夷的天下。鲁北齐、纪两国都是姜姓，无姬姓封国。泰山以南的鲁西与鲁西南地区可以视为一个封建地理单元，与鲁北不同，这里是姬姓封国较为集中的地区，有鲁、滕、薛三个诸侯，由北向南依次排开，构成一条纵向展开的防线，除鲁、滕之间的邾国之外，其他东夷国家皆在此线以东的鲁东南地区。鲁、滕为姬姓王室子弟，而薛出自商王朝东方土著的史族，与鲁北纪国类似，都是投靠周王朝的殷人。鲁薛一线后方还封建了郜、曹、茅等姬姓国家[①]，作为这条防线的辅翼。与鲁北相比，周王更加重视鲁西和鲁西南。从整个山东地区封建格局来看，所封诸侯都继承了殷商王朝东方邦国旧地，处于夷夏交界前沿。如果将这些诸侯联结起来，呈现出来的景象就像一副张开的双臂，环抱鲁中山地，将东夷封锁在胶东和鲁东南地区。

## 第二节　平定东夷反叛与东土政治格局的确立

武庚与东土商奄、薄姑相继被灭之后，其他东夷族群也慑于周人的武力而俯首称臣，周王朝进入稳定发展时期，出现了所谓“成康之治”的盛世。墙盘称赞说：“宪圣成王，左右绶𫄨刚鲧，用肇彻周邦；渊哲康王，㝉尹亿疆。”（《集成》10175）逨盘亦云：“克逨匹成王，成受大命，方狄不享，用奠四国万邦……会召康王，方怀不廷。”（《铭图》14543）《诗经·周颂·执竞》曰：“不显成康，上帝是皇，自彼成康，奄有四方，斤斤其明。”《左传》昭公二十六年云：“昔武王克殷，成王靖四方，康王息民，并建母弟，以藩屏周。”《史记·周本纪》说：“成康之际，天下安宁，刑措四十余年不用。”以上所言虽不免有夸饰的成分，但成康时期一度比较太平应当是可信的，不过这一太平局面最终被东夷的反叛所打破。

① 见《左传》僖公二十四年。

## 一、师卫器与康世伐反夷地理问题

康世之后东夷的反叛不见于文献记载，相关铜器数量较多，较早著录的有旅鼎、雪鼎、小臣𧸘簋、鲁侯簋、疐鼎，晚近又有师卫诸器公布，是研究西周早期镇压东夷反叛的重要材料。较早著录的铭文如下：

> 唯公大保来伐反夷年，在十又一月庚申，公在盩师，公赐旅贝十朋，旅用作父尊彝。来。（旅鼎，《集成》2728）

> 唯王伐东夷，溓（祭）[①]公令雪眔史旗曰："以师氏眔有司后或，𢦏（捷）伐[illegible]。"雪俘贝，雪用作饔公宝尊鼎。（雪鼎，《集成》2740）

> 𫸩，东夷大反，伯懋父以殷八师征东夷。唯十又一月遣自𩁹师，述东陕，伐海眉，于厥复归，在牧师，伯懋父承王令，赐师率征自五齵贝，小臣𧸘蔑历眔赐贝，用作宝尊彝。（小臣𧸘簋，《集成》4239）

> 王令遣捷东反夷，疐肇从遣征，攻战无啻（敌），省于厥身，孚戈，用作宝尊彝，子子孙孙其永宝。（疐鼎，《集成》2731）

> 唯王令明公遣三族伐东国，在[illegible]，鲁侯有囚工，用作旅彝。（鲁侯簋，《集成》4029）

与周初东征铜器措辞有所不同，这批铜器多称东夷为反夷，盖因周公东征胜利之后，东夷臣服于有周，再发动反叛，就称之为反夷或东反夷。铭文中参与镇压东夷的统帅不见周公，取而代之的是大保、祭公、伯懋父、明公等其他姬姓贵族。可以断定此时周公已亡故，那么这批铜器时代不会早于成王后期，而成康之际天下太平又可进一步推定这批铜器时代当不会早于康世。唐兰曾系统地研究这批铜器，认为其时代在康昭之际[②]，后来改变观点，认为都在昭王时期[③]。其他主张康世或昭世的学者也不乏其人。这些铜器铭文都没有记载明确的时间，而器形又多少具有一定的西周早期偏晚的特征，时代比较接近，很难严格区分是康世还是昭世，只能通过人物粗略判断其时代。此外，铭文中的某些地

---

① "溓"读"祭"，参李学勤：《释郭店简〈祭公之顾命〉》，《文物》1998年第7期；李零：《上博楚简三篇校读记》，中国人民大学出版社，2007年，第44页；陈剑：《释"疌"及相关诸字》，《出土文献与古文字研究》第5辑，上海古籍出版社，2013年，第258～279页。

② 唐兰：《西周铜器断代中的"康宫"问题》，《考古学报》1962年第1期。

③ 唐兰：《论周昭王时代的青铜器铭刻》，《古文字研究》第2辑，中华书局，1981年。

名、族名不易考定，也为深入研究增加了难度。晚近公布的师卫诸器与上述铜器时代相近，也记录伐反夷之事，铭文中的人物、地名有助于探讨平定东夷问题。以下就从师卫器入手，并联系上述相关铜器展开讨论。

师卫诸器共九件[①]，有三组成套铜器和一个尊，尊铭仅“卫作宝尊彝”五字，与本文研究问题无关，不作讨论。三组成套器铭文较长，所涉人物、地名与征东夷有关。先选取各组中最为清晰的铭文隶写如下，再就相关问题进行深入讨论：

> 丰公戱(捷)反夷，在𢖶(郐)𠂤(师)，𧸘(赉)师卫，赐贝六朋，用作厥父宝彝。(师卫簋盖，《铭图》4937，图 2-1)

> 丰公使卫陟于厥啻(嫡)，临射于䁂𥨐城，召公𧸘(赉)卫贝廿朋、臣廿人、牛廿、禾卅车。师卫用作厥祖宝彝。(师卫簋，《铭图》5142，图 2-2)

> 唯九月既生霸，宫公省仆器于北麦，宫公赏师卫贝五朋，用作祖宝彝。(师卫尊，《铭图》11786，图 2-3)

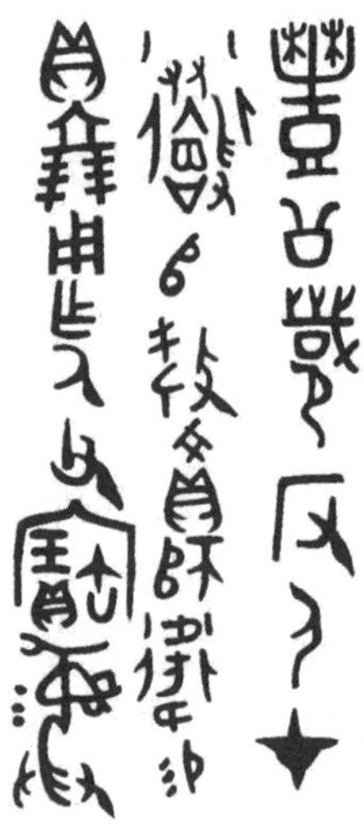

图2-1　师卫簋盖铭文摹本

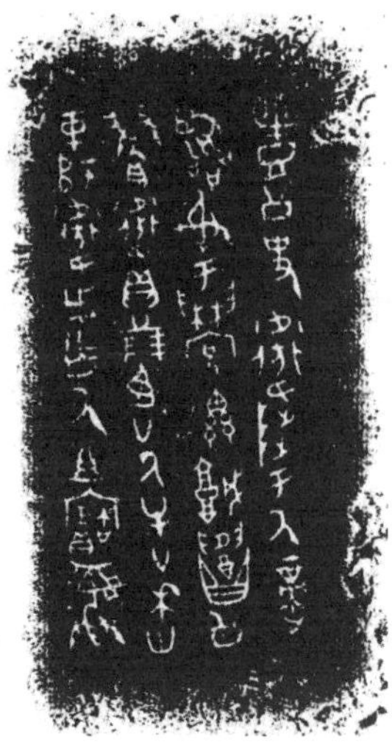

图2-2　师卫簋铭文

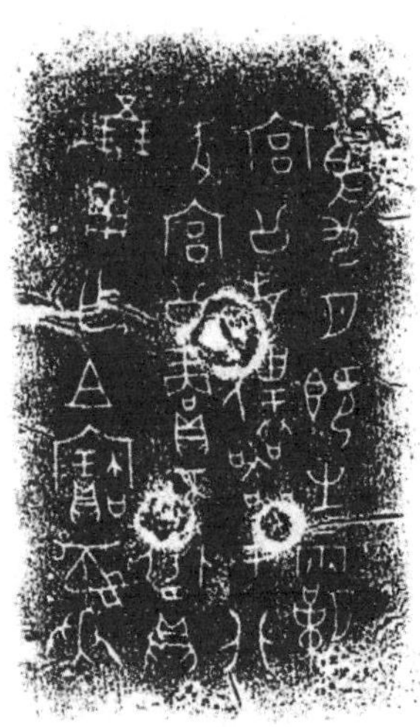

图2-3　师卫尊铭文

① 三组成套器是，第一组师卫鼎(《铭图》2185)、师卫簋(器、盖，《铭图》4937)，第二组师卫鼎(《铭图》2738)、师卫簋(《铭图》5142)、师卫簋(《铭图》5143)，第三组师卫尊(《铭图》11786)、师卫卣(《铭图》12402)、师卫卣(《铭图》12403)。单独的一件卫尊(《铭图》11557)。

### (一) 伐反夷铜器的时代

师卫簋盖与师卫簋铭文字体相同,且都与同一人物丰公有关,制作时间应当比较接近。师卫簋铭文中的人物召公是断代重要依据。唐兰曾将伐反夷铜器定在昭世,主要是注意到鲁侯簋(《集成》4029)中的明公同见于昭王时期的令彝。这件铜器铭文前半部分说:

> 唯八月,辰在甲申,王令周公子明保尹三事四方,受卿事寮。丁亥,令吴告于周公宫,公令诞同卿事寮。唯十月月吉癸未,明公朝至于成周,诞令:舍三事令,眔卿事寮、眔诸尹、眔里君、眔百工、眔诸侯:侯、甸、男,舍四方令。(《集成》9901)

明保受王命"尹三事四方"之后称明公,荣登大位之后,身份更加尊贵。唐兰认为明保职官为大保,是召公的继任者,断定旅鼎(《集成》2728)中的公大保也是明公,将旅鼎也定在昭世。这等同于认定伐反夷之事在召公亡故之后。但上揭师卫簋铭文中的召公显然就是召公奭,同人所作师卫簋盖记载了伐反夷之事,说明召公在世时就发生了平定东夷反叛的战争。《尚书·顾命》记载成王驾崩、康王即位期间辅政众臣中有召公。召公以老寿著称,东周秦汉文献多有此类记载,他应是活跃于武、成、康三世的人物。成康之际一度比较太平,师卫器所记东夷反叛只能在康王时期。由此看来,将征东反夷铜器的时代全都定在昭世并不妥当。回过头来再看旅鼎,它所记载的公大保应当也是召公,时代在康世。还有小臣谜簋中的伯懋父,学者多认为是康侯之子康伯髦,亦即王孙牟[①]。《左传》昭公十二年:"昔我先王熊绎与吕伋、王孙牟、燮父、禽父并事康王。"由此可见,金文所记东夷反叛始于康世。

彝铭中率军平定东夷的高级将领较多,说明战争发生过多次,前后时间有一定跨度,并非毕其功于一役。有的铭文中的人物活动时间有可能延续至昭王时期。比如前揭雪鼎所记东征统帅祭公当即《逸周书·祭公之顾命》中的祭公,他与康王同辈,历经昭世在穆世前期去世[②]。听命于祭公的史旗在旗鼎(《集成》2704)中曾受到王姜的赏赐,而王姜见于叔簋(《集成》4133),此器腹部倾垂,略显西周早期偏晚特征,铭文提到:"王姜使叔事于大保。"大保即召公奭,可以确定此器属康世。王姜还见于昭王时期的令簋(《集成》4300),铭曰:"唯王于伐楚,伯在炎,唯九月既死霸丁丑,作册吴令尊俎于王

---

① 郭沫若:《两周金文辞大系图录考释》,《郭沫若全集·考古编》第8卷,科学出版社,2017年,第64页;唐兰:《西周铜器断代中的"康宫"问题》,《考古学报》1962年第1期。

② 参第三章第二节。

姜。"[①]史旗大致是活跃于康昭时期的人物[②],由此推断雪鼎时代当在康昭之际。还有鲁侯簋,铭文中明公这一称号,是令彝中明保受命"尹三事四方"之后才开始使用的,其时代应当在昭世[③]。

附带谈丰公。西周金文中率军东征的将领大多是姬姓贵族,丰公当亦不例外。《左传》僖公二十四年记载:"管、蔡、郕、霍、鲁、卫、毛、聃、郜、雍、曹、滕、毕、原、酆、郇,文之昭也。"酆即丰,为文王之后。杜注:"酆国在始平鄠县东。"地望在今陕西户县,是畿内贵族。师卫器中的丰公有可能是第二代丰公,是主要活跃于康王时期的人物。

### (二)郐师与东夷之会

师卫簋盖铭文介绍丰公战胜反夷在𧗪师赏赐师卫六朋贝。地名𧗪字应当从"行"、"会"声,"叉""友"为附加结构,无实际意义,战国文字中的"𠊱"[④]或是其省构。𧗪当读作"郐",是周代河南中部的一个小国,在文献中亦写作"桧"。《周语·郑语》谓郐祝融之后,为妘姓,西周晚期的会妘鼎(《集成》2516)是其证。关于郐国始封,《诗·桧风·羔裘》释文引王肃说郐受封在周武王时期。

《国语·郑语》记载,幽王时王室多故,郑桓公为司徒,为避祸谋于史伯,史伯建言雒东济、洛、河、颍之间,虢、郐两国之地可据为安身之所。这一地区大致相当于今河南禹州和郑州两市范围。《左传》僖公三十三年杜注"郐国在荥阳密县东北"。《读史方舆纪要》卷四十七、《大清一统志》卷一百五十记载其故城在密县东北五十里,《括地志》(《史记·郑世家》正义引)、《元和郡县图志》卷八则记作新郑县东北三十二里。新郑在密县之东,显然《括地志》《元和郡县图志》所言"东北"当是"西北"之误[⑤]。考古发现的新密东35公里的曲梁古城寨遗址与文献记载比较吻合,学者一般认为是郐国故城所在地[⑥]。

郐为郑所灭,具体细节文献记载则互有出入。《国语·郑语》记载桓公采

---

① 有学者将铭文中的楚与伯连读为"楚伯",不确。在周代伯是王朝贵族尊称,而楚是蛮夷,其君长不可能被称作伯。此处的伯可能是伯懋父。参唐兰:《论周昭王时代的青铜器铭刻》,《古文字研究》第2辑,中华书局,1981年,第74页。

② 王姜见于康王时期的叔簋(《集成》4133)和昭王时期的令簋(《集成》4300)、作册睘卣(《集成》5407)。

③ 唐兰:《西周铜器断代中的"康宫"问题》,《考古学报》1962年第1期。

④ 见于中山王礕鼎(《集成》2840)、中山王礕壶(《集成》9735)、《陶汇》6•120。

⑤ (北魏)郦道元注,(清)杨守敬、熊会贞疏:《水经注疏》,江苏古籍出版社,1989年,第1839页。

⑥ 马世之:《新密古城寨城址与祝融之墟问题探索》,《中原文物》2002年第6期。

纳史伯之计“乃东寄帑与贿，虢、郐受之，十邑皆有寄地”，韦昭注“后桓公之子武公，竟取十邑之地而居之”，此说历来为多数学者所认同[①]。另外《古本竹书纪年》说桓公灭郐，但古书引文不尽相同。《汉书·地理志》京兆尹郑县颜师古注引臣瓒说：“幽王既败，二年而灭会，四年而灭虢，居于郑父之丘，是以为郑桓公。”《水经·洧水注》引述此条为：“晋文侯二年，同惠王子多父伐郐，克之。乃居郑父之丘，名之曰郑，是曰桓公。”[②]据《史记·十二诸侯年表》，幽王既败二年为晋文侯十二年，方诗铭等学者认为《洧水注》脱“十”字，当为“十二年”[③]。但是《国语·郑语》韦昭注、《史记·郑世家》皆谓桓公与幽王俱死于骊山之下，此后不能有桓公伐郐之事。因此学者对《古本竹书纪年》多不采信。但是最近公布的清华简《郑文公问太伯》桓公“克郐迢迢，如容社之处”云云[④]，与《古本竹书纪年》相合。据马楠考证，郐是幽王时期为郑桓公所灭[⑤]，其说可信。

至于郐自的性质，可据“自”字含义来判断。金文“自”通常读作师旅之“师”，地名“某自”亦多因有军队驻扎而得名。如穆王时期录尊(《集成》5419)记王命令彧曰：“淮夷敢伐内國，汝其以成周师氏戍于𠂤(由)自。”由师是王朝驻军防御淮夷的据点，其地或即《春秋》定公四年中的皋鼬，在今河南临颍县，是王畿之外王朝直属的军事据点。西周时期作为驻军之所的“自”也有设在外服诸侯领地之中的，如中甗铭文记载昭王南征时，中率领先头部队巡视汉水流域时所到之“鄂自次”(《集成》949)，从名称可以看出它在鄂国，“次”即军次，说明鄂自有驻军。而另一件与昭王南征密切相关的静方鼎记载王命静“司在曾、鄂自”(《新收》1795)，即司掌在曾、鄂两国之王师，进一步证明“鄂自”是王朝设在鄂国的驻军之地。同理，郐自也是因王朝在郐国驻军而得名。

周王朝在郐驻军与其重要的地理位置有关。郐国所在的新密曲梁，位于嵩山丘陵东侧，面向黄淮平原。《国语·郑语》说“郐仲恃险”，可见其地理位置非常重要。它是成周东出的一个门户。郑武公居郑之后，“政东方之诸侯”[⑥]，即因其地利。从交通路线来看，成周东出的通道，经过荥阳的坯[⑦]，即

① 李学勤：《由〈系年〉第二章论郑国初年史事》，《湖南大学学报(社会科学版)》2014年第4期。

② “同惠”应作“周厉”，参注3。

③ 方诗铭、王修龄：《古本竹书纪年辑证》，上海古籍出版社，2005年，第71页。

④ 李学勤主编：《清华大学藏战国竹简(陆)》，中西书局，2016年。

⑤ 马楠：《清华简〈郑文公问太伯〉与郑国早期史事》，《文物》2016年第3期。

⑥ 李学勤主编：《清华大学藏战国竹简(贰)》，中西书局，2011年。

⑦ “坯”见于竟卣(《集成》5425)，即河南荥阳大伾山，西周东虢制邑，春秋时属郑，又称虎牢，战国以后称成皋。详参本书第三章第二节。

缘嵩山丘陵南行到达郐[①]，在郐分作两途，向南一条可达淮河中上游，即柞伯鼎铭文(《铭图》2488)所载虢仲率柞伯、蔡侯等伐南夷昏之路线。向东行经宋、曹可达鲁国及山东南部地区。成周至宋、鲁诸国之路线是王朝与诸侯往来交通要道，《左传》中相关记载较多，不需赘举。

值得一提的是，员卣中也有一个国族称会，以往学者大多认为是郐国。其铭曰：

员从史旟伐会，员先入邑，员孚金，用作旅彝。(《集成》5387)

员卣器腹呈现倾垂，并在近底处鼓张，具有略晚时代特征，字体接近穆王时期文字风格，其时代应在西周早期偏晚。卣铭人物旟还见于旟鼎(《集成》2704)和雪鼎(《集成》2740)。前文已论，此人活动时代在康昭时期，员卣时代大致也在这一时期。

现在对比师卫鼎、员卣两器铭文，如按照以往观点，将员卣的“会”视作郐国，那么伐郐之役与王师驻军于郐的记载就显得矛盾了。康王时期郐已经是王朝经营东土的重要据点，对其控制应当非常严格。并且，从地理位置上看，郐国所在的新密位于成周东南，与王畿密迩毗邻，其周边又有虢、柞、应等几个重要姬姓诸侯环伺，发展空间十分有限。作为一个异姓蕞尔小邦夹处于强国之间，除了唯周王之命是从，当不会做出出格的举动。而从康昭至穆王前期仍是王朝对外扩张时期，经略的对象主要是东土之东夷与汉水之荆楚，王畿附近则比较安宁。根据以上种种情况考虑，当时不太可能有伐郐之事，员卣铭文中所伐的会很可能不是中原之郐国，而是另外一个边裔国族。

20世纪80年代，陕西安康出土的史密簋铭文可以为我们探讨员卣铭文中的会提供线索，其铭曰：

唯十又一月，王令师俗、史密曰：东征。敆南夷卢、虎、会、杞夷、舟夷，雚不坠，广伐东国。齐师、族徒、遂人，乃执鄙宽亚。师俗率齐师、遂人左周伐长必，史密右率族人、釐伯、僰、殿周伐长必，获百人。对扬天子休，用作朕文考乙伯尊簋，子子孙孙其永宝用。[②](《铭图》5327)

---

① 此段路程缘山南行是为避开大泽和低洼地带。参雷晋豪：《周道：封建时代的官道》，社会科学文献出版社，2011年，第83页。

② 释文参考李学勤：《史密簋铭所记西周重要史实考》，《中国社会科学院研究生院学报》1991年第2期。

"东征"之后的一句一般断作:"敔南夷卢、虎会杞夷、舟夷,雚不坠,广伐东国。"将"会"理解为会合之义,认为是南夷的卢、虎联合东夷的杞夷、舟夷侵扰东国。但《说文》云:"敔,合会也。"敔有联合的意思,这就与"会"字语义重复。窃以为若将"会"视作南夷的一个族名,读为"敔南夷卢、虎、会、杞夷、舟夷,雚不坠,广伐东国"亦可通。《潜夫论·志氏姓》云:"偃姓舒庸、舒鸠、舒龙、舒共、止龙、郦、滔、参、会、六、院、蓁、高国。"这段文字有错讹,学者校正为"偃姓舒庸、舒鸠、舒龙、舒共、舒鲍、舒蓼、郦、繇、会、六、皖、英、鬲国"[①]。其中就有一个偃姓的会,而偃姓是除嬴姓之外夷人的另一大族姓,作为其主体的群舒主要分布在安徽淮河中下游一带,此外也有零星分布于湖北、河南等地。会族之地望虽不很清楚,但大体也应在淮河中下游的群舒附近。史密簋所谓"南夷"应当包括了卢、虎、会三族。杞夷、舟夷称谓中加一个夷字,似有别于前三者,可能是东夷之属。铭文可理解为南夷之卢、虎、会与东夷的杞夷、舟夷联合侵扰东国。

不过《志氏姓》篇应是依据东周流传下来的文献整理而成,大体能够反映春秋时期的历史,却未必是西周早期历史的真实记录。熟悉金文的学者都知道,周人与淮夷之间的战争最早见于穆王时期的伯㦤诸器,西周早期金文所记对外用兵的内容主要是东征东夷与南伐荆楚两大宗,并无伐淮夷之事。依情理推测,员卣铭文记载的伐会之役不可能发生在南土。根据顾颉刚的研究,西周王朝多次大规模东征,迫使部分夷人族群向南迁徙进入淮河流域,比如淮水之名就很可能是得自山东的潍水,与南下的东夷族群有密切关系,另外徐也是从鲁东逐步迁徙到淮河下游的[②]。在这一背景下,南夷之会也很有可能是徙自东土诸夷中的一员。《古玺汇编》253著录有一件齐国"会丌户鈢",地名"会丌"读为"魏其",据《汉书·地理志》属琅邪郡,在今临沂市东南,地理位置正是周代东夷族群聚居之地[③]。战国地名"会丌"可能与会夷有关。因此,员卣所记史旗征伐之会应是尚未南迁居于鲁东南地区的东夷之会。前揭雪鼎铭文记载史旗追随祭公东征讨伐东夷国族[illegible],与员卣所记史旗所伐之会都是东夷,可能是祭公东征的时候发生的两次相关的战争。会与[illegible]可能相互邻近。

总之员卣中的会不是中原妘姓之郐,而更有可能是东夷的一支,它在西

---

① (汉)王符著,(清)汪继培笺,彭铎校正:《潜夫论校正》,中华书局,1985年,第597页。

② 顾颉刚:《徐和淮夷的迁、留——周公东征史事考证四之五》,《文史》第32辑,中华书局,1990年。

③ 也有学者认为魏其在即墨东南,此处于周代也属东夷分布区域,参钱坫:《新斠注地理志集释》,《二十五史补编》第1册,开明书店,1936年,第1105页。

周中晚期受周人东征所迫南迁而成为群舒中的一员。

（三）覺䍃城

师卫簋铭文中的地名覺䍃城也值得研究。在考证此地名之前先就铭文个别词句作一解释。

"陟于厥啻"。"陟"，与它簋盖（《集成》4330）"作䋣于周公宗，陟二公"之"陟"含义相同，是对先公的一种祭祀。"陟于某"之辞在殷墟卜辞中亦不乏其例，如：

> 其陟于大乙。（《合集》32029）
>
> 其陟于大乙、祖乙。（《合集》32420）
>
> 贞，陟，大御于高祖王［亥］。（《合集》34286）
>
> 乙巳贞，大御，其陟于高祖王亥。（《合集》32916）

上揭卜辞前两条是陟祭大乙、祖乙两位直系先王，后两条是陟祭高祖亥并祈求禳除灾祸。将铭文与卜辞对照，不难判断"啻"是亲称。裘锡圭曾指出，"帝""啻"与嫡庶之"嫡"相通[①]。买簋（《集成》4129）中的"皇祖、啻考"、仲师父鼎（《集成》2743）与眉鼎（《集成》2705）之"帝考"、章叔簋（《集成》4038）"啇考"，均读为嫡考。供奉嫡考之宗庙称嫡宗，晋伯卣（《铭图》13279）"晋伯作厥啻宗宝彝"、宗人鼎（《铭图续》231）"宗人其用朝夕享事于啇宗室""用夙夜于帝宗室"，其中的啻宗、啇宗室、帝宗室都读为嫡宗、嫡宗室。"陟于厥啻"就是陟祭生身父亲。师卫陟祭嫡考是在东征归来之后。出征归来祭祀祖先属于告庙之礼。𪒠鼎铭文（《集成》2739）云："唯周公于征伐东夷：豐伯、薄姑。咸𢦏，公归，禦于周庙。"记载周公出征"东夷"归来在岐周宗庙举行告庙礼。古时诸侯、贵族出境归来都要告庙。《左传》桓公二年鲁公及戎盟于唐，还告于庙，是盟还告庙。襄公十三年公朝晋归来，孟献子书劳于庙，是朝还告庙。襄公十六年公至自伐郑告庙，是伐还告庙。《春秋左传正义》云："朝会盟伐，告庙礼同。"[②]师卫簋记载的应是伐还告庙。

"临射于覺䍃城"。《说文》："临，监也。"所谓临射就是监临射礼。《春秋》宣公七年："公会晋侯、宋公、卫侯、郑伯、曹伯于黑壤。"同年《左传》云："盟于

① 裘锡圭：《关于商代的宗族组织与贵族和平民两个阶级的初步研究》，《裘锡圭学术文集》第5卷，复旦大学出版社，2012年，第122～126页。

② （晋）杜预注，（唐）孔颖达等正义：《春秋左传正义》，上海古籍出版社，1990年。

黑壤，王叔桓公临之。”经文不书王叔桓公，杜注“王叔桓公，周卿士，衔天子之命以监临诸侯”。王叔桓公只奉命监临盟会而不与盟，因此不在正式与会者之列，故经文不载其名。同样师卫作为射礼的监临者，也未亲身参与竞射活动。至于举办射礼的人，应当是召公，很有可能就是第一代召公奭，与旅鼎（《集成》2728）征东夷之公大保是同一人。

金文与射有关的内容都是贵族的礼射活动，并且大多有周王参与或主持。如令鼎（《集成》2803）王与有司、师氏、小子合射，义盉盖（《集成》9453）王与诸侯、邦君、正、有司合射，柞伯簋（《铭图》5301）王主持多士与小臣竞射，臤鼎（《铭图续》228）王及左、右近臣与西六师、东八师竞射。参与人员非常广泛，包括内服职官、邦君与外服诸侯等，皆具有军事训练的性质，属于大射礼。本铭召公主持的射礼，丰公也派人去监临，估计实际参与人员不少。根据下文的考证，射礼举行地点在东征前线，很有可能与东征有关，属于等级较高的大射礼。

综上所述，师卫簋是师卫跟随丰公东征得胜归来，受丰公之命祭祀其父考，并到甓㲉城监临召公主持的大射礼，得到召公赏赐，而制作的铜器。

关于地名“甓㲉城”，吴书释首字为“郁”，但古文郁字作[古文字]（《合集》20626），象人伏于丛林中，或累增“大”作[古文字]（《集成》4133），与甓差别较大，两者应当不是一个字。笔者注意到晚商时期的一件卣，其人名写法与此地名很像，其铭为：

亚𫞧。寏䵼作父癸宝尊彝。𦔻。（《集成》5360，图2-4）

**图2-4　寏䵼卣铭文**

人名寏䵼与地名甓㲉字形相似，当是同一名称。它们之间的关系不能排除偶合的因素，但也很有可能是地名由人名而来，也就是说寏䵼久居其地，后来就直接以他的名字命名其居所。卣铭首尾各有一个族氏铭文[古文字]和𦔻，两者当是分支与母族的关系。众所周知，𦔻是殷商时期的大族，属于𦔻族及其分支的铜器大多出土于山东，如济南长清出土的包括龚及其分支□族铜器、传出于费县的龚觑铜器。因此学者认为龚族原本居住在山东长清及以西的地区[①]，此说可信。䜒甖所自出的□族也是龚族的一个分支。□当释为棘[②]。春秋山东有两处地名为棘，一处偏北，见于《春秋》成公三年"叔孙侨如帅师围棘"，其地在今泰山以南的肥城与泰安之间；一处偏南，《左传》昭公十年记载陈桓子召回子山时返还给他棘邑，杨伯峻认为其地在临淄西北[③]。两处棘地究竟孰为商棘所在，尚难定夺，但棘族在山东当属无疑，那么其族人䜒甖的居所也应在山东。卣铭为我们寻找□甖缩小了范围，至于其确切地望，则需要通过考释文字来解决。

与"□"字相似的还有晋公盆铭(《集成》10342)"莫否(不)颗□"的"□"字，其原篆作"□"，谢明文已指出它与"□"是一字异体，其说可信。他分析"□"从"𦥑""䛒"声，认为"䛒"所从的"兄"是"贶"的初文，"□"可读作"恭"，"颗□"读为"卑恭"[④]。他对字形结构的分析大体可信，但对个别材料的解释仍存在费解之处。谢文列举或其觚铭文"□"字，认为即"□"所从的"䛒"，亦读为"贶"。觚铭曰：

> 或其䛒父己彝。龚。(《集成》7302)

按：金文贶字多表示臣属受上级之命转赐物品给他人，如令簋(《集成》4300)公尹伯丁父奉王姜之命贶令，中鼎(《集成》2785)大史奉王之命贶中，保卣(《集成》5415)保受王命贶五侯，折觥(《集成》9303)折奉王命贶相侯等，未见有贶已故先祖之例。读"䛒"为"贶"缺乏依据。从觚铭文义分析，"䛒"应当读作"铸"。金文为先祖铸器的辞例习见，如商金文"□父丁"(父丁爵，《集成》8472)、"□父丁尊彝"(父丁簋，《集成》3604)，"□"和"□"在商金文中都表示铸造之义[⑤]，西周金文"公来铸武王、成王異鼎"(作册大鼎，《集成》2758)亦

① 严志斌：《商代青铜器铭文研究》，上海古籍出版社，2013年，第317～320页；陈絜：《小臣缶鼎与晚商龚族族居地》，《青铜器与金文》第2辑，上海古籍出版社，2018年，第75～89页。

② 陈絜：《小臣缶鼎与晚商龚族族居地》，《青铜器与金文》第2辑，上海古籍出版社，2018年，第81页。

③ 杨伯峻：《春秋左传注》，中华书局，2016年，第1460页。

④ 谢明文：《晋公盆铭文补释》，《出土文献与古文字研究》第5辑，上海古籍出版社，2013年，第242～247页。

⑤ 殷商金文的铸字写作"□"，是体现范铸工艺的表意初文。"□"从"□"声，在商金文中也常表示铸造之义。参陈絜：《甲骨金文中的"□"字及其相关问题之检讨》，《青铜器与金文》第3辑，上海古籍出版社，2019年，第136～141页。

属其例。“铸”与“祝”音同可通,如周代铸国《吕氏春秋·慎大览》作“铸”,《史记·周本纪》则写作“祝”。因此“説”字所从的声符“兄”应是“祝”字初文,“𪖐”与“𪖑”为一字异体,读为“祝”。前揭卣铭人名首字“䆷”从“説”声,也读作“祝”。文献中“祝”与“属”有通假的例证,《诗·鄘风·干旄》“素丝祝之”,郑笺“祝当作属”。晋公盆铭文“𩒨𪖑”一词可读为“卑属”,“莫不𩒨𪖑”大意是说众邦没有谁不卑下地服属于晋。

人名和地名第二个字“𧯡”与“𡨦”都从兹声,“𧯡”上部构形不识,暂且不论。“𡨦”结构比较清楚,其上半部分是“由”。《说文》“思,从心,囟声”[①],属之部心纽字,“兹”是之部精纽字,“由”“兹”旁纽,读音极近,因此“𡨦”是双声字。“𧯡”“𡨦”都可读为“由”。“由”与“其”有间接通假的例子。“由”与“斯”相通,如周原甲骨“由又正”(H11:1)、“由亡眚”(H11:20)中的“由”都读“斯”[②]。师訇簋铭(《集成》4342)“訇其万由年子子孙孙永宝”,《诗·大雅·下武》“于万斯年,受天之祜”,“万由年”读作“万斯年”。清华简《系年》第二十一章魏文侯之名“斯”写作从“由”得声的“畁”[③]。再如《诗·鲁颂·泮水》“思乐泮水”,《礼记·礼器》孔颖达正义引“思”作“斯”。皆是其例。而“斯”又从“其”得声,可以推知“由”“其”音近。因此“𡨦”“𧯡”都可读为“其”。综上所论,䆷𧯡、𪖐𡨦可读为祝其。

春秋山东地名有祝其,是著名的夹谷之会所在,《左传》定公十年记载:

> 公会齐侯于祝其,实夹谷。孔丘相。犁弥言于齐侯曰:“孔丘知礼而无勇,若使莱人以兵劫鲁侯,必得志焉。”

夹谷,顾名思义为山间谷道,祝其正当其中,齐侯选此地会见鲁侯,是欲借地形之利胁迫鲁侯屈服就范,即传文所谓“实夹谷”“以兵劫鲁侯”。关于夹谷之会地点,历来众说纷纭。较早的有《史记·齐太公世家》集解引服虔说,认为在东海祝其县[④],即今江苏省赣榆县。此地与鲁都曲阜相距数百里,离齐都临淄则更远,两国会盟不可能选择如此偏远之地,学者多不采信。除此之外,《明一统志》记载夹谷山在淄川西南三十里,旧名祝其山,是齐鲁会盟处。其地在今淄博市博山区颜神镇,此可谓“淄川说”。又《莱芜县志》云“夹谷峡

① 战国“由”偶亦写作“囟”,如《睡虎地·日书甲》63背“思”字所从,《说文》则一概采用“囟”这种写法。

② 李学勤、王宇信:《周原卜辞选释》,《古文字研究》第4辑,中华书局,1980年,第250~251页。

③ 李学勤主编:《清华大学藏战国竹简(贰)》,中西书局,2011年,第191页。

④ 《史记》卷32《齐太公世家》。

在莱芜县南三十里,接新泰界",此可谓"莱芜说"。顾炎武认为两说俱通,但淄川属齐,因而他更倾向于较为折中的"莱芜说"[①]。顾栋高《春秋大事表》于两说择采反复不一,自相矛盾[②]。沈钦韩[③]、竹添光鸿[④]皆主莱芜说。其他诸家观点不烦赘举。总之,莱芜说最具影响,谭其骧主编的《中国历史地图集》亦本此。

然而检视《水经注》相关记载,莱芜说似值得商榷。《水经·淄水》"淄水出泰山莱芜县原山",注云:

> 淄水出县西南山下……东北流径莱芜谷,屈而西北流,径其县故城南。《从征记》曰:"城在莱芜谷,当路阻绝,两山间道,由南北门。汉末有范史云为莱芜令,言莱芜在齐,非鲁所得引。旧说云:齐灵公灭莱,莱民播流此谷,邑落荒芜,故曰莱芜。《禹贡》所谓莱夷也。夹谷之会,莱人以兵劫鲁侯,宣尼称夷不乱华是也。"[⑤]

所谓莱芜故城是汉泰山郡莱芜县城。据上揭注文,此城在莱芜谷中,亦即春秋时期的夹谷,其当路阻绝之势,与《左传》所记祝其正当夹谷之中的地理特征完全吻合。汉莱芜城就是春秋时期的祝其,亦即师卫篡之祝其城,位于鲁北淄水流经的莱芜谷中。

关于莱芜谷,《水经·汶水》"汶水出泰山莱芜县原山,西南过其县南"注也引用了一段《从征记》的记载,云:

> ……《从征记》曰:"汶水出县,西南流。"又言:"自入莱芜谷,夹路连山百数十里(此句下有熊会贞按语"《名胜志》引此数下有十字",当是),水隍多行石涧中,出药草,饶松柏,林藿绵蒙,崖壁相望。……未出谷十余里,有别谷在孤山……出谷有平丘,面山傍水,土人悉以种麦,云此丘不宜殖稷黍而宜麦,齐人相承以殖之。意谓麦丘所栖愚公谷也。……"余按麦丘、愚公在齐川谷犹传其名,不在鲁,盖志者之谬

---

① (清)顾炎武著,(清)黄汝成集释:《日知录集释》,上海古籍出版社,2006年,第1793~1794页。

② (清)顾栋高:《春秋大事表》,中华书局,1993年,第631、742、1024、2577、2667页。

③ (清)沈钦韩:《春秋左氏传地名补注》,商务印书馆,1936年,第134~135页。

④ 〔日〕竹添光鸿:《左氏会笺》卷28,台北新文丰出版公司,1987年,第21页。

⑤ (北魏)郦道元著,陈桥驿校正:《水经注校证》,中华书局,2007年,第621页。

> 耳。汶水又西南径嬴县故城南。[①]

此处《从征记》亦云莱芜谷夹路连山百数十里,水行其中,崖壁相望。似汶水流经之一段也属于莱芜谷。《大清一统志》泰安府山川目说:莱芜谷在(莱芜)县西南三十里,接泰安县界。似与之相合。然而,考察汶水上游地形,其流经之处地势多平坦,更无百数十里之山谷,尤其是地名麦丘、愚公[②],郦氏按语已指出其地在齐不在鲁,怀疑是志者之谬。《从征记》是东晋时期伍缉之随刘裕北征南燕所作,严耕望考察其行程说:

> 知作者伍缉之行程历瑕丘(今滋阳),鲁城(曲阜),泰山(今泰安),嬴县(今莱芜西北四十里汶水之北),又东入莱芜谷,经莱芜故城(今博山淄水河谷中)出莱芜口,至广固、临淄地。[③]

行军过嬴县之后即离开汶水,此后东行所入之莱芜谷只能是淄水流经之山谷。此谷延伸至临淄,长达百数十里,与《从征记》描述相符。因此,《汶水注》所引《从征记》记载的莱芜谷与《淄水注》中《从征记》所载莱芜谷是一地。此谷在淄水流程中,与汶水无关。莱芜谷既已确定,前述《莱芜县志》《大清一统志》所记莱芜县南30里和县西南30里两处地名可以肯定与早期的夹谷无关。淄川西南30里之夹谷山位置虽然邻近,但在莱芜谷外,亦非其地。

据《元和郡县图志》,汉莱芜故城在淄州东南60里[④],以今地考之,即淄博市淄川区太河镇,其地春秋属齐,与《淄水注》所录范史云语“莱芜在齐,非鲁所得引”相合。清人叶圭绶也指出:“汉莱芜县去临淄百数十里,在长城岭北,乃齐地非鲁地。”[⑤]谭图所标绘祝其所在的夹谷峡,不见于早期文献,是晚近地名。历史上莱芜县几经更废,于金代才移治今址[⑥],较汉莱芜城旧址南移60余里,县南之夹谷峡或许是因为莱芜县治南徙,此谷与之邻近,因而得名。夹谷峡春秋时期北有牟国,在今莱芜城东20里,与鲁国相邻,春秋早期就是鲁国附庸。《春秋》桓公十五年记载:“邾人、牟人、葛人来朝。”其南则是

---

① (北魏)郦道元著,(清)杨守敬、熊会贞疏:《水经注疏》,江苏古籍出版社,1989年,第2057~2058页。

② 愚公在临淄西20里,参(清)顾祖禹:《读史方舆纪要》“临淄县牛山”条,中华书局,2005年,第1629~1630页。

③ 严耕望:《唐代交通图考》第6卷,北京联合出版公司,2021年,第2130页。

④ (唐)李吉甫:《元和郡县图志》,中华书局,1983年,第268页。

⑤ (清)叶圭绶:《续山东考古录》,山东文艺出版社,1997年,第402页;《水经注疏》亦持此说,参《水经注疏》,第2224页。

⑥ (清)叶圭绶:《续山东考古录》,山东文艺出版社,1997年,第221~225页。

鲁邑平阳。《春秋》宣公八年记载鲁人城平阳,其地在今新泰市。处在两者之间的夹谷峡春秋时期是鲁国势力控制范围。春秋晚期齐强鲁弱,齐侯欲以强凌弱,不可能屈尊事鲁前往鲁国盟会,他召鲁君赴会,选址理当近于齐境。综上所述,祝其城即汉莱芜故城,在今淄博市淄川区太河镇。

淄、汶两水同发源于原山,淄水东北流入齐,汶水西南流入鲁,两水是齐鲁两地交通往来之便捷通道,其开辟利用时间甚早。陈絜考察周公东征路线时即已指出:“周公从泰山东麓顺着汶水与淄水流域北进,一举征服了临淄一带的荳伯、薄姑等‘东夷’部族,最终实现‘薄姑商奄吾东土也’之东拓。”[①]淄水流程中的莱芜谷长达百数十里,断非一日可以穿越,其间必有据点供师旅往来休息,祝其就是其中之一。在更早的殷商时期,它是举族分支棘族之城邑。由此北上出莱芜谷可到达齐,卜辞多称齐次,表明其在殷末也是一处重要的军事据点。黄组卜辞云:

> 癸巳卜,贞,王旬亡畎,在二月,在齐餗(次)。唯王来征人方。(《合集》36493)
>
> 庚寅卜,在齐餗(次),王逖,往来无灾。(《合集》36804)
>
> 癸丑,王卜,贞,旬亡畎,在齐餗(次)。(《合集》36821)
>
> 癸丑,王卜,贞,旬亡畎,在十月又一,在齐餗(次)。(《怀》1886)

尤其是第一条卜辞提到王来征人方,可见齐是征人方前沿的一处重要据点。祝其处在淄、汶交通要道,向南连接汶水流域,可以直达汶水上游的嬴邑,即《水经·汶水注》“汶水又西南经嬴县故城南”之嬴县,其地在今莱芜城西北40里,卜辞记载:

> 乙巳,王卜,在羸(嬴)贞,今日步于攸亡灾,在十月又二。(《合集》36825,黄组)

商王在嬴占卜步于攸,两地应当极近,当日可达。而攸是十祀征人方卜辞中随同商王出征的攸侯之国,其地也在征人方前沿。位于嬴、齐两地中间的祝其想必在殷末征人方军事活动中也发挥了重要作用。因其扼守莱芜谷这一夷夏交界的前沿,地理位置极为重要,西周早期东征,召公驻军于此,举

① 陈絜:《曌方鼎铭与周公东征路线初探》,《古文字与古代史》第4辑,台北“中央研究院”历史语言研究所,2015年,第261~290页。

行规模盛大的大射礼,其意义就不难理解了。既可以整饬军队、鼓舞士气,同时也可震慑东夷。当然,由嬴至齐其间驻军之地可能不止祝其一处,据《左传》记载,春秋时期尚有马陉、丘舆、弇中、艾陵等地名在淄水流域中,在较早的商周时期的情况今后还可以继续研究。兹将文中所涉地名绘制成"商周淄、汶流域地图"(图2-5),以供参考。

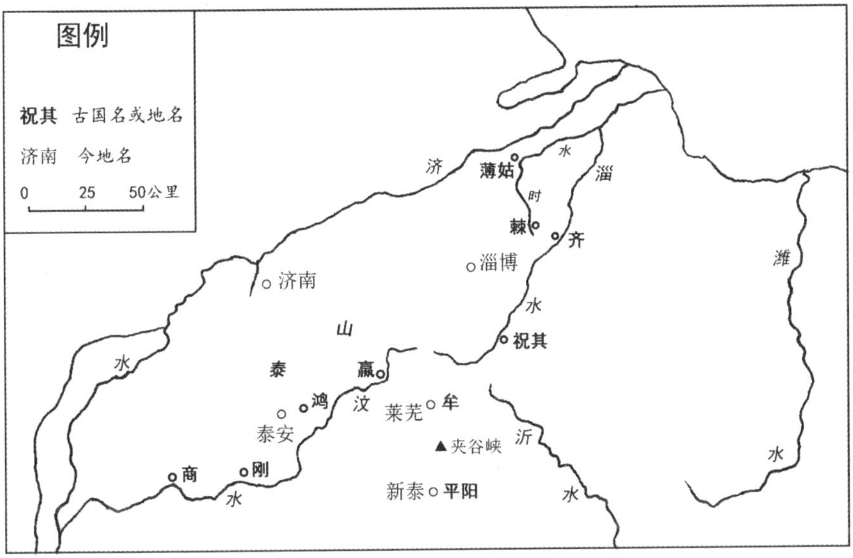


图2-5　商周淄、汶流域地图

(四) 北麦

师卫尊铭文记载宫公在北麦视察仆器,赏赐师卫五朋贝。宫公何许人,于史无征,但他地位较师卫高,从称谓来看,可能是类似于丰公、召公的畿内贵族。宫公来到北麦视察仆器,说明这类器物集中存放于此,其性质当与名称"仆"有关。金文中称为仆的有些是奴仆,往往被贵族以家为单位赏赐给家臣或下属,如螨鼎(《集成》2765)"仆二家"、幾父壶(《集成》9722)"仆四家"、肃卣(《铭图续》882)"仆六家"皆是。奴仆使用的器具无非是生产劳动工具,似乎不劳宫公视察。金文还有一类与武职有关的仆,比如师旂鼎铭:

> 唯三月丁卯,师旂众仆不从王征于方雷,使厥友引以告于伯懋父,在艿。伯懋父乃罚得夏由三百寽,今弗克厥罚。懋父令曰:义播,𫹜厥不从厥右征,今毋播,其有纳于师旂。(《集成》2809)

师旂众仆不从王出征,师旂派人向伯懋父告发,伯懋父判处众仆缴纳罚金。

这些仆能够随王出征，有经济来源，具有一定的独立性，不像是奴隶，更有可能是师旂奉王命管理的一类职官[①]。类似的仆还见于趞簋，曰：

> 王若曰：趞，命汝作豳师冢司马，啻官仆、射、士，讯大小有鄰，取徵五寽……（《集成》4266）

趞受命作豳地师旅的冢司马，受其约束的仆、射、士当都是武职。金文还有夷仆。静簋（《集成》4273）曰："王令静司射学宫，小子眔服眔小臣眔夷仆学射。"害簋（《集成》4258）记王册命害"官司夷仆、小射、底鱼"。夷仆参与学射，且与小射并列，也说明其职司为武职。晋侯穌钟又有车仆，曰：

> 淖淖列列夷出奔。王令晋侯穌率大室小臣、车仆从，遂逐之。晋侯折首百又一十，执讯廿夫，大室小臣、车仆折首百又五十，执讯六十夫。（《铭图》15303－15306）

夷人城池被攻陷之后仓皇出奔，王命晋侯率领王室的大室小臣和车仆追击，晋侯和大室小臣、车仆皆有所斩获。对比前引静簋铭文可知，车仆和夷仆地位相似，是次于小臣的一类武官，身份当是贵族。车仆之称也反映其职司与御车有关。"仆"本身就有御者的含义，这在典籍中习见，如《诗·小雅·正月》："无弃尔辅，员于尔辐；屡顾尔仆，不输尔载。"郑玄笺："仆，将车者也。"仆一类的职官可能从事战斗、守卫、御车等工作。由此看来，仆器应当是兵器或车马器，师卫的身份大概如同师旂一样，是众仆之长[②]，自然也是管理仆器的长官。似可推测宫公视察仆器实际上是检查军备。

如果以上对仆器性质推断不误，那么存放仆器的北麦应当就是师卫率领众仆驻扎之地。考虑到前两篇铭文师卫的活动都与东征有关，似乎不难联想他驻军的北麦有可能在东土。殷墟卜辞地名有麦，是东土田猎地名，其辞曰：

> 壬申王［卜，贞］，田麦，往［来］亡灾。王［占曰］：吉。兹孚。［获］白鹿。
> 乙亥王卜，贞，𢓊丧，往来亡灾。王占曰：吉。
> 丁丑王卜，贞，田宫，往来亡灾。王占曰：吉。
> 戊寅王卜，贞，田丧，往来亡灾。王占曰：吉。获狐四。
> 辛巳王卜，贞，田宫，往来亡灾。王占曰：吉。（《合集》37448＋《合

① 裘锡圭：《说"仆庸"》，《裘锡圭学术文集》第5卷，复旦大学出版社，2012年。

② 师可训为"长"，如《周礼·天官》中的"甸师"，郑玄注："师，犹长也。甸师，主供野物官之长。"《国语·晋语四》"官师之所材"，韦注："师，长也。"

补》11323[①]，黄组）

卜辞记载了商王为选择田猎地进行的五次占卜，相邻日期间隔一至三日不等。由命辞“往来无灾”可以判断商王固定驻跸于某地，每次田猎结束当日即可返回。所卜三地麦、丧、宫虽然未必成行，但一定都在驻跸之地附近，相互之间的距离也应当比较接近。丧在第一章已经讨论过，它与乐地邻近，大致位于济南与临淄之间偏向济南的位置，与之有关的麦应当也在鲁北地区。卜辞有水名为溇，地名水名同名现象在卜辞中非常普遍，溇水当与麦地有关，卜辞云：

庚子王卜，在溇次，贞，今日步于瀿，亡灾。在正月，获狐十又一。

辛丑王卜，在瀿次，贞，今日步于[illegible]，亡灾。

壬寅王卜，在[illegible]次，贞，今日步于永，亡灾。

癸卯王卜，在永次，贞，今日步于……

乙巳王卜，在温贞，今日步于攸，亡灾。（《英藏》2562＋《合集》37475＋《补编》11141＋《合集》36957，黄组）

永是攸侯领地边鄙，攸在第一章中已经探讨，地望大致位于汶水上游[②]，相当于今济南市莱芜区东北一带，其边鄙永当也在此区域之内。上揭卜辞显示从溇到永只需要三天，可知麦与莱芜也相去不远。由此推知，麦很有可能在临淄与莱芜之间，大致位于淄水和汶水上游，相当于莱芜东北至淄博市博山区之间。金文北麦有可能就是卜辞麦，因其在鲁北，故称北麦。

北麦为王朝职官驻守，其性质与祝其城十分相似，两地又都在淄水上游，说明当时这一区域归王朝直接管辖。同样的例子还有宜侯吴[③]簋中的宜地，其铭曰：

唯四月辰在丁未，王省珷王、成王伐商图，诞省东国图。王立（莅）于宜，入土（社），南向，王令虞侯吴曰：迁侯于宜。赐豐鬯一卣，商（赏）瓒一，□彤弓一、彤矢百、旅弓十、旅矢千。赐土厥川（甽）三百，□厥□百又廿十，厥宅邑卅又五，厥□百又卌，赐在宜王人［十］又七姓，赐奠

① 赵鹏：《甲骨新缀一例》，《甲骨拼合集》，学苑出版社，2010年，第68页。

② 陈絜、赵庆淼：《“泰山田猎区”与商末东土地理——以田猎卜辞“盂”“[illegible]”诸地地望考察为中心》，《历史研究》2015年第5期。

③ 此字多释为“矢”，实际上金文“矢”是“吴”“虞”初文，参陈絜、马金霞：《叔夨鼎的定名与西周历史上的夨国》，《仰止集——王玉哲先生纪念文集》，天津人民出版社，2007年。

七伯，厥卢□又五十夫，赐宜庶人六百又□六夫。宜侯吴扬王休，作虞公父丁尊彝。(《集成》4320)

铭文记载周王览阅武王、成王伐商时的地图，又查看东土地图，选定宜作为徙封虞侯之地。由于这件簋时代较早，当时成王已经故去，省图的王只能是康王。康世商都已并入卫国领土，中原其他地区基本属于王畿，或已分封诸侯，没有多余土地再分封诸侯。康王显然不会在中原寻找土地，他察看地图之目的应当是回顾自武王克商以来王朝东扩形势，研判关中至东土交通要冲与封建格局，完善周初以来构建的封建体系，使东土与中原和关中的封建连成一个有机的整体。最后目光落在东国地图上，选定的宜一定在东土。

殷墟卜辞有地名"義"，是攸侯领地一处边鄙之邑，辞曰：

戊戌贞，右牧于爿攸侯甶鄙。
中牧于義攸侯甶鄙。(《合集》32982，历组)

攸在莱芜东北，"義"应当也在此区域中。文献中"義"与"宜"可通，如《易·旅》："其義焚也。"《释文》："一本作宜其焚。"由"宜"派生出的"谊"与"義"通用的例证更是习见，不需赘举[①]。金文中亦不乏"義"与"宜"相通的例子，如师旂鼎(《集成》2809)："懋父令曰：義(宜)播，叡厥不从厥又征。"儹匜(《集成》10285)："我義鞭汝千。"金文宜地应当就是卜辞中的"義"，地望在山东济南莱芜区东北[②]，位置与北麦、祝其城相近，都在淄汶上游，即莱芜东北与淄博以南的区域。这里正是周公践奄之后北上伐薄姑的必经之地。可以推想，为免除后顾之忧，周公很有可能灭掉攸之后，再挥师北上伐齐。随着攸的灭亡，其属邑宜亦为周人占领。宜侯吴簋铭文提到赏赐宜侯"在宜王人"，所谓"王人"当是原本属于周王之人，这批人在攸侯被灭之后，被周王迁徙到宜生活居住，为王效力。直到被康王分封给宜侯之前，宜都是王属土地。北麦、祝其基本也处于淄汶通道，有可能也是在周公进军鲁北时被占领，成为周王直属之地，后来可能被赐给齐或被齐兼并。

还需要指出的是，王室可能直到西周晚期在东土仍然领有直属的土地，但数量可能并不多。比如，宣王时赐郑桓公友助祭泰山的祊田，可能就是其

① 高亨纂著：《古字通假会典》，齐鲁书社，1989年，第659～660页。
② 陈絜、刘洋：《宜侯吴簋与宜地地望》，《中原文物》2018年第3期。

中之一。此田在汶水下游北岸[①],近鲁,如果不是宣王下令从鲁国分割出来的,就极有可能是王室所有的土地。

根据以上研究,可以看出淄汶上游一带在康世平定东夷的战争中发挥了重要作用。早在成王封建时,淄汶一线就是周与东夷交界前沿。康王时期又完善了淄汶上游的封建,并在北麦、祝其驻有重兵,强化了这条防线的军事功能,为征服东夷提供了支持和保障。小臣謎簋记载伯懋父率殷八师征讨东夷的路线“述东陕,伐海眉”。“陕”可读为“隥”,《穆天子传》卷一“乃绝隃之关隥”,郭璞注:“隥,阪也。”“眉”即“湄”字,《诗·秦风·蒹葭》“在水之湄”,指的是水边、岸边。铭文是说顺着东边的山路进军,征伐海滨。由此可以推断行军路线当在山海之间。而胶东北部沿海地区交通地理特征与此描述十分吻合,当时征伐所及很有可能在烟台、威海一带。铭文记载伯懋父赏赐师旅征收自五齵之贝。五齵产海贝,且齵字从卤,应当是滨海地区的一处地名,可以读为海隅之隅。《尔雅·释地》“齐有海隅”,《尚书·尧典》“宅嵎夷曰旸谷”,伪孔传云:“东表之地称嵎夷。”东表是极东之地。《玉篇》云:“堣夷,日所出。”《史记·封禅书》说齐地八神“七曰日主,祠成山,成山斗入海,最居齐东北隅”。成山即今威海荣城成山头,当是铭文中的五齵之地。伯懋父在东土进军路线应当是循烟台、威海北部滨海山路向东进发,到达成山头,所征讨的东夷当是居于此地的莱夷[②]。伯懋父能率军远征极东的莱夷,当得益于康世对淄汶一线防线的经营。康世召公、丰公、康伯等地位显赫的贵族都曾帅军东征,王朝常备军殷八师也被动员出征东夷,可见战争规模之大。康世东征对东夷造成沉重的打击,为昭穆时期平定东土打下了基础。

## 二、昭穆时期的东征与东巡

由于康王的强力镇压,东夷反抗的势头受到扼制,但并未彻底平息,昭王时期仍有东征之举。前文提到的鲁侯簋(《集成》4029)所记鲁侯协助明公征伐东国,就是明公受昭王册命,得到“尹三事四方”大权之后发起的。地名“”或释作“遨”,具体地望无从考证,但此役有鲁侯参与,地点似距鲁不远,所征伐的对象很有可能是鲁南地区的东夷。

昭王末年东夷渐趋衰弱,昭王有意将对外经营的重心转向南土,发动对荆楚的征讨。为保证南征顺利进行,避免两线作战,昭王采取了先稳定东

① 陈絜、赵庆淼:《“泰山田猎区”与商末东土地理——以田猎卜辞“盂”“㽙”诸地地望考察为中心》,《历史研究》2015年第5期。

② 陈梦家:《西周铜器断代》上册,中华书局,2004年,第20~21页。

土,再向南进军的策略。作册吴令簋铭文就反映这一对外经营的方略,其前半部分说:

> 唯王于伐楚,伯在炎。唯九月既死霸丁丑,作册吴令尊俎于王姜,姜赏令贝十朋、臣十家、鬲百人。公尹伯丁父贶于戍……(《集成》4300)

多数学者将首句中的“楚”“伯”两字连读为“楚伯”。但目前所见伐楚相关铜器铭文大多不载楚君名号,作册吴令簋之“楚伯”是否可以连读,缺乏相关证据。况且“伯”这一称谓通常是周王朝贵族或邦君的尊称,一般不用于称呼蛮夷首领,“楚伯”这一称谓令人生疑。目前所见周人对楚君的称呼的例子有周原甲骨,如H11:38片“今秋楚子来告”①,此外湖北叶家山西周墓出土的所谓荆子鼎(《资料库》NB0567),黄锦前认为器主是楚君②。由此看来,周人称楚君为楚子或荆子,而非楚伯。作册吴令簋铭中的“楚”“伯”二字应当断开读。召尊(《集成》6004)、召卣(《集成》5416)铭“唯九月在炎师,甲午,伯懋父赐召白马”,也载有地名炎师,唐兰认为作册吴令簋中的伯就是召器中的伯懋父,其说有理③。不过他认为两篇铭文时间都在同一年的九月,则不妥当。丁丑日的月相是既死霸,属于某个月的后段,短短数天之内无法排进甲午日,所以两篇铭文时间不在同一年。这说明伯懋父在炎师戍防时间可能较长。根据以上分析,簋铭记载的是昭王伐楚时,作册吴令将前往伯懋父所在的炎师,王姜为他祖道践行,并有所赏赐。炎,唐兰认为是郯,即山东郯城,在江苏山东交界的地方④。如此说不误,可以推测,昭王伐楚时,伯懋父镇守于鲁南,这一部署应当是防止东夷趁机叛乱生事,影响南征大计。

类似的例子还有誖甗,铭云:

> 唯十又一月,王令南宫伐豺方之年,[唯]正月既死霸庚申,王在宗周,王[朝令]誖使于繁。赐贝[五朋,誖敢]扬对王[休],用作[宝尊彝],子子孙孙[其]永[宝用]。(《铭图》3363)

“王令南宫伐豺方之年”属于大事纪年,同样的纪年还见于安州六器的中鼎,铭文曰:

---

① 周原甲骨H11:14:“楙伯乞今秋来”,或将楙释作楚,此字从“林”从“口”,不是楚字,楙伯也不是楚君。

② 黄锦前:《荆子鼎与成王岐阳之盟》,《中国国家博物馆馆刊》2013年第9期。

③④ 唐兰:《论周昭王时代的青铜器铭刻》,《古文字研究》第2辑,中华书局,1981年。

唯王令南宫伐反豺方之年，王令中先省南国贯行。埶王应，在夔隞真山，中呼归生凤于王，埶于宝彝。(《集成》2751)

铭文为宋代摹本，由于摹写失真，学者多误将“豺”释作“虎”，𣪕卣清晰照片公布之后[①]，豺字的释读才得以真相大白。中鼎是著名的昭王南征相关铜器，记载王命中作为先导视察南土道路，设立行宫之事。同样纪年的𣪕甗自然也是昭世之器，所载𣪕奉命出使繁的事件，很有可能也与南征有关。欲探究这次出使活动的真实目的，需要确定繁地所在。多数学者认为金文中的繁即《左传》中的繁阳，在河南新蔡北[②]，但《左传》中繁阳从不省作繁，繁与繁阳当不是一地[③]。陈絜认为周代东土自有一繁，大致在汶、泗之间。其关键证据是两周之际的繁伯鬲。陈先生释文为：

繁伯我君媵邾嬶宝鬲，子子孙孙永用享。(《铭图》2944)

据铭文可知，这是繁伯为嫁到邾国的女儿所作媵器。繁与邾通婚，两国距离应当比较接近，邾在山东邹城，繁当亦不远。邾嬶是繁氏之女，繁为嬶姓，商周时期嬶姓国族大多在东土。繁伯鬲是典型的“莒式鬲”，考古发现这类铜器比较集中出土于鲁中南与鲁东南地区。凡此皆可证明繁在东土[④]。由此可知，南征前夕，昭王派𣪕出使繁的目的当和命伯懋父驻守郯师一样，都是防止东夷叛乱而采取的拉拢或震慑的措施。

昭王南征虽然以丧师殒命而告终，但对楚起到了威慑作用，此后终西周之世，楚人与周王朝相安无事。穆王即位之后，复以平定东夷之患为第一要务。班簋铭云：

唯八月初吉，在宗周，甲戌，王令毛伯更(赓)虢城公服，屏王位，作四方亟，秉繁、蜀、巢命，赐铃、勒。咸，王令毛公以邦冢君、土(徒)驭、或人伐东国痟戎。咸，王令吴伯曰：“以乃师左比毛父。”王令吕伯曰：“以乃师右比毛父。”遣令曰：“以乃族从父征，徣城卫父身。”三年静东国，无不成。眈天畏(威)，否畀纯陟。公告厥事于上：“唯民亡徣哉，彝

① 曹锦炎：《新见𣪕卣铭文及其相关问题》，《半部学术史，一位李先生：李学勤先生学术成就与学术思想国际研讨会论文集》，清华大学出版社，2021年。

② 孙庆伟：《从新出𣪕甗看昭王南征与晋侯燮父》，《文物》2007年第1期。

③ 李学勤：《论繁蜀巢与西周早期的南方经营》，《通向文明之路》，商务印书馆，2010年，第124页。

④ 陈絜：《两周金文中的繁地与西周早期的东土经略》，《中原文物》2020年第1期。

> 忝天命,故亡,允哉显,唯敬德,亡逌(攸)违。”班拜稽首曰:“呜呼,丕丕扬皇公受京宗懿釐,毓文王、王姒圣孙,登于大服,广成厥功,文王孙亡弗怀型,亡克竞厥烈,班非敢觅,唯作昭考爽谥曰大政。”子子孙多世其永宝。(《集成》4341)

班簋是毛班为纪念父亲毛公东征而作,主要记载穆王命毛公率吴伯、吕伯、毛班征伐东土痟戎之事。毛班见于传世文献记载,根据其活动的时代可以判断东征发生在穆王初年[①]。出征前,穆王提拔毛伯接替虢城公之职,授予他号令繁、蜀、巢三个国族的权力。这三国的角色颇似《尚书·牧誓》中追随周师伐商的庸、蜀、羌、髳、微、卢、彭、濮等方国,在战争中为周人提供人力或物力上的支援。陈絜考证,三国地理位置基本团簇于东土。其中繁前文已经介绍在汶、泗间。蜀当即《春秋》成公二年“公会楚公子婴齐于蜀”之蜀,在泰安东南汶水沿岸。巢即《左传》成公二年齐侯伐鲁北鄙,“遂南侵,及巢丘”之巢丘,在泰安[②]。地理位置与周人东土封建体系密迩交错。对“三年静东国,无不成”的理解目前仍存在争议,主要有两种观点,一种认为是周王的命令,限定三年的期限平定东土,不许不成功[③]。另一种观点认为是战争结束之后班对战争的回顾,意思是用了三年的时间平定东土,取得了成功[④]。铭文后半部分班赞颂毛公“登于大服,广成厥功”,显然是针对毛公受命与东征两件事的总结,说明作器时东土业已平定,“三年静东国”应是对以往事实的陈述。第二种解读更为贴切。事实上,自穆世之后,东夷再未发动成规模的反叛,毛公东征达到了平定东土的效果。

至穆世周王朝对东土的经营已逾百年,东夷基本臣服于有周,形势趋于稳定,为周王东巡创造了有利条件。穆王以喜好周行天下而著称,在位期间曾不止一次发起声势浩大的东巡。比如㪤鼎就记载穆王东巡至鲁的活动,铭云:

> 唯十又一月辰在甲申,王大射在鲁。王罘右即西六师,左即东八师。王克西师,左克东师,㪤克厥啻(敌)。王休赐㪤贝百朋,用作宝尊鼎。(《铭图续》228)

㪤鼎口微敛,厚方唇,双立耳,鼓腹圜底,三柱足上粗下细。颈部饰垂冠卷喙

---

① 具体论证见本书第三章第二节。

② 陈絜:《两周金文中的繁地与西周早期的东土经略》,《中原文物》2020年第1期。

③ 郭沫若:《〈班簋〉的再发现》,《文物》1972年第9期。

④ 李学勤:《班簋续考》,《古文字研究》第13辑,中华书局,1986年。

分尾长鸟纹，间以花瓣扁棱为界，腹部饰垂冠卷喙分尾大鸟纹。整体风格显西周中期偏早特征，时代当属穆王时期。

"王眔右即西六师"。"眔"为连词，金文习见，训为暨。"即西六师"当是"即西六师射"的省略形式，与长由盉(《集成》9455)"即邢伯大祝射"文意相同，大意是说王加入右与西六师对阵竞射。"左即东八师"则是左与东八师竞射。比赛结果是王所在的右胜了西六师，左胜了东八师，䝨胜了他的对手[①]。铭文反映大射是一种具有竞赛性质的集体活动。参与大射的双方是左、右与西六师、东八师。比赛当是以右与西六师为一组，左与东八师为一组，每组中再选出射手两两轮番上场比试，最后统计集体比赛成绩，确定胜负。此或即礼书所谓的耦射。

西六师、东八师是王朝常备军。西六师在西土，东八师在东都成周，也称成周八师，它由投降的殷人改编而成，所以又称殷八师。六师、八师都分别设有三有司，管理土地、司法、农牧等事务。周王似乎尤其重视六师、八师种艺之事，命专人总管其事。盠方彝(《集成》9899)铭文"王令盠曰：'总司六师眔八师艺。'"可见六师、八师这种军事组织颇具屯田性质[②]。

与西六师、东八师对阵的左、右是集合称谓。根据铭文记载，䝨在比赛中获胜，得到周王的奖赏，由此似可推断䝨当时与王同在右这一阵营，因而受到王的注意和赏识。金文与典籍中"左右"可以表示近侍、近臣或副手，是我们都很熟悉的，此外还可引申为动词表示辅佐，也属常见。班簋(《集成》4341)铭文记载吴伯、吕伯率偏师辅佐毛公东征说"以乃师左比毛父""以乃师右比毛父"，左、右就是配合辅助之义。这些例子都证明称为左、右之人与王或统帅的关系比较亲近。䝨鼎铭文中的左、右也应是与周王关系比较亲密的一类人，其身份可以䝨为线索来考察。䝨所做铜器还有两件同铭的䝨尊(《集成》6008)，记载他追随师雍父在由师戍防，此外还有几件相关的铜器，是录、稆、遇等人所做，他们也是师雍父的属下，其身份与䝨相当[③]。这些铜器铭文内容相互关联，比较完整地记录了穆世某年师雍父及其属下驻防由师期间一系列活动。其中录尊交代了驻防由师的起因，铭云：

① "䝨克厥啻"，啻读作敌，泛指对手，在战争中则指敌人，如彧簋铭文"卑克厥啻"之啻(敌)就是周王朝的敌对族群的淮夷。

② 于省吾：《略论西周金文中的"六𠂤"和"八𠂤"及其屯田制》，《考古》1964年第3期。

③ 相关铜器铭文编号为《集成》5419、2721、4122、5411、948。

王令䧹[①]曰："䱷，淮夷敢伐内国，汝其以成周师氏戍于珃（由）自（师）。"伯雍父蔑录历，赐贝十朋，录拜稽首，对扬伯休，用作文考乙公宝尊彝。（《集成》5419）

为了抵御淮夷内侵，王命令䧹（师雍父）率成周师氏驻防由师。值得注意的是，这里提到师雍父所率诸人为成周师氏，指的就是包括臤在内的那些人。由此可以断定，臤鼎铭文中的左、右之身份应当是师氏。师氏参与大射亦见于令鼎（《集成》2803），曰："王大耤农于諆田，王射，有司眔师氏、小子卿射。"师氏与虎臣身份类似，两者有时并举，如《尚书·顾命》"乃同召太保奭、芮伯、彤伯、毕公、卫侯、毛公、师氏、虎臣、百尹、御事"。师氏、虎臣都是武职，可以参与对外征伐，如雪鼎（《集成》2740）师氏伐东夷，䧹簋（《集成》4322）师氏伐淮夷，师寰簋（《集成》4313.2）虎臣伐淮夷。所不同的是，师氏多由周人或殷遗担任，前述臤等即是。而虎臣则主要是夷人，据师酉簋（《集成》4288）与訇簋（《集成》4321）记载，虎臣由西门夷、㬝夷、秦夷、京夷、弁狐夷等组成，因此在王官序列中位次在师氏之后。两者职司亦有不同，虎臣之职是为王爪牙、捍御王身，师克盨（《集成》4467）对此有明确交代，毋庸置疑。因为是周王近侍，常在左右，因此又称左右虎臣、正侧虎臣（无助鼎，《集成》2814），其身份与汉代卫尉统领的卫士相似。而师氏根据金文可知，分驻在王朝的几处都邑之中，相关材料如下：

以成周师氏戍于由师。（录尊，《集成》5419）

王在周，各新宫，王诞正（整）师氏。（师遽簋盖，《集成》4214）

官司丰还（县）左右师氏。（元年师旋簋，《集成》4279）

更乃考䎘司郑师氏。（吕簋，《铭图》5257）

成周即东都洛邑，周是大王至文王时期所都之岐周，丰即文王所都之丰京。郑也是周王朝的一处都邑，其地或在陕西华县东北，穆王时期以此为都。《古本竹书纪年》曰"穆王居郑宫、春宫"，《汉书·地理志》注引臣瓒说"周自穆王以下都于西郑"。金文中郑又称郑县，设有邑长、三有司，管理司法、农田、畜

① 䧹就是师雍父，亦即伯雍父，参李学勤：《从新出青铜器看长江下游文化的发展》，《文物》1980年第8期。

牧、川林诸事，有许多贵族宗邑[①]。其规模比较庞大，情况与丰京颇为相似。师氏驻在郑、成周、岐周、丰等都邑，其身份或可类比西汉的北军，具有京师卫戍部队的性质[②]。师氏守卫都城，是周王安危所系的重要武装，因此毛公鼎（《集成》2841）铭云："䡅司公族与三有司、小子、师氏、虎臣与朕亵事，以捍敌王身。"师氏与虎臣都有保卫周王之责，与周王之关系亲密，故而也称为左右师氏。

这次大射特别之处在于，参加者身份皆为武职，具有浓厚的军事色彩。其中西六师、东八师，是王朝常备军，除非有重大军事行动，一般不会悉数出动。六师出征见诸载籍，为人熟知的有昭王南征丧六师于汉，及《古本竹书纪年》记载夷王命虢公率六师伐太原之戎，金文中关于八师出征的内容则有小臣謰簋（《集成》4238）伯懋父率殷八师征东夷。六师、八师同时出征的有禹鼎（《集成》2833）王命西六师、殷八师征伐鄂侯。卧鼎铭文中西六师、东八师全员出动，于鲁地举行大射，其用意耐人寻味。考虑到参与人员的武职身份，这次大射礼很有可能与东征有关。卧鼎时代恰在穆王时期，所记之事很有可能是毛公平定东土之后，穆王为庆功并震慑东夷，东巡期间在鲁国举行的一次军事演习性质的大射礼。

值得一提的是，记载周王在鲁举行大射礼的铜器还有20世纪80年代陕西张家坡出土的义盉盖，其所饰鸟首龙身纹流行于西周早期偏晚至西周中期偏早，铭文字体亦比较整饬，具有穆世"玉箸体"风格，当属穆世之物。其铭曰：

> 唯十又一月既生霸甲申，王在鲁，卿即邦君、诸侯、正、有司大射，义蔑历，眔于王逨，义赐贝十朋，对扬王休，用作宝尊盉，子子孙孙其永宝。（义盉盖，《集成》9453）

巧合的是，举行大射礼的日期与卧鼎同为十一月甲申，但参与人员完全不同，与卧鼎所记之事当不在同一年。参加这次大射礼的人有邦君、诸侯、百官，周王在东土举行如此盛大的集会，一定有特定的意义和历史背景。考虑到鲁国位置邻近东岳泰山，而周王室素有封禅泰山之传统，每逢王室举行封

① 陈絜：《周代农村基层聚落初探——以西周金文资料为中心的考察》，《新出金文与西周历史》，上海古籍出版社，2011年，第139页。

② 师氏一职虽系武职，但平时也参与行政事务，金文记载周王曾命人兼管邑人、师氏。邑人就是县邑之长，属于行政官员。两类人统一管理，显示师氏的行政职务属性，再如金文记载在处理贵族土地纠纷中，师氏与邑人一道勘察疆界、协调土地交割。这种文武兼任，职责分工不严格的情况在周代职官制度中十分常见。

禅，诸侯百官皆有从王助祭之义务，这次在鲁举行的大射很有可能与封禅大典有关。《左传》定公四年记载卫国始封时得到相土之东都，其作用就是“以会王之东蒐”，杜注即云：“为汤沐邑，王东巡守，以助祭泰山。”郑国在泰山脚下有祊田。《左传》隐公八年记载：“郑伯请释泰山之祀而祀周公，以泰山之祊易许田。三月，郑伯使宛来归祊。”《公羊传》解释祊田说：“汤沐之邑也，天子有事于泰山，诸侯皆从泰山之下，诸侯皆有汤沐之邑焉。”郑之祊田与卫领有的相土之东都性质相同，都是助祭泰山的休沐之所。实际上在泰山周边领有汤沐之邑的诸侯当不在少数。山东早年出土的召氏家族铜器记载大保受赐榆土，也与召公家族经营东土、助祭泰山有关①。诸侯助祭泰山皆有休沐之邑，王东巡也应有下榻之处，但王室在东土没有宫室，驻跸之地应当就在鲁国。

鲁国是王朝经营东土的重镇，其地位至关重要。西周早期鲁侯曾参与东征，立下军功，鲁侯簋（《集成》4029）云：“唯王令明公遣三族伐东或，在[illegible]，鲁侯有囚工，用作旅彝。”鲁国在征服东夷中发挥了重要作用。诸侯之中与王室关系最为亲密的非鲁国莫属。如春秋时期，京师告饥，鲁侯为之请粜于诸侯（隐公六年）。王室式微，用度不足，向鲁求赙（隐公三年）、求车（桓公十五年）、求金（文公九年）。王室嫁女与齐，亦专门取道鲁国，由鲁侯操办（庄公元年）。高士奇评价“周之最亲莫如鲁，而鲁所翼戴者莫如周”②。说明王室与鲁国之间有着非比寻常的亲密关系。周王室在东土没有离宫别馆，巡幸东土期间需要诸侯接待。《白虎通》“王者巡狩，必舍诸侯祖庙”，陈立疏曰：“天子为天下所尊，无所避屈，故必舍诸侯祖庙。”③由于鲁国的重要地位及其与王室的亲密关系，东土之中适合接待周天子的非鲁莫属。由此看来，穆王两次在鲁举行大射之礼并非偶然，鲁是天子东巡驻跸之地，自然也就成为会集诸侯、举行大射礼活动的场所。义盉盖之大射礼有可能是封禅泰山活动的延续。

鲁国是周礼传承的典范和表率，是周礼在东方的中心④，人们习称“鲁秉周礼”“周礼尽在鲁”，一方面与鲁先君周公制礼有重要关系，另一方面与它跟周王室关系密切，作为周王东巡驻跸之所，承办王朝封禅重大礼仪活动亦不无关系。

---

① 陈絜：《“梁山七器”与周代巡狩之制》，《汉学研究》2016年第1期。

② （清）高士奇：《左传纪事本末》，中华书局，2015年，第5页。

③ （清）陈立：《白虎通疏证》，中华书局，1994年，第295页。

④ 徐义华：《西周初期齐、鲁治国策略差别原因试析》，《管子学刊》2017年第2期。

# 第三章　周伐淮夷

西周早期对东土大举用兵，基本征服了东夷，将东土纳入到统治范围之内。但西周中期以后，淮河流域的淮夷兴起，广伐东土、南土，侵扰王畿，使得周王朝半壁江山都遭受战火摧残，其为患之剧远胜东夷，处理淮夷问题成为王朝对外关系的主要内容。淮夷邦国众多，或叛或服，周王朝为征服淮夷付出了巨大代价，南土封建格局也因之发生了重大变化。淮夷之患对周王朝的兴衰产生了深远的影响。

## 第一节　甲骨金文中淮夷相关名号

### 一、卜辞中所谓淮夷

在正式探讨周代淮夷问题之前，有必要对卜辞中"隹夷"之辞作一说明。古文字材料中，有关淮夷的记载多见于铜器铭文。以往学者曾试图从更早的材料中探寻其历史渊源，在卜辞中发现有所谓"隹夷"的内容，提出商代有淮夷。淮夷之族在商代的情况姑且不论，就卜辞是否有"淮夷"这一问题，确有探究之必要。

"卜辞淮夷说"的提出，最早可以追溯到陈梦家的《隹夷考》一文[①]，他将《殷墟书契后编》下·36·6隶释为："乙巳卜，叀西隹夷。乙巳卜，叀北隹夷。"并认为卜辞"隹夷"就是文献中的"鸟夷"，是发源于东北的民族，后来向南迁徙，形成许多分支，广泛分布于山东和淮河流域，淮夷就是其中的一支。至于淮夷出现的时间，他并未作进一步考证。持同样观点的还有郭沫若，他在《殷契粹编》一书中也提到"卜辞有隹尸，殆即淮夷"[②]。后童书业作《"鸟夷"

① 陈梦家：《隹夷考》，《禹贡》半月刊，第5卷第10期，1936年7月。

② 郭沫若：《殷契粹编》，科学出版社，1965年，第360页，收入氏著《郭沫若全集·考古编》第3卷，科学出版社，2002年，第360页。

说》[①]，继承了上述观点，也将相关卜辞视作商代有淮夷的证据。此后，“卜辞淮夷说”逐渐流行，成为一种颇具影响的观点，如李修松、钟柏生、孙亚冰等学者亦持此论[②]。

以上诸家认为涉及“淮夷”的两条卜辞，即《甲骨文合集》编号为32906的拓片，从字形不难判断属典型的历组刻辞(图3-1)，其中“隹”读作淮，并无疑义。但此中所谓的“夷”字原篆作“”，乃历组卜辞“匕”字的常见写法[③]，姚孝遂、宋镇豪、陈秉新等学者都将其释为“匕”[④]，这无疑是正确的。而古文表示“夷”的“尸”写作象人屈膝蹲踞之形，与匕写法有别。被读作“淮夷”的这两个字，实际上是“隹匕”，与“淮夷”无涉。“卜辞淮夷说”因此也失去了立论依据。这版卜辞虽然与淮夷无关，但其含义亦须分析明白，才能彻底解决相关疑问。

首先谈“匕”字。姚孝遂联系卜辞中“匕动物”的辞例，认为“匕”应该读作“畢”，是动词，乃狩猎方法之一种[⑤]。宋镇豪则读作“妣”，并且补足残辞，作“乙巳卜，叀东隹妣。乙巳卜，叀南隹妣”，认为四妣分主四方，乃三、四期卜辞中主宰生育的四位女神[⑥]。将“匕”读为“畢”，在古音上有其依据，但卜辞中似乎并不存在“匕动物”这种辞例，因此读“匕”为“畢”值得商榷。卜辞“匕”读作“妣”虽然习见，但笔者认为此处还可以有另外一种解释，即读为“比”，其词性为动词，表会同之义。今试述如下。

以往学者在讨论这两条卜辞时，都认为“匕”是句末最后一字。但细审拓片似不难发现，中间“乙巳卜叀北隹匕”这条卜辞，在紧接“匕”字之下方，仍存有一字之残画，其形作“”，显然，它与卜骨左侧刻辞“乙巳卜隹令”的“”字上端相同，所以“匕”后之“”极有可能是“”字之残构。根据学

① 童书业:《童书业历史地理论集》，中华书局，2004年，第248页。

② 孙亚冰:《甲骨文中的人方》，《东方考古》第4集，科学出版社，2008年。

③ 关于各期卜辞中“匕”字形分析，林沄先生已有详论，参看氏著《甲骨文中的商代方国联盟》，《古文字研究》第6辑，中华书局，1981年，第69～73页，收入氏著《林沄学术文集》，中国大百科全书出版社，1998年。

④ 相关论著参看姚孝遂等:《小屯南地甲骨考释》，中华书局，1985年，第164～165页；姚孝遂:《甲骨刻辞狩猎考》，《古文字研究》第6辑，中华书局，1981年；姚孝遂:《殷墟甲骨刻辞摹释总集》，中华书局，1988年，第735页；宋镇豪:《夏商社会生活史》，中国社会科学出版社，2005年，第253页；陈秉新、李立芳:《出土夷族史料辑考》，安徽大学出版社，2005年，第4页。

⑤ 姚孝遂等:《小屯南地甲骨考释》，中华书局，1985年，第164～165页。

⑥ 宋镇豪:《夏商社会生活史》，中国社会科学出版社，2005年，第253页。

者的研究,可将此字暂释作“失”[①]。“失”字下方是干支为“丁未”的另一条卜辞,因此,相关卜辞应当读到“失”字才算完结,具体说来便是:“乙巳卜,叀北隹匕失。”

“失”在卜辞中作人名、国族名或地名[②]。这样一来,“匕”就不好解释为先妣的“妣”或所谓的狩猎动词“畢”。此处读“匕”为“比”似比较合适。案诸卜辞,“匕”与“比”往往通用无别。例如,宾组卜辞中“妣庚”,通常写作“匕庚”[③],但亦有例外,如:

……㞢于比庚宰。(《合集》2450)

此处“比庚”显然就是习见之“匕庚”,故“比”与“匕”通。“匕”读“比”的例子更是多见,今试举两组如下:

1. 辛亥卜,翌日壬,王其比在戌犬,擒,弗悔,无灾。(《合集》27925,无名组)

王其田,叀戌犬匕,擒,无灾。(《合集》27915,无名组)

2. 癸卯卜,戌王其匕犬𦥑……(《合集》27909,无名组)

……叀𦥑匕,擒。(《合集》33397,无名组)

第一组《合集》27951之“戌犬”指戌地的犬官,“王其比在戌犬”与“叀戌犬匕”含义相同。第二组《合集》33397的𦥑是犬官之私名或族名,其中的“匕”的用

① 此字以往多被释作“先”,但是卜辞中有“□”(先)、“□”并见之例,如“乙酉卜,争贞,今夕令□以多射□(先)降……”(《合集》5738,宾组),由此可见,“先”“□”显然不是同一个字,故依赵平安先生的研究,暂释作“失”。参见赵平安:《从失字的释读谈到商代的佚侯》,《中国社会科学院历史研究所学刊》第1集,社会科学文献出版社,2001年,收入氏著《新出简帛与古文字古文献研究》,商务印书馆,2009年,第56～64页。

② 参《合集》19773、33010、36536、1779反、5734正、5735、5738等。根据学者的研究,失是商周时期的望族,卜辞与金文都有记载,时代从武丁中期一直延续至西周初年,失族与商王的关系亦比较复杂,或听命于商王,或被商王征伐。参何景成:《“失”族铜器研究》,《吉林大学古籍研究所建所二十周年纪念文集》,吉林文史出版社,2003年,第19页。关于商代失族地望,学者也多有讨论,赵平安先生认为在河南洛阳马坡一带(见氏著《从失字的释读谈到商代的佚侯》),何景成与罗琨两位学者则认为马坡所出铜器时代均为周代,应属失族后迁过去的一支。罗琨先生推测山西浮山桥北发现的商代大墓属于“失”族墓地。见何景成:《“失”族铜器研究》;罗琨:《殷墟卜辞中的“失”与“先”》,《古文字研究》第26辑,中华书局,2006年;田建文:《山西浮山桥北商周墓》,《2004年中国重要考古发现》,文物出版社,2005年,第61～64页。关于商代失族地望还有待进一步研究。

③ 如《合集》772、2643、5598反等。

法及含义与第一组的“匕”字亦无甚区别。这两组“王比犬官”田猎卜辞，足以说明“匕”可读作“比”[①]。而“比”字的含义正如刘源所言，乃会同之义[②]。

现在回过头再来看《合集》32906，所谓“叀北隹匕失”或可以解释为从北边会同失。事实上，这条卜辞与左边的刻辞“乙巳卜隹失令”恰好形成对贞关系，似可证明笔者的理解殆能成立。按殷墟卜辞中“比某”与“令某”同版对贞的辞例习见，例如：

1.王勿比沚。
王叀沚戠比。
贞：勿比望乘。
比望乘。
王勿比望。
令望乘。(《合补》2021，《合集》7486+7415，宾组)

2.令多马。
贞：王勿比沚戠。(《合集》5719，宾组)

3.比望乘。
令望乘。(《合集》6148，宾组)

4.……卜，㱿贞，令望乘。
……贞，王鼎比望乘。(《合集》171，宾组)

5.令望乘。
比望乘。(《合集》172，宾组)

望乘(或省作望，见例1、3)以及沚戠(或省作沚，见例1、2)都是武丁时期的重要武将，经常参与对外征伐。例2的多马也是商代的武官名号。所谓“令某”是命令某人单独执行某项任务，“比某”是会同某人做某事。而以上三条卜辞所卜事项都有将领或武官参与其中，占卜内容殆与军事有关，大概是卜问会同某人出征还是令某人单独出征。尤其第3条卜辞中被“比”“令”的是

① 姚先生所谓“匕动物”的辞例，多数是对“王比犬官”辞例的误读，他认为被匕的“动物”其实大多数是犬官，故读“匕”为“畢”在卜辞中尚缺乏依据。类似的“匕”用作“比”的田猎刻辞还有《合集》27909、27917、28598，《屯南》808、3696等。

② 刘源：《殷墟“比某”卜辞补说》，《古文字研究》第27辑，中华书局，2008年。

同一个人,与《合集》32906的“匕失”“令失”并见一版的辞例完全相同。至于“比失”与“令失”涉及的具体事项,因为失的身份复杂且原辞简略,我们不得而知。

另外,“隹匕失”这一句式有点特殊,相关语法问题还须作出交代。卜辞中的“叀”(隹)字句一般都采用宾语前置的形式[①]。除在正反对贞的卜辞中“叀”“隹”两词不可互换,其他情况都通用无别。按照叀(隹)字句倒装的原则,“隹比某”似乎应作“隹某比”才对,但是卜辞中也不尽然,例如:

1. 勿唯㠯侯比。(《合集》7503正,宾组)
勿唯比戠。(《合集》32正,宾组)

2. 辛卯卜,即贞,叀多生射。(《合集》24140,出组)
……子卜,即……祖辛岁,叀多生射。(《合集》24141,出组)
……大庚……叀多生射。(《合集》24142,出组)
……寅卜……翌辛……岁,叀多生射。(《合集》24143,出组)

第一组的两个隹字句,《合集》7503是倒装句式,而《合集》32就采用了顺序语序,二者都是卜问会同某人做某事。第二组所谓“叀多生射”之“多生”即“多甥”,乃商王的姻娅之亲,“叀多生射”的含义显然不可能是商王射杀多生,而是让多生参加射礼[②],这个例子叀字句也没有倒置。本版卜辞的“隹比失”也是采用了顺序的语序。“乙巳卜叀北隹匕失”可读为“乙巳卜,叀北,隹比失”,大意是乙巳日占卜从北面会同失做某事。与之句式相同的还有两条,一条在卜骨右侧,“乙巳卜,叀西,隹比”缺一人名,另一个在左侧,残缺较多,仍可补为“乙巳卜,叀□,隹比□”,缺一方位词和一人名。

根据相关缀合材料(图3-2:1)[③],我们知道,同版的乙巳日卜辞尚有多条,所卜为同一事,句式不外乎两种:a. 乙巳卜叀某令,b. 乙巳卜叀+方位词+隹比某。被“比”或“令”的人除失外,还有口、受、商、豆等。其中的受与商是活跃于武丁时期的重要人物。商又称子商,是商王族成员,受亦称子受(《怀》1607)。b型卜辞所缺的人名很可能也在上述几个人物之中。现将缀

① 杨树达:《甲骨文中之先置宾辞》,《积微居甲文说》,上海古籍出版社,2006年,第89页。

② 陈絜:《商周姓氏制度研究》,商务印书馆,2007年,第90~92页。宋镇豪:《夏商社会生活史》,中国社会科学出版社,2005年,第491页。

③ 许进雄先生将《合集》32906与《屯南》740联缀,参看蔡哲茂:《甲骨缀合集》,台北乐学书局,1999年。缀合后的卜辞又收入《甲骨文合集补编》,著录号6615。

合后的整版卜辞内容摹补、隶写如下：

1. 乙巳卜，叀失令。
2. 乙巳卜，叀北，隹匕失。
3. 乙巳卜，叀口令。
4. 乙巳卜，叀受令。
5. 乙巳卜，叀商令。
隹商令。
6. 乙巳卜，叀豆令。
7. 乙巳卜，叀商令。
隹商令冲。
8. 乙巳卜，叀西隹匕□。
9. 乙巳卜，叀□隹匕□。
10. 丁未卜，在兹祖宗。
11. 丁未……（图3-2:2）

第10条丁未日卜辞行款与整版其他各辞稍异，需作一说明。“宗”字单独刻在两辞之间，似不与他辞相联，但考虑到卜辞有“叀兹祖丁鬳，受祐”（《合集》27288）之例，推测“宗”字可能与其周围之辞连读为“在兹祖宗”，这种情况是因卜骨空间不足，刻手无法按原来顺序契刻。而做出的变通处理[①]。

总之，乙巳日卜辞是本版的主要内容，所卜内容都是令某人做某事或匕某人做某事。“匕”在这里读为“比”，是会同的意思，整版卜辞内容与淮夷问题无涉。因此，可以认为目前殷墟卜辞中尚无淮夷的记载，商代淮夷问题还有待于新材料的发现与研究。而就现有的甲骨与金文材料判断，淮夷出现的时间不会早于西周中期，而于西周晚期实力强盛，对周王朝时叛时服，成为西周王朝的心腹大患。

① 该辞释读为刘源先生告知，刘先生并指出，这种读法也可与卜辞中常见的“在某先王宗卜”相应。其说甚确。

图 3-1　《合集》32906(《后》下·36·6)

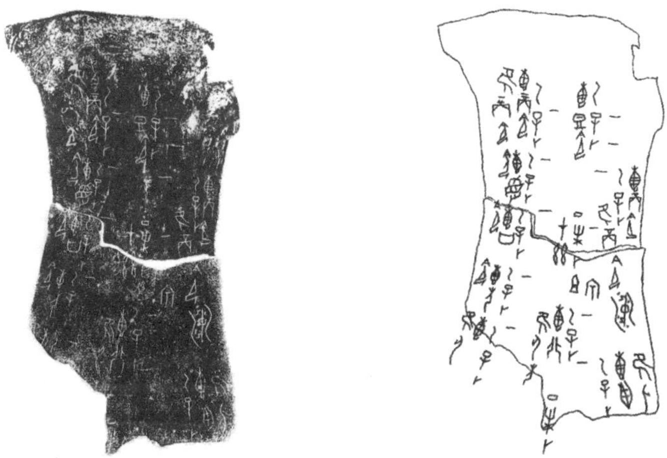

1.《屯南》740+《合集》32906　　2. 作者摹补本

图 3-2

## 二、西周金文中淮夷诸名号

金文中除淮夷之外尚有南淮夷、淮南夷、南夷等名号,这些名称是同一族群抑或相互有别,对于界定淮夷族群活动区域、考察其与周王朝之间的关系等问题密切相关。

关于金文中淮夷、南淮夷、淮南夷、南夷诸称之间的关系,学者也曾专门讨论。南淮夷与淮夷的关系,金文中有很明白的证据,如兮甲盘(《集成》10174)铭"……至于南淮夷,淮夷旧我帛畮人……",师寰簋(《集成》4313.2)铭亦云"淮夷旧我帛畮臣"。兮甲盘铭文原本在"南淮夷"的后二字下各有一个重文符,可见南淮夷、淮夷二者无别。

淮夷与南夷是否是同一族群,学界曾有较大分歧。鄂侯驭方鼎(《集成》2810)铭云"王南征伐角、僪,唯还自征,在坯……",地名坯还见于竞卣铭文:

> 唯伯屖父以成𠂤即东，命戍（伐）南夷。正月既生霸辛丑，在坯，白屖父皇竞，各于官，竞蔑历，商（赏）竞章，对扬白休，用作父乙宝尊彝。子子孙孙永宝。（《集成》5425）

卣铭记载伯屖父戍防南夷之事，有学者认为铭文中的南夷在汉水一带[①]。但是铭文记伯屖父行程从成周出发，向东进军，在坯地停留。坯显然在成周以东，而不是南方的湖北地区。王国维最早考证其地在河南荥阳县和巩县之间的旧汜水县大坯山一带[②]，即今荥阳市汜水镇。其说可信。竞卣铭文中提到的南夷应当就是淮夷。与鄂侯驭方鼎所记事件相同的铜器还有数件，其中翏生盨（《集成》4459）铭文起首就说"王征南淮夷"。在鄂侯驭方鼎铭中，坯是周王征南淮夷回师途经之地，在竞卣铭中又是东征时途经之地，两次军事行动经过同一地点，所征伐的对象应当也是同一族群，所以竞卣铭中的南夷就是南淮夷之省称，也即淮夷。

1986年陕西安康出土的西周中期偏晚的史密簋[③]，也有关于南夷的记载，其铭曰：

> 唯十又一月，王令师俗、史密曰："东征。合南夷：卢、虎、会、杞夷、舟夷，雚不折，广伐东国。"齐师、族土（徒）、遂人乃执鄙宽亚，师俗率齐师、遂人右□伐长必，史密左率族人、釐（莱）伯、僰殿周伐长必，获百人。对扬天子休，用作朕文考乙伯尊簋，子子孙孙其永宝用。（《铭图》5327）

第二章已讨论，铭文所记是南夷的卢、虎、会与东夷杞夷、舟夷入侵东国，周王派军队征伐之事。张懋镕考证卢在今湖北南漳县附近，虎在今河南省南部，二者都是居于汉水流域的南夷集团。这不禁使人产生疑问，汉水流域的南夷为何不就近侵扰南国，而要千里迢迢远征东土？对照师寰簋铭文，不难发现南夷亦即淮夷：

> 王若曰："师寰，戚淮夷繇我帛晦臣，今敢搏厥众，叚反厥工吏，弗速（迹）我东鄙。今余肇令汝率齐师、曩（纪）、釐（莱）、僰殿、左右虎臣，征淮夷。"即（既）𩑋（残）厥邦兽（酋）曰冉、曰拳、曰铃、曰达。师寰虔不

① 刘翔：《周夷王经营南淮夷及其与鄂之关系》，《江汉考古》1983年第3期。

② 王国维：《兮甲盘跋》，《观堂集林》，中华书局，1959年。关于大坯之地的讨论详第二节。

③ 李启良：《陕西安康市出土西周史密簋》，《考古与文物》1989年第3期；张懋镕：《史密簋发现始末》，《文物天地》1989年第5期。

> 坠，夙夜卹厥牆事，休既有功，折首执讯，无諆徒御驱俘士女羊牛，俘吉金。今余弗叚组，余用作朕后男腊尊簋，其万年子子孙孙永宝用享。（《集成》4313.2）

两篇铭文所记受侵扰的地区都是东土，两次周王朝征发的基本都是齐师、釐（莱）、僰殿等东土诸侯与附庸的军队，所征讨的对象一称南夷、一称淮夷，可见两者也不过是同一族群的不同名称而已。因为地处淮水流域，靠近东土，淮夷才侵扰东土。

厉王时期的㝬钟（《集成》260）记载周王征伐南土之𠬝孳，迫使其屈服，慑于周王朝强大的军事力量，南夷与东夷共有二十六邦来周朝见，其中当有不少属于南夷，可见南夷就是南土夷人族群之泛称。禹鼎（《集成》2833）铭文记鄂侯率南淮夷与东夷侵扰南土、东土，也是将南淮夷视作南土夷人部族的总称。如果说南土存在着淮水流域的南淮夷、汉水流域的南夷，两者邻近，必然有着紧密的联系，在与周人的对抗中也应该多有联合。但是现已发现的众多相关金文材料中，除了有上述东夷与南夷或南淮夷并称的铭文之外，没有一件将南夷与南淮夷或淮夷并称的。这也是南夷、淮夷同为一个部族名称的间接证据。

最后还有一件应侯视工簋，也是南淮夷与南夷为同一族群名称的重要证据。该簋铭文与已著录的应侯视工鼎铭文记载事件相同，文辞相似，可资对比。簋铭为：

> 唯正月初吉丁亥，王若曰："应侯视工，𢦏（蠢）淮南夷毛敢搏厥众鲁，敢加兴作戎，广伐南国。"王命应侯政（征）伐淮南夷毛。休，克扑伐南夷。我俘戈。余弗敢且，余用作朕王姑单姬尊簋，姑氏用赐眉寿永命。子子孙孙永宝用享。（《铭图》5231）

铭文中"淮南夷毛"又被称作"南夷"，可见"淮南夷"与"南夷"之称无别。早先著录的应侯视工鼎铭曰：

> 用南夷毛敢作非良，广伐南国，王令应侯视工曰："政（征）伐毛。"我休克㞱伐南夷毛，我多俘。余用作朕剌考武侯尊鼎，用祈眉寿永命，子子孙孙其永宝用享。（《铭图》2436）

所谓"南夷毛"就是应侯视工簋铭中的"淮南夷毛"，说明"南夷"亦即"淮南夷"。西周金文常见"南淮夷"，而"淮南夷"不多见，它应当是"南淮夷"一称的特殊形式。前文已经论证南夷又可称南淮夷，应侯视工两器中"淮南夷"与"南夷"无别，由此可以推断，淮南夷也即南淮夷。

综上所述，金文中的南淮夷、南夷都是指淮夷，因淮水在成周以南，故而又称淮夷为南淮夷、淮南夷、南夷。东夷集团中，留在东土没有迁徙的那一部分仍称东夷。西周中期以后，淮夷势力强大，东夷则常依附于淮夷。禹鼎、㝬钟铭文都将南淮夷列在东夷之前，而且㝬钟铭记周厉王伐南夷，东夷却不战自降，也同南夷来朝见周王，可见其实力的衰弱。

## 第二节　淮夷之患

淮夷为患与东夷有所不同。东夷举兵是因为不愿屈服于周王朝统治而反抗，其影响范围仅限于东土，没有对王畿或其他地区造成威胁。淮夷立足于淮河流域，不仅扰动南土，还入侵东土、王畿，具有明显的侵略性质，对周王朝的统治构成了极大的威胁。直到宣王时期淮夷之患才基本被平定。淮夷之患是在什么背景下发生的？为什么会形成持续时间较长的大患？周王朝征服淮夷采取了哪些措施？淮夷之患对南土政治地理格局造成了怎样的影响？都是本节将要讨论的问题。

### 一、穆世淮夷之患的发生——以伯㦚御淮夷诸器为中心

探究淮夷之患发生的背景和原因，可从伯㦚御淮夷诸器入手。20世纪70年代，陕西扶风发现的伯㦚墓葬出土了大量青铜器，整理这批铜器的学者根据器形、纹饰、字体等特征，判断其大部分时代属西周中期偏早的穆王时期，墓主为伯㦚，墓葬埋藏年代在穆王之后的西周中期[①]。这批铜器中有3件记载伯㦚抵御淮夷之事，与早年《攈古录》《三代吉金文存》等书著录的某些铜器铭文内容相关，是研究穆王时期淮夷之患的重要资料，受到学者广泛关注。马承源、刘启益、夏含夷等学者曾就其中有历日信息的铜器进行梳理排序，得出各自不同的认识，推动了相关问题的深入研究[②]。笔者在诸家研究基础之上，结合铭文事件之间的联系，将相关铜器分作两组排序如下：

① 扶风县文化馆等：《陕西扶风出土西周伯㦚诸器》，《文物》1976年第5期。

② 马承源主编：《商周青铜器铭文选》第3卷，文物出版社，1988年，第120页；刘启益：《西周穆王时期铜器的初步清理》，《古文字研究》第18辑，中华书局，1992年，第335页；夏含夷：《西周朝代的绝对年代》，《古史异观》，上海古籍出版社，2005年；夏含夷：《西周之衰微》，《尽心集：张政烺先生八十庆寿论文集》，中国社会科学出版社，1996年。

甲组：

(1)王令抳曰："叡，淮夷敢伐内國，汝其以成周师氏戍于玟𠂤(师)。"伯雍父蔑录历，赐贝十朋，录拜稽首，对扬伯休，用作文考乙公宝尊彝。(录尊，《集成》5419)

(2)䅪从师雍父戍于古[①]𠂤(师)，蔑历，赐贝卅寽，䅪拜稽首，对扬师雍父休，用作文考日乙宝尊彝。其子子孙孙永福。戉(䅪卣器、盖，《集成》5411)

(3)唯六月既死霸丙寅，师雍父戍在由𠂤(师)，遇从。师雍父肩使遇使于䟒(胡)侯。侯蔑遇历，赐遇金，用作旅甗。(遇甗，《集成》948)

(4)唯十又一月，师雍父省道至于䟒(胡)，竅从。其父蔑竅历，赐金。对扬其父休，用作宝鼎。(竅鼎，《集成》2721)

(5)伯雍父来自䟒(胡)，蔑录历，赐赤金。对扬伯休，用作文且辛公宝𩰫簋，其子子孙孙永宝。(录簋，《集成》4122)

(6)唯十又三月既生霸丁卯，臤从师雍父戍于玟𠂤(师)之年。臤蔑历，仲竞父赐赤金。臤拜稽首，对扬竞父休，用作父乙宝旅彝，其子子孙孙永用。(臤尊，《集成》6008)

乙组：

(7)抳曰：呜呼，王唯念抳辟烈考甲公，王用肇使乃子抳率虎臣御淮戎……用作文母日庚宝尊𩰫彝……(抳方鼎乙，《集成》2824)

(8)唯六月初吉乙酉，在𡨄(堂)𠂤(师)，戎伐𡵂，抳率有司、师氏奔追，䢼(袭)戎于𩫁(棫)林，搏戎䟒。朕文母竞敏启行，休宕厥心，永袭厥身，卑克厥敌，获馘百，执讯二夫，俘戎兵：盾、矛、戈、弓、箙、矢、裨、胄，凡百又卅又五款，寽戎俘人百又十又四人。……用作文母日庚宝尊簋。……(抳簋，《集成》4322)

(9)唯九月既望乙丑，在𡨄𠂤(师)。王俎姜使内史友员赐抳玄

① 同组其他铭文师雍父驻军之地皆为由师，唯独此铭写作"古师"，盖"古""由"二字字形相近，容易混淆所致。

衣……其用夙夜享孝于厥文祖乙公、于文妣日戊。其子子孙孙永宝。(𢦏方鼎甲,《集成》2789)

上揭彝铭中的甲组是传世器,乙组为伯𢦏墓所出铜器,两组皆有一关键人物𢦏,雍父是其字,因职官为师氏,也称师雍父,如冠以尊称“伯”又称伯𢦏或伯雍父[①]。两组铭文比较完整地记录了𢦏率军抵御淮夷的经过,故可统称为“伯𢦏御淮夷诸器”。

关于铭文排序,马承源指出(3)、(4)、(6)三器历日在同一年内[②],后来刘启益对穆王时期的有铭铜器进行了比较全面的清理,认为(8)、(9)两器也可排进穆王某一年中[③]。这些观点都十分正确。夏含夷还注意到甲、乙两组铭文之间的关系,将(8)、(9)排在一年,(3)、(4)归入次年[④],但他的方案存仍值得商榷。其实九款铭文记载事件内容相互关联,部分铭文虽无明确历日信息,但根据事件之间的联系仍可推定其次序。(1)至(6)都是随师雍父戍防由师之人所作,铭文所记事件发生顺序前后相关,可归为一组。据(1)记载,因为淮夷内侵,王令伯雍父率成周军队前往由师戍防,师雍父受命后赏赐录。录亦见于(5),他也是随行人员之一。(2)至(6)诸器铭文记载师雍父已进驻由师,并执行戍防任务。(2)除交代师雍父进驻由师外,别无其他信息,与其他四器内容联系较少,可排在(1)之后的任一位置,为讨论方便,暂将其排在第二位。(3)至(6)四器铭文关系密切,前后次序明显。(3)记六月某日师雍父在由师命遹先行出使䣄,(4)记此后的十一月𢊁(即遹)返回由师,并陪同师雍父再次前往䣄,(5)记师雍父从䣄返回由师,(6)之历日为十又三月既生霸丁卯,与(3)的六月既死霸丙寅在同一年,并且记师雍父在由师,表明他早已从䣄返回驻地,因此可排在(5)之后。

乙组出自同一墓葬,都是伯𢦏自作器,其时间相近,内容也相互关联。据铭文记载这段时间伯𢦏驻在堂师,(7)交代他受王命防御淮夷,(8)记六月初吉乙酉日他在堂师附近与入侵的淮夷交战获胜,(9)记三个月后的九月既望乙丑,王俎姜派人到堂师对他进行犒赏,表明防御淮夷入侵之役已成功完成。由此可知,(7)、(8)、(9)三篇铭文内容也是前后相关的同年之事。甲、

① 李学勤:《从新出青铜器看长江下游文化的发展》,《文物》1980年第8期。

② 马承源主编:《商周青铜器铭文选》第3卷,文物出版社,1988年,第120页。

③ 刘启益:《西周穆王时期铜器的初步清理》,《古文字研究》第18辑,中华书局,1992年,第335页。

④ 参〔美〕夏含夷:《西周朝代的绝对年代》,《古史异观》,上海古籍出版社,2005年;〔美〕夏含夷:《西周之衰微》,《尽心集:张政烺先生八十庆寿论文集》,中国社会科学出版社,1996年。

乙两组铭文都与师雍父防御淮夷之事有关，并且所记地名相互邻近，因此其时间也不会相差太远。但如果按前述夏含夷的排列方式，(6)与(3)、(4)则无法容入一年之内，与前文指出的三器所载史事同属一年之情况不符，如果将甲组整体排在乙组之前，则两组时间恰好相差三年，所有历日都可以容入同一日谱。

根据历日推排，两组时间前后相差三年。整个事件发展过程比较清楚。穆王某年，淮夷入侵“内國”，亦即王畿，穆王命㦰率军前往由师驻防[①]。由师或即《春秋》定公四年诸侯伐楚结盟之地皋鼬，杜注“繁昌县东南有城皋亭”，其地在今河南临颍县[②]。驻防期间㦰与郾城的胡国联系密切[③]，曾派员并亲自往来两地之间视察交通，应是为确保与胡国联系畅通，共同防御淮夷而为。跟随㦰驻防由师的下级军官有录、臤、遇(即甗)、臤等人，推测当时动员军队当不在少数。三年之后，㦰又奉命移师堂师，此即春秋楚邑堂谿，在郾城西南[④]。此年淮夷进犯，㦰追击淮夷至棫林展开激战[⑤]，大获全胜，得到王室奖赏。从整个事件发展经过来看，淮夷之患的发生为周人所始料未及，周人仓促之间疲于防备。抵御淮夷入侵的据点，由师、胡、堂师三地即今河南临颍—郾城一线，正好横断汝水上游，构成一条防线以保卫成周(图3-3)。由此推断淮夷内侵应当是从淮河上游支流汝水溯流而上，其目标直指成周王畿，对王朝的安危构成严重威胁。

---

① 铭文中表示㦰驻军地名的字，以往学者或释为“古”，或释为“协”，皆缺乏字形依据，陈梦家正确地释为“由”或“甴”，得到多数学者认同。参陈梦家：《西周铜器断代》上册，中华书局，2004年，第117页。另外甲骨文中也有此字，唐兰已释为“由”，参唐兰：《天壤阁甲骨文存并考释》，《唐兰全集》第6册，上海古籍出版社，2015年，第356页。其他持此论者参林沄：《新版〈金文编〉正文部分释字商榷》，中国古文字研究会第八届年会论文，1990年；董莲池：《金文编校补》，东北师范大学出版社，1995年，第60～62页；陈剑：《释“甴”》，《出土文献与古文字研究》第3辑，复旦大学出版社，2010年。

② (晋)杜预注，(唐)孔颖达等正义：《春秋左传正义》，上海古籍出版社，1990年。

③ 胡地望参裘锡圭：《说㦰簋的两个地名——“棫林”和“胡”》，《古文字论集》，中华书局，1992年，收入氏著《裘锡圭学术文集》第3卷，复旦大学出版社，2012年。

④ 黄盛璋：《淮夷新考》，《文物研究》第5辑，黄山书社，1989年。

⑤ 𣓚林即棫林，在河南叶县东。参前揭裘锡圭：《说㦰簋的两个地名——“棫林”和“胡”》。

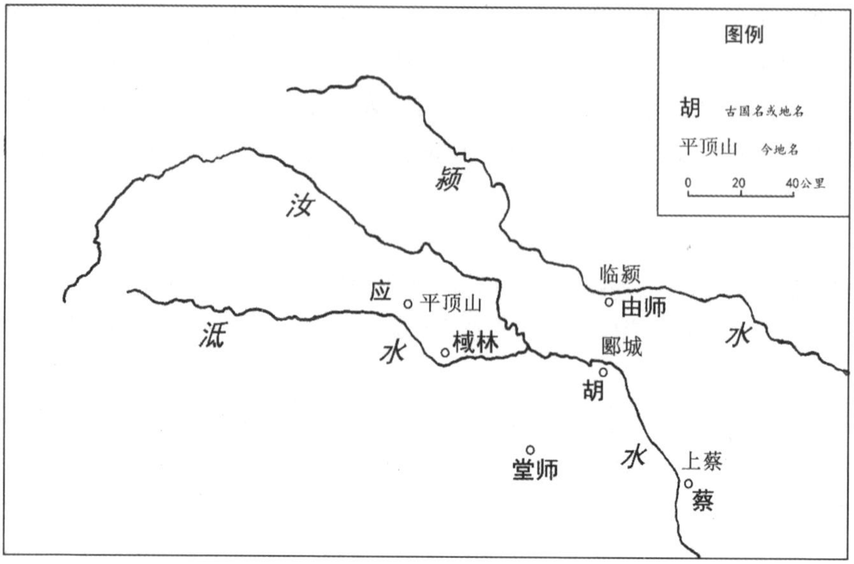


图3-3　伯﨤抵御淮夷地理示意图

“伯﨤御淮夷诸器”是较早记载淮夷之患的铜器,此后淮夷时叛时服,最终演变成为周王朝的心腹大患。但遗憾的是,这批铜器没有明确的纪年,而穆王在位时间较长,传说曾进行了西征、周游天下、伐徐偃王、举行涂山之会等一系列重大活动。“伯﨤御淮夷诸器”所记淮夷入侵之事与这些事件有何关联,对于我们认识淮夷之患发生的深层原因有重要意义。下面就结合考古发现与出土及传世文献材料加以探讨。

商代晚期淮河上游信阳罗山是息族领地,考古工作者在这里发现了殷墟文化二期至殷墟文化四期的息族墓地[①]。殷墟出土的甲骨文及铜器皆有与此族相关的材料,反映其与商王室关系密切,应是商人驻在南方的一支重要贵族。商王朝灭亡以后,淮河上游成为周王朝领土。20世纪80年代,信阳浉河港出土了一批西周早期风格的青铜器。整理者根据这些铜器组合、器形及纹饰特征判断是早年洪水冲垮周代墓葬散出之物,其时代约在昭穆之际[②]。如此看来,晚商至西周早期,淮河上游属中原王朝势力范围。但是

① 信阳地区文管会、罗山县文化馆:《河南罗山县蟒张商代墓地第一次发掘简报》,《考古》1981年第2期;《罗山县蟒张后李商周墓地第二次发掘简报》,《中原文物》1981年第4期;《罗山天湖商周墓地》,《考古学报》1986年第2期;《罗山蟒张后李商周墓地第三次发掘简报》,《中原文物》1988年第1期;河南省文物研究所等:《1991年河南罗山考古主要收获》,《华夏考古》1992年第3期。

② 信阳地区文管会、信阳县文管会:《河南信阳县浉河港出土西周早期铜器群》,《考古》1989年第1期。

西周中期以后，信阳地区文化面貌发生了重大转变，周文化退出淮河上游，至西周中期偏晚的时候，信阳孙砦[①]、三里店[②]、固始平寨[③]发现的古文化遗存，具有典型的淮夷文化特征，参照近年霍邱堰台考古发现的淮夷文化陶器建立的年代谱系，上述遗存时代在西周中期偏晚至春秋早期[④]。这段时间淮河上游与淮河中下游是同一文化区[⑤]。

信阳没有发现淮夷文化层与西周文化层相互叠压的遗存，周人退出淮河上游约在昭穆之际，淮夷占据淮河上游地区在西周中期偏晚，两者之间存在时间上的空白期。据此可知周人应是先已主动撤出淮河上游，之后淮夷才乘虚而入。周人放弃淮河上游是否与昭王南征失败有关，有待研究，但可以肯定昭穆之际周人对淮河流域战略意义的忽视，是导致后来对周王朝统治产生深远影响的淮夷之患形成的直接原因。

周人不热衷于开拓淮河流域，从周初形成的经营四土方略，即可窥其端倪。成康时期周王朝设定了东征东土，南拓江汉的基本扩张模式。在东方征伐东夷，封建齐、鲁为主的诸侯，在南土江汉地区则分封曾、鄂等国，并派召公前去巡视[⑥]。只是当时东土东夷的反叛对王朝安危构成巨大威胁，因此平定东土是当时的首要任务，对江汉的经营没有大力推进。昭王时期，东土经过长期经营，东夷渐趋式微，才抽出精力继续经营南土江汉地区，相继进行了伐楚、伐豺方、南巡等一系列活动。但是东夷毕竟没有彻底宾服，或许昭王南征的失利又诱使他们蠢蠢欲动，因此穆王继位之后，为彻底平定东夷之患，发起了见于班簋(《集成》4341)的“三年靖东国”之役。据铭文记载，这次东征的主帅是毛公，其下属有吴伯、吕伯，毛公之子毛班也率部随父出征。铭文末尾毛公被称为卲考，可知他已不在人世，毛班作器称述他的功绩，应

---

① 河南省文物研究所：《信阳孙砦遗址发掘报告》，《华夏考古》1989年第2期。

② 河南省文化局文物工作队：《河南信阳三里店遗址发掘报告》，《考古学报》1959年第1期。

③ 北京大学考古学系等：《河南固始平寨古城遗址发掘报告》，《考古学报》2000年第3期。

④ 安徽省文物考古研究所编著：《霍邱堰台——淮河流域周代聚落发掘报告》，科学出版社，2010年，第377～379页。需要说明的是，春秋时淮河上游信阳地区有息、蒋两个姬姓国家，息的始封时间不明，蒋则是周公之子，两国虽然受封时间或可早到周初，但考虑到淮河上游周夷交争的形势，其立国淮河上游的时间不会太早，很有可能是西周晚期征服淮夷之后徙封至此。相关史地材料可参徐少华：《周代南土历史地理与文化》，武汉大学出版社，1994年，第80～85、112～114页。

⑤ 关于商周信阳地区考古文化详细情况亦可参本书第五章第一节。

⑥ 周初太保玉戈铭文记载召公奭巡省汉水流域，参庞怀靖：《跋太保玉戈——兼论召公奭的有关问题》，《考古与文物》1986年第1期。

是在毛公新丧不久。毛班又见于清华简《祭公之顾命》[①]，其内容是祭公临终时与穆王及毛班、毕鲲、井利三位执政大臣关于执政问题的谈话。简文穆王称祭公为祖，祭公称昭王为朕辟，可知祭公与康王同辈，经历了康昭穆三朝，在穆世想必已是老臣，其亡故时间当在穆世前期。简文记载毛班已继承其父位列三公，那么他随父东征之时应当更在此之前，很有可能就是穆王初年的时候。这一旷时三年之久的战争胜利之后，东夷之患被解除，东土基本平定。此后东夷不能独立与周为敌，有时追随淮夷发动叛乱，已不再是周王朝的主要敌人。

此时楚人经昭王南征之后业已远遁，淮夷仍偏处江淮中下游，皆不足为患，周王朝南土整体形势比较安定。于是穆王将注意力转向周初以来长期被搁置的西北地区。《国语·周语上》记载穆王欲伐犬戎，祭公苦谏不果，最终穆王俘获四白狼、四白鹿而归[②]。前文已论祭公为穆世前期人物，他劝谏穆王西征犬戎之事自然也在穆世前期。另据《古本竹书纪年》，此次穆王西征犬戎还“取其五王以东，王遂迁戎于太原”[③]。除了军事征伐之外，穆王还进行了西巡，加强与西北民族的交流，亦见诸《古本竹书纪年》。一次是“穆王十三年，西征，至于青鸟之所憩”(《艺文类聚》卷一鸟部引)，另一次是“周穆王十七年，西征，至昆仑丘，见西王母”(《太平御览》卷三八地部引)。《史记·周本纪》穆王在位五十五年，近年学者多倾向于在位四十余年，无论采用哪种观点，十三年、十七年的两次西巡属于穆世前期。

需要说明的是，犬戎亦即猃狁[④]，大致活动于关中以北的陇东、宁夏一带[⑤]，社会经济形态处于半耕半牧状态，和周人差别不大，并且也同样习于车战[⑥]。而周王朝的关中王畿外围并不像东都成周那样有众多诸侯邦国拱卫，一旦犬戎的兵车取道“萧关道”，进入泾水流域，沿河谷就可以长驱直入威胁周王朝的宗周核心地区。西周早期能够倾力东征南讨，也是以关中地区的安全稳定为前提的。穆王经营西北，可能是周王朝经过百年的发展，西北地区的隐患突出，出于对关中地区的安危考虑而采取的必要措施。吕行壶

① 李学勤主编：《清华大学藏战国竹简(壹)》，中西书局，2010年。

② 徐元诰：《国语集解》，中华书局，2002年，第1～9页。

③ 范祥雍：《古本竹书纪年辑校订补》，上海古籍出版社，2011年，第31页。

④ 彭裕商：《周伐猃狁及相关问题》，《历史研究》2004年第3期；李峰：《西周的灭亡——中国早期国家的地理和政治危机》，上海古籍出版社，2007年，第178～186页。

⑤ 田率：《四十二年逨鼎与周伐猃狁问题》，《中原文物》2010年第1期。

⑥ 多友鼎(《集成》2835)记载，周人对猃狁的一次作战，总共俘获兵车一百二十七乘。此外，逨鼎(《资料库》NA0745、NA0746)亦有伐猃狁俘车的记录。

(《集成》9689)所记“伯懋父北征”就可能与这段历史有关。总之,由于周人起初经营重心在东土、江汉,之后又转移到西北,唯独对东南淮河流域不甚在意,错过了扼制淮夷发展的最佳时机,导致淮河上游控制力一再衰弱,为淮夷入侵中原提供了可乘之机。

《史记·赵世家》云:“缪王使造父御,西巡狩,见西王母,乐之忘归,而徐偃王反,缪王日驰千里马,攻徐偃王,大破之。”《秦本纪》记载大略相同,与《后汉书·东夷传》所记徐偃王率九夷以伐宗周、西至河上的传说是同一件事[①],其言乖舛夸张,司马迁撰《周本纪》未予采录,仅作为逸史存之于《秦本纪》《赵世家》中。其实这一传说正好反映了穆王经营西北,疏于对淮河流域的管控,最终酿成淮夷入侵之祸的真实历史。由此可推断,“伯𢦚御淮夷诸器”所述淮夷内侵之事应当发生在穆王十七年西巡之后。

穆王不仅抵御淮夷入侵,还发起了反击。《古本竹书纪年》曰:“穆王四十七年,伐纡,大起九师,东至于九江,比鼋以为梁。”(《太平御览》卷三〇五兵部引)此事其他古书亦多有征引,所记年代有“七年”“十七年”“三十七年”之异,征伐对象或作“楚”“荆”“越”“纣”[②]。徐旭生曾对这些纷乱不一的记载进行细致的梳理与考辨,认为七年、十七年、四十七年或存在明显矛盾讹误,或称引较少,只有“三十七年”诸书引用较多,最为可信。他又根据“东至九江”之表述,认为诸说之中唯有秦汉九江郡郡治寿春(今安徽寿县)在中原以东,是穆王东征最可能到达的地点[③]。关于征伐之国族,他指出“纣”为“纡”之讹,“纡”可读为“徐”或“舒”,穆王所征伐国族当为徐,越与九江之地相隔悬远,与楚一样都是兴起于春秋时期的国家,西周时皆与九江之地无涉[④]。徐旭生的观点大多可信。需要略作补充的是,纡更有可能是舒,亦即群舒,是舒庸、舒鸠、舒蓼、宗、巢、英、六等部族的统称,广义上也属于淮夷之族,它们比较集中分布在安徽江淮地区,九江之地正好在此区域中。而徐在淮河下游,与之相去较远。因此穆王所征伐的更有可能是群舒而非徐夷。也就是说,最接近《古本竹书纪年》原文的表述应当是:“穆王三十七年,伐舒,大起九师,东至于九江,比鼋以为梁。”

根据对上述相关事件年代的考订,“伯𢦚御淮夷诸器”年代当在穆王十

---

① (清)王先谦:《后汉书集解》卷75,中华书局,1984年,第981～982页。

② 方诗铭、王修龄:《古本竹书纪年辑证》,上海古籍出版社,2005年,第52～53页。

③ 钱穆亦认为九江之水在大江之北,参氏著《史记地名考》自序,商务印书馆,2001年,第12～13页;朱凤瀚先生亦认同此说,参朱凤瀚:《论西周时期的“南国”》,《历史研究》2013年第4期。

④ 徐旭生:《中国古史的传说时代》,文物出版社,1985年,第170～173页。

七年西征之后、三十七年伐群舒之前，参考朱凤瀚编订的西周金文历谱，可排定其历日绝对年代如表3-1。这一结果与学者推断的伯𢦚墓下葬年代在穆王之后的西周中期也十分契合。

**表3-1 “伯𢦚伐淮夷诸器”历日年代时序表**

| 王年/绝对年代 | 器名 | | 铭文历日 | 推排结果 |
| --- | --- | --- | --- | --- |
| 三十年/前967年 | 甲组 | 遹甗 | 六月既死霸丙寅 | 六月己亥朔二十八日丙寅 |
| | | 廏鼎 | 十一月 | 十一月 |
| | | 臤尊 | 十三月既生霸丁卯 | 十三月乙丑朔三日丁卯 |
| 三十三年/前964年 | 乙组 | 𢦚簋 | 六月初吉乙酉 | 六月辛巳朔五日乙酉 |
| | | 𢦚方鼎甲 | 九月既望乙丑 | 九月庚戌朔十六日乙丑 |

穆世晚期周人凭借强大的军事实力，经过艰苦的防御和反击战，一度扼制了淮夷对中原的入侵。《左传》昭公四年所谓“穆有涂山之会”[①]，很可能就是武力镇压淮夷之后，在江淮地区与淮夷诸邦举行的弥兵之会。自此之后，周人可能也意识到淮河流域地理位置的重要性，对淮夷之患有了深刻的认识，开始加强对淮河流域的控制，与淮夷展开激烈的争斗。

总之，穆世初年先是倾力平定东土，之后转而西征犬戎、经营西北，对淮河流域一直不甚措意，最终发生了“伯𢦚御淮夷诸器”所记淮夷入侵王畿之事。史书记载的徐偃王之乱当是据此演绎而成，穆王成功抵御淮夷入侵之后，又对淮夷发起东征九江之役，并在涂山与淮夷诸邦举行盟会，暂时平定了南土局势。

## 二、西周中晚期周、淮夷之间的战争与南土封建格局变迁

穆世之后，周与淮夷之间的矛盾逐渐激化，战争愈加频繁，规模也逐渐扩大。造成这种局面的主要原因是周人对东南地区重视不足，迟迟未能加强对南土的经营，为淮夷扩张和发展提供了良机，最终酿成肘腋之患。探讨西周中晚期周与淮夷的战争，首先要从南土封建政治地理格局谈起。

### （一）成王至厉王时期淮北汝、颍之间的封建体系

汝、颍二水是联系成周与淮河流域的主要通道，周王朝分封赖以守卫成周王畿、经营淮域的诸侯也大多集中在汝、颍之间，主要有应、𬱖、蔡、陈、许

① 涂山在今安徽怀远县东南，参杨伯峻：《春秋左传注》，中华书局，2016年，第1384页。

等国。以下先分别考察各诸侯国具体情况及其所发挥的作用，然后就淮北封建格局总体特点作一总结。

1.应

应国始封君是武王之子，成王平定三监叛乱之后受封。《左传》僖公二十四年："昔周公吊二叔之不咸，故封建亲戚以蕃屏周……邗、晋、应、韩，武之穆也。"根据《汉书·地理志》《水经·滍水注》记载，应国地望在今河南平顶山，考古发现的应国墓地在该市新华区北滍村，与文献记载正好相互印证。从地理位置来看，应国位于豫西山地东缘，是成周以南与王畿最近的诸侯，其北、西、南三面皆为山地丘陵，东面为黄淮平原。豫西山地被淮河上游支流汝、颍二水切割形成的东南走向的谷道，经过平顶山以北通往黄淮平原。平顶山以南的伏牛山，是平顶山与南阳盆地之间的天然屏障。由南阳盆地向北或东北，有两条重要的通道穿过山间孔道，在平顶山附近与汝、颍二水交汇。其一为"三鵶路"，起始于南阳鸦河口附近的百重山，北经鲁阳关，穿越分水岭进入平顶山鲁山县[①]，其名称最早出现在南北朝时期，《魏书》《北史》《元和郡县图志》皆有记载。其北端连接汝水，溯流而上即可进入洛阳盆地。此途需要翻山越岭，较为艰险，但行程最短，古时多为用兵出奇之路。其二为"夏路"，由南阳盆地东北出方城关隘口，经平顶山东侧进入黄淮平原。《史记·越王勾践世家》："夏路以左，不足以备秦。"索隐引刘氏云："楚适诸夏，路出方城，人向北行，以西为左，故云夏路以左。"向北可通汝水，再溯游而上进入洛阳盆地，或仍向北溯颍水而上，穿过嵩山进入洛阳盆地[②]。

应国位于洛阳盆地通往南阳盆地与黄淮平原的交通网络中心，是镇守成周东南的门户，地理位置十分重要，因此备受王室器重。保利艺术博物馆收藏的一件再簋，铭曰：

> 唯王十又一月初吉丁亥，王在姑，王弗忘应公室，渼宕再身，赐贝卅朋、马四匹，再对扬王丕显休宕，用作文考釐公尊彝，其万年夙夜明享，其永宝。（再簋，《铭图》5233）

铭文大意是，十一月初吉丁亥，王在姑这个地方，没有忘记应公公室，嘉奖再，赐给他贝卅朋、马四匹，再称扬王的赏赐，为文考釐公作了这件铜器。据

① 徐少华：《〈水经注〉所载鲁阳关水及相关地理考述》，《历史地理》第25辑，上海人民出版社，2011年。

② 庞小霞、高江涛：《试论二里头文化时期洛阳盆地和江汉平原的交流通道》，《南方文物》2020年第2期。

铭文可知，爯是应公公室。

爯还有一件盨，也是为祭祀文考釐公而作，曰：

> 应侯爯肇作厥丕显文考釐公尊彝，用绥朋友，用宁多福，爯其万年永宝。（应侯爯盨，《铭图》5639）

由盨铭可知爯就是应侯，制作爯簋时，可能即位不久，未正式受命，故不得称侯[①]。平顶山应国墓地八十四号墓是应侯爯之墓，考古工作者根据出土器物考古学特征，推断其时代约在恭王时期，其说基本可信[②]。爯新即位就得到周王接见和赏赐，说明他很受器重。地名姑，李家浩据《国语》的记载推测是卫国地名。《国语·齐语》："桓公曰：'吾欲西伐，何主？'管子对曰：'以卫为主，反其侵地台、原、姑与漆里。'"韦昭注以台、原、姑、漆里为卫之四邑。此四邑是齐国侵占卫国的领土，位置虽然不能确指，但大体当在齐、卫交界处。应国在成周东南，与王畿邻近，王接见应侯不就近在成周，却到东方齐、卫边界，舍近求远，不合情理。私意以为"姑"很有可能在应国附近，与"伯𢦏御淮夷诸器"中的"由师"是一地，在河南郾城。金文"古""由"二字字形相近，容易混淆，"伯𢦏御淮夷诸器"中的稆卣（《集成》5411）将"由师"书作"古师"，即是其证。"姑"可能本当写作"妯"，指的也是"由师"。穆王时期伯𢦏曾在由师抵御淮夷入侵，此后南土局势暂时恢复稳定，为确保南土安宁，由师应当仍然有王朝驻军。周王意图强化汝、颍之间的军事防御，故而亲临由师视察。应侯之国在由师附近，又是南土封建体系中至为重要的诸侯，天子南巡，自然要前去朝见。

应国还有一位诸侯应侯视工，曾奉命征伐淮夷，立下战功。视工所作铜器较多，铭文重要的有应侯视工钟、应侯视工簋、应侯视工簋盖、应侯视工鼎。应侯视工钟有四件，陕西蓝田出土的钟甲（《集成》107）为铭文上半部分，日本东京书道博物馆藏钟乙（《集成》108）为铭文下半部分，两者连读为一篇完整的铭文。保利艺术博物馆藏钟丙（《铭图》15314）与钟丁（《铭图》15315）都是铭文上半部分，与《集成》107文字基本相同。应侯视工簋有两件（《铭图》5231、《铭图》5232），均器盖同铭，收藏于保利艺术博物馆。应侯视工簋盖一件（《铭图》5311）为首阳斋收藏，有器相配，铭文不同。应侯视工鼎一件（《铭图》2436），收藏于上海博物馆。这批铜器铭文缺少明确的时间要

---

① 李家浩：《应国爯簋铭文考释》，《文物》1999年第9期。

② 河南省文物考古研究所、平顶山市文物管理委员会：《平顶山应国墓地八十四号墓发掘简报》，《文物》1998年第9期。

素，断代主要根据器物特征，学者观点差异较大，有恭懿时期、孝夷时期和厉宣时期等不同意见，几乎跨越了整个西周中期和晚期。大体来说，应侯视工钟、应侯视工簋有西周中期偏晚的特征，应侯视工鼎具有明显的西周晚期特征①，综合考虑，应侯视工可能是西周中晚期之际的人物，时代比应侯爯要晚。

应侯视工钟铭曰：

> 唯正二月初吉，王归自成周，应侯视工遗王于周。辛未，王各于康，荣伯入右应侯视工，赐彤弓一、彤矢百、马（钟甲，《集成》107）
>
> 四匹。视工敢对扬天子休，用作朕皇祖应侯大林钟，用赐眉寿、永命，子子孙孙永宝用。（钟乙，《集成》108）

与保利艺术博物馆收藏的应侯视工钟丙（《铭图》15314）对照可知，“康”后夺一“宫”字。铭文记载应侯前往岐周朝见周王，向周王馈赠礼品，受到赏赐。

时代相近的应侯视工簋曰：

> 唯正月初吉丁亥，王在罘，飨醴。应侯视工侑，赐玉五瑴、马四匹、矢三千。敢对扬天子休釐，用作皇考武侯尊簋，用赐眉寿永命，子子孙孙永宝。（《铭图》5231）

铭文记载周王在罘地宴享视工，视工与王酬酢，王赏赐玉、马、弓矢等物。地名罘从“不”得声，即鄂侯驭方鼎、竞卣中的地名“坯”，是自成周出发，征伐淮夷途经之地，在今河南荥阳，相关讨论详下文。此次周王在坯宴享应侯可能与征淮夷有关。两篇铭文皆显示应侯视工颇受周王宠信。

时代较晚的应侯视工簋盖和应侯视工鼎记载征淮夷之事，云：

> 唯正月初吉丁亥，王若曰：应侯视工，戕（蠢）淮南夷毛敢博厥众詈，敢加兴作戎，广伐南国。王命应侯征伐淮南夷毛。休，克㞢伐南夷，我多俘戈。余弗敢沮，余用作朕王姑单姬尊簋。姑氏用赐眉寿永命，子子孙孙永宝用享。（《铭图》5311）
>
> 用南夷毛敢作非良，广伐南国。王命应侯视工曰：征伐毛。休，克

① 何景成：《应侯视工青铜器研究》，《新出金文与西周历史》，上海古籍出版社，2011年，第225～226页。

> 㲃伐南夷毛。我多俘戈,余用作朕烈考武侯尊鼎。用祈赐眉寿永命,子子孙孙永宝用享。(《铭图》2436)

两篇铭文记载的是同一件事。簋盖铭“嘞厥众罯”一语不易理解,类似的表述还有师寰簋(《集成》4313.2)“博厥众叚”,两者含义相同,学者有多种不同解释。段凯、白于蓝对诸家之说进行了较为全面的梳理,并提出新说,认为“嘞”从“尃”声,“尃”又从“父”声,从“父”声之字与从“古”声之字相通,“嘞”可读为“怙”,训为“恃”。又指出“罯”从“鱼”声,“鱼”与“予”音近,从“予”得声的“序”与从“石”声的“席”相通,“罯”可读为从“石”声的“庶”,“嘞厥众罯”与曾侯與编钟“恃有众庶”含义相近①。其说举证充分,文义晓畅,较他说为优,应当可从。据此理解,铭文主要记载的是,淮夷中的毛倚恃人多势众,在南土发动战争,应侯奉王命征讨淮夷,取得成功,俘获了许多戈。至于淮夷毛在南土何地,则无从考证。

关于应侯伐淮夷的铜器还有山西翼城大河口墓M6096出土的[illegible]盆,铭文交代作战地点在“为山”,曰:

> 唯王二祀,王令应伯征淮南夷,[illegible]从,率厥友搏于为山,休有擒,无尤。用对作餗簋,[illegible]拜稽首,用祈永灵终于厥文祖敔季。

铭文记述[illegible]跟随应伯征伐淮南夷,在为山与淮夷交战。应伯即应侯,周代诸侯亦可称伯,如晋侯称晋伯,鲁侯称鲁伯。发掘简报认为伐淮南夷之事发生在厉世,但同时也指出铜器上腹所饰窃曲纹有西周中晚期之交的特点②。穆世晚期淮夷入侵,已使周人意识到东南地区的重要性,恭王即位之后欲弥补前代为政疏失而有所作为,很有可能开始着手应对淮夷扩张的隐患。《国语·鲁语下》记载:“周恭王能庇昭穆之阙,而为恭。”韦昭注:“昭王南征而不返,穆王欲肆其心,皆有阙失。言恭王能庇覆之,故为‘恭’也。”可见恭王是一位比较英明的君主,在位期间似不可能对淮夷之患放任不顾,有可能发动过平乱的军事行动。但之后的懿王,王室遂荒,死后甚至发生了叔父孝王继承王位的变故(《史记·周本纪》)。至夷王即位,又体弱多病,王纲不振。《左传》昭公二十六年云:“至于夷王,王愆于厥身,诸侯莫不并走其望,以祈王身。”《古本竹书纪年》说:“夷王衰弱,荒服不朝。”(《后汉书·西羌传》引)懿、孝、夷三

① 段凯、白于蓝:《应侯视工簋盖铭“嘞毕众罯”考》,《考古与文物》2019年第1期。

② 山西省考古研究所等:《山西翼城大河口西周墓地M6096发掘简报》,《文物》2020年第1期。

世是王朝中衰时期,对淮河流域的经营恐怕不会有多少成效,因此致使淮夷之患长久不能得到解决。[illegible]盆纹饰所反映的时代特征亦有参考价值,这件铜器时代大致不会早于恭世,或许在西周中晚期之际,与应侯爯、应侯视工时代接近。应伯有可能是应侯爯或应侯视工,也可能另有其人。交战的地点为山,据黄益飞、谢尧亭考证,"为"读作"于","于"与"霍"通,可读为"霍山"。《尔雅·释山》"霍山为南岳",《诗·大雅·崧高》正义引郭璞注:"霍山今在卢江潜县西南,别名天柱山。"其地在今安徽潜山市西大别山东段余脉,地处江淮,属淮夷分布区①。此可备一说,但位置比较偏远。实际上,古文"为"往往与从"袁"之字音近可通,故"为"可读为"辕",而穿越大别山的三关中有"直辕",此关名是复合词,含义为笔直的车辕,省称则曰"辕",直辕为山间关口,也属山区地形,且此地在淮河上游,正是淮夷向西扩张,与周人争夺领土的前沿。为山之役也很可能发生在此。

总之,应侯与王室关系密切,有较强的军事实力,两次受命征讨淮夷,在南土诸侯中具有非常重要的地位。

2. 蔡

蔡国始封君是周初所设三监之一的蔡叔,武王死后发动叛乱被流放,其子胡继嗣为君。《左传》定公四年曰:"管、蔡启商,惎间王室。王于是乎杀管叔而蔡蔡叔,以车七乘、徒七十人。其子蔡仲改行率德,周公举之,以为己卿士,见诸王,而命之以蔡。"关于蔡国地望,《汉书·地理志》"汝南郡上蔡"条云:"故蔡国,周武王弟叔度所封,度放,成王封其子胡,十八世徙新蔡。"认为蔡叔始封即在上蔡,蔡叔被放逐,其子胡继位,仍居上蔡。这一说法值得怀疑。《逸周书·作雒解》云:"武王克殷,乃立王子禄父俾守商祀。建管叔于东,建蔡叔、霍叔于殷,俾监殷臣。"武王封蔡叔的目的是监视武庚,封地应当在殷都所在的河南淇县附近,上蔡离淇县甚远,蔡国受封在此有悖常理。《伪古文尚书·蔡仲之命》传云:"叔之所封,圻内之蔡,仲之所封,淮汝之间。圻内之蔡名已灭,故取其名以名新国,欲其戒之。"所谓圻内,当指中原地区,虽然具体地望尚不明确,但符合当时历史背景,当属可信。上蔡实际上是蔡叔之子蔡仲徙封之地,并非蔡国始封地。它在淮河支流汝水左近,正当成周通往淮河流域的通道上,是南土最为接近淮夷的诸侯。

由于邻近淮河,蔡在周王朝经营淮河流域的活动中也起到了作用。国家博物馆收藏的柞伯鼎记载蔡侯征伐南国之昏,曰:

---

① 黄益飞、谢尧亭:《大河口墓地M6096出土殁盆铭文简释》,《文物》2020年第1期。

唯四月既死霸，虢仲令柞伯曰："才乃圣祖周公，繇有功于周邦，用昏无殳广伐南国，今汝其率蔡侯左至于昏邑。"既围城，令蔡侯告徵虢仲、遣氏曰："既围昏。"虢仲至。辛酉搏戎。柞伯执讯二夫，获馘十人。其弗敢昧朕皇祖，用作朕烈祖幽叔宝尊鼎，其用追孝享，用祈眉寿万人(年)，子子孙孙其永宝用。(《铭图》2488)

根据朱凤瀚的研究，柞伯鼎时代在厉、宣时期[①]。铭文记载南土昏邑首领无殳发动战争，广伐南国，虢仲命令柞伯率领蔡侯征讨昏邑。昏应当在距蔡不远的淮水流域，为淮夷之属。周人进军路线应当是由成周出发，顺汝水南下途经蔡国征伐昏邑。

柞伯鼎人物较多，有虢仲、遣氏、柞伯、蔡侯，他们地位各不相同，等级差别明显。了解这些人物的身份，对于认识蔡国在南土封建中的地位有一定意义。柞即《左传》僖公二十四年的胙，是成王初年分封的周公之胤，封地在河南延津，属于王畿与边域诸侯之间的"畿外封君"[②]。虢仲是周初册封的姬姓贵族，《左传》僖公五年云："虢仲、虢叔，王季之穆也，为文王卿士，勋在王室，藏于盟府。"虢仲与虢叔都是文王之弟，两支家族后世亦以虢仲、虢叔为复合氏名。关于二虢渊流，文献记载多所缺略且相互抵牾，还有待新材料的发现和研究[③]。铭文中虢仲指挥部署军队，是全军统帅。他称述柞伯先祖周公的功绩，语气颇似周王册命公卿之辞，类似辞例如：

繇自乃祖考有勋于周邦，右辟四方，助圅天命。(录伯䕫簋，《集成》4302)

丕显文武，膺受大命，匍有四方。则繇唯乃先祖考有功于周邦，干害王身，作爪牙。(师克盨，《集成》4467)

丕显文武受命，则乃祖奠周邦。(訇簋，《集成》4321)

虢仲可以像周王一样对封君发号施令，可见其地位很高。他的身份可与班簋铭文中的毛公类比。班簋记载毛公东征，周王命他"秉繁、蜀、巢命，作四

① 朱凤瀚：《柞伯鼎与周公南征》，《文物》2006年第5期。

② 〔韩〕李裕杓：《柞伯鼎铭涉及的重要军事问题》，《青铜器与金文》第2辑，上海古籍出版社，2018年。

③ 关于西周时期的二虢，任伟认为虢叔为东虢君，封地在今河南荥阳，虢仲为西虢君，地望在今陕西宝鸡附近，西虢于西周末年东过至河南三门峡。可备一说。参任伟：《西周封国考疑》，社会科学文献出版社，2004年，第225～251页。

方亟”，授予专事征伐的大权，吴伯、吕伯亦受其节制。虢仲能指挥柞伯、蔡侯这样的封君和诸侯，地位与毛公十分相似，应当也是王朝重臣。《后汉书·东夷传》：“厉王无道，淮夷入寇，王命虢仲征之，不克。”学者一般认为此虢仲与柞伯鼎中的虢仲是同一人，由此也可断定柞伯鼎时代当属厉世。

记载虢仲征淮夷的铜器还有虢仲盨盖，曰：

> 虢仲以王南征，伐南淮夷，在成周，作旅盨。兹盨有十又二。（《集成》4435）

“以”训“与”，典籍习见，不须赘举，金文辞例则有麦尊“王以侯入于寝”（《集成》6015）。虢仲盨记载的是虢仲与王征南淮夷，柞伯鼎那次南征的统帅只有虢仲一人，无周王参与，两次南征显然不是一件事。韩巍指出虢仲盨盖纹饰有宣世特征，所记可能是宣王时事，虢仲有可能是柞伯鼎中的虢仲之子[①]。遣氏是遣氏族人。遣氏家族在王朝中的地位较高。永盂（《集成》10322）铭文记载处理周王赐田交割事宜的王朝官员，益公负责出纳王命，是首席执政大臣，井伯、荣伯、尹氏、师俗父、遣仲为同僚，协同益公处理政务。从人名排序看，遣仲虽然列于末位，但地位至少也属中高层官员。金文中的遣氏家族有遣伯、遣仲、遣叔三支，柞伯鼎铭中的遣氏或属其中一支。遣氏同虢仲听取蔡侯汇报军情，地位略低于虢仲，应当是虢仲的副手，这与永盂中遣仲位居益公之下的情形相似。

出征将领中蔡侯地位最低。虢仲命柞伯率蔡侯伐昏，完成围城任务之后，蔡侯又被柞伯派回后方汇报军情。柞伯听命于虢仲，蔡侯又听命于柞伯，蔡侯处于权力阶梯最底层。一般诸侯出征直接受命于王，比如应侯视工伐淮南夷、晋侯穌伐夙夷（晋侯穌钟，《铭图》15299），有时王朝重臣也可以代表周王指挥诸侯，如明公簋（《集成》4029）明公被授予“尹三事四方”（令彝，《集成》9901）的大权，可以指挥鲁侯伐东夷。柞伯是畿外封君，地位并不显赫，蔡侯受其差遣，说明其地位比较低，大概相当于三等小国。周王朝东土有一些附庸小邦，王朝中的高级官员奉王命出征，也可以驱使他们奔走效命。如师寰簋（《集成》4313.2）记载淮夷侵犯东土，师寰奉王命率齐师、㠱、莱、僰殿伐淮夷。以师某为称的人物在金文中非常常见，大多身份并不很高，只有永盂的师俗父可能是王朝执政大臣之一，但铭文交代周王赏赐师永的田与师俗父田疆界相邻，不能排除师俗父因此被临时列入主持土地交割的官员之中，他本人可能并非常任的执政大臣，但无论如何他的地位也不能与益公相比。史密簋也记载东征伐淮夷，征调

① 韩巍：《西周金文世族研究》，北京大学博士学位论文，2007年，第17～18页。

的军队有齐师、族徒、遂人、莱伯、僰殿。师寰伐淮夷调动的东土军队与史密簋(《铭图》5327)基本相同。构成军队的几类人群,除族徒(又称族人)可能是史密的家族武装,其他都是从东土国族抽调的军队。为首的齐师,不称齐侯,说明这支军队并不是由齐侯率领。根据高青出土的引簋(《铭图》5299),齐师很有可能是由王朝命卿管理。两篇铭文中莱又称莱伯,说明莱国军队由莱伯亲自率领,与之同类的曩、遂人、僰殿这些东土国族,应当也是由国君率领,听命于王官的指挥。师寰、史密这类官员可以指挥小邦附庸之君。蔡侯地位与莱、曩之类的小邦近似。

蔡国虽然位于通往淮域的交通干线前沿,但实力并不强,与颇受王室器重的应侯不可同日而语。平定三监之乱之后,成王将蔡仲徙封上蔡,可能是有意疏远和削弱蔡国,因此蔡国政治地位、军事实力始终没有达到较高的水平。

3. 胡

胡为归姓。《左传》襄公三十一年鲁襄公之妾有胡女敬归、齐归。胡在金文中写作"㝬"。1978年陕西武功任北村发现的西周晚期青铜器窖藏有㝬叔㝬姬夫妇为其女伯媿所作媵器(《陕西金文集成》1003—1008)。媿与归音近,文献中的归姓就是金文比较常见的媿姓。胡国地望,文献记载有两处。《汉书·地理志》汝南郡属县汝阴下注云:"故胡国。"其地在今安徽阜阳。《史记·楚世家》正义引《括地志》云:"故胡城在豫州郾城县界。"唐郾城即今河南郾城。两地都与胡国有关。《韩非子·说难》:"昔者郑武公欲伐胡,故先以其女妻胡君以娱其意。因问于群臣:'吾欲用兵,谁可伐者?'大夫关其思对曰:'胡可伐。'武公怒而戮之,曰:'胡,兄弟之国也,子言伐之,何也?'胡君闻之,以郑为亲己,遂不备郑。郑人袭胡取之。"这段文字郑武公说胡为"兄弟之国",胡似当为姬姓,实际上没有材料依据,不可采信,不过它揭示的春秋初年郑胡关系仍然值得注意。春秋初年郑国东迁不久,为扩张疆土,与邻国多有矛盾,胡国当是其中之一,因为国力贫弱,受郑侵逼,被迫南迁,当在情理之中。前述胡国两处地望当是始封地与徙居地的关系。胡初封在河南郾城,后来南迁到安徽阜阳。胡徙阜阳的时间大概发生在春秋初年郑国东迁不久[①]。

胡国始封情况文献失载,所幸有两件西周早期铜器与胡国有关,可据以推测其始封时代。一件是保利艺术博物馆收藏的子方鼎[②]。此鼎通体素面,

① 裘锡圭:《说㦰簋的两个地名——"棫林"和"胡"》,《裘锡圭学术文集》第3卷,复旦大学出版社,2012年。

② 关于这件铜器,学者多称之为荣仲方鼎,实际上器主更有可能是"子",应当称子方鼎,参陈絜:《浅谈荣仲方鼎的定名及其相关问题》,《中国历史文物》2008年第2期。

器壁与四角有平直扉棱，与中方鼎、丰大母方鼎相似，时代当不出康昭之世[①]。其铭曰：

> 王作荣仲宫，在十月又二月生霸吉庚寅，子贺荣仲，扬瓒一、牲大牢。己巳，荣仲速芮伯、㝬侯、子。子赐白金钧，用作父丁鬻彝。史。（《铭图》2412）

铭文大意是，由于王为荣仲建造宗庙，在十二月庚寅这一天，子前去祝贺荣仲，献上瓒和大牢。己巳日，荣仲召请芮伯、㝬侯、子三人，赏赐子白金一钧，子制作了祭祀父丁的祭器。荣仲召请的人中有㝬侯，说明康昭时期㝬就已立国。还有一件李学勤公布的胡应姬鼎[②]，铭云：

> 唯昭王伐楚荆，㝬应姬见于王，辞皇，赐贝十朋，玄布二乙，对扬王休，用作厥啻（嫡）君公叔乙尊鼎。（《铭图续》221）

铭文记载昭王伐楚途中，接见㝬侯夫人应姬。由此可知㝬国受封时间应当在昭世之前。综合两篇铭文，可以推测㝬国始封时间大约在成康时期。考虑到同在汝水的应、蔡两国都受封于成王时期，㝬受封时间当亦大致相同。㝬应姬这一名号说明昭王时期㝬侯曾娶应国公室之女，可见两国来往应当比较密切。从地理位置来看，两国呈东西呼应之势，在南土封建体系中发挥着屏藩王室、经营南土的作用。昭王南征、穆王时期抵御淮夷内侵，胡国都发挥了作用。但自穆世之后，周王朝经营淮域的活动就不再见到㝬侯的身影，㝬国在南土封建体系中实力似有所下降，可能沦落为与蔡国类似的三流诸侯。

4. 许

许是姜姓。《国语·周语中》"齐、许、申、吕由大姜"韦昭注："四国皆姜姓也，四岳之后，大姜之家也。大姜，大王之妃，王季之母也。"许乃四岳之后，是因大王之妃大姜而受封的外戚。以往学者多认为许是武王所封，如《左传》隐公十一年正义引杜预《世族谱》云："许，姜姓，与齐同祖，尧四岳伯夷之后也，周武王封其苗裔文叔于许，今颍川许昌是也。"近年公布的清华简《封许之命》是周初册封吕丁侯于许的文书，提到吕丁辅佐文王、武王的功绩，整理者指出："分封是在成王之世，更可能是在成王亲政后不久的时候。"[③]这一

---

① 王世民等：《保利艺术博物馆收藏的两件铜方鼎笔谈》，《文物》2005年第10期。

② 李学勤：《胡应姬鼎试释》，《出土文献与古文字研究》第6辑，上海古籍出版社，2015年；李学勤：《胡应姬鼎再释》，《武汉大学学报（人文科学版）》2017年第4期。

③ 李学勤主编：《清华大学藏战国竹简（伍）》，中西书局，2015年，第117页。

观点无疑是正确的。《说文·叙》"吕叔作藩,俾侯于许",表明许出自吕氏,与简文正好可以相互印证。齐太公吕尚也出自吕,两国同祖,血缘关系很近。许国地望,《汉书·地理志》颍川郡许县下注:"故国,姜姓,四岳后,太叔所封,二十四世为楚所灭。"与杜预《世族谱》记载一致。汉、晋的许或许昌在今许昌市东三十里,临颍、鄢陵二县之间[①],颍水支流洧水上。

5. 陈

陈为妫姓。《史记·陈杞世家》:"昔舜为庶人时,尧妻之二女,居于妫汭,其后因为氏姓,姓妫氏。"关于陈国始封,《左传》襄公二十五年载郑子产语曰:"昔虞阏父为周陶正,以服事我先王,我先王赖其利器用也,与其神明之后也,庸以元女大姬配胡公,而封诸陈,以备三恪。"杜预注"阏父,舜之后,当周之兴,阏父为武王陶正","胡公,阏父之子满也"。陈国始封君是胡公满,娶武王长女大姬,被武王封于陈。《汉书·地理志》淮阳国陈县注:"故国,舜后,胡公所封,为楚所灭。"陈国位于颍水上游,地属今河南周口市淮阳区。武王克商之后,实施的封建主要针对管控中原地区殷人,且武王在位仅二年而卒,尚无暇实行南土的分封,前述汝颍地区的诸侯受封皆在成王时期,陈侯之封应当不出成康二世,不可能早到武王时期。

陈国西周时期的材料只有一件媵器,铭文曰:"陈侯作王妫媵簋,其万年永宝用。"(《集成》3815)是陈侯为出嫁到王室的女儿所作。从形制纹饰判断,其时代当在西周晚期,但具体王世尚无法确定。从《左传》对陈国的记载来看,春秋时期陈是一个较弱的诸侯,可以推知,在较早的西周时期陈亦非强国。陈侯嫁女到王室,可能出于攀附的目的。

根据上述对淮北各诸侯国的分析,可对西周前期淮河以北封建形势作一评述。周王朝在淮北分封的诸侯大致沿汝、颍二水分布。汝水流域依次为应、胡、蔡,颍水流域有许、陈。二水邻近,诸侯之间可以相互照应。通过这种层层分封的方式,周人控制了淮河流域与成周之间的交通,构建起屏藩成周王畿的封建网络。这一体系看似严密,但也存在一些问题。首先,诸侯都在汝、颍二水中上游,最南端的蔡国与淮河直线距离也有100公里,汝颍下游和淮河干流广大地区没有任何封建。这种设计显然是将淮河流域排除在王朝疆域之外,这就为西周中期以后淮夷溯淮而上,提供了扩张的空间。其次,淮北诸侯虽然数量较多,但缺少强国,唯一较强的应国,却被安置在最北端,处于封建体系的后方,封建前沿的陈、蔡、胡、许都是二三流的小国,实

① 徐少华:《周代南土历史地理与文化》,武汉大学出版社,1994年,第201页。

力薄弱。就兵要地理而言,唯有应国依傍山势地形之险,扼控鲁阳关与方城关。其他诸侯都分布在黄淮平原,虽为交通要道,却也是无险可守的四战之地。淮夷内侵,可以比较轻松地穿插其间,因此这一封建体系不能有效地发挥防御作用。穆王时期,淮夷入侵穿过陈、蔡,进入胡国、由师一线,使得周人猝不及防,就暴露出这一封建体系的弊端。与东土封建,将齐、鲁等强国置于夷夏前沿的进取之势相比,淮北封建有明显的防守倾向。这种封建策略反映出周人对开发经营淮河流域兴致索然的心态。再次,淮北封建重点在于防卫成周,放弃了对淮河干流地区的控制,使得淮河与南阳盆地之间的通道洞开。而南阳盆地又通过丹淅流域与关中王畿相连。淮夷向西穿越丘陵进入南阳盆地,再沿丹淅河谷北上,就可以直接对王畿构成威胁。总之,西周南土封建体系脆弱且不完善,为后来淮夷入侵埋下隐患。

(二) 敔簋、晋侯铜人与淮夷入侵王畿和晋南

西周中晚期铭文显示,淮夷对周王朝东土、南土、王畿乃至晋南都发动了进攻。关于淮夷入侵东土的材料较少,主要有师寰簋(《集成》4313.2)与史密簋(《铭图》5327),说明东土并不是淮夷入侵的主要目标,其对东土的侵扰对周王朝的威胁并不大。淮夷居于南土,南土与王畿相连,淮夷由南土入侵王畿,对周王朝危害最大。

周厉王㝬钟(《集成》260)云:"南国𠬝孳敢陷处我土。"𠬝孳也属于淮夷,铭文说的是南土的𠬝孳攻陷并居住在我土,所谓"我土"就是周王室直属的王畿。禹鼎还有如下记载,曰:

> 鄂侯驭方率南淮夷、东夷广伐南国、东国,至于历内。(《集成》2833)

学者大多认为"历内"是周地名。黄盛璋读作"历汭",认为是历水之汭,推测历水即溧水,在今河南南阳白河流域[①]。马承源谓:"不详其所在,但亦当为周之要地。"[②]沈建华认为内是陕西韩城的芮国[③]。陈絜认为历是《国语·郑语》中位于虢、郐之间的历邑[④]。周博进一步考证历即春秋郑国栎邑,在河南

① 黄盛璋:《淮夷新考》,《文物研究》第5辑,黄山书社,1989年。

② 马承源主编:《商周青铜器铭文选》第3卷,文物出版社,1988年,第282页。

③ 沈建华:《卜辞金文中的伾地及其相关地理问题初探》,《初学集:沈建华甲骨学论文选》,文物出版社,2008年。

④ 陈絜:《周代农村基层聚落初探——以西周金文资料为中心的考察》,《新出金文与西周历史》,上海古籍出版社,2011年,第316～317页。

禹州[①]。"历内"与"东国""南国"相对并举，更像是一个比较宽泛的区域，而非专有地名。所谓内，应当是内外之内，与敔簋(《集成》4323)"南淮夷遱殳内伐溟、昴、参泉、裕敏、阴阳洛"、录卣(《集成》5420)"淮夷敢伐内国"中的内字含义相同。由此推知"历内"当指某个区域之内。欲探求其确切含义，还需要解释"历"字。《说文》："历，过也。"《汉书·邹阳传》"则吴必先历齐，毕济北"，是说吴王刘濞谋反北上，必先过齐，再尽收济北之地。《战国策·秦策一》"(苏秦)伏轼撙衔，横历天下"，横历天下即横行于天下。这些辞例中，历皆有经过、经行之义。"略"，有巡行之义，与"历"含义有一定联系，或可类比。《左传》隐公五年"吾将略地焉"，是案行边境。《左传》宣公十一年"略基趾"，是巡视城郭基趾。"略"由巡行疆界引申为疆界之义。《左传》庄公二十一年"王与之武公之略"，定公四年"封畛土略"，杜注并谓："略，界也。"历或许也有疆界之义。这一假设缺乏直接证据，有旁证材料可以参考。宣王时期的毛公鼎铭有云：

> 父厝，雩之庶出入事于外，尃(敷)命尃(敷)政，埶(艺)小大楚(胥)赋，无唯正闻(昏)，引其唯王智，廼唯是丧我或(域)厤(历)；自今出入尃(敷)命于外，厥非先告父厝，父厝舍命，母(毋)有敢惷(擁)，尃(敷)命于外。(《集成》2841)

"厤"读为"历"。铭文大意是说，以往官员对外传达政令，治理大小臣工，不论正确与否，皆唯王意是从，以致我丧失领土；今后对外颁布政令，如不先告知父厝，经父厝同意，不得擅自传命[②]。郭沫若认为"雩之"与"厤自今"表示以往与今后的对文关系，将这段铭文分作两部分，并说"厤自今"犹言"迄于今"，认为铭文前半追述厉王失政的前车之鉴，后半阐述今后施政方案[③]。其他学者也大多以"厤自今"为下半段句首，但释义不尽相同。如果按照郭沫若的观点，它的意思是说厉王施政的影响延续至今，那么"厤自今"应当作为前半段结尾才合适，读作"廼唯是丧我或厤(历)自今"，而不能是下半段起首，这样一来对言关系就破坏了，岂不自相矛盾？再者，所谓"迄于今"实际上是将"厤自今"改为"厤至今"作解，"自""至"含义不同，改字解经缺乏根

---

① 周博：《禹鼎、敔簋与淮夷内侵路线问题》，《历史地理》第34辑，上海人民出版社，2017年。

② 铭文解释参考杨树达、孙稚雏二家之说，并参以己意略有修订，参杨树达：《积微居金文说(增订本)》，中华书局，1997年，第14页；孙稚雏：《毛公鼎铭今译》，《容庚先生百年诞辰纪念文集》，广东人民出版社，1998年，第290页。

③ 郭沫若：《毛公鼎之年代》，《郭沫若全集·考古编》第5卷，科学出版社，2017年，第554～555页。

据。郭氏在文章第五节中又解释为“自今以后”[①]，可见他对这句话的理解并没有明确意见。董作宾理解为自今以往[②]，实际上是把“厤”字忽略了。高亨甚至怀疑“厤”为发语词[③]，也只不过是一种猜测。《铭文选》虽然指出“厤”表时间的推移，但解释句义为自今以后的未来[④]，与董说无异。由此看来，以“厤自今”为句断读，存在厤字无法解释的难题。从文义和句式结构分析，“自今”应当是后半段句首，在它之前不能附加具有实际含义的词。𠑇匜（《集成》10285）“伯扬父迺或使牧牛誓曰：‘自今余敢扰乃大小事……’”䚄改簋（《集成》4269）“肆敢隊于彝曰：‘其自今日，孙孙子子毋敢忘伯休。’”鲁叔四器同铭的叔尊（《资料库》NB1351）、叔卣（《资料库》NB1352）“自今往弜弗其有达汝于乃丂”，“自今往至于亿万年，汝日其赏”，叔提梁套盒（《资料库》NB1353）“自今弜又辛，汝井”，都是以“自今”为句首的例证。因此，“厤”只能属上，为名词，读为“迺唯是丧我域厤”。只有陈梦家作此读，并指出与《诗·大雅·召旻》“今也日蹙国百里”意义相近，但他没有作进一步说明[⑤]。他的说法或许有一定道理。“或厤”含义可能与土地、领土有关，是复合词，与《左传》定公四年“封畛土略”之“土略”似可相互对照。“或”读为“域”，与“土”相对应，含义相同，辞例习见[⑥]。“厤”与“略”相对应，含义可能也相关，或许有疆域之义。《尚书·大诰》成王云：“洪惟我幼冲人，嗣无疆大历服。”以往学者多从伪孔传训“历”为“数”，解释“大历服”为大业、王位[⑦]，这种解释无法安排历字。究其原因，历所表示的数是历数、气数，如《论语·尧曰》“咨！尔舜，天之历数在尔躬”。历数既不能以大小来形容，也不能与表职事的服相搭配，因而造成了训释的困境。如果将历理解为疆界，似乎也可以说通。“无疆大历”，“无疆”与“万寿无疆”之“无疆”含义相同，是无穷的意思；大历，是广大的疆域；“服”指的是王位。“嗣无疆大历服”大意是说继承了拥有无穷之大疆域的王位。总之，历内意为疆域之内，相当于后世所谓的王畿。

---

① 郭沫若：《毛公鼎之年代》，《郭沫若全集·考古编》第5卷，科学出版社，2017年，第583页。

② 董作宾：《毛公鼎考年注译》，《大陆杂志》1952年第8期，收入《金文文献集成》第29册，线装书局，2005年，第59～62页。

③ 高亨：《毛公鼎铭笺注》，《文史述林》，中华书局，1980年，收入《金文文献集成》第29册，线装书局，2005年，第52页。

④ 马承源主编：《商周青铜器铭文选》第3卷，文物出版社，1988年，第319页。

⑤ 陈梦家：《西周铜器断代》，中华书局，2004年，第296页。

⑥ 卜辞称四方区域习惯用“土”，周金文则习惯用“域”，《诗经》土、国（域）也时常互文见义，相关例证可参前文绪论。

⑦ （宋）蔡沈：《书集传》，凤凰出版社，2010年，第157页；屈万里：《尚书集释》，中西书局，2014年，第136页。

上述金文材料只记载淮夷侵入王畿，没有交代具体地点，欲探究淮夷内侵的具体情况，还需要借助内容更为详细的资料。敔簋比较完整地记录了淮夷入侵和周人追击淮夷的过程，所涉地名较多，且大多可与文献印证，对于研究淮夷入侵路线及当时战争形势有重要价值，其铭曰：

> 唯王十月，王在成周，南淮夷遱殳内伐溟、昴、参泉、裕敏、阴阳洛。王令敔追郒（袭）于上洛炂谷。至于伊，班。长榜蕺（载）首百，执讯卌，夺俘人四百，啚于荣伯之所。于炂衣肆，复付厥君。唯王十又一月，王各于成周大庙，武公入右敔，告擒馘百、讯卌。王蔑敔历，使尹氏授贅敔圭瓒、□贝五十朋，赐田于敆五十田、于早五十田。敔敢对扬天子休，用作尊簋，敔其万年，子子孙孙永宝用。（《集成》4323）

“南淮夷遱殳”是南淮夷首领，金文中类似的还有昏无殳（柞伯鼎，《铭图》2488）、玁狁放兴（多友鼎，《集成》2835）、淮南夷毛（应侯视工簋盖，《铭图》5311）等，都是外族首领名号。“郒”读为“袭”，意为袭击[①]。“班”是动词，意为还师[②]。“衣肆”读为“卒律”，义为全部记录下来[③]。担任右者的武公，一般认为是厉王时期的人物[④]，敔簋时代学者也大多认为在厉王时期。铭文记载战争大致经过是，厉王某年十月，由于南淮夷首领遱殳率军入侵溟、昴、参泉、裕敏、阴阳洛等地，王令敔到上洛炂谷追击淮夷，一直追到伊还师。敔斩首一百，执讯四十，解救被俘周人四百，暂寄于荣伯之处。在炂将他们全部登记，再交付给他们的主人。

淮夷入侵的一系列地名相互之间距离应当不远，其中阴阳洛还见于永盂（《集成》10322），铭文记周王赐田师永曰：“赐畀师永厥田阴阳洛，疆眔师俗父田。”是将位于阴阳洛的一处与师俗父田界相邻的田赐给师永。阴阳洛显然在王畿之内，唐兰指出其地在陕西洛河南北[⑤]。其说可信。敔追击淮夷的地点上洛，即上雒。《左传》哀公四年：“（楚）司马起丰、析与狄戎以临上雒。”《古本竹书纪年》：“晋烈公三年，楚人伐我南鄙，至于上雒。”汉弘农郡有上雒县，在今陕西省商洛市商州区。还师之地伊，是伊水。学者对上述地名

---

① 裘锡圭：《关于晋侯铜器铭文的几个问题》，《裘锡圭学术文集》第3卷，复旦大学出版社，2012年，第75页；李学勤：《晋侯铜人考证》，《新出青铜器研究（增订版）》，人民美术出版社，2016年。

② 郭沫若：《两周金文辞大系考释》，《郭沫若全集·考古编》第8卷，科学出版社，2017年，第237页。

③ 陈秉新、李立芳：《出土夷族史料辑考》，安徽大学出版社，2005年，第213页；黄德宽主编：《古文字谱系疏证》，商务印书馆，2007年，第3250页。

④ 韩巍：《親簋年代及相关问题》，《新出金文与西周历史》，上海古籍出版社，2011年。

⑤ 唐兰：《永盂铭文解释》，《文物》1972年第1期。

认识基本无异议。根据这三处比较确定的地名,可以锁定战争发生的大致范围应当在伊洛流域、豫陕交界地带,亦即成周、宗周二都之间的区域。

根据上述划定的地理范围,可以探求其他地名具体位置。焬谷,郭沫若读焬为析,认为是鞠水所出之析谷[①]。实际上此字从“乃”不从“斤”,读“析”无据。再者析谷在今河南析川,与上洛相距较远,敔奉命追击淮夷所至上洛焬谷,应当是淮夷撤退必经之路上的某处地名。私以为焬谷是隶属于上洛的一处小地名,从名称可断定是一处山谷,丹水流域峡谷众多,焬谷当是位于丹水上游上洛地区的一处峡谷。敔的任务是事先奔赴峡谷设伏,待淮夷进入谷中一网打尽。

溟,有学者读为沔汉的沔[②],即汉水。汉水流经陕南与湖北,绝非周邦腹地,与铭文“内伐”之表述不相符。再者从汉水进入伊洛地区,不仅迂回绕远,还要翻越崇山峻岭,大费周章,也很不现实。或认为溟是春秋虞邑之鄍,在今山西平陆东北[③]。或读溟为郯,认为是春秋晋楚交战的郯地,在今河南荥阳东北[④],都不属于伊洛地区。按,溟从冥得声,为明纽阳部字,黾为明纽蒸部字,溟、黾音近可通。东周楚地有关隘曰冥阨,《左传》定公四年吴师伐楚,楚左司马戌论御吴之策曰:“我悉方城外以毁其舟,还塞大隧、直辕、冥阨。”杜注:“三者,汉东之隘道。”冥阨在《吕氏春秋·有始览》与《淮南子·墬形》中写作“渑阨”,《史记·苏秦列传》作“鄳阨”,《春申君列传》作“黾隘”,此皆溟、黾可通之证。敔簋之溟在王畿,与楚冥阨同名而异地。其地当是战国秦地黾池,典籍亦作渑池。《史记·张仪列传》:“今赵王已入朝渑池,效河间以事秦。”《六国年表》赵惠文王二十年:“与秦会黾池,蔺相如从。”《汉书·地理志》弘农郡黾池县下云:“高帝八年复黾池中乡民。景帝中二年初城,徙万家为县。”《水经·谷水注》:“谷水出千崤东马头山谷阳谷,东北流,历黾池川,本中乡地也。汉景帝中二年,初城,徙万户为县。因崤黾之池以目县焉。”根据上述材料记载可知,黾池位于洛水支流谷水上,因黾池川得名,汉因其地置黾池县,即今河南渑池县。西周时期此地正属于成周、宗周之间的王畿,正与铭文记载的地理位置相合。

昴、参泉,学者考释意见不一,或连读为一个地名,或断读作两个地名。由于昴、参二字皆从“晶”,“晶”是“星”的初文,杨树达、陈梦家、徐中舒都认为二

---

① 郭沫若:《两周金文辞大系考释》,《郭沫若全集·考古编》第8卷,科学出版社,2017年,第237页。

② 陈连庆:《敔簋铭文浅释》,《古文字研究》第9辑,中华书局,1984年。

③ 陈秉新、李立芳:《出土夷族史料辑考》,安徽大学出版社,2005年,第212页。

④ 李学勤:《晋侯铜人考证》,《新出青铜器研究(增订版)》,人民美术出版社,2016年。

字是星宿之名[①]。徐中舒甚至推断“昴参泉”是洛水所自出的源泉,以星宿为名,与长江源头星宿海得名相似[②]。其说似有一定合理性,但未能找到材料依据。陈连庆援引庾信《崔说神道碑》北周宜阳县地名三泉,认为是昴参泉之省称[③]。读“参”作“三”是正确的。金文“参”从“彡”,皆读作“三”,如卫鼎(《集成》2832)、毛公鼎(《集成》2841)、盠尊(《集成》6013)、裘卫盉(《集成》9456)中的职官名称“参有司”即“三有司”,再如㝬钟(《集成》260)“参寿唯利”,晋姜鼎(《集成》2826)作“三寿是利”。敔簋“参”读“三”,不是星宿之名,也不应和“昴”字连读。参泉应当就是北周时期的三泉,唐代在此设三泉驿。《太平广记》卷三四八李全质条:“回宿寿安县。夜未央而情迫…… 不得已而出逆旅。三数里而大雨,回亦不可。……久而至三泉驿憩焉。”元稹有《三泉驿》诗云:“三泉驿内逢上巳”,“洛阳城中无限人”。三泉在唐寿安县,离洛阳城不远,是长安与洛阳之间交通要冲,据严耕望考证其地在今河南省宜阳县[④]。

昴,李学勤读作动词“留”,认为是进驻之义[⑤]。从搭配关系来看,“昴”紧接动词“内伐”之后,应当是“内伐”的宾语,表示的是地名,不可能是动词。不过读“昴”为“留”却有启发意义。虽然小篆与留同音的柳、刘等字皆从“丣”,但古文皆从“卯”。《诗·召南·小星》:“嘒彼小星,维参与昴。”毛传:“昴,留也。”是其证。“昴”当亦可读作“柳”。唐代长安与洛阳之间的驿道有柳泉驿。《资治通鉴》卷二二二上元二年:“悦等送思明于柳泉驿囚之。”严耕望考证柳泉驿在宜阳县西北二十五里之柳泉镇[⑥]。其地与三泉驿邻近,都在周代两京之间,当即昴地所在。

以上考证淠、昴、参泉诸地相互邻近,皆在唐代两京间陕州(今三门峡陕州区)至洛阳段交通线上。此段交通出陕州东行分南北两道,其北道略沿谷水东行二百里至洛阳,惟军事急行多所取途。其南道,东南行经永宁,略沿洛水东行二百五十里至洛阳,其间多置馆驿,是当时公私旅行多所取途的主线[⑦]。淠在北道,昴、参泉在南道。北道是春秋崤之战秦师往来的通道。南道先秦时期亦已开辟。战国韩置宜阳县,在洛水上游,今宜阳县西。宜阳为

---

① 杨树达:《积微居金文说(增订本)》,中华书局,1997年,第58页;陈梦家:《西周铜器断代》上册,中华书局,2004年,第230页;徐中舒:《先秦史论稿》,巴蜀书社,1992年,第169页。

② 徐中舒:《先秦史论稿》,巴蜀书社,1992年,第169页。

③ 陈连庆:《敔簋铭文浅释》,《古文字研究》第9辑,中华书局,1984年。

④ 严耕望:《唐代交通图考》第1卷,北京联合出版公司,2021年,第77页。

⑤ 李学勤:《晋侯铜人考证》,《新出青铜器研究(增订版)》,人民美术出版社,2016年。

⑥ 严耕望:《唐代交通图考》第1卷,北京联合出版公司,2021年,第74页。

⑦ 同上书,第17页。

大县。《战国策·秦策二》:“甘茂至,王问其故,对曰:‘宜阳,大县也,上党、南阳积之久矣,名为县,其实郡也。’”公元前308年秦拔宜阳,据为己有。当时关中通宜阳和宜阳通洛阳的路线已经形成。西周时期关中与成周王畿之间交通往来频繁,南北两道当俱已开通。从铭文记载诸地名次序来看,淮夷入侵首选是北道,袭击淏之后,可能进军不利,又折返转入南道侵扰昴、参泉。《水经·谷水注》引司马彪《续汉书》“赤眉从黾池,自利阳南,欲赴宜阳”[①],说的就是这条路线。淮夷最后劫掠洛水上游阴阳洛,准备由洛南至商洛,再顺丹水而下入南阳盆地,回到淮河流域[②],但是中途在上洛被敌截击,期间可能有小股淮夷部队被冲散窜入伊水,故敌追至伊扫荡残兵,最后班师回成周。

洛水流域是王畿腹地,淮夷能顺利进入这一地区,与南土封建体系缺陷有重要关系。西周长期以来,不仅淮河上游没有封建,南阳盆地也是宣王时期才徙封申、吕等诸侯,在此之前不论考古还是文献材料都没有相关证据证实南阳地区存在封建。南阳地区的军事防御能力长期以来十分薄弱。因此,淮夷由淮河西入南阳盆地几乎不受阻挡,再从南阳盆地溯丹水北上,就进入洛水流域王畿腹地。淮夷入侵和撤退基本都是沿着这同一条路线,利用了周王朝南土封建缺失的软肋,攻其不备。

淮夷北上不仅侵扰王畿,还深入到了晋南地区。相关铜器有晋侯铜人,该器由苏芳淑、李零公布,李零为铭文绘制了摹本,并写出释文[③],其内容如下:

> 唯五(?)月,淮夷伐格,晋侯搏戎,获厥君豙师,侯扬王于兹。(晋侯铜人,《铭图》19343)

李学勤认为“格”是战国韩地格氏,河南荥阳张楼村曾出土格氏陶文,即其地所在[④]。后来学者探讨西周金文“霸”“格”两字关系,指出“格”读作“霸”[⑤],现已成为学界共识。由此可知,铭文中淮夷所伐的格就是霸。关于铜人时代,李学勤推测在厉王时期,山西翼城大河口霸国墓M1017出土的类似形象铜

① (北魏)郦道元著,陈桥驿校证:《水经注校证》,中华书局,2007年,第388页。

② 关于淮夷撤退路线,庞小霞、高江涛与本文观点大体一致,但认为终点在随枣走廊,与本文意见不同。汉东不是淮夷领地,淮夷撤退当穿过南阳盆地东侧山地,进入淮河上游。

③ 苏芳淑、李零:《介绍一件有铭的“晋侯铜人”》,《晋侯墓地出土青铜器国际学术研讨会论文集》,上海书画出版社,2002年。

④ 李学勤:《晋侯铜人考证》,《新出青铜器研究(增订版)》,人民美术出版社,2016年。

⑤ 黄锦前、张新俊:《说西周金文中的“霸”与“格”——兼论两周时期霸国的地望》,《考古与文物》2015年第5期。

人公布之后，学者又倾向于西周中期[①]。由于相似铜器发现很少，目前还不易判断其确切时代，但大致应当不会早于穆王时期。霸国在山西翼城，地处黄河以北的晋南地区，淮夷涉河北上深入晋南征伐霸国，似乎令人难以理解。韩巍联系相关金文材料提出比较新颖的判断，认为战争实际发生在应国附近的氐，淮夷所伐是驻军在氐担任防御任务的霸氏家族武装，而不是山西翼城的霸国。金文氐是应国地名的观点，为李学勤最早提出。

20世纪80年代河南平顶山应国墓地M50出土了一件鸟形盉，其铭曰：

> 唯四月既生霸戊申，匍即于氐，青(静)公使司史艮赠匍于柬(馆)，麀贲、韦两、赤金一钧。匍敢对扬公休，用作宝尊彝，其永用。(匍盉，《铭图》14791)

由于这件铜器出土于应国墓地，而流经平顶山的沙河水，古称滍水，亦称泜水，与铭文中的地名氐可通，因此李学勤将氐读作泜[②]，并认为柬在洛阳附近，青公是王朝大臣，即吴方彝盖(《集成》9898)中作册吴的先人青尹。解释铭文大意是，四月既生霸戊申这一天，匍率军驻于泜水，青公派司史艮来到柬，送给匍若干物品，匍感谢青公作了这件铜器。

地名氐也见于近年霸国墓地出土的铜器，相关铭文如下：

> 唯正月，王祭曶于氐，大奏，王赐霸伯贝十朋，霸伯用作宝鈚，其万年孙子子永宝。(霸伯鈚，M1017:42)[③]

> 唯正月，王在氐，霸伯作宝盉，其万年孙子子永宝。(霸伯盉，M1017:70)

由铭文可知，某年正月，王在氐举行祭祀，赏赐霸伯十朋贝，霸伯作了这两件铜器。巧合的是，霸国墓地出土的一批霸氏搏戎铜器，铭文所署时间也是正月，其铭曰：

---

① 谢尧亭：《"格"与"霸"及晋侯铜人》，《两周封国论衡——陕西韩城出土芮国文物暨周代封国考古学研究国际学术研讨会论文集》，上海古籍出版社，2014年；韩巍：《翼城大河口M1017、M2002两墓的年代及相关问题》，《青铜器与金文》第3辑，上海古籍出版社，2019年，第250～251页。

② 李学勤：《论应国墓地出土的匍盉》，《平顶山师专学报》1999年第1期。

③ 山西省考古研究所等：《山西翼城大河口西周墓地1017号墓发掘》，《考古学报》2018年第1期。以下同墓出土材料皆见此文，不再出注。

唯正月甲午，戎戬(捷)于丧原，格仲率追，获讯二夫、馘二，对扬祖考福，用作宝簋。(格仲簋，M2002∶8)[①]

唯正月既死霸丙午，戎大戬(捷)于霸伯，搏戎，获讯一[夫]，霸伯对扬，用作圅姬宝盘，孙子子其万年永宝用。(霸伯盘，M1017∶41)

金文中的戎为外族泛称，淮夷亦可称戎。韩巍认为格仲簋与霸伯盘中的戎是淮夷，将“搏戎”与“王在氏”两事系于同时，并与晋侯铜人记载的淮夷伐格事件相联系，认为整个事件的来龙去脉是，周王为了震慑淮夷，在应国附近的氐大会诸侯，举行大型礼仪活动，期间遭到淮夷试探性进攻，晋侯与霸氏兄弟担任防御任务，与淮夷发生了战斗[②]。

以上学者对匍盉铭文的释读值得商榷。刘桓研究指出铭文中的“柬”应当读作“馆”，是氐地接待使者的馆舍[③]。其说可信。除此之外，青公之“青”似当读作“静”，并非氏名或谥号，更有可能是贵族美称，这方面比较典型的例子是金文中的“穆公”，在盠方尊、䚄簋盖、君姞鼎、穆公簋盖诸器铭文中，都是生人美称[④]。

氐有馆舍，王在氐举行祭祀活动，说明氐有王室宗庙。除上述材料之外，还有一件任鼎(《铭图》2442)，记载王在氐接见任，对他进行赏赐，也是氐有王室宫室的证据。这些材料显示王室与贵族在氐活动比较频繁，可以推断氐应当是一处具有一定规模的王朝都邑。与氐有关的还有两件𩰫鼎，铭曰：

唯八月初吉庚寅，王在宗周，游于比(?)，密叔右𩰫，𩰫赐禾于王五十秭，𩰫拜手稽首，敢对扬皇丕显天子丕杯休。用作朕文考氐孟宝尊鼎，子子孙孙其万年永宝用。(《铭图》2441)

唯九月既望庚寅，王在宗周，格于大室。王蔑𩰫历，赐汝……𩰫拜手稽，对扬王休，用作朕文考氐孟宝尊鼎，子子孙孙其万年永宝用。(《铭图续》230)

两篇铭文记载周王在宗周对𩰫进行赏赐。𩰫应当是居于关中王畿的贵族。

---

① 山西省考古研究所等：《山西翼城大河口西周墓地2002号墓发掘》，《考古学报》2018年第2期。以下同墓出土材料皆见此文，不再出注。

② 韩巍：《翼城大河口M1017、M2002两墓的年代及相关问题》，《青铜器与金文》第3辑，上海古籍出版社，2019年。

③ 刘桓：《关于匍盉“柬”字考释》，《考古》2001年第6期。

④ 严志斌、谢尧亭：《气盘、气盉与西周誓仪》，《中国国家博物馆馆刊》2018年第7期。

他的父亲叫氏孟，以地名为氏，由此可知氏在王畿。《古本竹书纪年》："穆王元年，筑祗宫于南郑。"南郑在秦岭以南的陕西汉中，西周时期不属于王朝领土，揆诸《汉书·地理志》京兆尹郑县注引臣瓒说"周自穆王以下都于西郑"，可知南郑当是西郑之误。《左传》昭公十二年："昔穆王欲肆其心，周行天下，将皆必有车辙马迹焉。祭公谋父作《祈招》之诗，以止王心，王是以获没于祗宫。"祗宫，孔颖达《正义》引马融云："圻内游观之宫也。"有学者指出氏可读为祗宫的祗，这是正确的，不过认为是祗宫省称[①]，则未必准确。氏既有王室宗庙，又有馆舍和普通贵族居邑，应当是王畿地名，其具体地点当与穆王所都西郑邻近。有学者考证西郑在陕西凤翔[②]，氏当也在这一地区。

铭文记载王在氏举行祭祀的时间和霸伯、格仲搏戎的时间都十分简略，除月份之外，王年、月相、干支日等要素多所缺略，无从判定这些事件是否存在关联。从地理位置来看，氏在关中西部，淮夷入侵这里的可能性微乎其微。霸氏搏戎的地点更有可能在霸国所属的晋南，霸伯参与王室在氏举行祭祀应当在另外某年，与博戎之役无关。戎入侵的地点，格仲簋明确记载为丧原，其地在晋南及周边地区也有迹可循。"丧"可读为"桑"。《左传》僖公二年"虢公败戎于桑田"，杜注："在弘农县东北。"其地在今河南灵宝市北黄河南岸。又《左传》僖公八年"败狄于采桑"，采桑之地据《大清一统志》在山西省乡宁县。两地都与霸国较近，究竟孰是还有待研究，但将丧原定在晋南一带，应当是可行的。晋南原本就有戎狄活动，《左传》定公四年记周初分封唐叔"启以夏政，疆以戎索"，《左传》僖公十五年晋人追忆晋国始封"王灵不及，拜戎不暇"，都为学者所熟知。霸氏搏戎与晋侯铜人淮夷伐格的时间也不一致，不能确认戎即淮夷，也不排除是西北之戎狄的可能。总之，霸氏铜器"王在氏"和"搏戎"之事与晋侯铜人淮夷伐格之事没有必然联系，不宜混为一谈。

晋侯铜人记载淮夷伐格（霸），晋侯前去救援。晋与霸邻近，都在晋南，谢尧亭已经指出淮夷所伐的格就是翼城霸国，但对于淮夷如何进入晋南没有做出解释[③]。的确，仅就目前材料来看，想要确定淮夷入侵晋南的路线还比较困难，但仍然可以根据金文提供线索与学界相关研究成果做出推测。高江涛研究指出，早期洛阳盆地与晋南之间的交通路线主要有三条，即"中条洭津道""虞坂巅軨道""轵关陉道"。中条洭津道在今山西芮城县东，从洭津渡过黄河北上

① 张程昊：《霸国墓地出土铜器零释》，《中原文物》2019年第2期。

② 王辉：《西周畿内地名小记》，《考古与文物》1985年第3期。

③ 谢尧亭：《"格"与"霸"及晋侯铜人》，《两周封国论衡——陕西韩城出土芮国文物暨周代封国考古学研究国际学术研讨会论文集》，上海古籍出版社，2014年。

穿越中条山进入运城盆地，是三条道路中最为便捷的[①]。虞坂巅軨道即春秋晋假虞道灭虢之道，在山西平陆东，由茅津渡河，北经圣人涧、巅軨、虞城、虞坂、东郭镇进入运城盆地[②]。轵关陉道，由孟津渡河至济源，过轵关，经王屋、邵原、蒲掌、英言、华峰、长直、皋落、垣曲，到达汾涑流域绛县小盆地，这条道路需要翻越太行山，路途最长[③]。淮夷大致应当也是循上述三条通道中的某一条进入晋南。值得注意的是，敔簋铭文中淮夷入侵王畿的区域与通往晋南的三条要道十分接近。尤其是溟，在渑池，与垣曲隔河相望，又与三门峡东西为邻。由渑池北渡黄河就可以进入轵关陉道垣曲段，从而进入晋南绛县，再北行就到达翼城的霸国。由渑池以西的三门峡地区可以选择浢津或茅津渡河，再由中条浢津道、虞坂巅軨道穿越中条山进入晋南，从而北上伐霸。当然淮夷也可不必取道渑池西行，而涉洛水北上直接到达三门峡。到达黄河渡口之前的行程大概与敔簋淮夷进入王畿的路线相同，即由淮河上游进入南阳盆地，再顺丹水北上至商洛，转经洛南向北到达黄河渡口。

淮夷深入晋南的目的恐怕不在于掳掠人口，更有可能是掠夺当地自然资源。晋南解州有盐池，是古代北方重要的食盐产地。《左传》成公六年："晋人谋去故绛，诸大夫皆曰：'必居郇、瑕氏之地，沃饶而近盬。'" 杜注："盬，盐也，猗氏县盐池是。"春秋晋国铜器晋姜鼎铭(《集成》2826)曰："辪我万民，嘉遣我，赐卤积千辆，勿废文侯景命，俾贯通□，征繁汤，取厥吉金，用作宝尊鼎。"同属晋国的戎生编钟(《铭图》15242)亦云："嘉遣卤积，俾谮征繁汤，取厥吉金，用作宝协钟。"这些材料都记载了晋人用盐卤去南方换取吉金，是晋南盐业发达的证据。霸与晋同在晋南，有开采池盐的便利条件。山西翼城大河口霸国墓出土的霸伯簋就显示霸国富有食盐：

> 唯十又一月，井叔来桒(求)卤，蔑霸伯历，使伐用帱二百、丹二粮、虎皮一，霸伯拜稽首对扬井叔休，用作宝簋，其万年，子子孙其永宝用。(M1017:40)

"桒卤"黄益飞、谢尧亭读作"桒盐"，解释为祈求盐卤丰产[④]。严志斌指出周正十一月为夏正九月，其时天气转凉，盐卤生产已经停止，正值收获的季节，

① 高江涛：《洛阳盆地与晋南早期交通道路之"中条浢津道"》，《中原文物》2019年第1期。

② 高江涛：《洛阳盆地与晋南早期交通道路之"虞坂巅軨道"》，《中原文物》2019年第2期。

③ 高江涛：《洛阳盆地与晋南早期交通道路之"轵关陉道"》，《中原文物》2019年第3期。

④ 黄益飞、谢尧亭：《霸伯簋铭文考》，《郑州大学学报(哲学社会科学版)》2018年第1期。

将“桒”读为“求”，解释桒卤为求取盐卤[①]。两说都有一定道理，暂从严说。霸伯簋时代属西周中期，铭文中的井叔还出现在同时期的免器铭文(《集成》4240、5418、6006)，是王册命免时的佑者，身份较高。井叔前往霸国可能是奉王命求取盐卤。这也说明当时霸国的盐卤产量比较高。此外，晋南中条山还是铜矿产区，矿点主要分布在垣曲盆地北部、轵关陉道两侧[②]，与霸国位置也很近。高江涛在其“洛阳盆地与晋南早期交通道路”系列文章中已经指出，晋南与洛阳盆地间的交通兼有运输盐、铜矿等资源的作用。淮夷伐霸应是觊觎晋南食盐和铜矿资源。

需要说明的是，淮夷原本居于淮河域，从淮河流域出发，长途跋涉，直取王畿腹地和晋南地区，并不现实。周厉王㝬钟(《集成》260)“南国𠬝孳敢陷处我土”，提示淮夷在王畿占有据点，那么上述勾勒的淮夷入侵路线中，应当也有一些据点分布。但目前材料不足，具体情况还有待新材料的发现和研究。

### (三) 周伐淮夷和重建南土封建体系

#### 1. 东征淮夷

周王朝征淮夷的战争发生在东土与南土。东征淮夷的战争相对较少，相关材料主要有史密簋、师寰簋和鄀伯边鼎。关于史密簋的年代，学界仍有争议，主要有懿世与宣世两说[③]。该簋出土时遭到破坏，器耳与圈足尽失，为断代造成了一定困难，不过好在“师俗”这一人物见于其他铜器，可据这些铜器推断史密簋的时代。相关铜器有师晨鼎(《集成》2817)、永盂(《集成》10322)和师酉鼎(《铭图》2475)，都是西周中期器，史密簋的时代当与之相当，不可能晚到宣世。师晨鼎铭铭文提到“王在周师录宫，司马共右师晨，胥师俗司邑人……”周师录即䚄簋的司马井伯䚄(《铭图》5362)，是恭懿时期的人物，司马共是其子，为孝夷时期人[④]，师俗与他同朝为官，是同时代的人，最早也不会早过懿王时期。根据这一判断，淮夷在西周中期就已开始入侵东土。关于师寰簋的时代学界亦有厉、宣之争[⑤]。其形制、纹饰与宣、幽时期的

① 严志斌:《霸伯簋铭文校议》,《故宫博物院院刊》2020年第5期。

② 高江涛:《洛阳盆地与晋南早期交通道路之“轵关陉道”》,《中原文物》2019年第3期。

③ 李学勤:《史密簋铭所记西周重要史实考》,《中国社会科学院研究生院学报》1991年第2期;张懋镕等:《安康出土的史密簋及其意义》,《文物》1989年第7期。

④ 韩巍:《䚄簋年代及相关问题》,《新出金文与西周历史》,上海古籍出版社,2011年。

⑤ 陈絜:《商周金文》,文物出版社,2006年,第200页。

史颂簋[①]、虢季簋[②]相同或近似，故以宣世说更为可信。史密簋、师寰簋战争的起因是淮夷进犯东土或发动叛乱，周王朝派员前往东土组织鲁北的诸侯与附庸国族南下反击，两次出征国族基本一致，有齐、纪、莱、遂、僰殿。

此外，参与伐淮夷的还有鲁北的鄠氏，相关材料为鄠伯边鼎。此鼎著录于宋代，以往多被称为周伯边鼎。陈梦家将其定为孝王时器，学界一般也认为是西周中期器。但从宋王黼《博古图》中所绘器形（图3-4:1）来看，此器立耳，折沿，深腹，蹄足，口下饰重环纹，其下又饰一周弦纹。形制、花纹与师同鼎（图3-4:2）相同，与梁其鼎、函皇父鼎也、善夫辛父鼎极为相似，故该鼎之年代或可定在西周晚期。

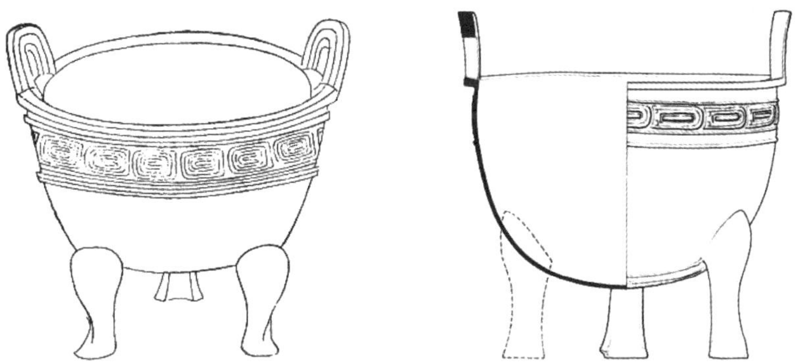

1. 鄠伯边鼎器形图，《博古图》3•16　　2. 师同鼎器形图，《周原出土青铜器》5•1010

**图3-4　鄠伯边鼎与师同鼎器物图**

鼎铭历来多有误读，以前学界大多因袭宋儒，读为：

> 唯王五月初吉丁亥，周伯边及仲催父伐南淮夷，俘金，用作宝鼎，其万年子子孙孙永宝用。（《集成》2734，图3-5）

其中被释作“周”的字是人物氏名，对于理解整篇铭文内容尤为重要。此字原作“[illegible]”，而金文“周”字多作“[illegible]”或“[illegible]”，两者显非一字。并且，金文与文献中只有“周公”，不见有“周伯某”的称谓形式。所以读“[illegible]”为“周”似不合理。陈梦家曾将“周伯边”三字改释为“桐遹”二字[③]，亦缺乏字形上的依据，学者多不信从。陈絜指出，“[illegible]”与卜辞中的[illegible]（《合集》36914，黄组）为同一

① 朱凤瀚：《中国青铜器综论》，上海古籍出版社，2009年，第1324页。

② 河南省文物考古研究所、三门峡市文物工作队编著：《三门峡虢国墓》下册彩版五，文物出版社，1999年。

③ 陈梦家：《西周铜器断代》上册，中华书局，2004年，第247页。

字，应隶定为“䢴”，相当于鄠。鄠伯是西周晚期鄠国之君。据陈絜考证，周代金文所见之鄠氏，应该是文献失载的子姓之国或子姓之族，乃殷商王族之支庶，或为殷末征人方时所建立，其地望大致在今山东济南附近，与古逢国及乐地相去不应过远。入周后，鄠氏臣服于有周，甚至直接成了齐国之附庸。两周之际的铜器铭文显示，它曾经与曹姓之邾、任姓之吕或己姓之莒等小国发生过联姻关系。但到春秋晚期，则为强齐所吞并，并进一步沦落为齐国权臣之私邑。陈絜亦从金文人名称谓的特点及铭文字体等方面分析，指出该鼎器主当为鄠伯边，故可命名为鄠伯边鼎[①]。其说可信。鄠伯边参与讨伐的淮夷当与史密簋、师寰簋提到的淮夷在同一个位置，即鲁南苏北一带。

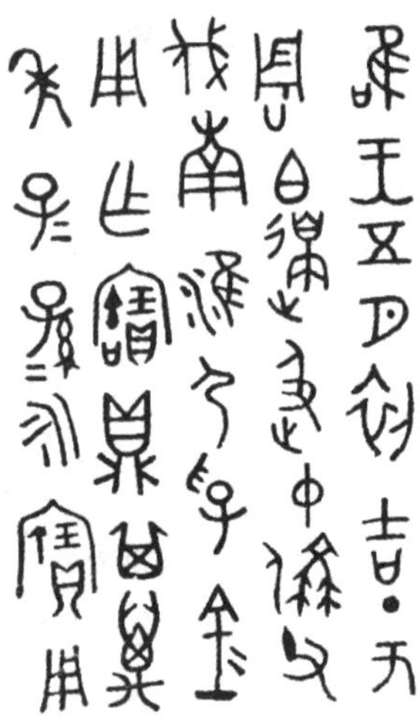

**图3-5 鄠伯边鼎铭文宋人摹本**

周人从东土南征淮夷的路线可能有两条。一条为陈絜指出的相当于今天山东境内的京沪线，这条线路开发较早，商代征人方路线有一段就与此重合，西周时这条交通比较畅通，而由史密簋铭“师俗率齐师、遂人右伐长必”一语中的“遂人”之称，亦可证明这条线路的存在。以往学者多将“遂人”与周代乡隧制度相联系进行论证，古文字中“某人”虽然可以表示某种职事的人，但也常常指代某国、某族之人，如将遂人理解为遂国之人，亦无不妥。《左传》昭公八年载史赵语：

> ……自幕至于瞽瞍，无违命，舜重之以明德，置德于遂，遂世守之，

① 参陈絜：《鄠氏诸器铭文及其相关历史问题》，《故宫博物院院刊》2009年第2期；《“仲催父鼎”补释及其相关历史问题》，《古文字研究》第28辑，中华书局，2010年。

及胡公不淫，故周赐之姓，使祀虞帝。

杜注："遂，舜后。盖殷之兴，存舜后而封遂。言舜德乃至于遂。"是遂为殷商旧国。《汉书·地理志》泰山郡蛇丘："隧乡，古隧国。"古时隧乡在今兖州宁阳县北三十里，正在鲁西南京沪线附近。周人由鲁北经鲁西南南下，这条路线相对于莱国偏西，由北向南，以西为右，故铭文曰"右伐"。

另外可能还存在一条经由穆陵关山间谷地南下至莒的路线。春秋战国时期齐莒之间的交通往来都经由此线。《左传》僖公四年，陈大夫辕涛涂向齐桓公建言观兵东夷循海而还之路亦包括此段（详见第四章附录）。战国时期这条线路的使用更加频繁，朱活曾根据齐币出土地点对此做过专门的探讨[①]。师寰簋中周王朝所动员的鲁北国族如莱、纪等多在齐国以东，周师东进，可沿路集结各国兵力，最后由穆陵关南下征讨盘踞于鲁南苏北的淮夷。

附带还要提到两件与齐国有关的器物，其铭文或与征淮夷有关。一件是五年师旋簋（《集成》4216），其年代有夷王和孝王两说[②]。铭文记周王命师旋"羞追于齐""敬无败绩"，以往有人认为"羞追于齐"含义等同于伐齐，簋铭内容与夷王时周齐交恶有关。金文追字的类似用法还有敔簋（《集成》4323）"王令敔追追，御于上洛烬谷"，不娶簋（《集成》4328）"羞追于西""御追于署"，冒鼎（《铭图》2395）"晋侯令冒追于倗，休有擒"，追的含义都是指在某地追击敌兵，同样"追于齐"亦当理解为在齐地追击敌人，而不是伐齐。至于追击的目标很有可能是淮夷，因为穆世对东土的战争进行得比较彻底，最终达到了"三年靖东国"成效，东夷虽没有灭绝，但也基本上无力反叛，对东土造成威胁的只有鲁南苏北的淮夷。鲁南沂沭河流域是周人势力薄弱的地区，这里多是土著小邦，与淮夷关系密切，淮夷由此北上当不会受到多少阻力，再经从莒到齐的这条交通线路就可以进入鲁北。另一件是近年出土的引簋，据学者的研究，其时代当在西周中期偏晚或西周晚期早段[③]，内容主要是周王对齐国命卿引司掌齐师一职的册命。铭文末提到引"同陕追，俘金、兵"[④]，周人伐淮夷俘金、兵之例习见，引所追之敌亦有可能是侵扰东土的淮夷。

---

① 朱活：《从山东出土的齐币看齐国的商业和交通》，《文物》1972年第5期。

② 朱凤瀚：《西周金文年历表》，《中国青铜器综论》，上海古籍出版社，2009年，第1222页。夏商周断代工程专家组编著：《夏商周断代工程1996—2000年阶段成果报告·简本》，世界图书出版公司，2000年，第32页。

③ 李学勤等：《山东高青县陈庄西周遗址笔谈》，《考古》2011年第2期。

④ "陕"，读为垂，有接近的含义，引申为跟随之义。唐张鷟《朝野佥载》卷一："军行后，幽州界内鸦乌鸱鸢等并失，皆陕军去。""同陕追"大概是说引率齐师跟随王朝将领追击敌人。

周人从东土讨伐淮夷所动员的国族皆在鲁北,一方面可能是因为鲁北地区诸侯军事实力较强,另一方面也说明淮夷入侵深入东土,甚至可能有部分淮夷在鲁南定居生活。《左传》记载春秋时期鲁国附近的淮夷或可追溯到西周晚期。

2. 南征淮夷

东土淮夷分布较少,因此征讨淮夷的战争并不多,而南土是淮夷聚居地,是周伐淮夷的主要战场,发生的战争最多。除前文谈到的柞伯鼎、无曩簋、虢仲盨盖、□盆、应侯视工簋、应侯视工鼎所记零星战争,还有两组更为重要的铜器,一是伐艮孳的㝬钟、伯𢦚父簋、翏生盨、鄂侯驭方鼎诸器,一是灭鄂的禹鼎。两组铜器铭文人物相关、时代相近,所记都是平定淮夷的关键性战役。

伐艮孳的相关铜器铭文如下:

> 王肇遹省文武,覲疆土。南国艮孳敢陷处我土,王敦伐其至,戮伐厥都,艮孳乃遣间来逆卲王,南夷、东夷具见廿有六邦。(㝬钟,《集成》260)

> 唯王九月初吉庚午,王出自成周,南征,伐艮孳,□(菁)、桐遹,伯𢦚父从王伐,亲执讯十夫、馘廿,得俘金五十钧。用作宝簋,扬。用享于文祖考,用赐眉享寿,其万年子子孙孙永宝用。(伯𢦚父簋,《铭图》5276)

> 王征南淮夷,伐角津、伐桐遹,翏生从,执讯折首,俘戎器、俘金,用作旅盨,用对烈,翏生眔大娼,其百男、百女、千孙,其万年眉寿永宝用。(翏生盨,《集成》4459—4461)

> 王南征,伐角、僪,唯还自征,在坯。鄂侯驭方纳壶于王,乃裸之。驭方侑王。王休宴,乃射,驭方卿王射。驭方休阑,王宴,咸饮。王亲赐驭方玉五瑴、马四匹、矢五束。驭方拜手稽首,敢[对扬]天子丕显休釐,[用]作尊鼎,其万年子孙永宝用。(鄂侯驭方鼎,《集成》2810)

㝬钟、翏生盨、鄂侯驭方鼎是传世器,至迟于民国初年已著录公布,得到学者广泛关注。㝬钟记周王亲征艮孳之事,唐兰认为发生在厉王时期,指出㝬是厉王私名,并读"艮"为"濮",认为是淮夷的一支,在淮水支流濮水左右,援引《左传》昭公九年"夷濮西田"为濮水本夷人所居为证①。翏生盨、鄂侯驭方鼎记王征南淮夷的角、僪或角津、桐遹,陈梦家指出两篇铭文所记为同时之事,并将其定在孝王时期,而对于㝬钟,则从唐兰之说,定在厉世②。起初学者并不清楚㝬钟与

① 唐兰:《周王㝬钟考》,《唐兰全集》第2册,上海古籍出版社,2015年。

② 陈梦家:《西周铜器断代》,中华书局,2004年,第216~219、311页。

翏生盨、鄂侯驭方鼎之间的联系，近年伯戈父簋公布之后，才知道伐𠬝孳与伐角津、桐遹是同一事件，相关问题又引起热议。学者都认同唐兰关于㝬是厉王的观点，认为诸器都作于厉世，但对于"𠬝孳"名称含义则有不同意见。李学勤将"𠬝"读为"服"，认为"𠬝孳"泛指隶属于周王朝的蛮夷方国[①]。朱凤瀚认为"𠬝孳"是族群名，指的就是淮夷[②]。值得注意的是，战争是由周王发起的，㝬钟的表述最能代表周王朝的立场，铭文在𠬝孳之前加限定词"南国"，说明它是居于南土中的一邦，如泛指淮夷，似不必加此限定。𠬝孳被征服之后，南夷、东夷二十六个邦国前来归附称臣，说明𠬝孳是南夷、东夷诸邦之中实力较强的，它被征服之后，其他邦国也慑于周王朝的武力而不战自降。𠬝孳之邦的主要都邑应当就是铭文交代的那几处地名。诸家对这些地名释读意见不一。马承源认为角、津、桐、遹分别为四地，角即角城，在今江苏宿迁，津在今江苏宝应县南六十里，桐在今安徽桐城，遹不可考，但亦当在淮夷西侧[③]。黄盛璋认为"角"是"角津"之省，"遹"是"桐遹"之省，角津即角城，桐遹或在角津附近[④]。"[illegible]"字歧见最多，李学勤读作"英"，认为是偃姓古国英氏，在安徽六安[⑤]。何景成释为"荐"，读作"津"。李家浩释为"菁"，读为"角"[⑥]。从字形来看，释"菁"是正确的。三篇铭文地名对应如下：

伯戈父簋：　菁　　桐遹

翏生盨：　　角津　桐遹

鄂侯驭方鼎：角　　僪

不难看出其对应关系十分明显，"菁"当读作"角"，亦即"角津"，"僪"即"桐遹"。黄盛璋断读为两处地名，也是正确的。角津，诸家都认为是《水经·淮水注》中淮泗之会的角城，在江苏宿迁。桐遹，或以为在安徽桐城，但其地与角津相距甚远，而铭文中的两地显然相互邻近，其具体地望还有待研究，但大致也当在淮泗之会的角城附近。

根据上述铭文记载，战争起因于𠬝孳入侵王畿，厉王于某年九月由成周

① 李学勤：《谈西周厉王时器伯戈父簋》，《文物中的古文明》，商务印书馆，2008年。
② 朱凤瀚：《由伯戈父簋铭再论周厉王征淮夷》，《古文字研究》第27辑，中华书局，2008年。
③ 马承源：《关于翏生盨和者减钟的几点意见》，《考古》1979年第1期。
④ 黄盛璋：《淮夷新考》，《文物研究》第5辑，1989年。
⑤ 李学勤：《谈西周厉王时器伯戈父簋》，《文物中的文明》，商务印书馆，2008年。
⑥ 李家浩：《读金文札记两则》，《古文字研究》第28辑，中华书局，2010年。

出发,讨伐𠬝孳的都邑角津和桐遹。𠬝孳迫于周王朝的武力,派人求和,南夷、东夷中二十六个邦国也受到震慑,前来表示归顺。可见此役对南夷造成了比较沉重的打击。

值得注意的还有鄂侯驭方鼎,记载厉王得胜回师在坯地停留,与鄂侯举行宴射。坯,王国维谓“殆即大坯”①。大坯之地有三说,其一,《水经·河水注》“东过成皋县北”下引郑玄说“在河内修武、武德界”,即今河南汜水,郭沫若持此说②。其二,《水经·河水注》:“河水又东径成皋大伾山。”在河南荥阳,马承源持此说③。其三,孔疏引《汉书音义》所录臣瓒说在黎阳县,即今河南浚县。除鄂侯驭方鼎,金文从“不”得声的地名还有竞卣的“䣃”和应侯视工簋的“[illegible]”,相关铭文如下:

> 唯伯屖父以成师即东,命戍(伐)南夷。正月既生霸辛丑,在䣃(坯),伯屖皇竞,各于馆,竞蔑历,对扬伯休,用作父乙宝尊彝,子孙永宝。(竞卣,《集成》5425)

> 唯正月初吉丁亥,王在[illegible],飨醴。应侯视工侑,赐玉五瑴、马四匹、矢三千。敢对扬天子休釐,用作皇考武侯尊簋,用赐眉寿永命,子子孙孙永宝。(应侯视工簋,《铭图》5231)

何景成指出鄂侯驭方鼎、竞卣、应侯视工簋都与伐淮夷有关,铭文中从“不”得声的地名是同一地点,其说可信。但认为坯在古邳国所在的江苏邳县,则过于偏远④。竞卣铭文揭示䣃是伐淮夷时由成周东行所行经之地,古时由成周东出黄淮多经成皋,因此成皋大伾之说更为可信。

鄂国在湖北随州,厉王伐淮夷,鄂侯未参与,待王师凯旋,他专程前往坯觐见厉王,大概是为了表示慰问和庆贺。君臣在坯举行宴射,呈现出一派其乐融融的景象。西周晚期的鄂侯簋也反映了鄂与王室非同寻常的关系,其铭曰:“鄂侯作王姞媵簋,王姞其万年子子孙永宝。”(《集成》3929)鄂为姞姓,这件簋是鄂侯嫁女到王室所作媵器。鄂与王室联姻,看似关系十分亲密,但不久之后,鄂侯驭方就发动反叛,禹鼎记此事云:

> 禹曰:丕显桓桓皇祖穆公,克夹召先王,奠四方。肆武公亦弗叚望

---

① 王国维:《噩侯驭方鼎跋》,《观堂集林》,中华书局,1959年。

② 郭沫若:《两周金文辞大系考释》,《郭沫若全集·考古编》第8卷,科学出版社,2017年,第232页。

③ 马承源主编:《商周青铜器铭文选》第3卷,文物出版社,1988年,第281页。

④ 何景成:《应侯视工青铜器研究》,《新出金文与西周历史》,上海古籍出版社,2011年。

(忘)朕圣祖考幽大叔、懿叔,命禹孱(纂)朕祖考,政于井邦。肆禹弗敢惷,惕恭朕辟之命。呜呼哀哉!用天降大丧于下国,亦惟鄂侯驭方率南淮夷、东夷广伐南国、东国,至于历内。王乃命西六师、殷八师曰:"𠜳伐鄂侯驭方,勿遗寿幼。"肆师弥宋匌匡,弗克伐鄂。肆武公乃遣禹率公戎车百乘、斯驭二百、徒千,曰:"于匡朕肃慕,助西六师、殷八师,伐鄂侯驭方,勿遗寿幼。"雩禹以武公徒驭至于鄂,敦伐鄂,休,获厥君驭方。肆禹有成,敢对扬武公丕显耿光,用作大宝鼎,禹其万年子子孙孙宝用。(《集成》2833)

鄂侯驭方联合淮夷、东夷发动声势浩大的反叛,战火由南土、东土蔓延到王畿,波及范围甚广。这场叛乱,鄂侯所扮演的是组织者的角色。侵入王畿的军队很有可能是鄂侯所率主力。入侵路线不外乎北上穿过"义阳三关"直取洛阳盆地,抑或经随枣走廊进入南阳盆地再攻入洛阳盆地。考虑到军队出行,辎重人马较多,随枣走廊这条通道畅通易行,由此进军的可能性更大。叛乱对周王朝造成巨大威胁,以至于禹回顾这场战争时,仍心有余悸地称"天降大丧于下国"。为平定叛乱,厉王悉数调动直属的常备军西六师与殷八师,下达夷灭鄂国、老少不留的严酷命令。王师兵临城下,"弥宋匌匡,弗克伐鄂"。徐中舒读前半句为"弥怵合恇",谓"恇惧之甚"[①],《商周青铜器铭文选》从之[②]。此说释义牵强,于理难通。周王调动西六师、殷八师伐鄂,人多势众,必灭之而后快,军事上占绝对优势,不可能有畏敌之心,反倒是鄂侯困守孤城,岌岌可危。说周师畏惧不前,不合情理。伐鄂之役,当与柞伯鼎(《铭图》2488)伐昏类似,都是先围城,再发起进攻。"匌匡"犹言合围、包围。"匌",《说文》"帀也",义为环绕一周。帀亦作匝。《史记·高祖本纪》"环宛城三匝"。"匡",本指通常称为簠的长方形器盖同形的食器,引申有边框之义。如《史记·天官书》:"(天极星)环之匡卫十二星,蕃臣。"又如《史记·淮南衡山列传》:"于是王气怨结而不扬,涕满匡而横流。"这里的匡读为眶,指眼眶,是边框引申的含义。亦可用为动词。《论语·宪问》孔子赞扬管仲相齐桓公"霸诸侯,一匡天下"。旧多训"匡"为正,钱穆指出"一正天下"殊为不辞,当谓"匡天下于一",犹谓纳天下于一匡之内[③],钱说似乎更有道理。《宪问》孔子回答子路的提问,也夸赞了一番管仲,说:"桓公九合诸侯,不以兵车,管仲之力也。""一匡天下"与"九合诸侯"正相对应,含义相近,都是纠合、团结天下诸侯的意思。"弥宋"修饰"匌匡",可读为"弥遂",是同义复合词,有遍、

---

① 徐中舒:《禹鼎的年代及其相关问题》,《考古学报》1959年第3期。

② 马承源主编:《商周青铜器铭文选》第3卷,文物出版社,1988年,第283页。

③ 钱穆:《论语新解》,生活·读书·新知三联书店,2012年,第331~332页。

满之义。《周礼·春官·大祝》:“国有大故天烖,弥祀社稷祷祠。”郑玄注:“弥,犹遍也。”《楚辞·大招》:“茝兰桂树,郁弥路只。”王逸注:“郁郁然满路。”《诗·商颂·长发》:“率履不越,遂视既发。”郑玄笺:“遂,犹遍也。”“弥宋匌匡”犹如说团团包围。可能鄂侯大难临头,殊死抵抗,城坚难摧,王师一时束手无策,才征调武公的私属武装前来增援。禹奉武公之命,率军破城生擒鄂侯,立了头功。他与武公同属井氏家族,是小宗与大宗的关系,两支同出自先祖穆公[①]。此役之后,鄂国灭亡。由此可见,鄂与王室结亲纯属政治联姻,毫无恩义可言,鄂侯可能早已心生不臣,曾经君臣之间看似欢洽的酬酢也不过是逢场作戏。

经过伐𠬝孳和灭鄂两场大战,淮夷遭受重创,能够起事的强邦基本不复存在。宣王即位之后,继续推进对淮河流域的征服。《诗·大雅·江汉》歌颂宣王命召伯虎征淮夷说:“江汉浮浮,武夫滔滔。匪安匪游,淮夷来求。既出我车,既设我旟,匪安匪舒,淮夷来铺。”又说:“江汉之浒,王命召虎:式辟四方,彻我疆土。匪疚匪棘,王国来极。于疆于理,至于南海。”淮域之中还有徐夷,《诗·大雅·常武》记载宣王命南仲等人征服徐夷之事,曰:“赫赫业业,有严天子。王舒保作,匪绍匪游。徐方绎骚,震惊徐方。如雷如霆,徐方震惊。”又曰:“王犹允塞,徐方既来。徐方既同,天子之功。四方既平,徐方来庭。徐方不回,王曰还归。”宣王在淮河流域大力开拓,基本平定了淮夷之患,使淮夷复为周王朝的臣属。《后汉书·东夷传》“厉王无道,淮夷入寇,王命虢仲征之,不克,宣王复命召公伐而平之”就是对厉宣两世征伐淮夷活动的精炼概括。

3. 重建南土封建与经营淮河流域

南土封建体系存在严重缺陷,致使淮夷之患长期不能平定,甚至一度失控,周人深受其苦。宣王平定淮夷之后,着手调整和巩固南土封建体系,当务之急就是填补南阳盆地的空虚。《诗·大雅·崧高》较为详细地记述了宣王徙封申伯于南阳的过程。诗中称申伯为元舅,可知他是宣王母舅,与王室关系非常亲密。诗歌同时也表达了宣王对申伯镇守南土所寄予的殷切期望。为与西土之西申相区别,南阳之申又称南申,南阳出土仲冉父簋(《集成》4189)就载有南申之名。与申大约同时封于南阳的还有吕,《崧高》云“维申及甫,为周之翰”,是说申和甫一同作为周之屏翰,甫即吕。《国语·周语中》有云:“齐、许、申、吕由大姜。”韦昭注:“四国皆姜姓也,四岳之后,大姜之家也。大姜,大王之妃、王季之母也。”申、吕二国为姜姓,都出自文王外戚大姜之家。《国语·郑语》记载西周末年史伯与郑桓公的谈话,提到成周以南“申、吕

---

① 陈梦家:《西周铜器断代》上册,中华书局,2004年,第270~272页;韩巍:《䚄簋年代及相关问题》,《新出金文与西周历史》,上海古籍出版社,2011年,第67~69页。

方强”,说明当时两国都是南土强国。

除文献记载的申、吕二国之外,南阳还重新分封了鄂国。《汉书·地理志》南阳郡属县有西鄂。《读史方舆纪要》南阳府南阳县下云:“西鄂城,在府北五十里,古楚邑也。”[①]西鄂是楚灭掉南阳鄂国之后形成的。近年在南阳市区以北夏饷铺开展的考古发掘工作,清理出西周晚期至春秋早期墓葬80余座,目前已经公布了部分材料,根据铜器铭文可知这是一处鄂侯家族墓地。它与厉王所灭随州之鄂是否是同一家族,学者有不同意见,争论焦点在于对墓中所出媵器的认识。M19与M20、M7与M16分别是两代鄂侯夫妇的异穴合葬墓,前者时代略早,约在春秋早期早段,后者略晚,属春秋早期中段。媵器是两对铜壶,分别出自M19鄂侯墓与M16鄂侯夫人墓。两对铜壶除纹饰不同之外,形制与铭文都相同,当是同时所作。铭文为:“鄂侯作孟姬媵壶。”[②]有学者据此认为南阳鄂为姬姓,与禹鼎铭文中被灭的姞姓之鄂不是一个家族[③]。也有学者认为它就是随州姞姓之鄂,被周人征服后迁到南阳,墓中所出媵器是鄂侯为姬姓之女出嫁所作,属于异姓媵的产物[④]。

虽然两周之际异姓媵比较常见,但鄂侯壶是否是为异姓女子出嫁所作还缺乏明确证据。如就出土情况推测,孟姬为鄂女的可能性似乎更大。铜壶出自主嫁国鄂侯墓地,而不在孟姬所适之国,这种现象并非孤例。比如安徽寿县蔡侯墓出土的蔡侯嫁大孟姬到吴国所作尊、盘、缶[⑤],山东黄县曩国墓地出土的曩伯嫁姜无所作匜[⑥],山东长清石都庄邿国墓葬出土邿仲嫁孟嬴所作两件簠[⑦],山东枣庄小邾国墓地出土的郳友父嫁柞曹到柞国所作四件鬲[⑧],湖北枣阳曾国

① (清)顾祖禹:《读史方舆纪要》五,中华书局,2005年,第2402页。

② 河南省文物局南水北调办公室、南阳市文物考古研究所:《河南南阳夏饷铺鄂国墓地M7、M16发掘简报》,《江汉考古》2019年第4期;河南省文物局南水北调办公室、南阳市文物考古研究所:《河南南阳夏饷铺鄂国墓地M19、M20发掘简报》,《江汉考古》2019年第4期。

③ 黄凤春、王龙明:《鄂国由姞姓向姬姓转变及其迁徙的背景分析——兼论鄂国灭国后应属汉阳诸姬之一》,《中原文化研究》2020年第6期。

④ 鲁慧:《新见几则金文中的异姓媵》,《出土文献》2020年第3期。

⑤ 安徽省文物管理委员会、安徽省博物馆编著:《寿县蔡侯墓出土遗物》,科学出版社,1956年。

⑥ 王献唐:《黄县曩器》,山东人民出版社,1960年。

⑦ 材料出处见昌芳:《山东长清石都庄出土周代铜器》,《文物》2003年第4期。需要说明的是,石都庄墓地尚未进行细致勘探和发掘,具体情况尚不清楚,但它与仙人台邿国墓地相距仅10公里,应当可以断定也是一处邿国墓地。

⑧ 枣庄市政协台港澳侨民族宗教委员会、枣庄市博物馆编著:《小邾国遗珍》,中国文史出版社,2006年。

墓地出土的曾侯为季姬、汤芈出嫁所作的鼎[①]。这些媵器都出土于主嫁国墓地，主嫁国又大多是女子娘家。鄂侯壶的出土情况与之相同，鄂国当也是孟姬娘家。至于媵器为什么会出现在娘家墓中，袁俊杰曾专门就郳友父媵柞曹鬲的情况进行探讨，认为柞国灭亡，柞曹逃难将媵器带回娘家[②]。这种情况不无可能，但并不具有普遍性，不能解释上述所有媵器的出土情况。一般墓中所出铜器除死者个人所有之外，其他多是赙赗之器，媵器的所有者是出嫁女子而不属于死者，既然出现在死者墓中，当属于赙赗。古时已嫁女子如逢娘家至亲有丧，可以回国奔丧。《春秋》文公九年："夫人姜氏如齐。"《公羊传》曰："奔父母之丧也。不言奔丧者，尊内，犹不言朝聘也。"即使死者不是至亲，本人不必奔丧，但送去助丧之物，表达哀悼之情，也属情理之中，有时将出嫁时的媵器用作赙赗也是完全有可能的。那么出土于主嫁国墓中的媵器，一般都应当是本国出嫁女子送来的助丧赙赗。由此推知，南阳鄂国当是孟姬的娘家，M19鄂侯当是孟姬之父，时代略晚的M16鄂侯夫人是孟姬兄嫂。南阳之鄂很有可能是王室近亲支庶。宣王分封申、吕、鄂三国于南阳盆地，俨然复制了东土以姬姜两姓亲贵为主的统治模式，有效地弥补了南土封建薄弱环节。

除封建诸侯于南阳盆地，宣王还将王朝势力范围拓展到淮河上游信阳地区。自西周中期以来淮河上游实际上已被淮夷占据，淮夷以此为基地北上进犯中原王畿，对周王朝造成极大困扰。宣王南征取得成功，但并未将定居淮河上游诸夷翦除殆尽，而是将他们征服，纳为王朝臣属。这些邦国主要有江、黄、樊、养、番等。为了加强对南土的控制，还在夷人列国中间穿插分封了息、蒋两个姬姓封国，形成了夷人为主、夷夏杂处的局面，与东夷诸邦林立的鲁东南地区十分相似。这些夷人邦国都是王朝附庸。如此一来，淮河上游与南阳盆地的封建连成一片，构成一套比较严密的封建网络。不过这一看似精心构筑的封建体系，仅维持百余年的光景，春秋时期随着楚国崛起，北向问鼎中原，列国大多为其所吞并。相关问题将在下一章进行探讨。

宣王不仅平定淮夷之患，还对淮夷实施严苛的压榨。兮甲盘铭云：

> 唯五年三月既死霸庚寅，王初格伐玁狁于𠷎𫉬，兮甲从王，折首执讯，休，亡敃，王赐兮甲马四匹、驹车。王令甲政司成周四方积，至于南淮夷。淮夷旧我帛畮人，毋敢不出其帛、其积、其进人，其贾毋敢不即

① 长江文明馆等编：《穆穆曾侯——枣阳郭家庙曾国墓地》，文物出版社，2015年。这件鼎是一器媵二女，曾侯嫁季姬，汤芈为媵，参曾攀：《浅析"曾侯作季汤孋媵鼎"铭文》，《江汉考古》2019年第6期。

② 袁俊杰：《小邾国媵器随葬于本国贵族墓地原因探析》，《华夏考古》2008年第2期。

次即市。敢不用令，则即刑屡伐。其唯我诸侯百姓，厥贾毋敢不即市，毋敢或入蛮宄贾，则亦刑。兮伯吉父作盘，其眉寿万年无疆，子子孙孙永宝用。(《集成》10174)

盘铭伐玁狁之事与《诗·小雅·六月》宣王命尹吉父伐玁狁是同一事件。兮甲即尹吉甫[①]。据铭文可知，宣王五年兮甲从王伐玁狁有功，受命掌管四方输往成周之积。积有狭义和广义之别，孙诒让《周礼正义》谓："凡储聚禾米薪刍之属，通谓之委积。"又云："盖积本为露积之名，总言之凡仓廥之属亦称积。"[②]也就是说，狭义之积，即委积，专指粮草，广义之积泛指货物。孙说z正确。其说并可以得到金文材料佐证。如小臣缶鼎(《集成》2653)"王赐小臣缶湡积五年"，"湡积五年"是湡地五年所产出的谷物。旂鼎(《集成》2555)"文考遗宝积，弗敢丧，旂用作父戊宝尊彝"，它簋盖(《集成》4330)"沈子肇𢦚狃(搜)贮积，作兹簋"，"积"是制作青铜礼器的原料，当是铜锡之类的金属。再如晋姜鼎(《集成》2826)"赐卤积千辆"，戎生编钟(《铭图》15242)"嘉遣卤积"，此处的积又表示盐卤。可见金文"积"的含义不仅限于粮草，可泛指铜锡盐卤等货物。兮甲盘铭文中的"积"包括四方进献王室的贡赋和互市贸易的商品，品类应当比较丰富，不可能仅限于粮草，应当理解为广义的货物。铭文中王命尤其强调对淮夷的各种限制和规定，要求必须进贡布帛、积、奴隶，其商贾必须将物资运送到指定地点，在指定的市场进行交易。可见淮夷输往成周的物资所占份额较大，周人对淮夷的压榨非常严苛。

宣王时期立足于成周强化对淮河流域的经营，相关人员往来与物资运输主要依循汝水，穿行于金文所谓"小南"之地。"小南"之称见于文盨，曰：

唯王廿又三年八月，王命士百父殷南邦君诸侯，乃赐马。王命文曰："率道于小南。"唯五月初吉，还至于成周，作旅盨，用对王休。(《铭图》5664)

宣王二十三年八月士百父及其副手文[③]，受王命殷见南土邦君诸侯，循道于小南，翌年五月文完成任务，回到成周。"小南"这种地名大概与《诗经》中的"大东""小东"类似。《诗·小雅·大东》"小东大东，杼柚其空"，《诗·鲁颂·閟宫》亦云："泰山岩岩，鲁邦所詹，奄有龟蒙，遂荒大东，至于海邦，淮夷来同。"郑笺："大东，极东。"顾颉刚谓："小东为近东地，大东为远东地，通常所说的

① 王国维：《鬼方昆夷玁狁考》，《观堂集林》，中华书局，1959年，第583～606页。

② (清)孙诒让：《周礼正义》，中华书局，1987年，第767页。

③ 士留与文的关系参李学勤：《文盨与周宣王中兴》，《文博》2008年第2期。

东，都指小东而言。……或者周初的小东扩大到鲁，所以成王说‘俾侯于东’。从小东再往东去，直到黄海，就是所谓的大东。”[①]朱凤瀚也认为鲁与齐所在周王朝领土是小东，再往东至于海滨则是大东，并推断，有小南当亦有大南，小南是周王朝的南土，大南是小南之南的南国[②]。也就是说小南为周王朝封建诸侯之地，而大南则属化外之地。

对照宣王时期的驹父盨盖铭文，小南、大南之间的区别亦可约略推知，其铭曰：

> 唯十又八年正月，南仲邦父命驹父："殷南诸侯，逨高父见南淮夷。厥取厥服，谨夷俗，彖不敢不敬畏王命，逆见我，厥献厥服。"我乃至于淮，小大邦无敢不□(储?)，俱逆王命。四月还至于蔡，作旅盨，驹父其万年永用多休。(《集成》4464)

南仲邦父即《诗·小雅·六月》"赫赫南仲，玁狁于襄"之南仲，为宣王卿士。无助鼎铭(《集成》2814)中其职官为王朝司徒，在册命仪式中担任右者，有较高的地位，故可代王宣命。驹父的使命，先是殷见南土诸侯，这与文执行的任务相同，所不同的是，之后还要由南土率高父到淮河流域见南淮夷，征敛贡赋。南仲传达王命时，对殷南诸侯之事一语带过，而对见南淮夷之事非常重视，要求"谨夷俗"，也就是尊重夷人风俗，认为这样可以得到南淮夷的尊重，顺利征得贡赋。驹父到达淮域，南淮夷大小诸邦果然都将储备好的贡物拿出进献给周王。完成任务之后，驹父回到蔡，制作了这件盨以示纪念。驹父殷见南诸侯之后再前往南淮夷，其行程正是从小南至于大南，可见淮河流域属于大南。驹父由淮域返回暂驻的蔡国，是南土之中最为接近淮域的诸侯，是小南与大南交界的前沿，蔡及其以北的应、鄂、申、吕、胡、陈等淮北诸侯分布地区当为小南。蔡国不仅临近淮域，同时又处于通往成周的汝水交通干线上，为商旅使臣往来及货物中转的必经之地，在王朝经营南土的活动中起到了十分重要的作用。

《商周青铜器铭文暨图像集成续编》收录的左右簋，对于认识蔡在南土中的特殊地位很有帮助。据介绍，这件簋敛口鼓腹，矮圈足，一对兽首半环耳，口沿下饰一周窃曲纹，腹饰瓦纹，时代属西周中期偏晚。其铭曰：

> 唯正月初吉丁亥，王格于穆宫，趞伯右左右即位。王命左右曰：

---

① 顾颉刚：《"三监"人物及其疆地》，《文史》第22辑，中华书局，1984年。

② 朱凤瀚：《论西周时期的"南国"》，《历史研究》2013年第4期。

> “𠬝乃祖考作冢司工于蔡，赐汝幽黄、攸勒、銮旂，用事。”敢对扬王休令，用作宝簋，其万年子子孙孙永宝用享。（《铭图续》449）

淮夷时叛时服，宣王时期的兮甲盘、师寰簋铭文称“淮夷旧我帛畮人（臣）”，说明淮夷曾一度服属于周，双方早先已有较为密切的经济往来。左右接替其祖考任蔡国冢司工，可见其家族世居此职，身份当类似于齐国的国、高二氏，为王朝设在诸侯国的命卿。周王为何要在蔡设置王朝直属的冢司工？探究这一问题，先要明了司工的职守。西周晚期的扬簋铭文（《集成》4295）记载周王册命扬作司工，命他“官司粮田甸、眔司空、眔司刍、眔司寇、眔司工事”，所司职事较多，但只有司工为本职，其他都是相关或附加工作，至于司工的具体职事则并未详述。从文献记载情况来看，《周礼》冬官司空部分佚失，汉代所补《考工记》，收录工种当与司工之职有关，除少数为工程营建类，其他大多数都是手工制造业。郑玄在《考工记》篇首注云：“司空，掌营城郭，建都邑，立社稷宗庙，造宫室车服器械，监百工者。”可见司工之职事涉及土木工程、工业制造和监官百工。

至于蔡国冢司工，其职司当与手工业关系较大。据驹父盨盖铭文可知，驹父是王朝官员，他受司徒南仲之命出使南土，出发时当在成周，完成任务之后他并没有直接返回成周，而是先回到蔡，为自己制作了这件盨。蔡国近于江淮地区，安徽、湖北等地铜矿资源大多通过蔡运往成周。见于两周之际的曾伯霥簠（《集成》4631）和春秋时期的晋姜鼎（《集成》2826）铭文中的地名繁汤，是当时重要的铜锡资源集散地，正好位于蔡国附近的新蔡[①]。繁汤贸易中心的形成很有可能与周和淮夷之间频繁的经贸往来有密切关系，时间当可追溯至西周中期偏晚。周王朝从江淮征收而来的铜锡之类金属，应当是熔炼成为块状的锭，即金文所谓的“吉金”或“赤金”，这些物资先集中囤积在蔡或附近的繁汤，之后再分批运往成周。丰富的青铜原料也催生了青铜器铸造业的发展，其中当有部分原料被就地铸造成王室或贵族需要的青铜器成品。由于数量庞大，需要专人管理，因此王朝在蔡设置了冢司工。驹父出使南淮夷，得到南淮夷诸邦馈赠的礼品，其中当也包括吉金，这件盨可能就是他回到蔡，在当地官营的青铜铸造作坊为自己订作的。

工商本是一体，手工业发达，必然带动商业发展。驹父在蔡国的官营铜器铸造作坊订作铜器，本身就属于一种商品交易行为。其他如曾伯霥簠、晋姜鼎铭文也都是诸侯在繁汤进行铜锡交易的证据。蔡国冢司工监管手工业

---

① 李学勤：《戎生编钟论释》，《文物》1999年第9期。

生产的同时，应当也负责管理手工业产品的销售与市场管理。关于周代工商业之间的关系，可以参考射壶铭文，曰：

> 唯九月初吉甲寅，皇君尹叔命射司贾，乃使东(董)徵其工，乃使述追念于蔡君子兴。用天尹之宠，弋(式)蔑射历，赐之金。用作朕皇考丽[①]壶，其万年子子孙孙永宝用。(《铭图》12443)

射壶为西周晚期或春秋初期铜器。铭文中的人物皇君尹叔与天尹是同一人[②]，他与射是君长与家臣的关系，蔡君子兴是射的父亲[③]。铭文大意是，九月初吉甲寅这天，尹叔命射管理家族的商业，并使他管理相关的手工业，要他追寻和感念他的父亲蔡君子兴。尹叔宠信射，奖励射，赐给他金。射因此为皇考作了一对壶，子子孙孙万年永远宝用之。由铭文可知，尹叔家族的商业与手工业密切相关，其商贾从事的贸易活动应当就是贩卖其手工业产品，因此尹叔授命射管理商贾的同时也管理手工业。

此外，射的身份也值得注意，他是蔡君子兴之子，来自于工商业发达的蔡国，成为尹叔家臣，并为其打理家族工商业，当非偶然。与射壶时代相同的蔡姞簋(《集成》4198)铭曰："蔡姞作皇兄尹叔尊𩰫彝，尹叔用绥多福于皇考德尹、惠姬。"由铭文可知，蔡姞是嫁到蔡国的尹叔之妹，可见尹叔家族与蔡国有联姻，两家关系比较亲密。射壶与蔡姞簋时代相近，铭文中的尹叔很有可能是同一个人，蔡姞的丈夫可能就是蔡君子兴，射是蔡姞与蔡君子兴所生庶子，与尹叔是舅甥关系。尹叔与蔡联姻，并任用蔡国外戚掌管家族工商业，应当是看重蔡国在南土得天独厚的经济优势，与蔡建立良好的合作关系，以便获得丰厚经济资源和商业利益。

总之，在西周晚期经营南土的活动中，蔡国因其独特的地理位置，成为王朝从南土征收贡物向成周转运的中心。由于物资丰富，也形成了地方性的工商业贸易中心。对于周王朝来说，在经营淮河流域的活动中，蔡国的军事地位是次要的，其经济地位则是主要的。

---

① "丽"字之释参韩胜伟:《释射壶中的"隊"字》,《中国文字研究》第28辑,上海书店出版社,2018年。

② 郭晨晖:《略论"射壶"铭文中的"天尹"》,《青铜器与金文》第1辑,上海古籍出版社,2017年。

③ 朱凤瀚:《射壶铭文考释》,《古文字研究》第28辑,中华书局,2010年。

# 第四章　东周时期诸夷与华夏的融合

根据文化面貌、地域差异，可大致将东周时期的淮水流域的族群划分为两个部分，即淮水上游以江、黄为代表的楚北列国和淮水中下游的以群舒为代表的诸国族。除此之外，还有山东地区的东夷国族，东周时期已基本成为周王朝的附庸，因为仍然保留着浓厚的东夷文化传统，始终未能脱离东夷的身份。下面就对淮河上游、淮河中下游、山东三个区域的夷族邦国分别进行讨论。

## 第一节　楚国北上对淮河上游淮夷国族的整合

本节讨论的淮河上游地区主要指汝水与淮河交汇处以西的淮河上游干流附近及淮汝之间、桐柏山以北、南阳盆地以东区域，其主体部分大致相当于今河南省信阳市所辖范围。这一带在西周时期曾是周人与淮夷冲突、往来最为频繁的地区。宣王时期淮河上游纳入周王朝的控制范围，周人在这片地区较为密集地分封了许多邦国，其中除周人扶植的江、黄等淮夷国家之外，还有息、蒋、番等周人邦国插花似地散布其间，形成夷夏族邦交错杂处的局面，这种格局促进了淮河上游的族群融合。下面先对淮河上游封建格局进行考察。

### 一、淮河上游地区夷夏封建格局

淮河上游诸邦早期历史多不可考，根据族姓、地望、考古文化面貌及它们的亲疏关系，可大致将江、黄、樊、养、道、柏、弦等国划分为淮夷，而杂处其间的房、番、蒋、息等则是周人建立的国家。下面对上述两类邦国分别进行探讨。

#### （一）江

《春秋》僖公二年杜注“江国在汝南安阳县”。《史记·秦本纪》太史公曰：

“秦之先为嬴姓，其后分封，以国为姓，有徐氏、郯氏、莒氏、终黎氏、运奄氏、菟裘氏、将梁氏、黄氏、江氏、脩鱼氏、白冥氏、蜚廉氏、秦氏。”《水经·淮水注》“淮水又东径安阳县故城南，江国也，嬴姓矣”。《史记·陈杞世家》司马贞索隐引《世本》《地理志》亦云“江、黄二国并嬴姓”，“在汝南安阳县”。传世文献记载一致认为江是嬴姓，在今河南正阳县南，不过目前该地区还没有发现属于江国的遗存。

至于江国族姓，传世文献记载也与金文材料反映的情况有出入，对这一问题学者颇有争议。据典籍文献，似以嬴姓说为是。《左传》文公元年记载楚大夫潘崇为商臣谋划如何探听楚王立嗣之意图，说“享江芈而勿敬也”，杜注：“江芈，成王妹嫁于江。”而《史记·楚世家》却说江芈是成王之宠姬。两种说法差别很大。依杜注则江芈为楚女，按《史记》的说法她却是江女。古时女子称名惯例，氏名可以是夫家的，也可以是父家的，要视具体情况而定，姓则必定来自父家。如此一来《史记》暗含之意就是江国为芈姓，它与楚联姻，属于同姓通婚，这有悖于周代婚俗的基本原则。裴骃《集解》曰“姬当作妹”，如此说不误，则江国嬴姓之说似乎可信。不过问题并没有这么简单，由铜器铭文来看，江为嬴姓之说值得怀疑。有一件曾侯嫁女的媵器，其铭曰：

> 叔姬霝乍黄邦，曾侯作叔姬、邛嬭(芈)媵器鬻彝，其子子孙孙永宝用。(曾侯簠，《集成》4598)

郭沫若将“乍”读为“徂”，训为嫁，是正确的，但认为铭文内容反映的是曾女适黄，楚女适江，曾侯为二人作媵器[①]，则不合情理。一国不可能为分嫁于两国的女子共作一器。杨树达认为是曾侯嫁其女叔姬，楚以邛芈为媵[②]。楚女为何称邛芈，杨氏没有解释清楚，后来有学者联系楚王钟提出改嫁说，钟铭曰：

> 唯正月初吉丁亥，楚王媵邛仲嬭(芈)南龢钟，其眉寿无疆，子子孙孙永宝用之。(楚王钟，《集成》72)

认为邛芈是楚女适江，婚后因故回楚寡居，适逢曾国嫁女，又作为陪媵嫁到黄国[③]。这种说法过于迂曲，并且楚女既然是改嫁，媵器铭文照理不应以前

① 郭沫若：《两周金文辞大系考释》，《郭沫若全集·考古编》第8卷，科学出版社，2017年，第355～356页。

② 杨树达：《积微居金文说(增订本)》，中华书局，1997年，第53页。

③ 舒之梅、罗运环：《楚同各诸侯国关系的古文字资料简述》，《求索》1983年第6期。

夫的氏名呼之。李学勤指出这个邛芈是芈姓的邛国女子,其说可信[①]。不过他认为邛与文献中的江是两个不同姓氏的国族,似乎不妥。

河南淅川下寺一号墓曾出土一件江叔鬲,其铭为:

> 邛叔蚉作其尊鬲,子子孙孙永宝用之。(《集成》677,图4-1)

发掘整理者已指出,鬲铭中的邛为江,也作邛[②],这件铜器的发现证明江国名号可以有三种不同写法。如果以出土材料为准,那么江应当是芈姓。传统的嬴姓说,也许是学者因为江、黄两国关系密切,推定它们同为嬴姓。《左传》中的江芈,应该是江、楚两国同姓联姻的例子。楚王钟也有可能是江、楚两国通婚的证物[③],春秋时期同姓不婚的禁忌逐渐被打破,同姓联姻并不鲜见,江、楚同姓通婚当是一例。

**图4-1　邛叔蚉鬲拓本**

(二) 黄

黄与江关系密切,史书中二者往往并称。其族姓、地望史书记载亦与考古发现相互吻合。前引《史记·秦本纪》称黄与秦同为嬴姓。《左传》庄公十九

① 李学勤:《光山黄国墓的几个问题》,《考古与文物》1985年第2期。

② 河南省博物馆等:《河南淅川县下寺一号墓发掘简报》,《考古》1981年第2期。

③ 陈昭容认为楚王钟是楚国嫁女,同姓江国女子来作陪嫁,楚王为之作器,这样就避免了同姓通婚的矛盾(参陈昭容:《两周婚姻关系中的"媵"与"媵器"——青铜器铭文中的性别、身分与角色研究之二》,台北"中央研究院"历史语言研究所集刊第77本)。这种情况固然有可能存在,不过在目前所见的媵婚材料中这种情况还很难辨识,这一假说还有待于新材料的印证。

年杜注亦云黄“嬴姓国,今弋阳县”。古弋阳县在今河南潢川县西十二里。20世纪80年代在这里发现了春秋时期黄国故城,出土及传世黄国嫁女的媵器也显示黄国为嬴姓[①],证实了古代文献对于黄国地望族姓的记载[②]。黄国故城以外出土黄国铜器的地点还有潢川上油岗、光山宝相寺、罗山高店等处[③],这些地点相互邻近,当属黄国领地范围。

黄之前身虽为淮夷,但能积极与华夏交往。它与姬姓的曾国关系极为密切,双方互通婚姻,除前举曾侯嫁女于黄国的曾侯簠之外,尚有一件黄季鼎,其铭文为:

> 黄季作季嬴宝鼎,其万年子孙永宝用享。(《集成》2565)

黄季鼎1970年出土于湖北随州均川熊家老湾,同出有曾仲簠。随州两周之际属曾国范围,铭文虽无“媵”字,但它出于曾国贵族墓中,可以推断当是黄国贵族嫁女于曾之媵器[④]。

黄国贵族墓葬形制、随葬器物组合与中原葬俗多有相似之处。黄国墓葬皆为竖穴土坑墓。黄君夫妇墓随葬青铜器物组合为鼎、豆、壶、𬭚、盘、匜,与虢国墓葬地器物组合相似,略有不同的是有𬭚无簋。黄季佗墓器物组合为鬲、盆、罐,也是中原习俗。绝大多数铜器形制、纹饰也与中原铜器保持一致。黄国墓葬还保留一定的地方文化特色。比较明显的特点是,随葬器物多为成对出现,同类器物不超过两件,与中原地区随葬品突出鼎、簋不同。黄国夫人墓还出土了两件带角形侧把的鬲形盉、甗形盉(图4-2),是流行于江淮下游地区群舒风格铜器。

总之,黄国文化包含了多方面的因素,其中中原文化因素占主导地位,这与它和中原王朝来往密切有关,而它本身又出自嬴姓淮夷集团,自身还保留了一定的淮夷文化因素。

---

① 黄太子伯克盘铭云:“黄太子伯克作仲嬴臾媵盘。”(《集成》10162)。这是黄太子为其女仲嬴臾出嫁所作的媵器,可知黄为嬴姓。

② 杨履选:《春秋黄国故城》,《中原文物》1986年第1期。

③ 信阳地区文管会、潢川县文化馆:《河南潢川县发现黄国和蔡国铜器》,《文物》1980年第1期;河南信阳地区文管会、光山县文管会:《春秋早期黄君孟夫妇墓发掘报告》,《考古》1984年第4期;信阳地区文管会、光山县文管会:《河南光山春秋黄季佗父墓发掘简报》,《考古》1989年第1期;信阳地区文管会、罗山县文管会:《河南罗山县发现春秋早期铜器》,《文物》1980年第1期;信阳地区文管会、罗山县文管会:《罗山县高店公社又发现一批春秋时期青铜器》,《中原文物》1981年第4期。

④ 鄂兵:《湖北随县发现曾国铜器》,《文物》1973年第5期。

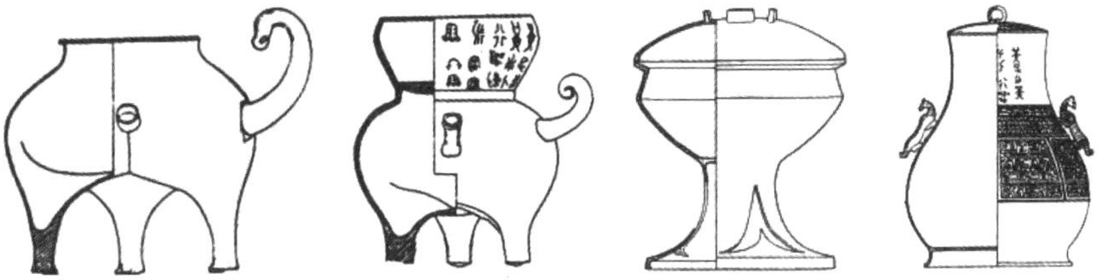

1. 鬲形盉（宝相寺G2∶A7）　2. 甗形盉（宝相寺G2∶A6）　3. 豆（宝相寺G2∶A8）　4. 壶（宝相寺G2∶A14）

**图4-2　黄国墓出土淮夷文化典型器物图**

（三）樊

周代樊国有二，除文献记载的畿内之樊[①]，淮河上游信阳地区另有一个樊国。考古工作者于20世纪80年代在信阳地区发现了樊君夫妇墓，墓中所出有铭铜器多为樊君及其夫人自作[②]，它与历史文献记载之樊当不是一国。以前湖南出土的樊君匜（《集成》10256）、传世的樊君鬲（《集成》626），可能都属于该国遗物。

对于信阳樊国族姓，学界曾有不同看法。樊君鬲铭文曰：

> 樊君作叔嬴𪓐媵器宝鬻。（《集成》626）

有学者认为“叔嬴𪓐”是一位女子，姓嬴名𪓐[③]。而平桥出土的铜器中樊夫人名龙嬴，也是嬴姓。这样一来就出现樊君娶同姓女子为妻的情况，有违同姓不婚之惯例。樊国嬴姓说可商。𪓐是芈的本字，是楚人之姓。

樊与楚同姓，有樊氏季孙仲𪓐鼎铭为证：

> 唯正月初吉乙亥，樊季氏孙仲𪓐堇用其吉金，自作橐沱。（《集成》2624）

学者已指出樊氏季孙仲𪓐是一位女性，“𪓐”是樊姓，“樊季氏孙”是自述家

---

① 据《诗·大雅·烝民》记载周代贵族有名曰仲山甫者，毛传谓：“仲山甫，樊侯也。”另《通志·氏族略》“樊”条云：“周太王之子虞仲支孙仲山甫为周宣王卿士，食采于樊。”樊当为畿内诸侯。据陈槃研究，或为姬姓，仲山甫为始封君。参陈槃：《春秋大事表列国爵姓及存灭表譔异》，上海古籍出版社，2009年，第510页。

② 河南省博物馆等：《河南信阳市平桥春秋墓发掘简报》，《文物》1981年第1期；信阳地区文管会等：《信阳高市平桥西三号春秋墓发掘简报》，《中原文物》1981年第4期。

③ 徐少华：《樊国铜器及其历史地理探析》，《考古》1995年第4期。

门[①]。樊君鬲铭文当如李学勤所说，是一国兼媵两女，叔嬴与嬭，一个是嫡，一个是媵，嬭是樊君之女，只是单称其姓而未记她的名字而已[②]。

樊国墓亦为竖穴土坑墓，随葬器物亦绝大部分与中原周铜器保持高度一致，个别器物具有地方文化因素。樊君夫妇墓中也出土了一件有角状把手的陶制甗形盉（M1:11），与黄君夫妇墓中的甗形盉风格一致，是群舒文化的典型器物。随葬同类器物也多为偶数。

（四）养

养是文献失载的一个淮上小国。金文养字写作鄴、羕，此外还有写成永字加一圆圈的[illegible]，可暂隶定为昶，亦与羕通[③]。1970年湖北江陵春秋楚墓出土一件鄴伯簠[④]，其铭曰：

> 鄴伯受其用吉金作其元妹叔嬴为心媵餗簠，子子孙孙永用之。（《集成》4599）

这是养伯受为其大妹叔嬴为心所作媵器。由此可知养国嬴姓。自20世纪60年代以来，河南桐柏月河镇左庄村就陆续有养国铜器出土，90年代以后考古工作者在这里先后进行了两次发掘，共清理出东周墓葬22座[⑤]。可以断定左庄村一带是春秋养国所在。

养国墓葬形制皆为竖穴土坑墓，与黄、樊等国墓葬形制相同。出土铜器也具明显的地域文化特征。M1、M4、M22是有成组铜器出土的三座墓，其中M4、M22时代相对较早，大致在春秋早期，出土的鼎、盘、匜皆属中原风格，折肩型的鬲则为江淮流域和山东沂沭河流域所常见。M1时代偏晚，墓中所出缶、盆、盘都具有典型的楚式特征，其时代下限已进入春秋晚期中叶[⑥]。养国晚期墓葬受楚文化影响明显，当与楚国北上扩张有关。养在淮河上游，正当楚人北上扩张的前沿，由于国力相差悬殊，养只能依附于楚，鄴伯

① 陈昭容：《两周婚姻关系中的“媵”与“媵器”——青铜器铭文中的性别、身分与角色研究之二》，台北“中央研究院”历史语言研究所集刊第77本。

② 李学勤：《光山黄国墓的几个问题》，《考古与文物》1985年第2期。

③ [illegible]与《说文》新附字昶并非一字。此字当从永得声，金文永、羕两字互通，如嘏辞“子子孙孙永宝用”亦多作“子子孙孙羕保用”（《集成》4629、4630）。

④ 荆州地区博物馆：《江陵岳山大队出土一批春秋铜器》，《文物》1982年第10期。

⑤ 王儒林：《河南桐柏发现周代铜器》，《考古》1965年第7期；南阳市文物研究所、桐柏县文管办：《桐柏月河一号春秋墓发掘简报》，《中原文物》1997年第4期；河南省文物考古研究所、桐柏县文物管理委员会：《河南桐柏月河墓地第二次发掘》，《文物》2005年第8期。

⑥ 朱凤瀚：《中国青铜器综论》，上海古籍出版社，2009年，第1761页。

簠铭文即反映了养采取与楚联姻以自保的策略。不过养最终还是被楚吞并，时间大致当在春秋晚期。《左传》记载楚国贵族有养氏，或许就是并于楚的养国后裔，《左传》昭公十五年（前527年），养氏被楚王灭族。养国并于楚的时间当在此之前。《左传》昭公三十年（前512年），楚王安置逃亡来的吴公子于养邑，其地在今河南沈丘县，与养国故地较远，可能是楚灭养之后迁其人民于此安置，仍沿用养之旧称。战国曾侯乙墓出土的简书记载来助丧的楚国贵族有"鄴君"，当是楚人的封君，与原来的养国已无关系。

（五）道

《左传》僖公五年载："江、黄、道、柏方睦于齐，皆弦姻也。"道、柏、弦也是与江、黄关系密切的淮上小国。《汉书·地理志》汝南郡阳安县颜师古注引应劭之说："道国，今道亭是。"古道亭在今河南确山县北二十里。道国姓氏文献失载，有学者根据道、柏、江、黄等国的同盟关系，推断四国皆为淮夷集团之属，认为道之族姓非嬴即偃[①]。

（六）柏

《汉书·地理志》汝南郡西平县颜师古注引应劭之说："故柏子国也，今柏亭是。"《左传》僖公五年杜注并同，其地在今河南舞阳南。关于柏之族姓，《潜夫论·志氏姓》嬴姓下有"白"氏，清秦嘉谟《世本辑补》作柏，列入嬴姓国。20世纪90年代，山西晋侯墓M64曾出土一件叔钊父甗，其铭曰：

> 叔钊父作柏姞宝甗，子子孙孙永宝用。（《新收》900）

一般认为M64是晋穆侯之墓，而此甗是叔钊父所作，它出自晋侯墓，当系赠送或掠夺之物。甗铭透露信息有限，还无法就此判断柏氏族姓。如果叔钊父与柏姞是夫妇，则柏为姞姓的可能性较大，这便与《潜夫论》之嬴姓说不合。不过也不能排除此甗为叔钊父嫁女而作，如此，柏当为姞姓女子所适之国，柏国族姓就不得而知了。实际上春秋早期晋国卿士中有柏氏，《国语·晋语四》说晋文公时，"胥、籍、狐、箕、栾、郤、柏、先、羊舌、董、韩，实掌近官。诸姬之良，掌其中官。异姓之能，掌其远官"。掌近官的十一族都是文公为公子时的故旧，柏为其中之一，与甗铭之柏氏当是同族，与淮河流域的柏国恐怕没有关系。据上引《左传》僖公五年的记载，江、黄、道、柏诸国皆与弦为姻亲，关系非常密切，而这些国家大多团簇在淮河上游地区，唯独柏散居淮河以北的舞阳，似不合情理。《左传》哀公六年楚与吴边境有白县，子胜为白公，

① 徐少华：《周代南土历史地理与文化》，武汉大学出版社，1994年，第157页。

在今河南息县东七十余里。白当即柏，楚灭柏之后在此设县，亦如申、息，都是楚边境上的县。与弦为姻亲的淮河上游小国大多为嬴姓，那么柏之族姓以《潜夫论》嬴姓之说似乎更为可信。

（七）弦

《汉书·地理志》江夏郡轪县下班固自注云："古弦子国。"《左传》僖公五年杜注亦云："弦国在弋阳轪县东南。"其地在今河南光山、罗山、息县交界处。《路史·国名纪》将弦列为嬴姓国，但《左传》记载江、黄、道、柏皆为弦姻，古时以同姓不婚为常，弦似不太可能是嬴姓。

（八）番

史籍关于番国的记载十分稀少，好在传世与考古发现铜器数量较多，可以弥补文献失载的缺憾。20世纪70年代信阳长台关甘岸村、吴家店杨河村发现了两处春秋早期墓葬，集中出土多件番国铜器。两地位置相近，可以断定春秋时期番国当在这一区域[①]。其他地区如信阳潢川县刘砦村和五星乡平西村发现的春秋早期墓也各出土一件番国铜器[②]，根据同墓所出铜器铭文可知是黄国与樊国墓地，所出番器应是邻国之间馈赠或赙赗之物。

关于番国族姓，可参考春秋时期的上鄀公簠，铭曰：

> 唯正月初吉丁亥，上鄀公择其吉金铸弔（叔）嬭、番改媵簠，嬰眉寿万年无諆，子子孙孙永宝用之。（《新收》401）

这件铜器是上鄀公之女叔嬭出嫁，番女为媵，上鄀公为两人所作媵器。铭文显示上鄀与番两国关系较为密切，两国当相距不远。上鄀之地大致在汉水流域中上游一带[③]，番国当在其附近。铭文中番国之女为改姓，说明番也是改姓。春秋时期番器铭文中番国首领多称"番君"[④]，偶亦称"番伯"，与淮河

① 信阳地区文管会：《河南信阳发现两批春秋铜器》，《文物》1980年第1期。

② 郑杰祥、张亚夫：《河南潢川县发现一批青铜器》，《文物》1979年第9期；信阳地区文管会、信阳市文管会：《河南信阳市平西五号春秋墓发掘简报》，《考古》1989年第1期。

③ 关于周代鄀国历史学界争议较大，金文有上鄀、下鄀之别，它们之间的关系、地望以鄀国迁徙等问题学者意见不一。根据文献记载，与鄀有关之地主要有湖北宜城、河南商密两地，皆在汉水流域中上游。相关研究可参徐少华：《鄀国铜器及其历史地理研究》，《江汉考古》1987年第3期；胡刚：《有"鄀"铜器与鄀国历史新论》，《文物》2013年第4期；黄锦前：《从近刊鄀器申论鄀国地望及楚灭鄀的年代》，《中国历史地理论丛》2017年第3期。

④ 《集成》732、4583、10136、10271。

流域之黄国国君称谓相同。番国铜器中斜折肩的番伯鐳[①]、矮颈的番叔壶[②]也不见于中原,是淮河流域独有的器型,显示了浓厚的地域文化特征。虽然就文化风格而论,番与淮河流域诸国并无二致,但改姓在淮河流域以嬴姓为主的国家中显得与众不同,暗示了其独特的历史渊源。

淮河流域国家历史很少能够追溯至西周时期,番是特例。有几件传世及考古发现的番国铜器,时代属西周中期至晚期,其一为番匊生壶,铭曰:

> 唯廿又六年十月初吉己卯,番匊生铸媵壶,用媵厥元子孟改乖,子子孙孙永宝用。(《集成》9705)

番匊生壶与幾父壶、三年瘐壶器形纹饰极为相似,具有西周中期偏晚的特征,时代约在孝王,或可晚至夷厉时期[③]。据铭文可知该壶是番匊生为其长女孟改乖出嫁所作的媵器。番匊生是番氏族人,匊氏之甥[④]。匊作为氏名,又见于仲𦉘父簋(《铭图续》381),铭曰:"仲𦉘父作匊汝尊簋,其永宝用。"仲𦉘父和匊汝可能是夫妻关系,如此说不误,匊氏当为汝姓。传世西周铜器还有一件番生簋盖(《集成》4326),捉手正面饰团鸟纹,盖沿饰垂冠回首分尾鸟纹,盖面饰瓦纹,显西周中期特征。番生之称表明他是番氏之甥。铭文记载番生受王命"䵼𤔲公族、卿事、大史寮",同时得到服饰、车马、玉器等丰厚的赏赐。内容与毛公鼎铭相似,时代大约在宣王时期。铭文中番生的职掌、地位与作册吴令方尊中的明公(《集成》6016)、毛公鼎中的毛公(《集成》2841)相当,都是王朝地位尊崇、握有实权的重臣,后二者皆是姬姓贵族,受周王倚重,全面管理公族、卿事寮、太史寮等事务,番生与他们身份相同,有可能也是姬姓贵族,至于属于哪一姬姓宗氏则不得而知[⑤]。但这一称谓反映番氏与姬姓贵族之间存在政治联姻关系。番氏地位想必不低。番氏在王朝地位之显赫,还体现在它与王室之间的关系。传世有一件王为番改所作铜器(《集成》645),铭文曰:"王作番改齐鬲,其万年永宝用。"该器不存,从铭文字体判断,大约不会早于厉王时期。铭文中的番改是周王后妃,可见番与王室关系比较亲密。幽王时期,番氏在王朝中仍

① 信阳地区文管会、信阳市文管会:《河南信阳市平西五号春秋墓发掘简报》,《考古》1989年第1期。

② 陈佩芬:《夏商周青铜器研究》,上海古籍出版社,2004年,第76页。

③ 王世民等:《西周青铜器分期断代研究》,文物出版社,1999年,第133页。

④ 金文某生之生皆可读为甥,参张亚初:《两周铭文所见某生考》,《考古与文物》1983年第5期。

⑤ 郭沫若、马承源认为番匊生与番生是同一人,实际上前者为改姓,后者为姬姓,不能混同。参郭沫若:《两周金文辞大系考释》,《郭沫若全集·考古编》第8卷,科学出版社,2017年,第283～285页;马承源主编:《商周青铜器铭文选》第3卷,文物出版社,1988年,第224页。

居要职,《诗经·小雅·十月之交》云:“皇父卿士,番维司徒,家伯维宰,仲允膳夫,棸子内史,蹶维趣马,楀维师氏,艳妻煽方处。”[①]皇父等王朝执政官员与褒姒朋比为奸,败坏朝政。番氏所任司徒之官,为王朝三有司之一,在诗中所列诸官序列仅次于皇父,具有较高的地位。

传世金文及文献材料显示番氏在西周中、晚期活跃于王朝权力核心,是具有较高政治地位的畿内贵族。而考古发现番国铜器比较集中出土于信阳地区,时代皆属春秋时期,说明春秋时期的番在信阳不在王畿。信阳地区早期没有周人封建,并且自穆王晚期至宣王初年,由于淮夷的入侵,实际为淮夷控制,早期的番不可能在此立国,因此也不可能存在番氏以畿外封君入朝为官的情况。可以肯定其早期地望当在中原。

有一件西周中期后段的番伯鬲(《铭图续》246),铭文为:“番伯作毕姬宝尊鬲。”是番伯为夫人毕姬所作。毕是周王朝望族,世居要职,地位十分显赫,其家族地望在关中毕原,今陕西咸阳以北。番与毕联姻,说明番氏当是王畿或近畿贵族。此外,山西绛县横水倗国墓地出土有一件倗番生簋,亦可为探索番氏地望提供线索,其铭曰:

> 倗番生作𩰫媿媵簋。(《铭图续》370,图4-3)

**图4-3　倗番生簋铭文拓本(《金文通鉴》20370)**

---

① 关于此诗的时代,汉儒有厉世与幽世之争,后来学者推算历日,多信从幽王说。诗中提到的“百川沸腾,山冢崒崩”与《国语·周语》“幽王二年,西周三川皆震”相合,诗中所说日食发生时间据历法推算合于幽王六年。而司徒一职在幽王八年为郑桓所取代(《史记·郑世家》),由此可知诗的制作时间当在幽王六年至八年间。诗中所说的艳妻就是幽王宠妃褒姒。相关论证可参阮元:《〈诗·十月之交〉四篇属幽王说》,《揅经室集》,中华书局,1993年,第83～100页。

据谢尧亭介绍，此簋出自西周晚期墓葬[①]。虽然器形尚未公布，但观其铭文，用笔遒劲，结构整饬，有西周中期的特点，时代似不会太晚。倗为媿姓[②]，倗番生是倗氏族人，番氏之甥，铜器是他为嫁女𡢁媿所作。倗番生这一称谓反映了倗番二氏的联姻关系。倗国联姻的对象，据谢尧亭统计，有毕、芮、晋、南宫等[③]，大多分布在王畿或近畿地区。其中毕又是倗、番双方共同的姻亲，因此，番当在王畿附近。从改姓国族地理分布情况来看，以黄河中游较为集中，改姓苏氏是其代表。徐少华推测番之地望可能在苏氏领地附近[④]，其说非常具有启发意义。《左传》隐公十一年记载苏氏领地十二邑，有温、原、絺、樊、隰郕、欑茅、向、盟、州、陉、隤、怀，皆在黄河以北与太行山东南的古南阳之地。春秋初年南阳诸邑已不听周王号令，晋文公匡复王室之后，周襄王将这一棘手地区赐予晋，史书谓"晋于是启南阳"。上述诸邑中的樊亦称阳樊或阳，在河南济源东南。晋文公接收此邑时并不顺利，《左传》僖公二十五年记载此事说："阳樊不服，围之，苍葛呼曰：'德以柔中国，刑以威四夷，宜吾不敢服也！此谁非王之亲姻？其俘之也！'乃出其民。"值得注意的是樊人苍葛自述"此谁非王之亲姻"，类似的话还见于《国语·晋语十》"君定王室而残其姻族"。以往学者多认为樊是姬姓[⑤]，但亲姻、姻族之称说明樊氏是周王室姻亲，既然如此，它就不可能是姬姓。番、樊古音可通，阳樊之樊或许与金文中的番有关。从地理位置看，阳樊在豫西，与晋南的倗较近，往来便利，有联姻的可能，符合倗番生簋反映的两族联姻情况。春秋南阳地区是以苏氏为代表的改姓贵族聚居地，樊生活在这一区域，是改姓的可能性较大。不过这样一来，春秋早期信阳的番国与豫西的樊就发生同时并存的问题，这或许可以类比宣王从西申支封出南申的事例。西周晚期为了巩固淮河流域的封建，将原来的诸侯或贵族家族分出一系到南土建立新的国家。番也有可能原本是中原樊(番)氏的一支，在西周晚期被徙封到了淮河上游建立新的国家。

---

① 谢尧亭：《倗、霸及其联姻的国族初探》，《金玉交辉——商周考古、艺术与文化论文集》，台北"中央研究院"历史语言研究所，2013年，第286页。

② 如倗仲鼎铭："倗仲作毕媿媵鼎"（《集成》2462）。

③ 谢尧亭：《倗、霸及其联姻的国族初探》，《金玉交辉——商周考古、艺术与文化论文集》，台北"中央研究院"历史语言研究所，2013年。

④ 徐少华：《周代南土历史地理与文化》，武汉大学出版社，1994年，第133页。

⑤ 关于樊之族姓，缺乏史料依据，后世说法不一，学者多信从姬姓之说，参陈槃：《春秋大事表列国爵姓及存灭表譔异》，上海古籍出版社，2009年，第511～513页；于豪亮：《论息国和樊国的铜器》，《江汉考古》1980年第2期。

（九）房

《左传》昭公十三年有楚灵王迁许、胡、沈、道、房、申于荆的记载。杜注："汝南有吴防县，即防国。"防、房可通，防即房国。《汉书·地理志》汝南郡吴房县颜师古注引孟康说："本房子国，楚灵王迁房于楚。"其地在今河南遂平县。《国语·周语上》有云："昔昭王娶于房，曰房后，实有爽德，协于丹朱，丹朱凭身以仪之，生穆王焉。"是房为周之异姓诸侯，西周早期即已立国。

（十）息

姬姓。《左传》隐公十一年记载："息侯伐郑，郑伯与战于竟，息师大败而还。君子是以知息之将亡也。不度德，不量力，不亲亲。"杜注："郑、息同姓之国。"正义引《地理志》"汝南郡有新息县，故息国也"。其地在今河南息县。与息县邻近的罗山县是商代息国领地，商息入周之后存续了一段时间，大约至迟到昭穆之际灭亡。姬姓之息当是宣世平定淮夷之患后，重新分封的国家。

（十一）蒋

姬姓。《左传》僖公二十四年："凡、蒋、邢、茅、胙、祭，周公之胤也。"襄公十二年杜注："六国皆周公之支子，别封为国，共祖周公。"《汉书·地理志》："汝南期思县蒋乡，古蒋国，楚灭为期思。"《读史方舆纪要》光州固始县条云："期思城，县西北七十里，古蒋国。"[①] 另有学者认为蒋在固始东北[②]，总之不出今淮滨、固始之间。《左传》中与蒋并列的五国皆在中原，蒋之始封地也不会过于偏远。高士奇《春秋地名考略》"尉氏县西六十里有蒋城"，蒋国始封地当在此。宣王时期淮夷宾服，大概为加强对淮河上游的控制，宣王把蒋国迁至淮河以南。

以上讨论的江、黄、樊、养、道、柏、弦可归属为淮夷建立的邦国。黄国族属特征最为明显，它为嬴姓国，地望在淮河干流沿岸的潢川，墓葬出土遗物具有典型淮夷文化特征，可以断定黄淮夷建立的国家。另据《左传》僖公五年记载"江、黄、道、柏方睦于齐，皆弦姻也"。江、道、柏、弦诸国与黄密迩相邻、休戚相关，在淮河上游形成了一个亲齐抗楚的集团。这一集团的形成除了有地缘关系的因素之外，还可能与它们相同的族属渊源有关。虽然江为芈姓，道、柏、弦三国族姓不能确定，并不能据此否定它们为淮夷之族的可能，因为淮夷广泛分布于淮水流域，其邦国众多，除偃、嬴两姓之外，完全有

① （清）顾祖禹：《读史方舆纪要》，中华书局，2005年，第2387页。

② 石泉：《古代荆楚地理新探·续集》，武汉大学出版社，2004年。

可能存在其他族姓，正如周人除姬、姜二姓之外也有其他族姓并存一样。樊与江同属芈姓，地处淮河以南的信阳，且考古文化特征与黄国相似，出土有典型的淮式器物，因此它的前身也很有可能是淮夷。考古发现的养不见于史籍，但它的族姓是典型夷人族姓嬴姓，且地望在沿淮附近的桐柏，文化面貌与黄、樊相近，也可以推定它是淮夷建立的国家。樊、黄、养三国有比较完整的考古发现，文化面貌相同，可以作为淮夷邦国的典型(参表4-1)。江、黄、樊、养、道、柏、弦列国族属渊源虽为淮夷，但东周时期皆以国号相称，不再称淮夷，盖因接受了周人的统治，浸染周文化，与周融合，成为周王朝的附庸，一定程度上脱离了原来的淮夷族群。番、蒋、房、息等国如上所述，据其历史渊源与姓氏可以断定皆为周人建立的国家，分封或迁徙到淮河流域的时间大致在宣世平定淮夷之患之后。

## 二、楚国对淮河上游诸国的兼并

进入春秋之后，王室衰微，江黄等淮河上游诸国起初夹处于楚、齐两大国之间摇摆不定，不久楚国北向强势扩张，这些小国悉数被灭。《春秋》僖二年："秋九月，齐侯、宋公、江人、黄人盟于贯。"同年《传》云："盟于贯，服江、黄也。"杜注："江、黄，楚与国也。"《左传》僖公十一年、十二年也都提到黄人恃齐而不归楚贡。可见江、黄等国原先依附于楚，后来齐桓公成为中原霸主，江、黄诸国才纷纷背楚亲齐。此后僖公三年江、黄参加了齐国在阳谷举行的伐楚之会，四年又从齐伐陈，讨其不忠于齐。《左传》僖公五年：

> 楚斗谷於菟灭弦，弦子奔黄。于是江、黄、道、柏方睦于齐，皆弦姻也。弦子恃之而不事楚，又不设备，故亡。

江、黄、道、柏皆与齐交往密切，且与弦为姻亲。在楚北形成了一个亲齐抗楚的集团。不过这个集团偏处淮河上游，并不能得到齐国的有效保护，在僖公五年(前655年)这一同盟集团就被楚国打破。僖公四年齐楚召陵之盟之后，齐、楚两国可谓均势，齐未敢侵楚，而楚北进中原的势头也受到遏制。但是处于淮河上游的亲齐集团，地理位置正当楚国进入中原的前沿，对楚构成威胁，为楚所不能容忍。因此僖公五年(前655年)楚先灭掉弦，僖公十二年(前648年)灭黄，至文公三年(前624年)又围江，晋虽欲救之，次年(前623年)最终仍为楚所灭。道、柏等国具体灭亡时间不明。《左传》昭公十三年："楚之灭蔡也，灵王迁许、胡、沈、道、房、申于荆焉。"杜注："许、胡、沈，小国也。道、房、申，皆故诸侯，楚灭以为邑。"道、房等淮汝间小国此时已并为楚邑。又据《左传》昭公元年:“楚公子围使公子黑肱、伯州犁城犫、栎、郏。”杜注:“犫县属南阳。郏县属襄城。栎,今河南阳翟县。三邑本郑地。”犫在今叶县西,栎在新蔡县北二十里,郏在三门峡西北之郏县旧治,此三地原属郑邑,昭公元年(前632年)之前即为楚所侵占,郑国之南属于淮夷集团的柏、道及周人建立的房国或许在昭公元年之前已被楚吞并。至于文献失载的淮夷集团的樊、养,其灭国时间亦有先后。樊国铜器、墓葬时代均属春秋早期风格,未发现春秋晚期的遗物,其灭国时间或在春秋中期以前。而养国春秋早期墓葬铜器组合及形制都具有明显的地方特色,春秋晚期则出现了典型的楚式风格的器物,养国并入楚的时间在春秋晚期,文献中春秋晚期楚国有养氏,或即并入楚国的养氏贵族。

楚国向淮河上游拓展疆土,也吞并了周人建立的息、番、蒋、房等国。息灭国最早,庄公十四年(前680年)即被灭,设为楚县。蒋灭国时间不详,据《左传》文公十年入楚后的蒋更名为期思,蒋灭国当在此之前。番国目前仍缺少完整的考古发现材料,《左传》昭公十二年:“楚子狩于州来,次于颍尾,使荡侯、潘子、司马督、嚣尹午、陵尹喜帅师围徐以惧吴。”有学者认为潘子即番国之君,此时番国虽未被楚灭,但已沦落为楚之附庸。《左传》文公元年记载楚大夫有潘崇,此潘氏当是并入楚后的番国贵族。番当在文公元年(前626年)之前并于楚。道国前文已述,它为楚吞并时间当在昭公三年(前539年)之前。

附带还要说明的是,楚国北向问鼎中原,豫南地区不仅信阳被其吞并,南阳地区也纳入其版图。宣王时期分封在南阳的申、吕、鄂诸国,后来也被楚所灭,楚在此设立申县,与息县相呼应,作为楚国与中原诸侯争霸的桥头堡。

**表4-1 楚北列国典型墓葬特征表**

| 墓葬 | | 铜器组合 | | | 墓葬形制 | 时代 |
|---|---|---|---|---|---|---|
| 国别 | 墓号 | 食器 | 酒器 | 水器 | | |
| 樊国 | 信阳平桥M1 | 鼎1鬲2 | 壶1 | 盆1<br>盘1<br>匜1 | 长方形竖穴土坑,墓向东,有三层木炭,铺朱砂,葬具为一棺一椁或一棺无椁,有二层台 | 春秋早期 |
| | 信阳平桥M2 | 鼎2簠2 | 壶2 | 盘1<br>匜1 | 同上 | |

续表

| 墓葬 | | 铜器组合 | | | 墓葬形制 | 时代 |
|---|---|---|---|---|---|---|
| 国别 | 墓号 | 食器 | 酒器 | 水器 | | |
| | 信阳平桥M3 | 鼎1 | 壶1 | 舟1 | 同上，且有边箱 | |
| 黄国 | 光山宝相寺G1 | 鼎2豆2 | 壶2鑐2 | 盘1<br>匜1 | 合葬竖穴土坑墓，墓向东，有封土，有墓道一条，二椁一棺，有边箱 | 春秋中期偏早 |
| | 光山宝相寺G2 | 鼎2鬲2<br>豆2 | 壶2鑐2 | 盉2<br>罐1<br>盘1<br>甗形盉1 | | |
| | 罗山高店村 | 鼎2 | 壶1鉌1 | 盆1<br>盘1<br>匜1 | 土坑墓 | 春秋早期偏晚 |
| 养国 | 桐柏月河94NTYM1 | 鼎2 | 方壶2缶2<br>杯1 | 盆1<br>盘1<br>匜1 | 竖穴土坑，墓向南，铺朱砂，重棺重椁，有边箱 | 春秋晚期 |
| | 桐柏月河2001M4 | 鼎2鬲2 | 罍2 | 盘1<br>匜1 | 近方形竖穴土坑墓，方向85°，有二层台和边箱 | 春秋早期 |
| | 桐柏月河2001M22 | 鼎2圆壶2 | | 盘1<br>匜1 | 长方形竖穴土坑，方向75°，铺朱砂，有边箱 | |

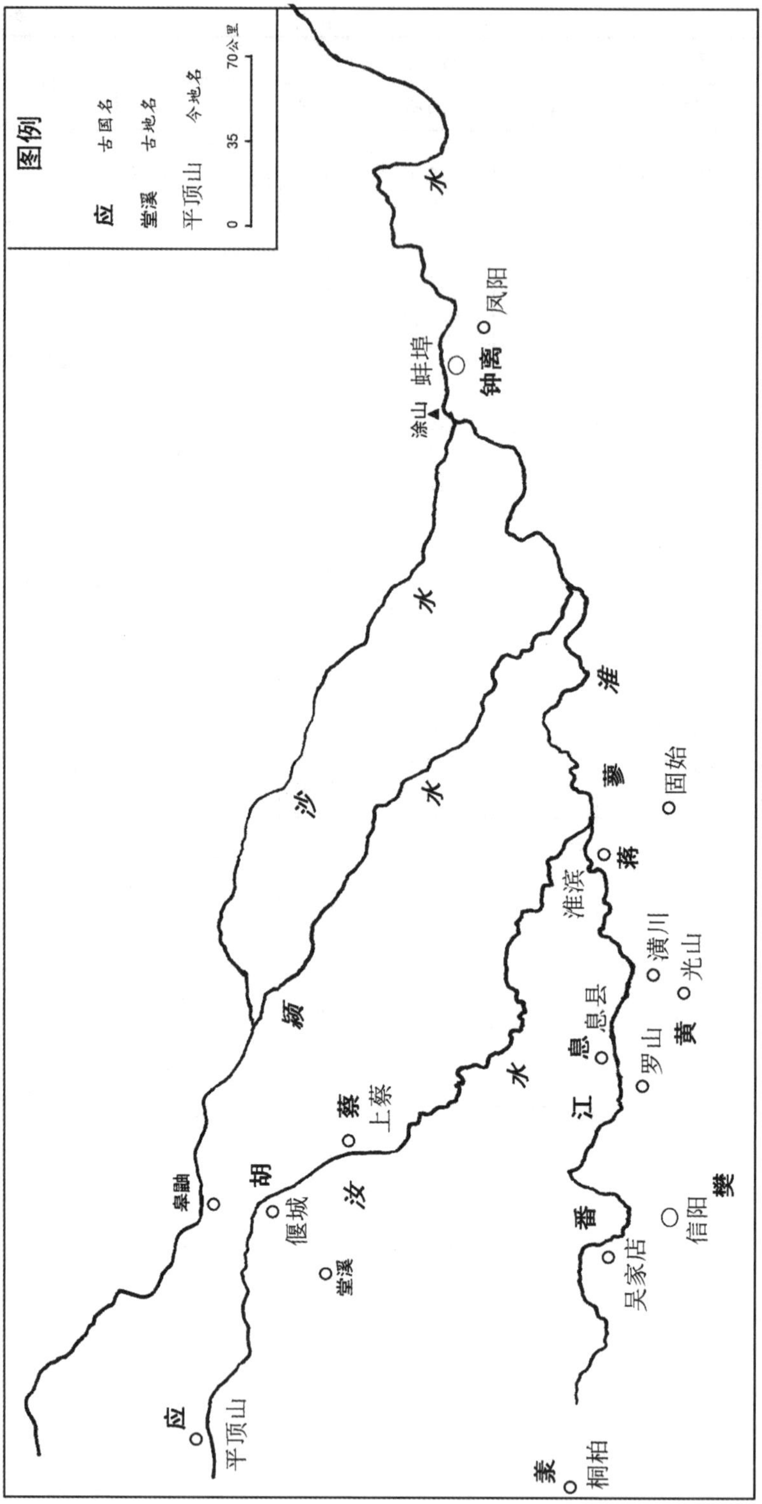


图 4-4 两周之际淮河流域主要国族分布图

## 第二节　吴、楚之争对淮河中下游国族的吞并

### 一、淮夷

春秋初年淮河上游形成一些周人扶植建立的淮夷邦国，它们受周文化浸染，基本脱离了原先的淮夷族群，实际上已经成为周王朝的附庸。这些小国皆自有国号，通常不再被周人称为淮夷。但淮河流域还有一部分发展比较落后，相对比较独立，保留较多淮夷文化习俗的族群，仍被称为淮夷，其事迹偶亦见诸东周文献与金文的记载。

鲁僖公时期淮夷一度比较活跃。《春秋》僖公十三年："公会齐侯、宋公、陈侯、卫侯、郑伯、许男、曹伯于咸。"同年《左传》："会于咸，淮夷病杞故。"杞在今山东新泰。咸，卫地，在今河南濮阳东南六十里。这次会盟由齐桓公发起，目的是应对淮夷对杞国的侵扰。次年《春秋》记载："诸侯城缘陵。"杜预注："缘陵，杞邑，辟淮夷，迁都于缘陵。"同年《左传》云："诸侯城缘陵而迁杞焉。"由齐国倡导，在诸侯帮助下，杞国被迁到齐都临淄以东的缘陵安顿下来，以躲避淮夷的侵扰。此时已是齐桓公晚年，齐国霸业趋于衰落，无力组织诸侯发起有效的军事行动打击淮夷，只能采取退让的策略，回避与淮夷的正面冲突，因此也就无法遏制淮夷的入侵。《春秋》僖公十六年云："公会齐侯、宋公、陈侯、卫侯、郑伯、许男、邢侯、曹伯于淮。"同年《左传》："会于淮，谋鄫，且东略也。城鄫，役人病，有夜登丘而呼曰：'齐有乱。'不果城而还。"鄫是位于今山东枣庄峄城区的姒姓小国，诸侯迁杞于缘陵之后第二年，也受到淮夷的侵凌，齐桓公又召集诸侯为鄫修缮城墙加强防备，但由于工匠发生骚乱而中止。可见此时齐国霸主地位已经衰落。由杞、鄫的位置可以判断，鲁中与鲁东南一带有淮夷活动。早在西周中晚期，淮夷就已经进入鲁东南一带，史密簋、师寰簋铭文就反映了这一情况。这部分淮夷与鲁国邻近，因此鲁国东郊也受到扰动。《尚书·费誓》其实就是鲁僖公伐徐戎、淮夷的誓师之辞（详参第五章第二节）。当时鲁国实力尚强，对淮夷的征伐取得了成效。颂扬鲁僖公的《诗·鲁颂·泮水》云：

> 明明鲁侯，克明其德，既作泮宫，淮夷攸服。矫矫虎臣，在泮献馘，淑问如皋陶，在泮献囚。
>
> 济济多士，克广德心，桓桓于征，狄彼东南。烝烝皇皇，不吴不扬，

不告于讻，在泮献功。

角弓其觩，束矢其搜，戎车孔博，徒御无斁。既克淮夷，孔淑不逆，式固尔犹，淮夷卒获。

翩彼飞鸮，集于泮林，食我桑黮，怀我好音。憬彼淮夷，来献其琛，元龟象齿，大赂南金。

《诗·鲁颂·閟宫》亦云：

泰山岩岩，鲁邦所詹。奄有龟、蒙，遂荒大东，至于海邦，淮夷来同。

诗文或有夸饰的成分，但鲁僖公征讨淮夷，使其称臣纳贡当属事实。

齐桓公死后，宋襄公欲争夺霸主之位。宋国领土东方与鲁东南、苏北夷人分布区交界，宋襄公以武力和杀伐的手段欺凌东夷，威服诸邦纳为己属，其中当有淮夷。但宋国力量薄弱、威望不足，并未真正实现对夷人的控制，争霸活动最终以泓之战惨败而告终。春秋中期以后，晋楚之争进入新的阶段。晋国扶植吴国制衡楚国，吴晋往来经由东方所谓的“夷庚”之道，晋宋与楚为了控制这条通道展开了激烈的争斗。东方包括淮夷在内的夷人族邦也卷入到晋楚两大国的纷争之中。但直至春秋晚期，鲁东地区的淮夷仍有一定实力，《左传》昭公二十七年“季氏甚得其民，淮夷与之”，即说明淮夷支持鲁国政治人物，对鲁国政治有一定影响力。

除传世典籍之外，曾伯霥簠也是研究春秋早期淮夷活动的重要材料。考察铭文内容可知，春秋早期淮夷的活动范围不仅限于苏北鲁南地区，淮河中游的颍、汝之间也有淮夷活动。簠铭曰：

唯王九月初吉庚午，曾伯霥哲圣元武，元武孔黹，克狄淮夷，印燮繁汤，金道锡行，具既卑(俾)方……(《集成》4631)

曾伯霥簠为传世器，共两件，器盖同铭，郭沫若、屈万里、陈公柔等学者对铭文皆有考释和研究[①]。据其形制、纹饰、铭文多方面特征，诸家一致认同此器为春秋早期之物。“狄”通“逖”。《说文》：“逖，远也。从辵狄声。逷，古文逖。”《诗·大雅·抑》“用逷蛮方”，毛传：“逷，远也。”本铭狄引申为驱逐之义。“印”

① 郭沫若：《两周金文辞大系考释》，《郭沫若全集·考古编》第8卷，科学出版社，2017年，第397～398页；屈万里：《曾伯霥簠考释》，台北“中央研究院”史语所集刊第33本，1962年；陈公柔：《曾伯霥簠铭中的“金道锡行”及相关问题》，《中国考古学论丛》，科学出版社，1993年。

即“抑”,《方言》卷十三、《尔雅·释诂》并训作“安”。燮者,和也。见《诗·大雅·大明》“燮伐大商”毛传。“既”或通“即”,至也。“具既俾方”之语略同于秦公钟铭(《集成》265)中的“羡百蛮,具即其服”。“克狄淮夷”以下铭文大意是说,曾伯霥能够驱逐淮夷,使繁汤之地安定和谐,金、锡之道畅通,卑微的蛮方皆来觐见效命。

铭文所涉地理问题,诸如繁汤、曾之地望,金、锡之道的具体路线亦须讨论。这些地理问题的解决有助于判定淮夷的活动区域。繁汤即繁阳,《左传》襄公四年“楚师为陈叛故,犹在繁阳”,前人考订其地在今河南新蔡以北,位于淮河以北两大支流汝、颍二水之间。繁汤之地本不产金,古铜矿遗址多在其南或东南的湖北大冶、江西瑞昌、安徽铜陵,南金北运多汇聚于繁汤[①]。中原诸国所需金、锡多在此交易、转运,如晋姜鼎(《集成》2826)“嘉遣我赐卤积千辆……俾贯通□,征繁汤,取厥吉金”,戎生编钟(《铭图》15242)“劼遣卤积,俾谮征繁汤,取厥吉金”。繁汤是春秋时期金、锡集散之地。直到战国时期,繁汤似以铜器生产和贸易的发达而著名,鄂君启节、繁汤之金剑铭文中繁汤地名是其证。

关于曾伯霥簠之国属问题,学者曾意见不一。春秋时期曾国有二,一是在今山东枣庄峄城区的姒姓之鄫,亦称上曾,铜器有山东临朐出土的上曾太子鼎[②];另一个是湖北随州姬姓之曾。屈万里认为曾伯霥簠属姒姓曾国,而现在学者多数倾向于后者。按春秋时期山东与湖北两曾国力相差较大,山东姒姓鄫偏处鲁东南一隅,国力微弱,面对淮夷入侵无力抵抗,尚需诸侯救助,不可能有“克狄淮夷”之举。而湖北之曾即文献中的随,所谓“汉东诸国,以随为大”,历年来的考古发现也证实了春秋战国时期的曾是实力较强的汉东大国。曾伯霥簠所述之事与其国力相符,因此它的国属当以随州姬姓之曾为是。

曾既已确定在随州,金、锡之道当在曾与繁汤之间。据地理环境推断其路线大致是由今随州东行,至今信阳的鄂豫交界地区,这里也是桐柏山与大别山相会之处,自古就有汉东通往中原的关口。《左传》定公四年:

> 冬,蔡侯、吴子、唐侯伐楚,舍舟于淮汭,自豫章与楚夹汉。左司马戌谓子常曰:“子沿汉而与之上下,我悉方城外以毁其舟,还塞大隧、直辕、冥厄。子济汉而伐之,我自后击之,必大败之。”

---

① 李学勤:《戎生编钟论释》,《文物》1999年第9期。

② 临朐县文化馆、潍坊地区文物管理委员会:《山东临朐发现齐、鄩、曾诸国铜器》,《文物》1983年第12期。

杜注:“三者,汉东之隘道。”大隧、直辕、冥厄位于今河南信阳豫鄂交界处,即后世所谓的义阳三关,是南北往来的重要通道与军事要地。出三关之后,经信阳地区江、黄集团分布地带,向东北涉淮、汝二水即可到达繁汤。信阳地区的江、黄诸国前身虽为淮夷或与淮夷关系密切,但在两周之际已归服周王朝,黄国更是与曾国互相通婚,关系十分密切。曾国通往繁汤的金道在信阳地区这一段仍是畅通的,受淮夷侵扰的部分当在繁汤附近。可见春秋早期淮河上游地区虽纳入周人版图,但淮夷并未完全退缩到鲁南苏北,它在颍、汝之间的活动仍对周人的金、锡输送构成威胁①。春秋晚期,楚国实力强盛,汝、颍间的淮夷曾追随楚国。《春秋》昭公四年(前538年)记载:

> 夏,楚子、蔡侯、陈侯、郑伯、许男、徐子、滕子、顿子、胡子、沈子、小邾子、宋世子佐、淮夷会于申。……秋七月,楚子、蔡侯、陈侯、许男、顿子、胡子、沈子、淮夷伐吴。

吴楚争战中,淮夷听命于楚,成为伐吴同盟中的一员。淮夷与诸夏关系的转变,当是淮夷实力衰弱所致,因为无力与诸侯抗衡,所以采取合作的策略。这种转变表明淮夷与诸夏融合程度进一步加深。

春秋战国之际,诸侯对淮泗的争夺和兼并更是大大加速了淮夷与华夏的融合。《史记·越世家》云:“勾践已去,渡淮南,以淮上地与楚,归吴所侵宋地于宋,与鲁泗东方百里。当是时,越兵横行于淮东,诸侯毕贺,号称霸王。”淮夷所居淮泗间地区,在大国争霸战争中先后易手于吴、越、楚诸国。东周文献有“九夷”之称,实际也大多指的是淮夷,有时也包括淮夷在内的东夷。“九”极言其多,并非实有九数,清人汪中对文献中数字九的含义早有论述②。孙诒让亦指出九夷所指多是淮夷,亦泛指东夷③。《战国策·秦策》“谓魏冉曰楚破”章说:“齐有东国之地方千里;楚苞九夷,又方千里。”“九夷”又见于《论语·子罕》“子欲居九夷”,《淮南子·齐俗》越王勾践“霸天下,泗上十二诸侯皆率九夷以朝”,及《后汉书·东夷传》所记徐率九夷以伐宗周。可知九夷之地与泗上十二诸侯相接,九夷即淮夷。《秦策》所谓“楚苞九夷”,是说楚将九夷之地纳入其疆域之中,其时九夷尚存,只是成为楚国治下之夷。至秦统一六

---

① 关于曾国通往繁汤的金道之性质,考虑到曾以南即是古大冶铜矿,推测曾可能利用这条通道将南方的铜矿输送至繁汤,与中原诸侯互通有无。当然繁汤作为金、锡资源的汇聚之地,它的资源当不只从湖北一地输入,曾国也有可能同中原诸侯一样,到繁汤换取金、锡。

② (清)汪中:《述学·释“三九”》,《儒藏(精华编)》276,北京大学出版社,2010年,第763~765页。

③ (清)孙诒让:《墨子间诂》,中华书局,2001年,第137页。

国，淮泗间夷皆散为编户民，淮夷才彻底完成了由蛮夷转变为华夏的进程。

## 二、徐

嬴姓。《左传》："齐侯之夫人三，王姬、徐嬴、蔡姬，皆无子。"徐嬴即徐国女子嫁与齐侯者。《史记·秦本纪》记嬴姓之后有徐氏。《齐世家》索隐引《世本》亦云："徐，嬴姓。"其早期地望或在鲁东南一带，大约至西周晚期南迁至淮河下游。《诗·大雅·常武》记宣王伐徐说："戒我师旅，率彼淮浦，省此徐土……铺敦淮濆，仍执丑虏。截彼淮浦，王师之所。""淮浦"所指为淮河下游地区。南迁之后的徐国都城，一般认为在今江苏泗洪一带。春秋晚期徐受楚国侵逼，又将都城迁到苏北。20世纪90年代，在邳州九女墩春秋晚期大墓出土徐国铜器，发掘者认为邳州是春秋晚期徐国都城所在[①]。根据《左传》记载，春秋时期徐介于齐、楚、吴三大国之间，处境日趋窘迫。春秋早期，它是齐、楚争夺的对象，由于齐国强大，徐先是依附于齐以抵抗楚国求得自保。《春秋》记庄公二十六年（前668年），齐人、宋人、鲁人伐徐。自此之后，徐成为齐之与国。楚虽多次与齐争夺徐国，但都未能得逞，事见《左传》僖公十五年（前645年）、十六年（前644年）、十七年（前643年）。此后不久，齐桓公死，齐国霸业随之衰落，而楚东进势头正强，徐失去齐的保护，无力与之抗争。楚国的强大对晋构成威胁，晋国通过扶植吴国以制衡楚国，从此引发了长达百年的吴、楚之争。这期间，徐夹处于吴、楚之间，从楚则吴伐，从吴则楚攻，国无宁日。春秋晚期，徐为避吴、楚侵逼，北迁至苏北邳州，但最终还是在昭公三十年（前512年）为吴所灭。

徐国传世及出土铜器数量较多，但大多比较零散，目前发现最为完整的墓葬只有邳州九女墩M3一座。该墓有高出地面三米的封土，墓室略呈方形，墓室分前室、主室、侧室、兵器车马器坑、陪葬坑及生土祭祀台等部分。墓底四周有生土二层台，有殉人16个。出土铜器有鼎、鬲、豆、壶、尊、盆、编钟、罍、缶、剑、戈、锯、削、车马器等。出土器物形制皆为春秋晚期风格。朱凤瀚指出，徐国墓葬结构与战国时齐国大墓相似，墓葬主室周围殉人的习俗也是东周时期苏北鲁南以及齐国共有的葬俗。铜器类别以食器、酒器、水器为主，当是受中原礼制影响，而以三鼎配五豆的组合方式，又表现出独特的风格。随葬铜器所表现的文化因素较为复杂。其中盆形腹鼎及带勾矩的青

---

① 南京博物院等：《江苏邳州市九女墩二号墩发掘简报》，《考古》1999年第11期；孔令远、陈永清：《江苏邳州市九女墩三号墩的发掘》，《考古》2002年第5期；徐州博物馆等：《江苏邳州市九女墩春秋墓发掘简报》，《考古》2003年第9期。

铜戈皆属中原式，兽首附耳鼎则属于群舒系器物，铜盆纹饰又与吴文化有密切联系，提链长颈圆壶又与山东诸国所出同类器物有相似之处[①]。墓中所出编钟铭文，器主自称“徐王之孙”，据此可断定此墓为徐国贵族墓。约属同一时期的墓葬还有M2、M4、M5、M6，其中M6规模相对较大，墓坑四周有二层台，中部为主椁室，周围置三具陪葬棺，墓道内两侧还有两座陪葬墓。其余四座墓葬规模比较接近。M2出土的编镈铭文起首有自述家门之语，谓“瘷巢曰：余攻王之玄孙，余詨子”，学者多认为此器属吴器[②]，它出土于徐墓，当与春秋晚期吴国北上争霸的背景有关。

### 三、钟离

《秦本纪》嬴姓之后有终黎，即钟离。《水经·淮水注》引《世本》曰：“钟离，嬴姓也。应劭曰：‘县，故钟离子国也，楚灭之以为县。’”《汉书·地理志》九江郡属县有钟离，其地在今凤阳县境。近年安徽凤阳发现两座春秋时期墓葬，出土铜器皆为钟离国君所作。钟离是春秋时期的小国，《春秋》经传有关钟离的材料仅有数条，今摘录如下：

> 叔孙侨如会晋士燮、齐高无咎、宋华元、卫孙林父、郑公子鳝、邾人会吴于钟离。(《春秋》成公十五年)

> 冬，吴伐楚，入棘、栎、麻，以报朱方之役。楚沈尹射奔命于夏汭，箴尹宜咎城钟离，薳启疆城巢，然丹城州来。(《左传》昭公四年)

> 吴人伐州来，楚薳越帅师及诸侯之师奔命救州来。吴人御诸钟离。子瑕卒，楚师熸。(《左传》昭公二十三年)

> 越大夫胥犴劳王于豫章之汭，越公子仓归王乘舟。仓及寿梦帅师从王，王及圉阳而还。吴人踵楚，而边人不备，遂灭巢及钟离而还。(《左传》昭公二十四年)

钟离在淮河中游，处于吴楚交争的前沿，饱受战乱之苦。在吴、楚战争中，它作为附庸，或属吴，或属楚，最终灭于吴。

---

① 朱凤瀚：《中国青铜器综论》，上海古籍出版社，2009年，第1832～1833页。

② 谷建祥、魏宜辉：《邳州九女墩所出编镈铭文考辨》，《考古》1999年第11期；冯时：《瘷巢钟铭文考释》，《考古》2000年第6期；孔令远：《徐国青铜器群综合研究》，《考古学报》2011年第4期。

钟离国墓葬现已发现的有凤阳卞庄一号墓与蚌埠双墩一号墓[①]。卞庄墓出土镈钟铭文器主自称“余□厥于之孙，童麗公柏之季子康”。“童麗”即“钟离”，墓主当为钟离君之子。双墩墓也出有一套纽钟，铭文云：“唯王正月初吉丁亥，童麗君柏作其行钟，童麗之金。”墓主当为钟离国君。发掘者介绍两墓均属春秋晚期。卞庄墓曾被多次盗掘，双墩墓则未经破坏，结构完整，出土遗物丰富。该墓有高大封土堆，有墓道，墓底为圆形，内部布局呈规整的十字形，主棺椁居中略偏北，东、西、北侧各殉3人，南侧殉1人。南椁室分为南北两个椁箱，南箱随葬食物（猪、牛、羊骨骼），北箱随葬器物。墓葬填土中放置大量土偶，又发现由五色土构成的20多条放射线状痕迹。随葬铜器计有鼎5、甗1、簠4、豆2、双联盒1、提梁盉1、罍2、匜1、盘1、勺2、纽钟9、戟4。青铜容器组合主要是食器、水器、酒器，这种组合当受中原文化影响。器物形制又表现出多种文化因素交融的特点。如带盖附耳鼎（M1:356）属典型的楚式器物，而铜盉（M1:20）、镂空柄铜豆（M1:286）又是江淮地区较为流行的形制。钟离国墓葬表现出来的复杂的文化面貌既有其特有风格，同时又受到中原和楚文化影响。这一现象表现了春秋时期各种文化在淮河流域的冲突与交融。

## 四、群舒

群舒亦称“众舒”（《左传》宣公十八年）。据《左传》文公十二年杜注与《世本》记载，群舒为偃姓。群舒包含国家文献说法不一，《春秋释例·土地名》谓群舒有“舒龙、舒蓼、舒庸、舒鸠”。《世本》又多出舒鲍、舒龚两国。另据《左传》文公十二年，宗、巢二国也是群舒之属。《潜夫论·志氏姓》所记尤多，曰：“偃姓舒庸、舒鸠、舒龙、舒共、舒鲍、舒蓼、郦、繇、会、六、皖、英、鬲国。”[②]群舒各国当是散居于江淮之间的淮夷各部逐渐发展形成的。

群舒地望今不能一一确指。据后世文献记载，可考者有舒、巢两国。舒，《史记·项羽本纪》正义引《括地志》云：“今庐江之故舒城是也。”《读史方舆纪要》卷二十六舒城条：“古舒国，汉置舒县，为庐江郡治。”地望在今安徽庐江县舒城故城。巢，《汉书·地理志》庐江郡居巢县下应劭注：“《春秋》：‘楚人围巢。’巢，国也。”《春秋》文公十二年杜注：“巢，吴楚间小国。庐江六县东

① 安徽省文物考古研究所等：《安徽凤阳卞庄一号春秋墓发掘简报》，《文物》2009年第8期；安徽省文物考古研究所等：《安徽蚌埠双墩一号春秋墓发掘简报》，《文物》2010年第3期。

② （汉）王符著，（清）汪继培笺，彭铎校正：《潜夫论校正》，中华书局，1985年，第597页。

有居巢城。”巢国地望即汉晋之居巢城，今人考证其地在安徽六安东北①。此外群舒之属的舒庸、舒鸠、舒龙、舒鲍与舒龚，据《太平寰宇记》记载也大多在舒城周边地区。郡舒诸邦主要分布在今安徽境内淮河以南的合肥、舒城、六安、霍山，范围北抵淮河，南至长江，西限霍山，东达巢湖，舒城是其中心地区。

随着徐、楚、吴三国的扩张，群舒渐次被吞并。最初群舒受制于徐。徐本是东夷大国，春秋初期仍有一定实力，《春秋》僖公三年“徐人取舒”，是将群舒纳为附庸。不过徐对群舒的控制时间不长。齐楚召陵之盟以后，楚北进中原的势头受到遏制，转而向东用兵，灭掉弦、黄、英等国之后，逼近江淮间的群舒。晋楚城濮之战后，楚北上的势头再次受到打压，而这一时期齐国霸业衰落，楚得以倾力沿淮河向东发展。徐自然不是楚的对手，群舒不久就成为楚国附庸。《左传》文公五年（前622年），楚灭六、灭蓼，文公十二年（前615年）群舒叛楚，楚出兵灭舒、宗，围巢。可知在此之前群舒已服属于楚。宣公八年（前601年）楚灭舒蓼，至此群舒诸邦近半数为楚所并。楚向东扩张日益强大，晋国扶植吴与楚抗衡，在吴楚纷争之中，群舒处在双方拉锯战之中，处境更加窘迫。相关记载主要有如下几条：

> 吴始伐楚、伐巢、伐徐……蛮夷属于楚者，吴尽取之。（《左传》成公七年）

> 舒庸人以楚师之败也，道吴人围巢，伐驾，围厘、虺，遂恃吴而不设备。楚公子橐师袭舒庸，灭之。（《左传》成公十七年）

> 吴人为楚舟师之役故，召舒鸠人。舒鸠人叛楚。楚子师于荒浦，使沈尹寿与师祁犁让之。舒鸠子敬逆二子，而告无之，且请受盟。（《左传》襄公二十四年）

> 舒鸠人卒叛楚。令尹子木伐之，及离城。吴人救之。……吴师大败，遂围舒鸠，舒鸠溃，八月，楚灭舒鸠。（《左传》襄公二十五年）

在吴楚之争中，随着双方实力的消长，群舒的向背也不断变化，但最终还是尽为楚所灭。

自20世纪50年代以来，安徽淮河以南就有铜器出土，但都是零散发现，没有完整的墓葬。这一地区所见铜器，有其独特的风格，学界一般认为属群

① 胡嘏：《群舒史迹钩沉》，《安徽史学》1986年第6期。

舒文化遗存。朱凤瀚研究指出，群舒早期部分铜器，如肥西县金牛乡长庄村出土的一柄剑具有中原铜器特征，至春秋中期以后，铜器形成自己的风格，如兽首附耳鼎、带曲角状鋬的甗形盉与鬲形盉、无流或有流的平顶盖缶（图4-5:4），都表现出群舒铜器的独特风格。春秋晚期群舒地区中出现了楚式铜器，与楚国对群舒的控制和渗透有关[①]。另外1980年在舒城九里墩曾发现一座大墓，该墓虽早年被盗，但仍清理出铜器170余件。对其国属学界有多种不同看法，发掘者认为是群舒之墓[②]，也有学者指出随葬铜器皆为楚式风格，可能是楚墓，也可能是附属于楚人的群舒贵族[③]，也有学者认为是吴国墓葬[④]。相关问题还有待进一步研究。

淮河中下游地区东周时期主要是吴、楚两国争夺的区域，在双方的拉锯战中，吴、楚之间虽互有胜负，但吴常常是灭国而不有其地。吴灭于越之后，楚向东扩张的势头强盛，期间虽有越国短暂崛起，但毕竟国力有限，最终江淮中下游一带仍被楚国吞并。

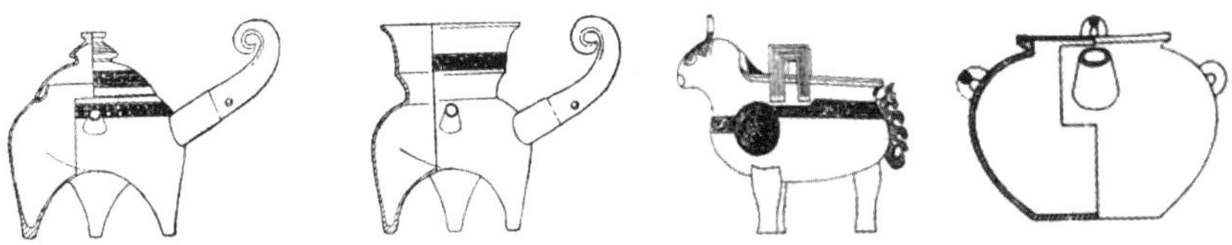

1. 鬲形盉（六安燕山村）　2. 甗形盉（六安燕山村）　3. 兽首鼎（舒城凤凰嘴）　4. 缶（舒城河口镇）

**图4-5　群舒典型铜器图**

## 第三节　齐、楚对山东地区东夷古国的兼并

东周时期，山东地区的东夷国家主要分布于鲁北、鲁东南两个区域。山东地区的东夷来源比较复杂，有的是土著夷人，有的是从淮河中下游迁入的淮夷，有的则原本为华夏民族，因久居东土与夷人杂处，亦被周人斥之为夷。进入春秋时期，据文献记载与考古发现，这些国家主要有郜、纪、逢、莱、莒、杞、郳、小邾、郯等国。现择要分述如下。

①③ 朱凤瀚：《中国青铜器综论》，上海古籍出版社，2009年，第1802页。

② 安徽省文物工作队：《安徽舒城九里墩春秋墓》，《考古学报》1982年第2期。

④ 徐少华：《舒城九里墩春秋墓的年代与族属析论》，《东南文化》2010年第1期。

## 一、杞

为夏后姒姓之国。《国语·周语》“杞、缯由大姒”，韦昭注：“杞、缯二国姒姓，夏禹之后，大姒之家也。”《左传》哀公十七年“子仲将以杞姒之子非我为子”，杞姒为杞国之女嫁与子仲为妻者。此皆杞为姒姓之证。关于杞国的情况，学界讨论较多的是杞国地望与迁徙问题。王恩田曾主张周代杞有两国，一为周杞，一为殷杞，周杞在杞县，殷杞在山东[①]。但杞有两国说似缺乏依据，多数学者仍主张杞国只有一个。文献记载，春秋时期杞国曾多次迁徙，活动范围皆在山东境内[②]。其迁徙过程，多年来经诸家研究，现在已大致清楚。商代的杞在山东新泰，后来或封或灭，至西周初年被武王分封于今河南杞县。至西周中晚期，杞又迁回山东新泰旧地，史密簋所言之杞夷即是。进入春秋之后，杞受淮夷侵扰，被齐桓迁至缘陵（今安丘北），事见《左传》僖公十四年。春秋后期，杞借晋国之力又迁至淳于，淳于地望由考古发现可知在新泰一带[③]。

杞虽是夏人后裔，但长期与东夷杂处，其文化习俗受东夷浸染较深，又因为国家弱小，春秋时颇受鲁国鄙视和欺凌。《左传》多次记载杞伯朝鲁不敬，或用夷礼，而被鲁国贬斥或责罚。如：

> 秋七月，杞侯来朝，不敬。杞侯归，乃谋伐之。（《左传》桓公二年）
>
> 杞成公卒，书曰“子”，杞，夷也。（《左传》僖公二十三年）
>
> 杞桓公来朝，用夷礼，故曰“子”。……秋，入杞，责无礼也。（《左传》僖公二十七年）
>
> 杞子来盟。（《春秋》襄公二十九年）书曰“子”，贱之也。（同年《左传》）

鲁对杞的责罚多属惩戒性质，并不构成严重伤害。杞虽然被视为夷，却不因此自绝于华夏，而是积极谋求与他国的合作，尤其善于事奉大国、追随霸主，因此春秋时不仅没有被他国灭掉，反而受到保护。据《春秋》经传的记载，杞对近邻鲁国十分恭敬，与之互通婚姻，杞君还经常朝鲁，杞受莒侵逼产生矛

① 王恩田：《从考古材料看楚灭杞国》，《江汉考古》1988年第2期。

② 王献唐：《山东古国考》，齐鲁书社，1983年；陈昌远：《古杞国历史地理问题考辨》，《中国历史地理论丛》2000年第1期；杨善群：《杞国都城迁徙与出土铜器考辨》，《学术月刊》2000年第2期；郝导华：《杞国史地考略》，《中原文物》2006年第1期。

③ 魏国：《山东新泰发现淳于戈》，《中国文物报》1990年3月1日。

盾,也是由鲁国出面调停[①]。齐桓公为霸主的时候,淮夷侵杞,杞得到齐国的庇护,迁都到缘陵。春秋中晚期,杞人闻知晋国强盛,又立刻与晋通好,《左传》成公十八年云:"秋,杞桓公来朝,劳公,且问晋故。公以晋君语之。杞伯于是骤朝于晋,而请为昏。"此后杞、晋关系密切,杞国又从中受益颇多。杞曾依靠晋国召集诸侯为它筑城:

> 仲孙羯会晋荀盈、齐高止、宋华定、卫世叔仪、郑公孙段、曹人、莒人、滕人、薛人、小邾人城杞。(《春秋》襄公二十九年)

> 晋平公,杞出也,故治杞。(同年《左传》)

杞人因晋的帮助得以迁回故土,此后晋国又为它讨要鲁国侵占的田地[②]。至战国早期,楚国势力发展到鲁南地区,杞才为楚灭,事见《史记·陈杞世家》。

杞国铜器现已发现的或著录的,内容基本相同,都是杞伯每亡为其夫人邾曹所作[③]。其中有两件是新近发现的豆形簋,其形制与其他几件中原式簋不同,张懋镕联系春秋早期鲁国故城甲组墓中出土的陶豆簋,认为豆形簋体现了杞文化的地方性特征[④]。

## 二、莒

传说莒为武王所封,初都计斤,春秋时迁至今莒县[⑤]。关于莒国姓氏文献记载不一,主要有三说。一曰曹姓。《国语·郑语》记史伯曰:"曹姓邹、莒。"二曰己姓。《国语·郑语》韦昭注:"莒,己姓,东夷之国也。"《春秋》隐公二年正义引《世本》亦云:"莒,己姓。"三曰嬴姓。《汉书·地理志》城阳国莒注云:"故国,盈姓,三十世为楚所灭,少昊后。"盈与嬴同音可通。嬴姓说最为晚出,不知何据,或许是因为嬴姓为东夷主要族姓,后世学者因莒是东夷而附会推定。曹姓说虽出于史伯之语,但亦缺少更为可靠的证据。己姓说则有其史料依据,《左传》文公七年:"穆伯娶于莒,曰戴己,生文伯;其娣声己,生惠

---

① 杞、莒之争见于《春秋》隐公四年"莒人伐杞,取牟娄",自此杞、莒不睦。《春秋》桓公十二年"公会杞侯、莒子,盟于曲池",同年《左传》"盟于曲池,平杞、莒也"。

② 见《左传》襄公二十九年、昭公四年。

③ 以往著录的簋铭见《集成》3897—3902,鼎铭见《集成》2642、2694、2695,壶铭见《集成》9687,卣铭见《集成》9688,盆铭见《集成》10334。

④ 张懋镕等:《新出杞伯簋浅谈》,《文博》2011年第1期。

⑤《左传》隐公二年正义引《世族谱》。

叔。”按照女子称名惯例，己为女子父家之姓，莒当是己姓。

关于春秋时期莒国历史，《春秋》经传记载较多。据学者研究，莒国疆域最广的时候，向北可达今诸城、安丘、胶州等地，向南可到今苏北的赣榆县，西境至于沂水、沂南、苍山一线，东境至于今日照海滨[①]。莒国为了自身的利益和发展与周边国家多有摩擦冲突，疆域也随之变化，但总的来说春秋时期莒国疆域比较广阔，甚至要超过鲁国。从军事实力上看，进入春秋以后，莒曾入向（《春秋》隐公二年）、伐杞（《春秋》隐公四年）、灭鄫（《左传》襄公四年），又长期与鲁争斗，几与春秋时代起讫相始终[②]。鲁国在昭公即位（前541年）以前，与莒国的争斗互有胜负，并不占有绝对优势。《左传》襄公十八年记诸侯伐齐，范宣子说：“鲁人、莒人皆请以车千乘自其乡入。”莒与鲁都至少有兵车千乘，可见两者军力相当。莒国在春秋列国中又具有一定的政治地位，当时各国内乱不断，有些人斗争失败，就流亡到莒国避难。如庄公八年（前686年）齐公子小白奔莒，庄公十年（前684年）谭子奔莒，闵公二年（前660年）鲁公子庆父奔莒，成公十七年（前574年）齐高无咎奔莒，襄公二十五年（前548年）齐王何奔莒，襄公三十一年（前542年）齐工偻洒等四人奔莒，哀公六年（前489年）齐国夏奔莒。可见莒国有一定的实力为他们提供庇护。

莒国与其他国家的往来和冲突加速了它与华夏的融合。由于莒具有一定的实力，它不甘心与其他东土小国为伍，在处理与鲁国的关系上，从不像杞、滕、薛等尊奉鲁国、时时朝见，反而是与鲁争衡，鲁文公至襄公时期莒国曾数次侵鲁东鄙。对于北方强邻齐国，莒也不甘为其役使，桓公霸业衰落以后，莒就谋求摆脱齐国控制，虽然有时不免处境窘迫，多方讨好，但总的趋势还是依靠晋国的支持以维护其在东方的利益。莒还积极参与诸侯会盟，据《春秋》经传记载，会盟者凡11次，会而不盟者达21次。莒与周边国家又多有姻亲关系，如“莒子娶于向”（《左传》隐公二年），“莒庆来逆叔姬”（《左传》庄公二十七年），莒犁比公之子去疾为齐出，另一子展舆为吴出（《左传》襄公三十一年）。鲁大夫也有娶于莒者，如“穆伯娶于莒”（《左传》文公七年），“声伯如莒，逆也”（《左传》成公八年）。凡此种种，皆是莒国与华夏融合的表现。

莒虽是东夷之中相对较强的国家，但政治昏暗，内乱不止，政局很不稳定。弑君、夺位、国人动乱、贵族出奔之事屡见[③]。莒国内乱直接影响其国力，昭公以后，莒与鲁的战争屡遭失败，以至于莒人自叹“鲁朝夕伐我，几亡

① 杨善群：《莒国史诸问题探讨》，《学术月刊》2001年第4期。

② （清）高士奇：《左传纪事本末》卷11，中华书局，1979年。

③ 事见《左传》文公十八年、襄公三十一年、昭公十四年、昭公二十三年。

矣"(《左传》昭公十三年)。由于与邻国关系不睦,加之内乱不断,在与诸侯竞争中逐渐衰落,至战国已彻底沦为一个小国。

莒国范围内考古发现较多。这里只讨论比较重要的几处发现。其一是1975年在莒南大店老龙腰和花园村两地发掘的两座春秋时期的大墓①。老龙腰的一号墓墓室近方形,墓口东西长11.3米,南北宽10.4米,位于东边北端的位置有墓道,墓室分为主室和器物坑,有一宽0.8米的夯土隔梁将墓室隔成两部分。主室在南,墓主棺椁外东、北、西三侧放置10具殉人棺。出土青铜器、陶器共144件。铜器组合为鼎、敦、鉶、壶、盘。据形制与纹饰可断定时代为春秋晚期。

大店二号墓在花园村,墓室内结构与一号墓相似。墓口南北长10米,东西宽9米,墓道在东边南端。墓室中央有腰坑,内有殉犬1只。墓室内分两部分,北部主墓室安置墓主及10个殉人棺,南部为器物坑。此墓早年被盗严重。仍残存有编钟、编磬和其他青铜器、陶器,判断其时代也在春秋晚期。编钟主人为"莒叔之仲子平"。

另一处比较重要的发现在沂水县院东头乡刘家店子②,共清理两座春秋墓和一座车马坑。一号墓规模宏大,残存墓口南北尚有12.8米,东西8米,墓室中部放置墓主两椁一棺,南北各有一个器物库。出土有青铜礼器、兵器、乐器、工具、车马器以及玉器、陶器。殉人很多,椁室西侧填土中有一个殉人,其他殉人都在南器物库上,呈三层叠压,大致有35到39人。北库遭破坏。出土铜器铭文有"公簋""公铸壶""莒公"等字样,此外还有黄国铜器和陈国铜器。发掘者推测一号可能是莒国国君墓。莒国墓葬普遍殉人数量较多,具有明显的东夷文化特点。

关于莒国的灭亡,也是学界存在争议的问题,以往学者研究多侧重于依靠典籍文献,实际上,传世莒侯少子簋铭文可以为我们探究莒灭国问题提供线索。下面从莒侯少子簋铭文入手,结合清华简和传世文献的记载,梳理战国早期历史背景,探讨莒灭国问题。

莒侯少子簋为罗振玉旧藏,原器不存,有器影与铭文拓本存世。该器侈口,束颈,鼓腹,圈足外撇,下连铸方座,器腹两侧有龙形双耳。腹与座皆饰波曲纹。腹内有铭文36字,含合文1(图4-6)。杨树达《积微居金文说》对铭

① 山东省博物馆等:《莒南大店春秋时期莒国殉人墓》,《考古学报》1978年第3期。

② 山东省文物考古研究所、沂水县文物管理站:《山东沂水刘家店子春秋墓发掘简报》,《文物》1984年第9期。

文作过考释,今参考其释文[1],略作修订,写出宽式释文如下:

唯五年正月丙午,莒侯少子析、乃孝孙不巨,合取吉金,妳(乃)作皇妣剑君仲妃(妃)祭器八簋,永宝用享。(《集成》4152)

1. 莒侯少子簋

2. 莒侯少子簋铭文

图 4-6

"㇋"字杨文释作"九",非是。"九"象弯曲的手臂,前端有表现手部特征的"又",而"㇋"仅一曲笔,应当是"乃"字。"乃"在铭文中是领格代词,意为"你的"。"乃孙"是作器人对先祖的自称,同样称谓还见于乃孙鼎(《集成》2431)、祖日庚簋(《集成》3991)、乃孙罍(《集成》9823)等商周时期的铜器。"仲妃"之"妃",亦见于陈侯午敦"皇妣孝大妃"(《集成》4646),学者或释作"姒",或释作"改",认为是女子之姓,不确。杨树达指出此字从"女"从"巳",释为妃匹之"妃"。所言极是。"大妃""仲妃"是诸侯妻妾的排行称谓,相当于《左传》中的元妃、二妃。如文公十四年"邾文公元妃齐姜生定公,二妃晋姬生捷菑"。此外还有下妃,《左传》昭公八年"陈哀公元妃郑姬生悼大子偃师,二妃生公子留,下妃生公子胜"。关于元妃,《左传》隐公元年传"惠公元妃孟子"杜注曰:"言元妃,明始适夫人也。"联系文公二年传"凡君即位,娶元妃以奉粢盛",可以确定,元妃应当是诸侯第一次所娶之正夫人[2]。元妃即大妃,为诸侯嫡妻,所生子为嫡子,可嗣位为诸侯,陈侯午敦中的大妃与陈侯午母子二人即属于这种身份关系。而仲妃与莒侯少子析是次妃与庶出少子。由铭文可知,此簋是莒侯小儿子析携其子不巨为生母皇妣剑君仲妃所作祭器。

---

① 杨树达:《积微居金文说(增订本)》,中华书局,2004年,第238~239页。

② 杨伯峻:《春秋左传注》,中华书局,2016年,第2页。

关于簋的时代，郭沫若推测在春秋以后[①]，《殷周金文集成》修订增补本器物说明定在春秋晚期[②]。其实，20世纪30年代徐中舒讨论陈侯四器时就曾提及此簋，认为它与陈侯午簋（图4-7）相似，是战国之物[③]，但未能引起学者注意。徐先生的判断确实可信。比勘两器不难发现，其形制与纹饰都极为相似，唯有龙形双耳略有差异。耳与器身连接部分，莒侯少子簋较短，并且靠近器腹的位置变细，而陈侯午簋这一部分较长且匀称。再者，莒侯少子簋为钩珥，陈侯午簋则近似于方珥。莒侯少子簋耳部造型与临淄东夏庄战国齐墓出土的一件战国早期仿铜陶簋（图4—8）[④]的耳形制相似，显然也是仿效齐器风格的制作。莒侯少子簋不仅制作工艺深受齐文化影响，铭文字体也与齐文字十分相似，比如"丙""皇""月""祭""簋"等字皆与战国齐铭文形体相同，属齐系文字无疑[⑤]。除此之外，铭文内容也与陈侯午簋（《集成》4145）、敦（《集成》4646）多有相同之处。簋、敦同铭，敦铭更为清晰，曰：

> 唯十又四年，陈侯午以群诸侯献金，作皇妣孝大妃祭器鈛敦，以蒸以尝，保有齐邦，永世毋忘。（图4-9）

铭辞结构都是"时间、作器人择金、作皇妣祭器若干"，对先妣称谓都是"皇妣＋排行＋妃"，遣词用句如出一辙，时代自当相近。先妣的称谓也体现出明显的时代特征。先说妣的含义，晚商、西周、春秋皆祖妣相对，妣指已故祖辈女性，但这里的妣却是已故母亲。《说文》"妣，殁母也"，《尔雅·释亲》"父为考，母为妣"说的都是这个意思，这是战国时期发生的变化，郭沫若早有论断[⑥]。其次是先妣皆不称姓，有违西周春秋时期的女子必称姓的习俗，显然也是战国姓氏合一、女子称姓之俗绝迹的结果[⑦]。战国早期齐平公时期的陈逆簠铭文（《集成》4630）称夫人"元配季姜"，还保留父家族姓，称先人皇祖、皇妣、皇考、皇母，仍严守西周春秋亲称旧俗。由此亦可推断簋铭先妣称谓

① 郭沫若：《两周金文辞大系图录考释》，《郭沫若全集·考古编》第8卷，科学出版社，2017年，第372页。

② 中国社会科学院考古研究所编：《殷周金文集成（修订增补本）》第3册，中华书局，2007年，第2573页。

③ 徐中舒：《陈侯四器考释》，《中研院历史语言所集刊论文类编·语言文字编·文字卷》，中华书局，2009年，第178页。

④ 山东省文物考古研究所编著：《临淄齐墓》第1集，文物出版社，2007年，第65页。

⑤ 何琳仪：《战国文字通论（订补）》，江苏教育出版社，2003年，第88页。

⑥ 郭沫若：《释祖妣》，《郭沫若全集·考古编》第1卷，科学出版社，2017年，第19～21页。

⑦ 陈絜：《商周姓氏制度研究》，商务印书馆，2007年，第413～415页。

的变化是战国中期出现的。

综合以上分析，莒侯少子簋与陈侯午簋形制、纹饰、铭文多有相似之处，其时代也当接近。陈侯午即齐桓公田午（前374年—前357年在位），是战国中期人物，莒侯少子簋的时代也当属战国中期。

图4-7　陈侯午簋

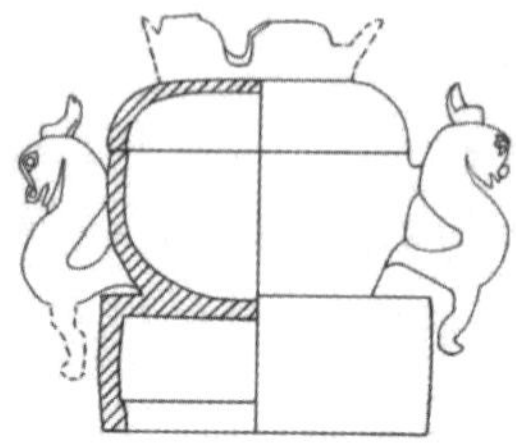

图4-8　东夏庄陶簋（LDM4:113）

图4-9　陈侯午敦铭文

莒是东夷之邦，春秋中期以后内乱频发，兼受鲁、齐、楚等国侵逼，国势日衰，最终亡于战国。关于莒国的灭亡，传世文献主要有以下三种记载：

《史记·楚世家》：

> 楚简王元年，北伐灭莒。

《战国策·西周策》宫他语：

> 邾、莒亡于齐，陈、蔡亡于楚。此皆恃援国而轻近敌也。

《墨子·非攻中》：

> 东方有莒之国者，其为国甚小，间于大国之间，不敬事于大，大国亦弗之从而爱利。是以东者越人夹削其壤地，西者齐人兼而有之。计莒之所以亡于齐、越之间者，以是攻战也。

上述材料以《史记》记载最为明确，郭沫若[1]、杨宽[2]、何浩[3]、杜勇[4]、张志鹏[5]等

---

① 郭沫若：《两周金文辞大系考释》，《郭沫若全集·考古编》第8卷，科学出版社，2017年，第360页。

② 杨宽：《战国史料编年辑证》，上海人民出版社，2001年，第138页。

③ 何浩：《楚灭国研究》，武汉出版社，1989年，第275～279页。

④ 杜勇：《莒国亡年辨》，《管子学刊》2010年第3期。

⑤ 张志鹏：《新见楚王克莒戈及相关问题研究》，《出土文献》第13辑，中西书局，2018年。

学者皆从其说。蒙文通则根据《战国策》和《墨子》的记载，认为莒亡于齐。蒙氏注意到《战国策·齐策五》"莒恃越而灭"和《西周策》莒"恃援国而轻近敌"的联系，推断莒恃越为援，亡在越王翳徙吴(前378年)之后①。在此基础上，又进行了深入地考证。《史记·田敬仲世家》齐威王二十四年自述"泗上十二诸侯皆来朝"，同年《越王勾践世家》载越王语"愿齐之试兵南阳、莒地，以聚常、郯之境"，说明齐灭莒在威王二十四年之前。而《田敬仲世家》记载齐威王即位之初九年间，诸侯并伐，国人不治，此后实施改革，国势转强。由此推定齐灭莒时间上限在威王九年。《魏世家》记马陵之战前外黄徐子说太子申提到"攻齐大胜并莒"，可知此时齐已据有莒，时间在齐威王十四年。通过以上分析，蒙氏得出结论，莒灭亡时间在战国中期的齐威王九年至十四年间(前348年—前343年)②。持楚灭莒之说的学者或认为《战国策》为策士之言，不足为据。然而《史记》楚简王元年灭莒的记载也缺乏坚实的材料支撑，如学者引以为证的中子化盘(《集成》10137)，实际上与楚灭莒无关③，南阳出土的"楚王克莒戈"或许与楚简王灭莒有关④，但并不能排除莒后来复国的可能。"齐灭莒"和"楚灭莒"两种意见都有其合理性，也存在一定的不足，至今未能形成统一的认识。

诸家的研究恰恰都忽略了莒侯少子簋这件铜器。前文已初步论证其时代在战国中期，这一结论与蒙氏考证莒国灭亡的时间相合，为蒙说提供了证据。而《史记》楚简王元年(前431年)灭莒在战国早期，早于莒侯少子簋的时代，明显矛盾。但《史记》记载时间非常明确，或许有所依据，不能轻易否定。比较合理的解释是楚简王灭莒之后，莒又复国，至战国中期被齐所灭。东周时期小国屡遭侵伐，亡而复存的情况并不罕见，如与莒相邻的滕、郯都曾被越所灭⑤，但不久又都复国，将近战国晚期才灭亡⑥。战国早期楚国政治中心在湖北江汉平原，与鲁东南的莒相距甚远，即使出师灭莒也不能据有其地，莒亡之后旋而复国的可能性很大。《史记·六国年表》齐宣公四十四年(前

① 文中战国公元纪年无特别说明的均采自杨宽：《战国史》附录三"战国大事表"，上海人民出版社，2003年。

② 蒙文通：《古族甄微》，《蒙文通全集》(4)，巴蜀书社，2015年，第283～284页。

③ 陈絜：《中子化盘铭文别释》，《东南文化》2008年第5期。

④ 张志鹏：《新见楚王克莒戈及相关问题研究》，《出土文献》第13辑，中西书局，2018年。

⑤ 范祥雍：《古本竹书纪年辑校订补》，上海古籍出版社，2011年，第58页。

⑥ 滕灭亡时间大约与中山国同时，在前296年前后，参杨宽：《战国史》，上海人民出版社，2003年，第372～374页。郯灭亡大约在前264—前262年之间，参何浩：《楚灭国研究》，武汉出版社，1989年，第351～354页。

412年)就有关于莒国较晚的记载:“伐鲁、莒及安阳。”《后汉书·赵彦传》:“莒有五阳之地。”李贤等注:“谓城阳、南武阳、开阳、阳都、安阳,并近莒。”安阳为莒地。《六国年表》这句话应当理解为,伐鲁国和莒国,一直打到莒国的安阳[①]。说明当时莒国尚存。

以往学者对莒侯少子簋铭文的研究都停滞在文字考释层面,并未发掘其所蕴含的历史信息,其实“莒侯”这一称号对于考察莒国晚期历史,推定莒器时代都有帮助。

《春秋》经传有不少关于莒国的记载。莒君常常参与诸侯盟会,《春秋》经传书其君作“莒子”,这是东周时期中原诸侯对东夷之君的称呼,其他如郯子、鄅子、郳子等皆是。莒子在盟会中的位次排在中原诸侯之后,可见其地位比较低下。不过莒君在国内可自称为“公”,如渠丘公、犁比公、著丘公等。周代贵族或邦君无论在王朝中地位高低,在领内皆可自称为“公”,莒亦如此,但绝无“莒侯”这种称号。春秋莒君不称侯,究其原因当与周代封建制度有关。周王封侯有严格的标准。一般来说,侯都被分封在王畿之外的军事要地,肩负着屏藩周邦的义务。从血缘上看,这些侯都具有三代以来的华夏血统,其中大部分又是王室子弟或姻亲,也就是所谓的“封建亲戚,以藩屏周”。而莒是边裔东夷,被周王朝分封的齐、鲁、滕、薛等侯国所包围,不是周邦的藩卫,却是周人防控的对象。莒既不在华夏之列,与王室又无姻亲之谊,可以说完全不具备称侯的资格。

莒子称侯显然是一种僭越行为。众所周知,战国时期封建制度瓦解,卿大夫称侯、诸侯称王之事层出不穷,莒子称侯应当也发生在战国。其大致年代,可根据传世文献和出土材料,联系相关历史背景加以推定。

春秋时期莒依靠晋国的庇护,长期与鲁争衡,时至战国,鲁亦势衰,齐成为莒的主要威胁。早在春秋时期,齐就以莒事晋不事己为由多次出兵讨伐[②]。楚也曾因为莒依附于晋,为吴、晋使臣往来提供交通便利而伐莒[③]。战国时期莒沦落成为“泗上十二诸侯”之属的小国[④],对三晋已失去了利用价值,不再受到庇护。在这种形势下,莒仍然不畏强齐,公然僭用中原诸侯的

---

① 辛德勇:《巨鹿之战地理新解》,《历史的空间与空间的历史》,北京师范大学出版社,2005年,第78页。

② 事见《左传》宣公十三年、昭公十九年、昭公二十年、昭公二十二年。

③ 成公八年申公巫臣使吴假道于莒,次年楚从陈伐莒,两事前后密切相关。《左氏会笺》录卓尔康语认为楚伐莒为得莒以备吴,有一定道理,其实主要还是为了惩治莒假道吴晋通使,以绝“夷庚”之道,与楚伐宋到彭城的目的相同。参本章附录《说〈左传〉中的地名“夷庚”》。

④《史记·田敬仲世家》“泗上十二诸侯皆来朝”,索隐谓:“郳、莒、宋、鲁之比。”

称号，必定是得到了其他强国的支持，这个国家应当就是“莒恃越而灭”的越。

战国初年越王勾践灭吴之后，为巩固霸主地位，将国都从会稽迁到山东半岛东南部的琅邪（前468年），与齐、莒为邻，打破了长期以来齐在东方一家独大的局面，遏制了齐国在东方的扩张，莒国的生存状态出现了转机。大概在越徙都之后，莒就依附越国寻求庇护以对抗齐国。但需要指出的是，越灭吴之后的形势并不十分乐观。《史记·越王勾践世家》记勾践灭吴与诸侯会于徐州，得到周天子赐胙为伯，于是“渡淮南，以淮上地与楚，归吴所侵宋地于宋，与鲁泗东方百里。当是时，越兵横行于江、淮东，诸侯毕贺，号称霸王”。《越绝书》也有类似的记载，云：“是时越行伯道，沛归于宋，浮陵以付楚，临沂、开阳，复之于鲁。中邦侵伐，因斯衰止。”越将灭吴所得北方大片领土拱手相让，是为形势所迫的无奈之举。《楚世家》云：“是时越已灭吴而不能正江、淮北，楚东侵，广地至泗上。”趁越灭吴疲敝之际，楚国大肆东侵，严重威胁越国的安危。越已无力控制泗上之地，只能作顺水人情让给邻国，仅保留琅邪一带作为国都，以安抚诸侯，赢得拥戴。大概受此影响，勾践临终时告诫太子：“夫霸者之后，难以久立，其慎之哉！”[①] 勾践之后的鹿郢、不寿两代均无所作为，可能正是奉守了勾践的遗训。这段时间越国霸主地位并不稳固，为博取中原诸侯的好感，不可能支持莒这种东夷小国称侯。

越经过勾践之后两代沉寂，至越王朱句时又活跃起来。清华简《系年》第二十章[②]记载：

> 越公勾践克吴，越人因袭吴之与晋为好。晋敬公立十又一年，赵桓子会[诸]侯之大夫，以与越令尹宋盟于邧，遂以伐齐，齐人焉始为长城于济，自南山属之北海。晋幽公立四年，赵狗率师与越公朱句伐齐，晋师闶长城句俞之门。越公、宋公败齐师于襄平。至今晋、越以为好。

晋在春秋时期长期居于中原霸主的地位，但也时常受到齐、楚的挑战，矛盾由来已久。越国称霸之后，后方有楚国的威胁，国都琅邪又与齐境相接，需要晋的支持，两国自然结成盟友。莒依附越，实际上就是投靠了晋、越联盟，成为其附庸。据简文可知，晋、越结盟之后，对齐非常不利。晋敬公十一年（越王朱句八年，前441年）赵、越伐齐，此役可能无功而返，但促使齐修建长城防备赵、越。晋幽公四年（越王朱句二十年，前430年）赵、越再次联合伐

① 见《吴越春秋·勾践伐吴外传》。

② 李学勤主编：《清华大学藏战国竹简（贰）》，中西书局，2011年。

齐，宋也参与其事。晋（赵）师围攻齐长城句俞之门，越、宋败齐师于襄平，取得小胜。两次战争越国都是以盟友的身份配合赵氏伐齐。此后越亦独自在鲁南扩张势力范围，于朱句三十四年（前415年）灭滕、三十五年（前414年）灭郯[①]。期间齐都处于被动防守的态势，次年才转守为攻。《田敬仲完世家》载宣公四十三年（前413年）“伐晋，毁黄城，围阳狐”。正义引《括地志》云：“故黄城在魏州冠氏县南十里，阳狐郭在魏州元城县东北三十二里也。”黄城在今山东冠县南。山西太原金胜村春秋战国之际的赵卿墓曾出土一件“黄城戈”[②]，戈铭“黄城”就是齐、晋交界的黄城，战国早期属赵氏[③]。阳狐在今河北大名北，与黄城极近，当亦属赵。齐伐晋实际上是伐晋国的赵氏。《史记·六国年表》载齐宣公四十四年（前411年）伐鲁、莒。两国是越或赵的盟国。《史记·赵世家》献侯十三年（前411年）“城平邑”，《水经·河水注》引《竹书纪年》“（晋烈公）五年（前411年），田公子居思伐邯郸[④]，围平邑”。两处平邑是一地。正义引《括地志》：“平邑故城在魏州昌乐县东北四十里。”其地在今河北南乐县东北[⑤]，与前述黄城、阳狐不远，都是赵氏领土与齐交界处地名。盖赵为防齐而城此邑，次年齐果来攻。《田敬仲完世家》宣公四十八年（前408年）“取鲁郕”，明年“伐卫，取毌丘”。从下文所引清华简《系年》第二十二章的内容来看，卫也是三晋的盟国。齐国发动对赵、鲁、卫、莒这些三晋盟国一系列进攻，刚好都在魏文侯西夺秦河西（前413年—前408年）、北灭中山（前408年—前406年）期间。当时三晋以魏最强，魏文侯被尊为盟主，三家往往联合行动，赵可能也参与了魏的对外扩张，因而不能专注于应对齐国，只能采取防守的策略，使得齐有了反攻的机会。齐伐鲁、莒的时间又刚好在越王朱句卒年，或许正是利用越国有丧，不能发兵救援的契机。早先齐抵抗赵、越等国联军，能以寡敌众，一俟晋、越有事又积极发动反击，双方的争斗基本处于胶着状态，晋、越联盟对齐还未形成绝对优势，胜负不明朗，这段时期莒国不可能贸然称侯。

---

① 越灭滕、郯的时间参范祥雍：《战国年表》，《古本竹书纪年辑校订补》，上海古籍出版社，2011年，第111页。

② 山西省考古研究所等编：《太原晋国赵卿墓》，文物出版社，1996年，第97页。

③ 吴良宝：《驫羌钟铭“楚京”研究评议》，《出土文献史地论集》，中西书局，2020年，第77页。

④ 当时赵居晋阳，敬侯元年（前386年）始迁邯郸。称邯郸，盖徙都之后追书。参范祥雍：《古本竹书纪年辑校订补》，上海古籍出版社，2011年，第60页。

⑤《集解》引《地理志》云代郡亦有平邑，其地在今山西阳高县东南，与齐相去甚远。当时齐攻赵鄙，赵为加强边防，所城平邑自当在赵、齐边境，而不可能是代郡之平邑，参钱穆：《史记地名考》，商务印书馆，2001年，第756页。

赵、齐相争,最终由公孙会之乱引发成三晋伐齐的大战。晋烈公十一年(前405年),即魏灭中山的第二年,正是魏实力强盛的时候,《水经·瓠子河注》引《竹书纪年》记载,此年齐国公孙会以廪丘叛归赵氏,齐发兵围廪丘,魏将翟角、赵将孔屑及韩师救廪丘。《吕氏春秋·不广》记此事云:"齐攻廪丘,赵使孔青(即孔屑)将死士而救之,与齐人战,大败之。齐将死,得车二千,得尸三万,以为二京。"争夺廪丘的战争,齐师大败,伤亡惨重。

次年(前404年)魏文侯亲率三晋之师再次伐齐,攻入齐长城,重创齐国。此事见于《吕氏春秋·下贤》《淮南子·人间训》及屭羌钟。实际上,这次战争规模很大,除三晋之师外,还有同盟越国参与。清华简《系年》第二十二章记载:

> 韩虔、赵籍、魏击率师与越公殹伐齐,齐与越成,以建阳、邱陵之田,且男女服。越公与齐侯贷、鲁侯显盟于鲁稷门之外。越公入飨于鲁,鲁侯御,齐侯参乘以入。晋魏文侯斯从晋师,晋师大败齐师,齐师北,晋师逐之,入至汧水。齐人且有陈慶子牛之祸,齐与晋成,齐侯盟于晋军,晋三子之大夫入齐,盟陈和与陈淏于溋门之外,曰:毋修长城,毋伐廪丘。晋公献齐俘于周王,遂以齐侯贷、鲁侯显、宋公畋、卫侯虔、郑伯骀朝周王于周。①

伐齐之役越军先至,齐不与越交战而与之行成,以达到退兵之目的。行成地点在鲁,盖越假道于鲁伐齐,齐人求成,越遂就近在鲁与之行成。越师由鲁北上伐齐,进攻目标很可能就是齐国西境要塞平阴,与三晋目标一致。越伐齐之时,三晋之师当在进军途中。齐如与越纠缠,待三晋联军抵达,多股军队并力进攻,平阴要塞难以防守。因此,齐委曲求全,先割地献奴与越行成,分化越国。此役本是赵、齐双方为争夺廪丘而起,与越并无直接干系,越得到好处之后,即罢兵而去。齐化解了越的威胁,是为保存实力抵抗三晋。但三晋联军来势汹汹,大败齐师,一举攻破齐长城,入至汧水②。齐长城一经突破,即无险可守,都城临淄暴露于三晋兵锋之下,岌岌可危。败局已定,齐只能与三晋结城下之盟,避免更为惨重的损失。至此,迁延日久的赵、齐之争,以齐的惨败而告终。魏文侯率三晋之师伐齐的目的,《淮南子·人间训》载齐人括子之语已道出真相,是为"求名于我"。齐人既已察觉魏文侯之意,遂献

---

① 李学勤主编:《清华大学藏战国竹简(贰)》,中西书局,2011年。

② 汧水或即源水,在临淄附近。参贾连翔:《三晋始侯相关史事新探——再读清华简〈系年〉与屭羌钟铭文》,《中国史研究》2020年第3期。

出齐侯，与鲁、宋、卫、郑诸国之君一道朝见周天子，为三晋请侯，于是“(周)威烈王二十三年(前403年)，九鼎震，命韩、赵、魏为诸侯”[①]。三晋如愿以偿。

前404年，三晋与越联合伐齐，虽然征服了齐国，消除了莒国称侯的敌对障碍，但是三晋之中当时只有魏文侯先自称侯，韩、赵两家在第二年受周天子正式册命之后才称侯[②]。三晋开启了卿大夫逾制列为诸侯前所未有的先例，因此《史记》称“九鼎震”。莒作为联盟中的附庸，僭号称侯不可能早于三晋。待三晋列为诸侯之后，莒才可能依仗越国的支持，效仿三晋自号为侯，时间应当在前403年之后不久。莒侯少子簋的制作不会早于前403年，莒灭亡更在此之后。前378年，越徙吴，在中原地区的影响力下降，前370年韩、赵干涉魏国君位继承，三晋也分道扬镳，联盟彻底瓦解。综合以上分析，蒙文通考证莒亡于齐威王九年至十四年间(前348年—前343年)更合乎情理。最后将文中所涉及事件年代制成表格以清眉目(表4-1)。

**表4-1 晋越齐交争大事年表**

| 公元前 | 齐 | 越 | 魏 | 赵 | 韩 | 楚 |
|---|---|---|---|---|---|---|
| 468 | | 徙都琅琊 | | | | |
| 465 | | 勾践卒 | | | | |
| 453 | | | 灭智 | 灭智 | 灭智 | |
| 448 | | 朱句即位 | | | | |
| 445 | | | 文侯即位 | | | |
| 441 | | 伐齐 | | 伐齐 | | |
| 431 | | | | | | 灭莒 |
| 430 | | 伐齐 | | 伐齐 | | |
| 423 | | | | 献侯即位 | | |
| 415 | | 灭滕 | | | | |
| 414 | | 灭郯 | | | | |
| 413 | 伐赵黄城、阳狐 | | 始伐秦争河西 | | | |
| 412 | 伐鲁、莒，及安阳 | 朱句卒 | 伐秦 | | | |

---

① 《史记》卷4《周本纪》。

② 由清华简《系年》第二十二章的材料看，魏文侯率三晋之师伐齐时已自称侯，而对韩、赵之君，简文直书其名，其时尚未称侯。

续表

| 公元前 | 齐 | 越 | 魏 | 赵 | 韩 | 楚 |
|---|---|---|---|---|---|---|
| 411 | 伐赵平邑，取鲁一城 | | | 城平邑 | | |
| 409 | | | 伐秦 | | | |
| 408 | 取鲁郕 | | 全有河西，伐中山 | | 景侯即位 | |
| 407 | 伐卫取贯丘 | | | | | |
| 406 | | | 灭中山 | | | |
| 405 | 廪丘叛 | 伐齐 | 伐齐 | 伐齐 | | |
| 404 | | 王翳八年，伐齐 | 伐齐 | 伐齐 | 伐齐 | |
| 403 | | | 列为侯 | 列为侯 | 列为侯 | |
| 386 | 田禾为侯 | | | | | |
| 379 | | 王翳徙吴 | | | | |
| 356 | 威王元年 | | | | | |

## 三、邾

又称邾娄、邹、驺。曹姓。前文提到杞伯夫人邾曹，即曹姓邾女嫁到杞国者。邾国故城考古调查已经证实邾在今山东兖州邹县[①]。春秋时期的邾国国力要逊于鲁，大约是与莒相当的中小型国家，春秋末期两国对吴的贡纳等级为“鲁赋八百乘”“邾赋六百乘”（《左传》哀公七年），由此可见两国实力的对比。邾又与鲁十分邻近，邾君形容为“鲁击柝闻于邾”（《左传》哀公七年）。邾鲁关系是邾国历史发展的主线，两国这种强弱分明且密迩相邻的关系，使得邾国在处理与鲁国的关系上比较谨慎。总体来说邾对鲁是比较恭敬的，邾君也曾多次朝鲁，对于鲁国的欺凌，虽然偶有抗争，但多数情况下还是保持克制隐忍的态度。而鲁则视邾为夷，对邾十分鄙视，春秋晚期对邾的侵伐尤剧，使邾濒于灭亡。另外宋、楚两国也曾试图控制邾国等东夷小国，事见《左传》僖公十九年、襄公二十六年。邾国延续至战国，《孟子》中尚有邹穆公。邾之灭亡有灭于楚和灭于鲁两说，因文献不足，孰是孰非尚难遽定。

邾是居于东夷的土著，立国较早，《路史·后纪八》云：“武王得曹挟（侠），复封之朱，曰朱娄。”据此邾在周代之前就已存在。传说邾人祖先为陆终氏，据邾公釛钟（《集成》102）记载，邾人也自称是陆终氏后裔。春秋时期邾人仍

① 中国科学院考古研究所山东工作队：《山东邹县滕县古城址调查》，《考古》1965年第12期。

保持了一些东夷风俗。比如，邾君杀人祭社，《左传》僖公十九年"宋公使邾文公用鄫子于次睢之社，欲以属东夷。"杜注："……此水次有妖神，盖杀人而用祭。"另外邾君下葬时还用人殉，《左传》定公三年记邾庄公之葬"先葬以车五乘，殉五人"。人殉、人祭凡此种种都是东夷风俗传统。不过邾又与莒不同，在与鲁国的长期交往中，其文化也受鲁影响，不似莒国野蛮暴虐。邾人也讲究重民、重君臣父子之道。邾文公卜迁于绎时，史曰："利于民而不利于君。"公曰："苟利于民，孤之利也。天生民而树之君，以利之也。民既利矣，孤必与焉。"左右曰："命可长也，君何弗为？"公曰："命在养民。死之短长，时也。民苟利矣，迁也，吉莫如之！"（《左传》文公十三年）邾定公时，有弑其父者，有司以告，邾公称是自己的过失，说："臣弑君，凡在官者，杀无赦；子弑父，凡在宫者，杀无赦。杀其人，坏其室，洿其宫而猪焉。盖君逾月而后举爵。"（《礼记·檀弓下》）邾人既保留了一部分夷人文化传统，同时又吸收了周人的优秀文化，这正是邾长期与华夏往来交融的结果。邾约在西周晚期一分为三，即邾、小邾（郳）、滥。

## 四、小邾

又称郳，曹姓，出自邾国。据考古发现，小邾国故地在今山东省枣庄市山亭区东江村一带[①]。《左传》庄公五年云："秋，郳犁来来朝。名，未王命也。"杜注："未受爵命为诸侯，《传》发附庸称名例也，其后数从齐桓以尊周室，王命以为小邾子。"孔颖达正义曰：

> 郳者，附庸之国。犁来，其君之名。《传》言未王命者，解其称名之意，由未得爵命为诸侯，故称名也。……郳之上世出于邾国，《世本》云："邾颜居邾，肥徙郳。"宋仲子注云："邾颜别封小子肥于郳，为小邾子。"则颜是邾君，肥始封郳。《谱》云："小邾，邾侠之后也。夷父颜有功于周，其子友别封为附庸，居郳。"曾孙犁来始见《春秋》。附从齐桓以尊周室，命为小邾子。穆公之孙惠公以下，春秋后六世，而楚灭之。《世本》言肥，杜《谱》言友，当是一人。僖七年《经》书小邾子来朝，知齐桓请王命命之。

小邾国在春秋是一个十分弱小的国家，他与诸侯交往较为频繁，但都是作为附庸，听从大国的号令，几乎没有独立活动。它先是追随齐国，齐桓公死后，晋国成为霸主，又依附于晋国，参与晋国发起的会盟、土工等活动达18

① 李光雨、张云：《山东枣庄春秋时期小邾国墓地的发掘》，《中国历史文物》2003年第5期。

次之多。但邻近的宋、齐等国仍不放弃对小郳国的控制。对于邻近的鲁国，小郳也是十分恭敬，于僖公七年（前653年）、襄公七年（前566年）、昭公三年（前539年）、十七年（前525年）多次朝鲁。小郳国在与大国的外交上，完全陷于唯强是从的尴尬境地。进入战国后被楚灭掉。

枣庄东江村共清理发掘小郳国墓6座，只有M2、M3保存完好，其他几座都遭受不同程度盗扰。6座墓中，M1、M2、M4为甲字形墓，M3与M5、M6为长方形竖穴墓。除M6以外面积都在30平方米以上，属大中型墓。M1出土有郳友父所作器，学者多推测此人即小郳始封君郳友，墓葬时代也都属于春秋早期。M2出土青铜器组合为鼎4、鬲4、簋4、壶2、罍1、盘1、匜1，M3为鼎4、鬲2、簠4、圆壶2、罐2、盘1、匜1，这些礼器虽然形制上属于周文化风格，但组合方式上却与中原地区西周以来的鼎簋相配之制不同，数量搭配上，主要器物都是偶数，这种组合关系与信阳地区春秋早期墓葬所见情况比较相似，或许是夷人文化特有的传统。

## 五、滥

周宣王时，郳传至五世夷父颜，颜生夏父及友，夏父继位为郳君，友封于郳，即小郳。夷父颜死后其弟叔术即位为郳君，不久又让位给夷父颜之子夏父，自己出居于滥，即滥国，时代大约在西周末年[①]。《春秋》昭公三十一年“冬，黑肱以滥来奔”，杜注：“滥，东海昌虑县。”在今山东枣庄滕州东南。考古工作者在枣庄徐楼村发现了一处㳄国夫妇墓[②]，即文献中的滥国[③]，正属文献记载滥国范围。

## 六、郜

郜国族姓主要有姜姓、妫姓、嬴姓、妊姓诸说。各家观点不一，其原因是对相关铭文材料的理解不同所致，涉及郜国族姓的铭文共有以下三条：

> 郜子姜首及郜，公典为其盥盘，用祈眉寿难老……（公典盘，《铭图》14526，图4-9）

> 郜中媵孟[illegible]宝簠，其万年眉宝，子子孙孙永宝用。（郜中簠，《新收》1045）

---

① 王献唐：《春秋郳分三国考》，齐鲁书社，1982年。

② 枣庄市博物馆等：《山东枣庄徐楼东周墓发掘简报》，《文物》2014年第1期。

③ 赵平安：《宋公圝作㳄叔子鼎与滥国》，《中华文史论丛》2013年第3期。

䣄伯肇作孟妊膳鼎，其万年眉寿，子子孙孙永宝用。（䣄伯鼎，《集成》2601）

图4-9 公典盘铭文拓本（《金文通鉴》14526）

关于公典盘首句"䣄子姜首及䣄"，诸家理解仍有分歧[①]。有学者提出䣄子姜首是䣄国女子[②]，但是两周媵器中待嫁女子冠以夫家氏名的例子习见，如：

邓公作应曼妣媵簋，其永宝用。（《集成》3775）

郑伯作宋孟姬媵匜，其子子孙孙永宝用之。（《新收》87）

方辉已指出"子"是美称，古时男、女皆可用，"及"为往嫁之义[③]。"䣄子姜首及䣄"应理解为名系姜首的女子往嫁于䣄。姜首所自出之国当如李学勤指出是齐国的可能性较大[④]。姜首与公典为夫妻关系，此器是姜首嫁到䣄国后，公典为其所作[⑤]。䣄中簠为䣄国贵族嫁女之媵器，媵器大多是父亲为出嫁之

① 相关文章可参看方辉：《䣄公典盘铭考释》，《文物》1998年第9期。

② 涂白奎：《〈䣄公典盘〉及相关问题》，《考古与文物》2003年第5期；《䣄国之姓考辨》，《史学月刊》2008年第7期。

③ 方辉：《䣄公典盘铭考释》，《文物》1998年第9期。

④ 李学勤：《䣄子姜首盘和"及"字的一种用法》，《中国文字研究》第1辑，广西教育出版社，1999年，收入氏著《重写学术史》，河北教育出版社，2002年。

⑤ 耿超：《公典盘铭文及相关问题再探》，《中国国家博物馆馆刊》2016年第7期。

女所作[①],孟□当是郭中之女,表示族姓的□字,据赵平安考证为嬴[②],其说可信。至于郭伯鼎中的孟妊则是郭君夫人,郭国妊姓之说不能成立。

《左传》襄公十三年记载郭国内乱,国一分为三,鲁国以出兵救援为由灭掉郭国。据《汉书·地理志》《水经·济水注》记载,郭在今山东济宁市,但郭国春秋早期的贵族墓葬却在济南市长清仙人台被发现[③]。或许是鲁灭郭后,将其一支迁至鲁国南境,因此有郭在济宁之说[④]。仙人台发现的6座墓葬,除M1早年被破坏外,其余5座皆保存完好,其中M3、M6两座墓葬的情况简报有详细介绍。M3为中型墓,面积约为11.9平方米,有一棺一椁。墓底有腰坑,内殉一狗。随葬青铜器与陶器置于椁室右侧边箱中。青铜器有鼎2、簠2,陶器有鬲2、壶2、罐2。M6面积最大,为20.7平方米,双椁双棺,椁室中部有腰坑。出土随葬铜器有鼎15、簋8、盖豆2、方壶2、圆壶2、鈚1、盂1、盘1、匜1、提梁小罐1、小罐1。朱凤瀚指出,M6青铜容器组合方式也是偶数相配,Ba型八鼎配八簋,Bb、Bc、Bd型鼎均各二,与二豆、二方壶、二圆壶相配,郭国墓地随葬铜容器组合方式与同时期的枣庄东江小邾国墓葬相似,可能是东夷文化圈对周制的改造[⑤]。

仙人台墓地的发现为郭国研究揭开了一角。目前发现的墓葬只有6座,学者围绕出土材料,分析墓葬年代,探讨郭国存灭问题,取得了一些成果[⑥]。将来随着考古工作的深入开展,应当会有更多材料发现和公布。仙人台以外的邻近地区也应当引起关注。1986年4月和1991年7月,山东长清万德镇石都庄和义灵关村村民先后发现了4件周代铜器,据后来考察,两批铜器皆出自墓葬,发现铜器的两村隔河相望,距离仅1000米,两墓当属同一墓地[⑦]。M1出土的两件簠,铭曰:

> 郭仲媵孟嬴宝簠,其万年眉宝,子子孙孙永宝用。(《铭图》5893)

这是郭仲嫁女孟嬴所作媵器。任相宏指出石都庄墓地西北距仙人台郭国墓

① 个别例外情况有一国媵二女,或为他国女作媵器的。其例可参陈昭容:《两周婚姻关系中的"媵"与"媵器"——青铜器铭文中的性别、身分与角色研究之二》,台北"中央研究院"历史语言研究所集刊第77本。

② 赵平安:《郭子中簠的名称和郭国的姓氏问题》,《古籍整理研究学刊》2006年第1期。

③ 山东大学考古系:《山东长清县仙人台周代墓地》,《考古》1998年第9期。

④ 山东大学考古系:《长清仙人台五号墓发掘简报》,《文物》1998年第9期。

⑤ 朱凤瀚:《中国青铜器综论》,上海古籍出版社,2009年,第1679～1680页。

⑥ 朱继平:《周代郭国地望及相关问题再探》,《杭州师范大学学报(社会科学版)》2013年第3期;张志鹏:《山东长清仙人台墓地五号墓国别与年代考》,《东南文化》2016年第1期。

⑦ 昌芳:《山东长清石都庄出土周代铜器》,《文物》2003年第4期。

地不足10公里，其地属邿国范围，墓地是邿国境内的外姓贵族采邑[①]。其说有一定道理。其实还有另一种可能，前一章已经提到，这两件簠也可能属于媵器出自本国墓葬的情况，石都庄有可能属于邿国另一处墓地，或与《左传》记载的邿国内乱、一分为三有关。

鲁北地区国族还有谭、逄、纪、莱，大多缺少相关的考古材料。据文献记载，它们在春秋时期先后都被强齐吞并。此外，分布于胶东地区的被考古学者认定为岳石文化后继者的珍珠门文化[②]，也在周代走到了尽头，在齐国东扩的过程中，它们的创造者土著夷人，最终成为齐国治下之民。而鲁中南地区的邾、小邾等国，在春秋战国之际被迅速扩张的楚国灭亡。

① 任相宏：《邿中簠及邿国姓氏略考》，《文物》2003年第4期。

② 严文明：《东夷文化的探索》，《文物》1989年第9期。

# 附录　说《左传》中的地名“夷庚”

《左传》成公十八年记载，楚郑伐宋取彭城，纳宋叛臣鱼石、向为人、鳞朱、向带、鱼府等五人，并遣兵车三百乘以戍之，宋人以为患。宋西鉏吾谓楚国此举：“今将崇诸侯之奸而披其地，以塞夷庚。逞奸而携服，毒诸侯而惧吴晋。”诸侯之奸即鱼石诸人，楚所披之地即彭城。彭城失守，夷庚不通，晋不能联吴制楚，是为吴晋两国心腹之患。杜预注：“夷庚，吴晋往来之要道，楚封鱼石于彭城，欲以绝吴晋之道。”可谓的见。然而夷庚名称之由来，杜预似亦不知其详，故未有说。孔颖达《春秋左传正义》训“夷”为“平”，据《诗序》“由庚，万物得由其道也”，训“庚”为“道”，说：“夷庚止谓吴晋往来之平道耳，非山川险难之名，故杜《土地名》不得指其所在。”[①]以为夷庚非专名。汉晋六朝辞赋亦多征引夷庚，如陆机《辨亡论》“旋皇舆于夷庚，反帝座乎紫闼”[②]，臧荣绪《晋书》：“司徒王谧议曰：‘夷庚未入，乘舆旋馆。’”所谓夷庚是帝王乘舆行驶的平坦大道。又如繁钦《辨惑》“吴人者，以船檝为舆马，以巨海为夷庚”[③]，是说江南水路交通发达，吴人出行泛舟于巨海之中，有如北方人驾车于大道之上。再如徐陵《册陈公九锡文》“鄂坂之隘斯开，夷庚之道无塞”[④]，也是以夷庚指代大道。因此惠栋据以认为夷庚“通谓车马往来之大道，以其在彭城，故属之吴晋也”[⑤]。洪亮吉亦谓夷庚“通谓车马往来之平道”，“似非实有其地”[⑥]。沈钦韩、竹添光鸿、杨伯峻等学者多从之[⑦]。

---

① (晋)杜预注，(唐)孔颖达等正义：《春秋左传正义》卷28“成公十八年”，上海古籍出版社，1990年。

② (西晋)陆机：《辨亡论》，《文选》第6册卷53，上海古籍出版社，1986年，第2311页。

③ 同上书，第2312页。

④ (唐)姚思廉：《陈书》卷1《高祖上》，中华书局，1972年，第17页。

⑤ (清)惠栋：《春秋左传补注》，《皇清经解》卷355，上海书店，1988年，第724页。

⑥ (清)洪亮吉：《春秋左传诂》卷11，中华书局，1987年，第490页。

⑦ (清)沈钦韩：《春秋左氏传补注》，《续修四库全书》第125册，上海古籍出版社，1996年，第78页；〔日〕竹添光鸿：《左氏会笺》成公下第十三，台北新文丰出版公司，1978年，第77页；杨伯峻：《春秋左传注》，中华书局，2016年，第999页。

按，夷庚取道彭城，沟通吴晋，当实有其地，而非泛称。汉魏六朝辞赋以夷庚指代大道，是将典故中的专名用作通名，这是古典文学作品中习见的修辞手法，如以扁鹊代指良医，以钟子期代指知音等，类似的例子很多。不能将借代的通名之义与其专名本义相混淆。实际上，以地理考之，彭城在今江苏北部的徐州，为宋国东方重镇，而与之邻近的鲁南苏北一带，春秋时期正是东夷诸小国分布区。据《春秋》经传记载，当时中原诸侯多称这一地区的小国为夷或蛮夷。如在今山东邹城的邾，《左传》昭公二十三年记载它与鲁有纠纷，晋人主持调解，欲使鲁大夫叔孙与邾大夫对质辩论。鲁大夫叔孙就认为邾是地位尚不及中原小国的夷，而不屑与之“对簿公堂”。又《左传》僖公二十一年，邾灭句须，鲁僖公之母成风谓之“蛮夷猾夏”，视邾为蛮夷。再如枣庄地区的小邾和滥，是从邾分裂出来的两个国家，其族属自然也是夷，春秋时期小邾国成为鲁国附庸，国君称小邾子，可见其地位之低下。今山东日照莒县春秋时期有莒国，是东夷诸国中较为强大的一个，《左传》成公八年，晋使申公巫臣假道于莒，与莒子有过一番对话，莒子自称“辟陋在夷”。《左传》昭公十三年，由于鲁国屡次侵伐邾、莒，两国几于灭亡，因而诉之于晋，鲁人向晋人辩解说，“君信蛮夷之诉，以绝兄弟之国”，亦视邾、莒为蛮夷。枣庄地区春秋时期还有一个鄫，《左传》僖公十九年记载，宋襄公欲以杀伐立威，图霸诸侯，“使邾文公用鄫子于次睢之社，欲以属东夷”，可见鄫是地位较邾更为低下的东夷小国。此外枣庄还有偪阳国，春秋时期被晋所灭，《左传》襄公十年记载，晋侯“以偪阳子归，献于武宫，谓之夷俘”，鄫也是夷。在今山东莱芜新泰一带的杞，《左传》襄公二十九年晋人说它“夏余也，而即东夷”。杞虽夏人之后，因其浸染夷礼，与东夷无别，其国君亦被中原诸侯称为杞子。《春秋》僖公二十三年记载杞子卒，同年《左传》解释说：“书曰‘子’，杞，夷也。”是视杞为夷。山东临沂郯城的郯国，《左传》昭公十七年记载其国君郯子朝鲁，孔子借机向郯子请教上古职官制度，感慨说：“天子失官，学在四夷。”郯在华夏诸邦看来也是夷。《尚书·费誓》云：“徂兹淮夷、徐戎并兴。”徐在江苏泗洪，周人有时也称东、南地区夷人为戎，实际上夷、戎二者无别，并不能将此处之戎理解为西北地区的民族。比如班簋铭文记载毛公用三年时间平定东土，所讨伐的就是东夷族的痟戎（《集成》4341），又比如䵼方鼎铭文也称淮夷为淮戎（《集成》2824），柞伯鼎称南夷中的昏为戎（《铭图》2488）[①]，皆是其例。而且徐、淮夷都是嬴姓，其族属为夷毫无疑问。春秋时期淮夷也活动于山东附近地区。《左传》昭公二十七年晋卿范献子评论鲁国内政时说：“季氏甚得其民，淮夷与之。”季氏执政能得到淮夷的支持，说明淮夷与鲁邻近，杜预注：“淮夷，鲁东夷。”大约活动于

① 朱凤瀚：《柞伯鼎与周公南征》，《文物》2006年第5期。

鲁国东部、南部一带，也属于东夷的一个族群。

春秋时期鲁南苏北地区的国族，除薛、滕两国外，上举邾、小邾、滥、杞、鄫、莒、徐、郯、偪阳、淮夷等都是东夷国族（参图4-10）。它们与彭城邻近，因此，《左传》襄公元年晋出兵夺取彭城归之于宋，声子评论说："晋降彭城而归诸宋，以鱼石归。楚失东夷……"失去彭城，楚无以控制东夷。《左传》僖公十六年宋襄公使邾文公杀鄫子为牲，欲以慑服东夷，都说明宋东境之彭城与东夷相邻，是经营东夷的重镇。不唯鲁南苏北地区的国族多称为夷，长江下游的吴、越也是夷。《春秋》昭公五年"楚子、蔡侯、陈侯、许男、顿子、沈子、徐人、越人伐吴"，同年《左传》则记曰："楚子以诸侯及东夷伐吴。"东夷除徐之外还有越。《左传》成公七年吴伐郯，季文子说："中国不振旅，蛮夷入伐。"长江下游与越为邻，被晋扶植起来抗楚的吴也是夷。夷庚既然经过彭城联通东夷，其得名当与东夷有关，故"夷"当读如字，不须训作"平"。

"庚"训"道"，除《正义》援引《诗序》为说，洪亮吉还指出"庚"借为"迒"，训为"道"[①]。其实古文"庚""康"互作无别。如清华简《系年》第四章"卫人自庚丘迁于淇卫"[②]，众所周知，卫国始封之地名康，其君本称康侯，后徙封至卫才改称卫侯，故"庚丘"即"康丘"。上博简五《季庚子问于孔子》中问政于孔子的"季庚子"[③]，自名为肥，对照《左传》可知他就是鲁哀公时期的执政季孙肥，他死后谥号为康，故称"季康子"，此亦"庚""康"相通之例。又如通录钟（《集成》64）嘏辞中的"庚娱"亦读为"康娱"。其他如《战国策·韩策》人名"司马康"、卜辞殷先王"康丁"的"康"，在《史记·韩世家》《殷本纪》中皆作"庚"。故"夷庚"也可读为"夷康"。

"康"本有道路之义，如康衢即是其例。《尔雅·释宫》："四达谓之衢，五达谓之康。"彭城在古泗水之滨，处黄淮平原四方辐辏的四战之地，《孙子·九地篇》云："诸侯之地三属，先至而得天下之众者，为衢地。"彭城正可当之。康、衢义近，皆泛指四通八达之大道，以彭城为枢纽的路网辐射东夷、诸夏，正可谓夷康。具体而言，由彭城溯泗水北上，经偪阳、薛、滕、滥、小邾、邾等国可达于鲁。由彭城东行，沿沂水北上又可联系郯、莒诸国。此两途继续向北都可至于齐。由彭城顺泗水南下，则可达于徐，涉淮继续向南可至于吴。此外，莒、郯、徐相连也是一条南北往来的大通道，《左传》僖公四年，召陵之盟后，辕涛涂建议齐桓公"观兵东夷，循海而归"，杜预注："东夷，郯、莒、徐夷也。"沈钦韩《春秋左氏传补注》曾说："其道当沿淮而下，经

① （清）洪亮吉：《春秋左传诂》卷11，中华书局，1987年，第490页。

② 李学勤主编：《清华大学藏战国竹简（贰）》，中西书局，2011年，第50页。

③ 马承源主编：《上海博物馆藏战国楚竹书（五）》，上海古籍出版社，2005年，第43页。

泗州、海州，入山东沂州府，而至国也。"[1]史念海也指出，此观兵东夷之路即取道徐、郯、莒[2]。《左传》襄公二十九年吴公子季札聘鲁当亦经此途，期间也应经过宋国彭城。《左传》成公八年晋遣申公巫臣使吴，假道于莒，盖先过鲁，再至莒南下，或假道于齐再至莒南下过彭城而到吴，此途亦是夷庚之道。

总之，夷庚是以彭城为交通枢纽，北达于齐、南至于吴，联结中原与东夷的交通要道。春秋时期晋楚争霸，宋邑彭城是晋楚控制东方，以及晋联吴制楚的重镇，双方围绕彭城及其周边地区展开激烈的争夺，彭城作为东方交通枢纽的地位逐渐凸显，形成了以之为中心的交通网络。

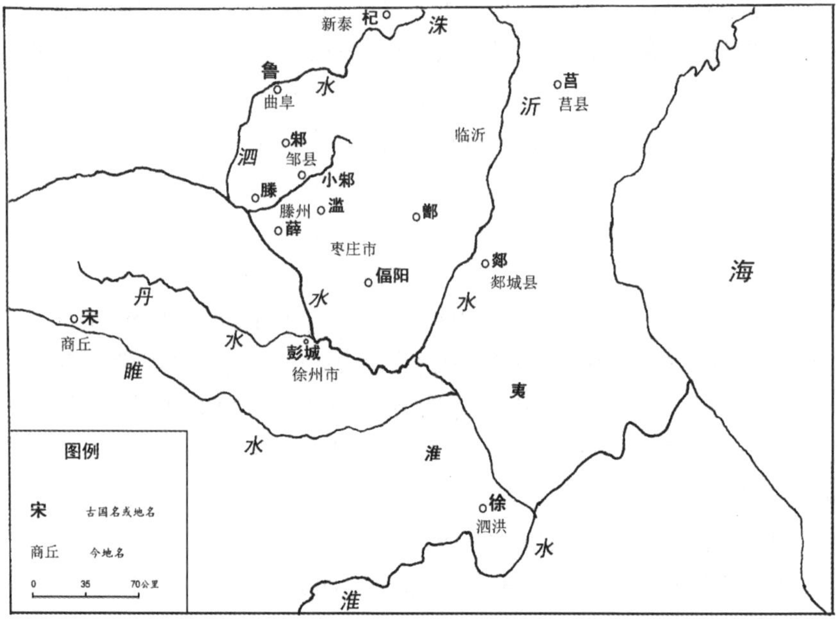


图4-10 彭城周边诸侯与东夷国族分布示意图

① (清)沈钦韩:《春秋左氏传补注》,《续修四库全书》第125册,上海古籍出版社,1996年,第28页。

② 史念海:《春秋以前的交通道路》,《中国历史地理论丛》1990年第3期。

# 第五章　夷族名称概念的演变与夷夏观念

族群概念和族群观念是探讨民族历史地理问题的基础，族名概念混淆不清，相关史地问题研究也必然陷入歧途。本章讨论的夷称概念、夷夏观念问题与夷夏史地问题相辅相成、密不可分。以往学者探讨夷夏观念，成果虽然比较丰富，但大多基于东周和秦汉传世文献立论，关注重点也多在夷夏关系层面，对于夷称概念这一最基本的问题重视不足；解读商周出土材料中的夷称概念，又往往直接套用东周文献成说。实际上，夷的概念和夷夏观念经历了商周时期漫长的发展和演变过程，不加甄别地直接套用晚近概念，难免发生混淆和错误，甚至会出现观点难以调和、自相矛盾的情况。林沄曾对非华夏族研究中存在的各种问题，作出非常深刻透彻的分析，他说：

> 古籍中有关非华夏族的记载往往是零星、片断，甚至互相矛盾的。只凭一两条史料立论，往往导致错误的结论。即使是收集了有关某一族的全部史料，之所以仍会得出完全不同的结论，关键在于：一、对不同记载形成年代的先后和可信程度未加充分的考虑。二、同一族称的实际含义是随时代的变化而变化着的。即使同一时代的不同作者或注家，对同一族称的理解也有差异。这一点更是往往被忽视了。所以，面对纷纭的文献记载，一定要作必要的历史性的分析。否则，一视同仁地引用各种异说，一味调和，只会陷入迷魂阵而难以自拔。[①]

林先生指出的问题在夷族问题研究中也十分普遍。解决这一问题的根本办法，当如林先生所言，对各种史料进行历史性的梳理和分析。以下就根据这一原则，对夷称概念、夷夏观念问题展开研究。

---

① 林沄：《说“貊”》，《史学集刊》1999年第4期。

## 第一节　人方定名

“东夷”这一名号是中原王朝对东方民族的称呼，而非本民族自称。因此，它的产生与演变体现的是中原王朝“东夷”观念的变化。相关材料在甲骨、金文以及传世文献中相当丰富，为我们探讨早期夷夏观念问题提供了依据。学者早已注意到周金文中习见的“东尸”“淮尸”之类名号，其中象人蹲踞状的“尸”字，皆读为“夷”，“东尸”“淮尸”就是文献中的“东夷”“淮夷”[①]。金文中“尸”成为族群名称的专用字，说明夷夏观念在西周时期已经形成。实际上，在甲骨文中也已存在以“尸”为名的方国，即所谓的人方或夷方，因此欲探明“夷”族名称的起源问题，首先要从殷墟卜辞中的人方入手。

晚商时期东土的重要方国人方与周人所称的东夷有着密切关系。东周文献诸如“纣克东夷而陨其身”（《左传》昭公十一年）、“商纣为黎之蒐，东夷叛之”（《左传》昭公四年）、“商人服象，为虐于东夷”（《吕氏春秋·古乐》）之类的记载，即殷墟卜辞中的“征人方”事件，可见周人径称商代东土之人方为东夷。因此，有不少学者主张将人方定名为夷方。郭沫若说：“旧多释‘尸’为‘人’，余谓当是‘尸’字，假为‘夷’（原注：金文南夷东夷字作南尸东尸）。”[②]董作宾也认为“人方”即“夷方”，他还列举传世文献关于纣伐东夷的内容，说明夷方即东夷[③]。后来陈梦家注意到武丁时期的刻辞假为夷的尸都写作□，与卜辞“人方”及“若干人”之人作□或□者不同，由此他提出武丁卜辞中的□方为尸（夷）方，在西土，乙辛时代的人方在南土，两者是两个不同的邦方[④]。陈氏夷方、人方分别为两个不同邦方的说法虽少有学者认同，但却也引起学界对于人方定名问题的讨论。岛邦男持夷方说，他主张□、□是一字，即金文中的夷字[⑤]，不过他的字形辨识有误，所列举的□、□通用的那几条卜辞中的两种字体其实都写作□[⑥]，即“尸”。20世纪90年代郑杰祥作《商代地理概论》又持人方说，他论述道：“卜辞‘人’与‘夷’当为一字，□是□字的简化。

① （清）孙诒让：《古籀余论》卷3史懋壶条与师酉敦条，中华书局，1989年。

② 郭沫若：《卜辞通纂》，科学出版社，1983年，第462页。

③ 董作宾：《甲骨文断代研究例》，《庆祝蔡元培先生六十五岁论文集》上册，台北“中央研究院”历史语言研究所，1933年。

④ 陈梦家：《殷虚卜辞综述》，中华书局，2004年，第285、301页。

⑤ 〔日〕岛邦男：《殷墟卜辞研究》，濮茅左、顾伟良译，上海古籍出版社，2006年，第750页。

⑥ 岛氏所引辞例为《合集》6461正、6480、33039。

大致上在一期卜辞中人方多写作‘亻方’，三期以后卜辞多写作‘亻方’或‘亻方’，因此，卜辞夷方、人方当是同一个部族在不同时期的不同称呼。”[①]实际上也是主张卜辞尸、人是不同的两个字。李学勤对于人方的定名也曾多次发生变化。他早年所作《殷代地理简论》从“人方”说[②]，90年代作《重论夷方》，又改从“夷方”说[③]，2005年发表《论新出现的一片征人方卜辞》又回到“人方”说[④]，最终在2006年所作《商代夷方的名号和地望》一文中明确了“夷方”说的观点[⑤]。他认为黄组以前各组卜辞“人”“尸(夷)”两字区别比较清楚，武丁时期所伐的“尸(夷)方”的“尸”字象人形足部前伸或有曲笔，作夷是蹲踞状，在较晚的无名组卜辞里“人”和“尸”的写法也有同样的区别。为了说明黄组卜辞中这个国族名号是夷方而不是人方，他列举了两条与征夷方有关的卜辞，分别为无名组的《屯南》2320与黄组的《合集》35345，他认为两条材料所记是同一件事，由此推论黄组的这个方国只能是“夷方”，不能读为“人方”。但也有学者不同意此观点，门艺在其博士论文中指出，“人”“尸”在卜辞中本是一字，主张定名为人方[⑥]。

上述学者的研究都或多或少地涉及卜辞“人”“尸”两字区别与联系，但考察材料大多不够系统全面，难免有疏漏之处，因此仍有进一步探讨的必要。我们同意门艺的说法，认为卜辞“尸”与“人”区别并不严格，两者常常通用无别[⑦]。下面在学者研究的基础上，综合各组记有人、尸的卜辞材料，探讨两字的联系，并确定人方名号。

在宾组刻辞中，有“伐亻”“征亻”的内容，如：

> 壬午卜卜，宾贞，王叀妇好令征亻。(《合集》6459，宾组)
>
> 贞，王叀侯告比征亻。六月。(《合集》6460，宾组)
>
> 贞，王令妇好比侯告伐亻。(《合集》6480，宾组)

上揭三条卜辞，卜问内容依次是王令妇好征亻、王联合侯告征亻、王令妇好伐亻。征、伐同义，被征伐的“亻”显然是方国名号，也就是金文中的“尸”字，

---

① 郑杰祥:《商代地理概论》，中州古籍出版社，1994年，第352～354页。

② 李学勤:《殷代地理简论》，科学出版社，1959年。

③ 李学勤:《重论夷方》，《民大史学》第1辑，中央民族大学出版社，1996年。

④ 李学勤:《论新出现的一片征人方卜辞》，《殷都学刊》2005年第1期。

⑤ 李学勤:《商代夷方的名号和地望》，《中国史研究》2006年第4期。

⑥⑦ 门艺:《殷墟黄组甲骨刻辞的整理与研究》，郑州大学博士学位论文，2008年。

根据金文“尸”读作“夷”这一现象，似可推断“尸方”即夷方。但实际情况却不尽然，请看以下宾组卜辞：

己未卜，㱿贞，王登三千[illegible]伐[illegible]方，𢦏。(《合集》6641)

甲骨文中“登人若干伐某方”的辞例习见，本辞所记是商王召集三千人伐[illegible]方，[illegible]虽然也写作象人蹲踞之形，其实表示的是人而不是尸。宾组刻辞是早期刻辞中记录这个方国名号最多的一组。虽然按照周金文的区别标准来看，宾组中的人、尸两字字形区别明显，但在当时的用法上却并没有严格的规范，有的学者认为宾组用作方国名号时都写作尸，其实并不符合实际情况。写作[illegible]（尸）的方国名有《合集》6461、6459、6460等，写作人的亦不少见，如：

[illegible]方不出。(《合集》6456)

……卯卜叀……寅征[illegible]，𢦏。(《合集》6464)

丙子卜，呼……其伐[illegible]于……(《合集》6462)

勿呼敦[illegible]。(《合集》6463)

侯告征[illegible]。(《合集》6457)

前两条的[illegible]是人字无疑，后三条中的[illegible]写法稍异，或释作尸，但也可以释为人。再看如下时代相同的两组卜辞：

癸亥卜，王叀或比。
癸亥卜，王叀望乘比。
癸亥卜，王叀[illegible]征。
乙丑卜，王叀或比。
乙丑卜，王叀望比。(《合集》33112，历组)

辛酉卜，争贞，王比望乘伐下危。
辛酉卜，争贞，王勿唯望乘比。
贞，王叀沚戠比伐巴方。
贞，王勿沚戠比。
贞，王叀[illegible][illegible]征。

贞，王勿惟⼫[征]。(《合集》6476，宾组)

在早期卜辞中，方国名号“某方”有时省略方字。这两组卜辞所记亻与⼫即是这种情况。裘锡圭指出以上历组与宾组卜辞是为同一事件而占卜的，时代大约在武丁中后期[①]。或即沚戓，他与望乘同是武丁时期的重要将领。亻亦如⼫，指的都是同一方国。以往宾组中的⼫一般隶定为尸，历组卜辞中的亻作为国族名号一般也多被读作尸，而历组中普通含义的人字也都这样书写，如：

戊子卜……执亻……(《合集》33202)

执为族名或地名，执亻即执族之人，宾组卜辞有：

丁卯卜，勿令执以人田于𥝧。(《合集》1022 甲)

丁卯卜，令执以人田于𥝧。十一月。(《合集》1022 乙)

两条卜辞记载商王贞问是否令执从事田猎活动，可知执应是商人的一个族氏，那么“执亻”的“亻”只能是人字。历组卜辞中类似某族人的例子还有：

辛亥，𢀛令束亻先涉。(《合集》33203)

束也是族名[②]，束亻即束族之人。其他与人有关的辞例如“众人”(《合集》31988、31989、31990)、“以人”(《合集》32273、32274、32275)、“用人”(《合集》32374、32375)等，人字都写作亻。实际上历组表示普通含义的人的亻也表示方国名号，并不存在人、尸的区别。

时代较晚的无名组卜辞也有写作亻的人字，每每与作人形之人字通用无别，如《合集》27015、27017中的“廿人”“卅人”即其例。所以亻也表示人。由此看来，历组卜辞中这个方国应称为人方。而宾组与历组时代大体相当，因此也可以反过来证明，宾组中所谓的“尸”字只是“人”字的另一种写法，其实都是人字。

各组卜辞中“尸”“人”通用的辞例并不鲜见，较早的𠂤组也存在这种现象，其辞例有：

① 裘锡圭：《论“历组卜辞”的时代》，《古文字研究》第6辑，中华书局，1981年。

② 在关束族的论述可参陈絜：《商周姓氏制度研究》，商务印书馆，2007年，第129～132页。

……寅卜……令𠂈方。(《合集》20249)

侯告伐𠂈方。(《合集》33039)

可见𠂤组中人方、尸方两种写法也是同时并用的。

在晚期的无名组卜辞中,人方名号也偶有出现:

弜益襄,𠂈方不出于之。弜益涂,𠂈方不出于之。王其呼卫于奚,方出于之,有𢦏。[①](《合集》28012)

同属无名组的《屯南》2064"王族其敦𠂈方邑售"则写作尸方。黄组卜辞中皆作人方,乃众所周知,毋庸赘言。

卜辞还常见以人牲为祭的辞例,人字也可以写作尸,如:

贞,翌丁未用十𠂈于祊,卯一牛。(《合集》828正,宾组)

贞,翌乙未率鼓𠂈。小告(《合集》829正,宾组)

"鼓人"与"用人"的辞例在卜辞中习见,作为牺牲的人一般写作𠂈,上举两例中的𠂈含义显然也是人[②]。

卜辞中尸与人往往混同无别,只有放到具体语境中才能分辨出来。在宾祭卜辞中表示代死者受祭的人,一般都应读作尸,如"延尸":

于大乙延𠂈。(《合集》34057,历组)

戊寅卜,贞,于祊延𠂈。七月。(《合集》831,宾组)

丁未卜,王……延二𠂈……示……二月。(《合集》19799,宾组)

"延尸"是宾祭中的环节,《仪礼·馈食礼》郑注云:"延,进也,在后诏侑曰延。"在历组卜辞中没有人和尸两字的区别,从第一条卜辞内容分析,知道是宾祭

---

① 李学勤将这条卜辞读为:"弜益襄人,方不出于之。弜益涂人,方不出于之。王其呼卫于奚,方出于之,有𢦏。"认为未记方国名号。参李学勤:《商代夷方的名号和地望》,《中国史研究》2006年第4期。但也可将前两处人方二字属后连读,最后一个方字理解为人方名号之省,如此,则整版卜辞内容还是与人方有关。

② 也有学者认为用尸、鼓尸是将人方俘虏当作牺牲。不过卜辞中很少见把羌方之外的国族用作人牲的,因此,这两条卜辞中的"尸"表示的还是人的意思。

卜辞，因此可以将读为尸。此外还有“立尸”(《合集》5516)、“尸归”(《合集》21643)等皆属宾祭之语。关于卜辞所见宾祭中的尸和侑，沈建华有很好的讨论[①]，可以参考，此不赘述。

综上所述，、两种字形与周金文中的尸字相同，学者多隶定为尸，其特点是象人屈膝蹲踞之形，腿足下端有明显的曲笔，而其他的、、形式，是人字习见的典型写法，表示人字，也可能表示尸，则可以确定是人、尸同形字。可以看出来，卜辞中无论是作为国族名号，抑或是作为普通含义的人，尸与人两字通常是可以混用的。尸、人两字应属同源。众所周知，古文字中从尸的字，其尸旁都表示人，即是其证。虽然在周金文中“尸”专指东、南部族，但在商代“尸”则是“人”字的一种特殊写法，并没有固定用作方国或部族名号的专称。所以我们认为这个方国应当称为人方。

另外，有学者认为卜辞中有所谓“东尸”即“东夷”[②]，前文已经讨论，卜辞所谓“尸”字只是人字的一种特殊写法，与后来的东夷并不能等同，卜辞有“东夷”的说法也不能成立。至于相关卜辞的释读，也有必要略加讨论，其辞曰：

> ……东人㞢曰千森余䵼……南四……(《合集》8410反)

《英藏》1288与之同辞，且内容相对完整，曰：

> 尸㞢曰千森王䵼于之八犬八豕……三羊南四卯于东方析三牛南三……

两者对校可补足部分残缺，得其释文如下：

> ……东人，㞢曰：千森。王(余)䵼于之，八犬、八豕……三羊、南四，卯于东方析三牛、南三……(图5—1)

该辞内容不易理解。许进雄认为“东尸㞢曰”之后的一串文字都是殷人转述东夷之语，这种解释似乎不妥，因为“䵼”字之前的称谓或为“余”(《合集》8410)，或为“王”(《英藏》1288)，都是指商王，而䵼、卯等祭祀动词在卜辞中习见，是殷代常见的一种祭祀活动，东方析是殷人所称的东方风名。所以曰字之后并非

① 沈建华：《卜辞所见宾祭中的尸和侑》，《初学集——沈建华甲骨学论文选》，文物出版社，2008年。

② 许进雄说转引自方辉：《从考古发现谈商代末年的征夷方》，《海岱地区青铜时代考古》，山东大学出版社，2007年，第360页。

东夷人的话语,而是商王占卜的内容。至于句首“东”“尸”并列的情况,在众多记录人方的卜辞中仅此一见,似不可以与后世的“东夷”等同。殷墟卜辞中也基本不见“方位词+部族名称”的泛称形式[①]。私意以为东当理解为国族名或地名,《殷墟甲骨辑佚》690与689两片卜辞有东侯,其辞曰:

> 己未,王卜贞,畲巫九备,人方伐东国,典东侯,册人方,余其比多侯甾人戋方,亡壱在畎……

> 丁巳,王卜贞,畲巫九备,遇人方率伐东国东,典东侯,册人方,妥余一人,余其比多侯,亡左自上下于㪅示,余受有佑,王占曰:大吉……彡,王彝在……[②]

东侯当与东人有关。《逸周书·作雒解》记载周公东征之后“俾康叔宇于殷,俾中旄父宇于东”,东与殷对文并举,当是地名,即卜辞东侯之国,前人考证其地秦汉时期属东郡,在东昌、大名、曹州府交界处[③],大致相当于今山东阳谷、范县一带,卜辞东侯之领地大概位于此范围内。卜辞中的“东人”当是东侯领地之人。东侯为商王朝之诸侯,他大约与攸侯身份类似,并且也参与征人方,上揭征人方卜辞中言及“比多侯”当包有东侯。东属于商民族在东土的一支诸侯,与所谓“东夷”无关。千森之义不详,除戫、卯为祭祀动词外,之或为地名或为代词,犬、豖、羊、南皆为牲名,东方析或为受祭对象。东人之前当还有刻辞可与之连读成句,由于残缺,其具体内容已不得而知。总之,这是一条与东侯、四方风祭祀有关的卜辞,其内容与东夷无涉。

商人长期居于中原,与周边部族的关系是在漫长的发展过程中逐渐形成的。王朝外围的大小邦国,与商的关系或敌或友,或亲或疏,分布状态也是交互错杂,其中许多国族与商人的关系亦极不稳定,时叛时服,但似乎一直未形成对商人构成威胁的方国集团。或许是因为这种原因,商人在处理与周边部族的关系上,采取一对一的方式具体处理,没有将周边族群统归划类。而周取代商人主中土之后,统治基础很不稳定,周边地区仍然危机四伏,周人为了巩固政权,实行大规模地分封,开疆拓土,四出征伐,周边部族

① 卜辞有“北羌”,如“贞,北羌㞢告曰捍”(《合集》6625),“乙酉卜,㱿贞,王叀北羌伐”(《合集》6627),可见北羌与商王的关系是时叛时服的,另外还有“多马羌”(《合集》7662),“出羌”(《合集》6602),“多羌”(《合集》153)则是臣服于商王的。北羌与它们一样,是区别于羌方的其他部族或方国,并非族群泛称,其“北”字可能也并不表示方向。

② 两条卜辞释文参李学勤:《帝辛征夷方卜辞的扩大》,《中国史研究》2008年第1期。

③ 黄怀信等:《逸周书汇校集注》,上海古籍出版社,2007年,第512～513页。

亦伺机反扑，王朝与周边地区族群的关系变得紧张，族际矛盾激化，与东方部族发生全面的冲突，遂有了东夷之称，西周中期以后与南方的族群矛盾加剧遂有了南夷、淮夷之称。周人的夷夏观念大概是在周与东、南各族的矛盾冲突中产生的。

1.《合集》8410反

2.《英藏》1288

**图5-1　载有"东人"二字的卜骨拓本**

## 第二节　塱鼎铭文中的荳与周代夷夏观念

塱鼎铭文云：

> 唯周公于征伐东尸(夷)：荳伯、薄姑。咸𢦏，公归，𩛥于周庙。戊辰，饮秦饮，公商(赏)塱贝百朋，用作尊鼎。(《集成》2739)

铭文记载的是成王初年周公平定东土之事。在展开讨论之前，先就铭文个别字词的理解作一说明。"咸𢦏"之"𢦏"，诸家多有考释，依陈剑之说可读为"翦"[①]，商周古文字材料中"咸＋动词"的辞例习见，大多独立成句，"咸"都训

① 参张政烺：《释"𢦏"》，《古文字研究》第6辑，中华书局，1981年，收入氏著《张政烺文史论集》，中华书局，2004年；吴振武：《〈合〉33208号卜辞的文字学解释》，《史学集刊》2000年第1期；陈剑：《甲骨金文"𢦏"字补释》，《古文字研究》第25辑，中华书局，2004年，收入氏著《甲骨金文考释论集》，线装书局，2007年。

作“既”，表示“完毕”“完了”的意思[①]，如“咸伐”（《合集》11497）、“咸宜”（《集成》5409）、“咸诰”（《集成》6014）、“咸饮”（《集成》2810）诸辞所示，“咸𢦏”意为既𢦏，当属下读。“㲋”象双手持隹置于祭坛之上，在甲骨文或省作单手持隹，或完全省去手旁，其含义当表示某种祭祀，如：

甲申卜，贞，王宾小乙㲋，亡尤。（《合集》35802）

乙酉卜，其宜父甲㲋，在兹疋，咸。（《合集》27465）

类似的字还有𣏟，是将“隹”换作“木”，在甲骨文中一般也表示对先人的祭祀，如：

壬申卜，尹贞，王宾父己奏罘兄庚奏𣏟，亡尤。（《合集》22624）

周庙，是岐周之宗庙[②]。“㲋于周庙”是在岐周之宗庙祭祀先王，结合下句“饮秦饮”，可知当是伐还告庙，行饮至之礼。铭文大意是，周公伐灭了东夷的豐伯与薄姑，回到岐周，在周庙举行告庙、饮至之礼，并赏赐𡎚百朋贝。

铭文首句是本文关注的重点。东夷之称金文与典籍习见，一般认为是有别于华夏的东方民族之泛称，因此，系于其后的豐伯、薄姑就是东夷之中两个具体的国族。欲考察东夷之内涵，就应以豐伯、薄姑为切入点，联系相关材料，分析其族属、身份，进而探究鼎铭东夷的实际含义及夷夏观念问题。

薄姑据《汉书·地理志》记载为殷末诸侯，成王时因为参与三监叛乱，被周人所灭，其地赐与齐国[③]。汉志或许是以周制记载商史，以晚近知识记录古代历史，此种现象在古人记述历史时比较普遍，所谓“诸侯”之说未必可信，但至少可以知道，薄姑是商王朝属邦。能反映薄姑身份、族属的出土材料至今仍未发现，它是商代居于东土的方国，还是类似于周代诸侯的商王臣属，目前仍无法判断，只能阙疑待考。以下重点考察豐。

## 一、豐的族属与地望

豐不见文献记载，以往有不少学者将其释为“豐”，认为与“逢”通，即传说中齐立国之前居于鲁北的“有逢伯陵”。此字依原篆当隶定作“豐”，林沄

---

① 陈絜：《金文“咸”字词义、用法缕析——兼论〈尚书·康诰〉等篇的年代问题》，《中华文史论丛》第71辑，上海古籍出版社，2003年，第277～282页。

② 金文“周”之地望可参看陈絜：《周代农村基层聚落初探——以西周金文资料为中心的考察》，《新出金文与西周历史》，上海古籍出版社，2011年。

③ 王先谦：《汉书补注》卷28下“齐地”条，中华书局，1983年，第850页。

认为它与“豐”不是一个字。《说文》“豐，豆之豐满也……𧯛古文豐”。根据林沄的分析，小篆豐字形体已经发生讹变，在周代金文中，豐从“壴”、从二“丰”。如墙盘（《集成》10175）之“豐年”、癲钟（《集成》246）之“豐豐𥟒𥟒”中的豐字，以及井人钟（《集成》110）、虢叔旅钟（《集成》238—244）、㝬钟（《集成》260）、善夫克盨（《集成》4465）诸器中數字所从之豐皆是其证。林先生还注意到，豊在甲骨文中即已出现，而豐出现于西周金文，时代稍晚，推测豐可能是周人后造的字。他认为豊从“壴”，从二“亡”，“亡”为声符，与“豐”虽然都属唇音，但在商代和西周是否音近可通并无其他直接的证据，因此主张豊、豐是不同的两个字[①]。认为豊、豐为同一字的学者也仅仅是从音理上作出推断，没有举出材料依据[②]。两字相通的证据仍非常罕见[③]。

豊虽然不见诸传世文献，但在甲骨文中却可检出数则材料，是我们研究的重要线索。目前所知相关甲骨刻辞中，以记录“妇豊”内容的材料居多，如：

妇豊……来（《合集》2798反，典宾，纪事刻辞）

……妇嫚……（《合集》12030反，典宾，纪事刻辞）

壬寅，妇豊示二屯。岳。（《合集》17513，典宾，纪事刻辞）

自宰，已未，妇豊示□屯。叀（《合集》17514，典宾，纪事刻辞）

□申，妇豊示□屯。岳。（《合集》17515，典宾，纪事刻辞）

……[妇]豊……（《合集》17516反，典宾，纪事刻辞）

殷契文字中“妇某”之称习见，所谓妇某之某，乃已嫁贵族妇女所自出的父家族氏名号，妇豊就是豊族嫁与他族女子之名号。武丁时期的记事刻辞有大量妇某示龟的内容，所谓示龟，或可理解为检视龟甲[④]。妇豊参与示龟，可见她地位不低，而根据另外一条出组卜辞的内容，可以推断妇豊之身份是王

---

① 林沄：《豊豐辨》，《古文字研究》第12辑，中华书局，1985年，收入氏著《林沄学术文集》，中国大百科全书出版社，1998年，第6页。

② 参黄德宽主编：《古文字谱系疏证》“豐”字条，商务印书馆，2007年，第1239～1240页。

③ 90年代上海博物馆入藏的西周晚期的晋侯苏钟，铭文中的數（《铭图》15310），左半部分从壴，从二亡，或可证明豐、豊两字可通，但也不排除误刻的可能。

④ 郭沫若：《殷契粹编》，科学出版社，1965年，第203页。关于记事刻辞中“示”的含义，学界尚有多种不同意见，参看方稚松：《殷墟甲骨五种记事刻辞研究》，线装书局，2009年，第22～44页。

妇,其辞曰:

> 大贞,于来丁亥,㞢报于丁……
>
> ……戌卜,出贞,自今十年,㞢五王嬉……(《合集》24610,出组,图5-2)

图5-2 《合集》24610

上揭第二条卜辞以往多被读作"……戌卜,出贞,自今十年又五,王嬉……"。陈絜根据同版两条卜辞辞例相似的特点改读如前,这种理解更为妥当,其大致内容是贞问在今后的十年中是否对五位王嬉进行㞢祭。五王嬉为集合称谓,是历代商王或王室成员之妻室[①]。卜问在较长的时间里对娶自豈族之妇进行祭祀,反映商王对豈族的重视。

豈与商王室通婚,商王也曾前往豈地巡省,相关卜辞为:

> 癸未卜,王在豈贞,旬无咎,在六月甲申……工典其彭彡。(《合集》24387,出组)

出组卜辞基本不见有关战事的记载,这一时期商王频繁外出巡游,可能是为了加强与地方势力的联系,以巩固其统治地位。商王这次到豈可能也是出于这种目的。由此亦可见豈与商王室关系密切,在王朝中具有较高的地位。

① 有关卜辞妇某的含义及五王嬉的解释,参陈絜:《商周姓氏制度研究》,商务印书馆,2007年,第77~89页。

值得一提的还有䇂伯之身份。䳟鼎铭文所记为成王初年事,去殷不远,“䇂伯”当是殷商旧称,周人因袭未改。商代以伯为称的名号大体有两大类,一类是“某伯”[①],一类是“某方伯”,两者身份一般有区别。“某伯”的全称形式为“族名＋伯＋私名”,如昜伯㕚、而伯龟、宋伯歪诸称[②],也可省去私名,如雇伯、丹伯等[③],䇂伯即属此类。某方伯的例子有盂方伯炎、人方伯䍃、周方伯等,是方国首领[④]。称某伯者大多与商王保持密切关系,有向商王贡纳和为王征伐的义务,而方伯与商王关系若即若离,有的甚至是被征伐的对象[⑤]。下面两条黄组卜辞似能说明问题:

> 丁卯,王卜贞,畬巫九备,余其比多田……多伯征盂方伯炎,叀衣。翌日步……自上下于𣪘,受余有佑,不曹𢦏,于兹大邑商,无𡿧,在䀝。……引吉。在十月,遘大乙翌。(《合集》36511)

> 丁巳,王卜贞,畬巫九备,遇人方率伐东国东,典东侯,册人方,妥余一[人,余]其比多侯,亡左自[上下]于𣪘示,余受有佑,王占曰:大吉……彡,王彝在……[⑥]

多伯与多侯、多田身份类似,是商王的臣属,而人方伯、盂方伯则与多伯对立,是被征伐的对象。䇂族与商王关系十分密切,当属多伯之列,应该是商人在东土的一支,类似于周代的诸侯[⑦]。䇂受到倚重的原因,似与它镇抚东土的作用有关。

䇂族是居于东土的商人,从其地望及周围邻近的古地名、考古文化分布情况来看,也是可以说得通的。

关于䇂族地望,学者亦多有讨论。有些学者认为䇂在山东济阳[⑧]。这里曾发现西周早期逢国墓地,出土了多件带有“逢”字铭文的铜器,其时代约属

---

① 另外还有“伯某”的称谓,可能是“伯＋私名”,省略氏名,如沚戓又称伯戓(《合集》5945正)。

② 《合集》380、6480、20075。

③ 《合集》13925、716。

④ 《合集》36510、《上博甲骨》54806.2、《周原甲骨》H11:82。

⑤ 对此陈梦家有过较为全面的探讨,参陈梦家:《殷虚卜辞综述》,中华书局,2004年,第332页。

⑥ 释文参李学勤:《帝辛征夷方卜辞的扩大》,《中国史研究》2008年第1期。

⑦ 周代周王也常常采取联姻和巡省等方式加强与诸侯的联系,以巩固其统治。如鄂侯驭方鼎(《集成》2810)、鄂侯簋(《集成》3929)铭文所示。

⑧ 尚志儒:《西周金文中的丰国》,《文博》1991年第4期。

昭王时期[①]。“萱”“逢”两字一从亡声、一为丰声，两者是否可通，缺乏材料依据。如果将“萱”释作“丰”，前文已讨论，这种做法比较牵强，再辗转和与丰音近的逢相联系，过于迂曲，并不可取。逢与萱当不是一个国族。据黄组卜辞与商代彝铭记载，殷末商王曾在逢族所居济阳及其邻近诸地巡游、田猎[②]，这里还有直属于商王的农田[③]，逢族当是驻守在此地的商人，可能周初它未参与叛乱，而是投靠周王朝，因而济阳刘台子墓地得以延续至昭王时期。萱因同薄姑参与叛乱，而被周人所灭。因此，我们认为，萱、逢两族没有关系，它们是商周时期居于东土的两个不同的国族。

近年还有学者提出萱之地望在山东高青。该地区所发现的周代墓葬M18出土了9件铜器，其中7件有铭文，内容为“萱启作厥祖甲齐公宝尊彝”“萱启作文祖齐公尊彝”“萱作厥祖齐公尊彝”“萱启作祖甲宝尊彝”等（图5-3）[④]。李伯谦、李零、方辉等学者主张萱为氏名，启为私名，萱伯被周公所灭后，其领地成为齐国公族萱氏的采邑，陈庄遗址就是古萱国所在地[⑤]。李学勤[⑥]、朱凤瀚、王恩田等则认为萱是私名，“启”读为“肇”，训为“初”“始”[⑦]。窃以为萱是私名的可能性更大。正如学者指出的，金文中启通肇，“某肇作……”之辞在周代彝铭中屡见不鲜。另外，墓中所出一件铜器铭文为“萱作厥祖齐公尊彝”，其中没有“启”字，如果排除漏铸的因素，则也可证明萱为作器者私名而非氏名。将陈庄遗址视为萱国地望之观点恐怕还需要其他更为直接的材料依据。

---

① 德州行署文化局文物组、济阳县图书馆：《山东济阳刘台子西周早期墓发掘简报》，《文物》1981年第9期；山东省文物考古研究所：《山东济阳刘台子西周六号墓清理报告》，《文物》1996年第12期。

② 参《甲骨缀合集》308、《合集》37507。

③ 参二祀邲其卣（《集成》5412）。

④ 山东省文物考古研究所：《山东高青县陈庄西周遗存发掘简报》，《考古》2011年第2期。

⑤ 李伯谦等：《山东高青县陈庄西周遗址笔谈》，《考古》2011年第2期。

⑥ 李学勤：《论高青陈庄器铭“文祖甲齐公”》，《东岳论丛》2010年第10期。

⑦ 朱凤瀚等：《山东高青县陈庄西周遗址笔谈》，《考古》2011年第2期。关于金文“肇”字含义参朱凤瀚：《论周金文中“肇”字的字义》，《北京师范大学学报（社会科学版）》2000年第2期。

1. 觥铭（《铭图》13658）　2. 卣铭（《铭图》13253）　3. 簋铭（《铭图》4541）

**图5-3　山东高青出土荳器拓本**

就目前材料而言，荳与薄姑应当邻近，很可能在鲁北一带。根据《水经注》，薄姑城在临淄西北五十里[①]，在今山东博兴附近，而临淄以西又是卜辞画地所在[②]，两地俱在古济水之南。卜辞中也有荳与画有同版的内容：

> 子贞……
> 荳无至囚。
> 贞，画无其艰。（《花东》505，图5-4）

子先后占卜荳与画是否会遇到灾祸，亦说明荳与画相去不远。薄姑与画都在古济水之南，那么荳也极有可能在古济水以南、今山东博兴—临淄一线附近。从考古情况来看，自商代中期以来商文化即沿鲁北山前平原向东大举扩张，先后形成了商文化大辛庄类型与苏埠屯类型，直到商末，这里都一直处于商人势力控制之下。卜辞中许多地名也集中在这一区域，表明晚商鲁北一带是商人聚居的重要地区。逢（济阳）、寻[③]（济阳附近）、画（临淄）是商

① 参（北魏）郦道元著，（清）王先谦校：《合校水经注》，中华书局，2009年，第138页。

② 一般认为《孟子》"去齐宿画"之画就是卜辞画地，在今临淄西北。参胡厚宣：《殷代封建制度考》，《甲骨学商史论丛初集》，河北教育出版社，2002年，第27页。

③ 陈絜：《鄩氏诸器铭文及其相关历史问题》，《故宫博物院院刊》2009年第2期。

民族或王室子族领地，乐[①]（济南）、齐[②]（临淄）为商王征人方往来驻跸之地，都分布在济南至临淄一带，因此可以推断，处在这一区域中的荳，其族属也应当是商人。

图5-4 《花东》505

除上举与荳族有关的妇名和地名之外，卜辞中还有地名“奠荳”，人名“单丁人荳”“𠂤子荳”等，这些名称虽然都有荳字，但它们与荳族其实并无关系，对此也需要作一说明，以免造成不必要的混淆。有关“奠荳”的卜辞有：

> 㞢友化呼告曰：𢀛方征于我奠荳。（《合集》6068正，宾组）

其中的“奠”读为“甸”，是㞢族之郊甸，据裘锡圭考证在晋陕地区[③]。所谓奠荳就是㞢族郊甸中一处名为荳的普通农村聚落，其规模一般不大，不可能是贵族所居之大邑。

① 《甲骨缀合集》308、《合集》37507。

② 《合集》36493、《合集》36803、《合集》36805、《合集》36806、《合集》36821。

③ 裘锡圭：《说殷墟卜辞的“奠”——试论商人处置服属者的一种方法》，台北“中央研究院”历史语言研究所集刊第64本第3分册，1993年，收入《裘锡圭学术文集》第5卷，复旦大学出版社，2012年，第169～192页。

还有学者根据宾组卜辞中有关“子荳”的记载，断定荳是商王族[①]，相关卜辞如下：

> 癸丑卜，争贞，旬无𡆥，三日乙卯㞢嬄，单丁人荳□于录……丁巳㲋子荳□，鬼亦得疾。(《合集》137正，宾组)

“单丁人荳”“㲋子荳”，荳皆是其私名而非氏名。与“单丁人荳”称名形式类似的还有“伊丁人”(《合集》32803)、“效丁人嬉”(《合集》3097)、“斲丁人嘉”(《合集》13720)等，所谓“某丁人”应该是某种特定身份之人，将丁人后面的那个字理解私名是比较合理的。至于㲋在卜辞中也较为常见，根据宾组卜辞记载，商王常呼令或比㲋做某事，如《合集》199、200、223、419正、4511诸辞所示，“㲋子”很有可能是方国或氏族首领的称号，荳是其私名。故不存在“子荳”之称，荳不可能是商王族。

另外，20世纪80年代陕西宝鸡竹园沟墓地还出土了一件荳公鼎(BZM7:3)，铭为“荳公□作尊彝”(《集成》2152)，其形制、纹饰、字体皆属西周早期风格。器主名荳公，说明西周早期也有一个荳氏，不过这个荳氏与殷代的荳族是否有关还不好判断，它可能是周代西土原本就存在的一个国族，与商东土的荳只是恰好同名，也可能是商代荳族归服周王朝后迁居西土的一支。

荳族的遗物几乎没有发现，或许仍然深埋于地下不为人知，抑或是周公东征将该族夷灭，他们的器物也失散被毁。尽管如此，综合前引相关材料之分析，我们可将荳族的情况做如下简单概括：荳是商人居于东土的一支，该族首领是臣属于商王的侯伯一类的人物，该族与商王室累世联姻，关系非常密切，它是商代镇守东土的重要力量，颇受商王倚重。

## 二、荳鼎铭文所反映的夷夏观念问题

周代夷夏之辨与夷夏融合，历来为学者所关注，已有成果且颇为丰硕[②]。一般认为夷夏之分最基本的还是种族上的区别。比如，訇簋铭文所载名号

---

① 中国国家博物馆编：《中国国家博物馆馆藏文物研究丛书·甲骨卷》，上海古籍出版社，2007年，第151页。

② 相关成果如傅斯年：《夷夏东西说》，《傅斯年全集》第3册，新北联经出版事业公司，1980年；王玉哲：《中华民族早期源流》，天津古籍出版社，2010年；林甘泉：《夷夏之辨与文化认同》，《传统文化与现代化》1995年第3期；沈长云：《华夏民族的起源与形成过程》，《中国社会科学》1993年第1期；陈昭容：《从青铜器铭文看两周夷狄华夏的融合》，《古文字与古代史》第2辑，台北“中央研究院”历史语言研究所，2009年。

繁杂的诸夷：

> 王若曰：訇……今余令汝啻官司邑人，先虎臣、后庸：西门夷、秦夷、京夷、𦉢夷，师笭侧薪：□华夷、弁狐夷、𤳡人，成周走亚，戍□人，降人，服夷。(《集成》4321)

訇受王命管理的人群，有的称夷，有的称人，两者身份不同。金文称某人者，常常是指王朝治下之人，如永盂铭文(《集成》10322)之“周人”“毕人”，邢侯簋铭(《集成》4241)中的“州人”“重人”“庸人”，以及散氏盘铭(《集成》10176)记载的“吴人”“豆人”“原人”“散人”等。这些名称都是“地名＋人”的形式，其中周即岐周在岐山，毕在宗周今咸阳附近，吴、散皆在宝鸡，原当即春秋时期晋文公伐原示信之原，在成周附近，其他地名虽不可考，大致也应是王畿或诸侯领地，其身份应当都是周民族。訇簋中的“某人”应当也是王畿内的周人，而其他诸夷名号则为异族。诸夷名号之前所系亦多为地名。秦夷应是秦地之夷，《春秋》庄公三十一年“筑台于秦”，杜注“东平范县西北有秦亭”，其地在今山东范县以南。枣庄东江小邾国墓出土一件郳庆鬲，鬲铭文云：

> 郳庆作秦妊羞鬲，其永宝用。(《铭图》2868)

秦妊是妊姓秦国女子嫁到郳(即小邾)，她所自出的妊姓之秦当与郳邻近，也在东方，应该就是范县之秦，而不可能是远在西垂的嬴秦，訇簋铭文中的秦夷当是其前身。京夷，或以为《左传》隐公元年“(武姜为共叔段)请京，使居之”的京，杜预注“郑邑，今荥阳京县”，其地在今河南荥阳市东南二十余里，西周时期地属虢、郐，不可能有夷人居住。京夷既是夷，当在东土。卜辞东土地名有京地，其地可能就是春秋时期的京兹，大致在山东平阴、肥城一带。西周晚期的京叔盘(《集成》10095)曰：“京叔作孟嬴媵[盘]，子孙永宝用。”是京叔嫁女所作媵器，京为嬴姓，而嬴姓是夷人族姓，起源于东方，正可印证东土京夷的存在。西周晚期的京氏当源于东土京夷[①]。𦉢夷是𦉢地之夷，善鼎铭文(《集成》2820)还有𦉢侯，其铭曰：“今余唯肈申先王命，命汝左疋𦉢侯监豳师戍。”豳在陕西彬县，𦉢侯负责监视豳师戍防，领地当在彬县附近。𦉢夷是东方夷人，与西土𦉢侯无关。三体石经《尚书》中的“释”字、《汗简》水部“泽”字皆写作“𦉢”，与𦉢字形极似，学者多认为是𦉢字晚期形体，𦉢与释、泽是

① 陈絜：《卜辞京、鸿地望与先秦齐鲁交通》，《史学集刊》2016年第6期。

通假关系。相关例证还有清华简《四告》之“繇豪”读“抽绎”、清华简《摄命》“欲汝豪豪”读“绎绎”。春秋山东有地名绎,《左传》文公十三年邾文公卜迁于绎,绎即今山东邹城峄山,当是西周时期的豪夷地望所在。弁狐夷,有学者考证可能在河北番吾,今河北平山县东南[①],但其地不属夷人居住区,确切地望仍有待研究。服夷即㝬钟铭文(《集成》260)中的艮孳,为南淮夷之属。总之,訇簋铭文中的诸夷是东夷或淮夷之属,被周人集中安置在成周服役[②]。裘锡圭研究訇簋诸夷的身份及来源,指出诸夷身份分为虎臣和庸两大类,这两种人大多是由俘获或降服的夷人充当,虎臣是用于战斗和守卫被奴役者,庸是提供各种杂役和劳动生产的农夫,也是被周人奴役的少数部族[③]。

此外,前文提到的无殳、遱殳、毛等国族也大多是居于淮水流域的异族,被周人统称为淮夷或南淮夷。

除种族差别之外,文化差异也是区别夷夏的一个重要标准。四夷与华夏由于种族血缘不同,经济发展落后,其文化习俗自然也与华夏存在很大差异。《左传》襄公十四年姜戎自谓“我诸戎饮食衣服不与华同,贽币不通,言语不达”。夷狄与华夏在文化上的区别主要体现在服饰、饮食、语言诸方面,《礼记·王制》有对此更详细的描述,云:

> 凡居民材,必因天地寒暖燥湿,广谷大川异制,民生其间者异俗,刚柔轻重迟速异齐,五味异和,器械异制,衣服异宜。修其教不易其俗,齐其政不易其宜。中国戎夷,五方之民,皆有性也,不可推移。东方曰夷,被发文身,有不火食者矣。南方曰蛮,雕题交趾,有不火食者矣。西方曰戎,被发衣皮,有不粒食者矣。北方曰狄,衣羽毛穴居,有不粒食者矣。中国、夷、蛮、戎、狄,皆有安居、和味、宜服、利用、备器。五方之民,言语不通,嗜欲不同,达其志,通其欲。

除此之外,北方戎狄“被发左衽”、南方吴越“断发文身”,皆与诸夏束发冠裳之风大异。在道德行为上诸夷与华夏也迥然有别,《国语·周语》:“夫戎狄,冒没轻儳,贪而不让。其血气不治,若禽兽焉。”《左传》襄公四年亦曰:“戎狄无亲而贪。”与华夏讲究礼让之风亦大不相同。

在夷夏融合的历史进程中,虽然以四夷融入华夏为主流,但其中亦有部分原本属于华夏的国族由于长期处于夷戎之间,文化风俗与之趋同,在正统

---

① 何景成:《论师酉盘铭文中的“弁狐”族》,《中国历史文物》2010年第5期。

② 簋铭“成周走亚”一称或可说明訇所司理诸夷当在成周。

③ 裘锡圭:《说“仆庸”》,《古代文史研究新探》,江苏古籍出版社,1992年。

的中原华夏诸族看来也是夷戎。如杞本是夏后，在西周的史密簋中被周人称为杞夷，直到春秋，还因为用夷礼而被鲁人贬斥为夷，就是因为它长期处于东土，文化礼俗深受东夷浸染。此外春秋时期还有姬姓之戎，《左传》庄公二十八年记载晋献公娶二女于戎，其中有大戎狐姬，后伐骊戎，骊戎男女进以骊姬。《国语·晋语四》："狐氏出自唐叔，狐姬，伯行之子也，实生重耳。"大戎狐氏与晋同祖，本属姬姓支裔，盖长期与戎人杂处，最终成为戎人一支。骊戎当也是中原姬姓之族融于戎人之中的一支。另外还有传说始封君为太王之子太伯的吴，居于蛮夷之间，断发文身，被中原诸夏称为蛮夷，如《左传》成公七年："吴伐郯，郯成，季文子曰：'中国不振旅，蛮夷入伐而莫之或恤……'"可见周代判断夷夏之别，文化上的标准要高于种族血缘标准。

以往的研究大多对䣄鼎铭文所反映的夷夏观念问题重视不够，而铭文所透露的讯息，似有助于加深我们对周代夷夏观念之认识。在鼎铭中我们清楚地看到，䣄被周人称为东夷，而前文已经论证䣄之族属为商人，周人称之为东夷，与我们通常所理解的周代夷夏观念并不一致。关于夷夏之辨，一般较多强调的是种族血缘与文化差异两个标准。从种族血缘关系上来说，周秦以来人们都奉三代为华夏正统，与东夷对立。《左传》《古本竹书纪年》《后汉书·东夷列传》等文献材料对三代夷夏之争等史事的记载都反映了这一基本观念，相关材料亦为学者熟知，无须赘引。以种族血缘区分夷夏这一标准不能解释鼎铭中的夷夏观念问题。

就文化习俗而言，周人与商人之间确实存在一定差异，如众所熟知的商人葬制多设腰坑、殉狗，商人铜器用日名、族徽等皆与周人有别。但是周人并不排斥和鄙视商文化。大量考古材料表明，周初经济文化发展水平并没有超过商代，这与春秋时期周人较夷狄先进的情况不同。在周原甲骨中还有周人祭祀商人历代先王的卜辞[①]。周初文献中周人自称"小邦周"(《尚书·大诰》)，称商为"大邦殷"(《尚书·召诰》《顾命》)，周人丝毫不以文化优越者自居。周人克商后也大量起用殷遗。以上种种都说明周对商不存在文化认同上的隔阂。文化差异说也无法解释鼎铭中身为商人的䣄为什么被称作夷。

20世纪80年代，陕西安康出土一件史密簋，时代大约为西周中晚期，其铭文云：

① 周原甲骨H11:1、H11:82、H11:84，见曹玮编著：《周原甲骨文》，世界图书出版公司，2002年，第1、62、64页。

> 唯十又一月，王令师俗、史密曰：东征。敆南夷卢、虎、会、杞夷、舟夷，雚不坠，广伐东国……（《铭图》5327）

卢、虎、会为南夷，杞夷、舟夷为东夷，铭文所记为南夷、东夷中的五个族邦侵扰东土之事。杞夷是迁居东土的杞国，本为夏人后裔，它为什么被称作夷？有学者从文化习俗角度分析认为杞东迁之后改用夷礼，故而被称作夷[①]。张懋镕指出夷或戎还有贬义，杞与周为敌，周人出于敌忾而称之为夷[②]。沈长云也有类似观点，并指出西周时期区别夷夏的主要标准是政治立场，而非种族血缘或文化差异等其他因素，即只要是与周为敌的族邦，都可以被称为夷、戎[③]。我们姑且称此说为政治立场说。根据这一观点，与周为敌的商王朝统治者也可以被称作夷、戎。两位先生引用了相关文献材料以证成其说。此说恰好可以解释塱鼎铭文所反映的夷夏观念问题。荳虽是商人，属于华夏族，但它与周人为敌，所以被称作东夷。但是文献中夷、戎两字除了用于族称外，尚有其他含义。笔者梳理相关材料，发现所谓周称商统治者为"夷""戎"的内容，大多与族称无关，因而政治对立说也需要作一修正。

《左传》引《泰誓》曰："纣有亿兆夷人，亦有离德，余有乱臣十人，同心同德。"杜注云："言纣众亿兆，兼有四夷，不能同德，终败亡。"杜预解释夷人为四夷，与史实不符，纣王晚年大举征伐人方，与东方夷人关系非常紧张，西土周人又伺机灭商，可谓危机四伏，完全不符合兼有四夷的形势。夷不太可能表示"四夷"，更有可能是语助。《诗·大雅·瞻卬》"蟊贼蟊疾，靡有夷届。罪罟不收，靡有夷瘳"之二"夷"即皆为语助。王引之《经传释词》对此有专论，读者自可参看[④]。所谓亿兆夷人不过是说纣控制的人口多。

《墨子·天志中》引《泰誓》逸文"纣越厥夷居，不肯事上帝……"。傅斯年据此推测纣曾改从夷俗[⑤]，亦不确。孙诒让《墨子间诂》引江声说"夷居，倨嫚也"。一般认为夷居即箕踞，形容坐姿轻慢无礼，后来泛指傲慢。"纣越厥夷居"实际上是说纣轻慢无礼，与东夷无关。学者或据《逸周书·明堂》"周公相武王以伐纣夷"之语证明周视殷为夷之说，其实"夷"当属下读，作"周公相武王伐纣，夷定天下"，"夷"训为"平"。也与东夷无涉。

---

① 李学勤：《史密簋铭所记西周重要史实考》，《中国社会科学院研究生院学报》1991年第2期。

② 张懋镕等：《安康出土的史密簋及其意义》，《文物》1989年第7期。

③ 沈长云：《由史密簋铭文论及西周时期的华夷之辨》，《河北师院学报（社会科学版）》1994年第3期。同样观点又见氏著《先秦史》，人民出版社，2006年，第154页。

④ 参（清）王引之、孙经世：《经传释词》卷3"夷"字条，中华书局，1956年，第85页。

⑤ 傅斯年：《夷夏东西说》，《傅斯年全集》第3册，新北联经出版事业公司，1980年。

除“纣夷”外，文献中还有“戎殷”。《尚书·康诰》“天乃大命文王殪戎殷，诞受厥命”，《逸周书·世俘解》“甲寅，谒戎殷于牧野”，《逸周书·商誓解》“命予小子，肆伐戎殷”①。学者或以为“戎殷”是称殷为戎。按古时族称一般形式为“某戎”“某夷”，如犬戎、姜戎、淮夷、东夷、杞夷、舟夷、秦夷、京夷等，罕有夷某、戎某之例。戎殷之戎字似不可理解为戎狄之戎。“戎”有“大”义，如《尚书·盘庚》“乃不畏戎毒于远迩”伪孔传、《诗·大雅·思齐》“肆戎疾不殄”毛传，皆训“戎”为“大”。“戎殷”之戎亦当训“大”，“戎殷”犹“大商”，与《诗·大雅·大明》有“燮伐大商”“肆伐大商”之“大商”义同。

周初彝铭言及周人伐商曰“征商”（利簋，《集成》4131），记载二次东征平定武庚之乱曰“克商”（小臣单觯，《集成》6512）、“伐商”（宜侯吴簋，《集成》4320）、“伐商邑”（沫司土逘簋，《集成》4059）、“陕殷”（㝨簋，《铭图》5136），皆不以戎、夷之名指称商。

根据以上讨论可知，周不称中原的商统治者或商人为夷，政治对立说不适用于所有与周为敌的族邦，周初所谓的“夷”都是东土国族，具有明显的地域特征。其名号之由来显然与东土国族有关。而殷末东土最为强大的方国则非人方莫属，东周文献称之为东夷，周代东夷这一名号之由来，当与晚商东土人方有关。人方是商代晚期东土的重要方国，卜辞所记商代邦方众多，都是一个方国一个名号，人方也只是东土众多方国之一。十祀征人方卜辞中与人方邻近同被商王征伐的还有林方②，可以证明商代的人方与周代的东夷不同，它是具体的方国名号，而不是东土族群之泛称。后世文献称人方为东夷是以周代族群名称讲述前代历史，周代夷称实际上是由人方之名演变而来。卜辞中人方名号中的“人”字或作普通的“人”或写作后世所谓的“尸”，象人蹲踞状，周金文中读为“夷”，其实在商代“人”“尸”两字并无区别，到了周代，周人将“尸”从人字分化出来，专指东土民族，其原因当是人方强大难制，周人遂以其名泛称东土之土著，可以说用“尸”表示夷是周人的发明。𦣞鼎铭文中的薄姑与豐都是亲商或商人在东土的侯伯，就其族属而言，豐之血统当属商人，而非东土土著，但是周人出于政治上的敌对，仍然以“东夷”称之，所表现的是一种敌对歧视的态度，属于政治内涵范畴，与血缘文化无关。

殷周之际，东土已经形成了商夷杂处的格局，尤其是鲁北地区更是商人

① 本作“肆我殷戎”，当从孙诒让说改为“肆伐戎殷”，参氏著《周书斠补》卷2，《大戴礼记斠补（外四种）》，中华书局，2010年，第220页。

② 《合集》36968。

经营的重镇。周人作为西北民族,原本与东土族群缺乏交流往来,文化差异较大,周人克商之后不久又发生了三监之乱,东土族群参与反叛,使得周人与东土族群的隔阂矛盾加深,族群观念遂由此产生。这应当就是周代夷夏观念产生的历史背景。

西周中期以后,与东南地区淮河流域的民族往来频繁、冲突不断,而淮河流域民族与东土之东夷文化血缘关系密切,周人亦称之为夷,为了区别于东夷,而称为南夷或淮夷。至于表示夷的“尸”被写定为“夷”,则是秦汉时期的事①。

既然周人所谓的夷有明显的地域性,其原本亦皆指种族有别、文化落后的东、南地区的民族,那么訇簋铭文中各种称号的夷人,可以肯定必为山东或淮河流域一带的东夷或淮夷,除可考的京夷、秦夷、服夷、㠱夷之外,其他西门夷、弁狐夷亦不例外。今后考察这一类夷人小邦的地望亦当着眼于山东与淮河流域。

## 第三节　东周时期东夷淮夷概念的演变<br>——以曾侯與编钟“君庀淮夷说”为中心

湖北随州文峰塔一号墓出土的曾侯與编钟蕴含着丰富的历史信息,铭文一公布,即引起学者广泛关注,纷纷撰文就文字释读、曾国始封、叶家山曾国墓地族属、曾随关系等问题展开热烈讨论。除学界热议的上述问题之外,铭文“君庀淮夷”一语所涉淮夷之患相关重要问题,也值得深入研究。为讨论方便,先将相关铭文以宽式文字写录如下:

> 伯适上庸(?),左右文武,挞殷之命,抚定天下。王遣命南公,营宅汭土,君庀淮夷,临有江夏。②

根据学者研究,南公名适,辅佐文王、武王伐灭殷商,于成王时受封于江汉地区,但他本人留任王畿不就封,而由其子代为赴命建立了曾国,这与鲁、燕两

---

① 王辉:《史密簋释文考地》,《人文杂志》1991年第4期。

② 湖北省文物考古研究所、随州市博物馆:《随州文峰塔M1(曾侯與墓)、M2发掘简报》,《江汉考古》2014年第4期。“庸”字释读存疑,参李天虹:《曾侯䑂(與)编钟铭文补说》,《江汉考古》2014年第4期。“庀”字释读从李学勤先生说,参李学勤:《曾侯腆(與)编钟铭文前半释读》,《江汉考古》2014年第4期。

国最初建立的情形相同[①]。值得注意的是铭文提到曾国的一项使命是“君庇淮夷”，不少学者由此认为周初分封曾国于南土的目的在于防范淮夷，但是周初淮夷分布区域与汉东地区相距较远，曾国无法对淮夷实施有效的控制。有学者已经发现这一问题，如董珊认为曾侯乙编钟铭文中提到的西阳，位于淮河上游，更为接近淮夷，应是曾国最初封地[②]。于薇则认为淮夷大约在昭穆时期才向淮河以西扩张，铭文其实是春秋时人根据当时情况撰写，并不反映西周史实[③]。两位学者的观点皆极富创见与启发性，惜未展开深入的探讨。淮夷在西周历史上是十分活跃的族群，对周王朝的兴衰产生过重大影响。“君庇淮夷说”存在的疑点如不澄清，势必影响我们对周代淮夷问题、南土政治地理格局乃至西周历史等相关问题的认识。因此实有深入探讨之必要。

## 一、曾侯與编钟“君庇淮夷说”不可信据

就目前考古发现而言，西周早期的曾国位于湖北随州叶家山[④]，而同时期的淮夷考古学文化集中在安徽江淮地区[⑤]，两者地域远隔，没有直接联系，此时随州的曾国不可能遥控江淮地区的淮夷。于薇认为编钟铭文反映的是春秋时期情况，应当可信。曾国领土始终以随州为中心，西周晚期至春秋早期，曾国国势最为强盛，楚人曾说“汉东之国随为大”[⑥]。随即曾[⑦]，其领土包括了漳河上游、滚水中上游和涢水中上游三个区域[⑧]，但也没有超出湖北北部一带。曾国“君庇淮夷”的情形大约就是在这一时期形成的。但是湖北一带没有发现成规模的典型淮夷文化遗存，而与之相邻的河南信阳地区却有

① 黄凤春、胡刚：《说西周金文中的“南公”——兼论随州叶家山西周曾国墓地的族属》，《江汉考古》2014年第2期。

② 董珊：《随州文峰塔M1出土三种曾侯與编钟铭文考释》，复旦大学出土文献与古文字研究中心网站，2014年10月4日。

③ 本刊编辑部：《“随州文峰塔曾侯與墓”专家座谈会纪要》，《江汉考古》2014年第4期。

④ 湖北省文物考古研究所、随州市博物馆：《湖北随州叶家山M65发掘简报》，《江汉考古》2011年第3期；《湖北随州叶家山西周墓地发掘简报》，《文物》2011年第11期；《湖北随州市叶家山西周墓地》，《考古》2012年第7期；《湖北随州叶家山M28发掘报告》，《江汉考古》2013年第4期。

⑤ 王迅：《东夷文化与淮夷文化研究》，北京大学出版社，1994年，第115～120页。

⑥ （晋）杜预注，（唐）孔颖达等正义：《春秋左传正义》卷6，上海古籍出版社，1990年。

⑦ 黄凤春、胡刚：《再说西周金文中的“南公”——二论叶家山西周曾国墓地的族属》，《江汉考古》2014年第5期；湖北省文物考古研究所、随州市博物馆：《随州文峰塔M1（曾侯與墓）、M2发掘简报》，《江汉考古》2014年第4期。

⑧ 张昌平：《曾国青铜器研究》，文物出版社，2009年，第332～337页。

几处内涵比较丰富的淮夷文化遗存考古发现。由此可以断定淮夷是由淮河中下游溯流而上进入信阳地区的。考察这一地区晚商至西周时期考古学文化面貌的演变，对于我们判断淮夷西进时间将有一定帮助。

信阳罗山天湖晚商息族墓地是一处重要商周文化遗址。自20世纪70年代末至90年代初考古工作者在罗山县蟒张乡天湖村进行了多次考古发掘，共清理商周墓葬60余座[①]，其商文化层属于殷墟文化二期至四期，相当于武丁至帝辛时期，出土了大量的"息"字铭文铜器，证实这一地区是晚商息族领地。属于息族的铜器在殷墟也有发现[②]。武丁时期商王室的甲骨文材料如宾组刻辞"戊申，妇息示二屯"(《合集》2354臼)，以及子卜辞"乙亥卜，奏息伯引"(《合集》20086)，都有关于息族人物的记载，其中妇息是息族嫁与商王室的贵妇，息伯则是息族首领。晚商王畿之外的贵族首领多称某伯，如昜伯、而伯、宋伯、雇伯、丹伯等皆是[③]。息作为地方贵族与商王室有姻亲之谊，与商王室关系十分密切，具有较高的政治地位，它应该是驻守在南土颇受王室倚重的一支贵族。罗山遗址叠压在商代墓葬之上的是战国墓葬，表明随着商王朝的灭亡，息族在这一地区的统治也告结束。但息并未随之灭亡，据相关铜器可知息入周之后仍存续了一段时间，如徵簋"公使徵使有息，用作父乙宝尊彝"(《集成》3862)，记载徵受公命出使息国。此器纹饰、字体皆具西周早期特征，其时代约在成康时期。再如与它时代相当或稍晚的息伯卣与息陕仲盘，铭文分别为"唯王八月，息伯赐贝于姜，用作父乙宝尊彝"(《集成》5385)，"息陕仲仆作父辛宝尊彝"(《集成》10083)。两器分别为息伯与息国公室贵族所作，铭文称述父考皆用日名，透露出器主为商遗，应就是罗山商息的后裔。卣铭中赐贝予息伯的姜姓女子一般认为即王姜，是康王或昭王之王后，其时代应当不晚于昭王时期[④]。由此可见，商王朝灭亡后，息人归顺了周王朝并受到礼遇，至康昭时期仍与王室有密切往来。关于入周之后息族迁徙之地，有学者认为在河南息县，相关材料不足，今后仍有待研究。

---

① 信阳地区文管会、罗山县文化馆:《河南罗山县蟒张商代墓地第一次发掘简报》,《考古》1981年第2期;《罗山县蟒张后李商周墓地第二次发掘简报》,《中原文物》1981年第4期;《罗山天湖商周墓地》,《考古学报》1986年第2期;信阳地区文管会、罗山县文管会:《罗山蟒张后李商周墓地第三次发掘简报》,《中原文物》1988年第1期;河南省文物研究所等:《1991年河南罗山考古主要收获》,《华夏考古》1992年第3期。

② 己父息觚(《新收》240)。

③ 《合集》380、6480、20075、13925、716。

④ 徐少华:《息国铜器及其历史地理分析》,《江汉考古》1992年第2期。

信阳地区还发现有西周早期的周文化遗存。20世纪80年代浉河港出土了一批青铜器，包括簋、卣、觚、尊、角、觯、彝盖、觥盖、勺等共计13件，考古工作者推测它们很有可能出自早年被洪水冲垮的周代墓葬①。这些铜器铸有“[illegible]册”“冉”“疾”“[illegible]”等族氏铭文，表明其所有者身份属于商遗民，其中“[illegible]册”铜器有五件之多，应是墓主家族自作之器。属于该族的铜器目前仅见于浉河港一处，其家族是商代即已定居于此，还是周初迁徙而来已无从判断。但整理这批材料的学者指出，这批铜器中个别器物纹饰、形制与昭王时期的折觥、折卣多有相似之处，由此可推断其年代下限大约在昭王时期，该族退出这一地区的时间应当不会晚于昭穆之际。

除上述两处商周文化遗存外，信阳孙砦也发现了一处堆积丰富的古文化遗存，其周代文化层分布面积大，出土陶器不仅数量丰富且完整器较多，器形具有明显的淮式风格特征，最为典型的有折肩鬲、折肩罐、鼓腹罐、带把甗形盉、钵、三钮盖等。但遗憾的是，由于遗址地层关系不甚明确，发掘者初步推测其周代文化层时代为西周早期至西周晚期②。这一分期跨度较大，不够精确。孙砦遗址位于信阳市区北20公里，已经深入到淮河上游北端，接近中原腹地，如果这支淮夷在西周早期就定居于此，必然与周王朝地方诸侯或贵族势力形成共存的局面，但西周中期以后淮夷与周王朝时常发生激烈冲突，在这种战乱频繁的情况下，这支夷人能够安稳地发展到西周晚期，是难以想象的。近年随着安徽江淮地区考古工作的深入开展，尤其是霍邱堰台遗址的发掘整理，为淮式陶器分期建立了可靠的年代标尺。学者据器形比对和碳十四测定，将堰台遗址分为四期，一期为西周早期偏晚至西周中期早段，二期为西周中期偏晚至晚期偏早阶段，三期为两周之际，四期为春秋早中期③。孙砦遗址中年代较早的陶器与堰台遗址二期出土陶器几乎完全相同。此外，信阳其他地方如三里店④、固始平寨⑤也有淮式陶器的零星发

① 信阳地区文管会、信阳县文管会：《河南信阳县浉河港出土西周早期铜器群》，《考古》1989年第1期。

② 河南省文物研究所：《信阳孙砦遗址发掘报告》，《华夏考古》1989年第2期。

③ 安徽省文物考古研究所编著：《霍邱堰台——淮河流域周代聚落发掘报告》，科学出版社，2010年，第377～379页。需要说明的是，春秋时淮河上游信阳地区有息、蒋两个姬姓国家，息的始封时间不明，蒋则是周公之子，两国虽然受封时间或可早到周初，但考虑到淮河上游周夷交争的形势，其立国淮河上游的时间不会太早，很有可能是西周晚期征服淮夷之后徙封至此的。相关史地材料可参徐少华：《周代南土历史地理与文化》，武汉大学出版社，1994年，第80～85、112～114页。

④ 河南省文化局文物工作队：《河南信阳三里店遗址发掘报告》，《考古学报》1959年第1期。

⑤ 北京大学考古学系：《河南固始平寨古城遗址发掘报告》，《考古学报》2000年第3期。

现，通过对比可断定其年代也不早于偃台二期。因此学者推断西周中期至春秋前期淮河上游与淮河中下游文化面貌一致，属于同一文化区[①]。此说可信。

根据以上分析可知，大约在昭穆之际中原势力开始退出淮河上游地区，淮夷占据这一地区则是在西周中期偏晚的时候，此后曾国才有可能通过桐柏山、大别山山间坳口及汉水支流等通道与淮夷发生联系。但据铜器铭文反映，淮夷几次内侵的势头比较猛烈，与周人在淮河上游的争斗一度处于胶着状态，在这期间并无材料记载曾国参与对淮夷的作战。曾国对淮夷的控制，大约要到宣王平息淮夷之患以后才有可能实现[②]。所以钟铭说曾国于周初受封之始就能“君庇淮夷”，明显与史实不符。另外，从地理位置看，曾国所在的随州位于随枣走廊东端，北面的桐柏山与东面的大别山形成天然的屏障，不利于曾国向淮河流域拓展。西周早期周王朝应是依靠[illegible]册等商遗控制淮河上游，不需要曾国直接插手。分封曾国的目的当是经营江汉。

周代生活于江汉地区的民族主要是荆楚。《左传》昭公十二年楚人追忆说：“昔我先王熊绎，辟在荆山。筚路蓝缕，以处草莽，跋涉山林，以事天子。”据《史记·楚世家》，熊绎相当于成王时期，可知当时楚人已居荆山[③]。近年学者根据清华简《楚居》的内容，研究指出西周楚人活动的核心地区在鄂西荆山、宜城一带[④]。周王朝在江汉地区分封的诸侯则主要分布于鄂北的襄阳至随州一线，有邓、唐、厉、鄂、曾诸国。安州六器的中甗（《集成》949）、中觶（《集成》6514）记载昭王末年南巡即循此途在鄂北行进。鄂北诸国又以随州的曾、鄂尤为重要[⑤]。与昭王南巡有关的静方鼎（《新收》1795）记载王命中与静巡省南国相，设立行宫，命静司掌在曾、鄂两地之王师。李学勤指出相是湖南湘水流域相侯之国[⑥]。可见曾、鄂是周人经营江汉、南下长江中游的军事基地。不唯如此，曾、鄂应当也是伐楚的军事重镇。李学勤据新近公布的胡应姬鼎铭“唯召王伐楚荆，㝬（胡）应姬见于王”之内容，指出昭王南征途经

---

① 安徽省文物考古研究所编著：《霍邱堰台——淮河流域周代聚落发掘报告》，科学出版社，2010年，第398页。

② 参《诗·大雅·江汉》《诗·大雅·常武》。

③ 《史记》卷40。

④ 李学勤：《论清华简〈楚居〉中的古史传说》，《中国史研究》2011年第1期；笪浩波：《从近年出土新材料看楚国早期中心区域》，《文物》2012年第2期。

⑤ 西周早期的鄂国已被考古发现确认在随州安居，参随州市博物馆编：《随州出土文物精粹》，文物出版社，2009年。

⑥ 李学勤：《论西周的南国湘侯》，《通向文明之路》，商务印书馆，2010年，第175～179页。

河南漯河以东的胡国[①]。这对于我们探讨昭王南征的路线很有价值。誃簋(《集成》3950)铭文记载昭王南征起点为成周。成周(洛阳)—胡(漯河)这条路线明显偏东,顺此南下正好通过"义阳三关"到达随州的曾、鄂。由此推测,昭王先到曾、鄂,统帅两地王师,然后西行经随枣走廊至荆山伐楚。

综上所述,鄂北的封建不仅为周人南下长江中游开辟了一条通道,同时也有效地控制了随枣走廊与襄宜平原,将楚扼制在鄂西。鄂北诸国中曾、鄂两地的王师在昭王伐楚活动中,应当起到关键作用。曾国作为姬姓诸侯,其地位当更为突出。因此周王朝分封曾国的目的是以之为根据地,经营江汉,扼控荆楚,向东进入淮河流域并不是主要目的,曾与当时尚处于淮河中下游的淮夷更是毫不相干。曾侯與编钟所谓"君庇淮夷说"不可信据。

## 二、"君庇淮夷说"产生的历史背景

如前所述,"君庇淮夷说"与史实不符。周初分封曾国的真实目的是经营江汉,扼控荆楚,根据实际情况,钟铭写作"君庇荆楚"似更为贴切,但为何将荆楚代之以淮夷,这一问题也需要解释清楚。

曾侯與编钟制作于春秋晚期,上距周初已有数百年的时间,经过这样漫长的历史时期,曾人是否对其建国之初的历史有所淡忘,只能根据春秋当时情况来补写历史。实际原因恐怕并不如此简单。了解西周封建的学者对《左传》定公四年卫人子鱼所述周初分封鲁、卫、晋三国的内容应当非常熟悉。这段材料说明直到春秋晚期,中原地区重要诸侯国仍完好地保存着本国早期历史档案,其始封情况亦为他国所知。曾国虽处江汉,与中原各国交往不便,他国对其历史或许不甚了解,但它本国应与中原各国一样,也保存有自己的史册,对建国之初的情况不会不清楚。再者,昭王经略南土一系列活动,曾国作为前线大本营,接纳王师驻扎,供应给养,是这一重大事件的亲历者和参与者。对于曾国来说,这是继先祖南公"左右文武,挞殷之命"的又一件值得彪炳史册的功绩。曾人对此应当有着深刻的记忆。伐楚又被后世视为昭王不可磨灭的武功广为流传。如恭王时期的墙盘(《集成》10175)说:"弘鲁昭王,广惩楚荆,唯奂南行。"宣王时虞逨盘(《新收》757)云:"雩朕高祖惠仲盠父,盭和于政,有成于猷,用会昭王、穆王,盗政四方,扑伐楚荆。"[②]直

---

① 李学勤:《胡应姬鼎试释》,《出土文献与古文字研究》第6辑,上海古籍出版社,2015年。

② 一般认为伐楚是昭王时事,穆世未有此举,铭文所谓"扑伐楚荆"应当专指昭王而言,穆王曾周行天下,与铭文"盗政四方"颇为契合。虽然铭文将两事混言并举,实则分属两王,不应混淆。

到春秋时期，齐桓公伐楚还以“昭王南征而不复”兴师问罪。经营江汉是周王朝建立之初的既定方针。曾国参与其事，无论是自身的荣耀感还是后世对此事的广泛传颂，都在无形中强化着曾人对其封建之初所肩负使命的历史记忆。因此，钟铭不言“君庇荆楚”，不能简单地以曾人对自身历史的遗忘来解释。

春秋时期曾楚关系应当是曾国史官无法秉笔直书的主要原因。曾是有着王室血统的姬姓诸侯，出身显赫，文峰塔一号墓出土的B组编钟铭文曾侯與自称“稷之玄孙”即是明证[①]。而楚原本是被拒斥于周人盟会之外，置茅蕝、设望表，与鲜卑守燎的蛮夷[②]。两者地位、身份相差悬殊。但进入春秋以后，王室衰微，诸侯力政，楚由蛮夷发展成与晋匹敌的头等强国，汉淮间诸国大多为其所吞并，中原诸侯也多依附于楚。曾国势单力孤，几次交手都不敌于楚[③]，直到僖公二十年最后一次叛楚失败，再无兵戎相见的记载。此后，曾国这个昔日抚有江夏、屏藩周邦的王族贵胄，彻底沦为追随楚人的附庸[④]。

吴楚柏举之役中，曾人的立场和心态充分反映了曾对宗主国楚的敬畏。据《左传》定公四年记载，此役楚师大败，昭王奔随（即曾），吴师兵临城下，逼迫随国交出楚王，随人拒绝说：“以随之辟小，而密迩于楚，楚实存之。世有盟誓，至于今未改。若难而弃之，何以事君？执事之患，不惟一人，若鸠楚竟，敢不听命？”言辞之间透露出随以小事大的谨慎小心，以不被强邻灭亡而感恩戴德，因此断不敢交出楚王，引祸上身。亦如清人魏禧的分析：“随受楚兵数矣，出王与吴未为不义，然楚可败而不可灭，复立君，而随之亡不旋踵矣。仓促遇此大事，最须远见。”[⑤]审时度势，随终究不敢背叛楚，可见对楚十分畏惧。曾侯與编钟也记载了这次战争，证明铜器铭文中的曾就是文献中的随，其制作时间当在此役之后不久。此时形势与周初已是天壤之别，曾人也就不敢再公开地以征服者姿态提起周初经营江汉、讨伐荆楚那段引起楚人不快的往事。但是周代诸侯作诗或撰文，又颇好以攘夷之功自矜，如春秋时晋公盆“我皇祖唐公，应受大命，左右武王，和燮百蛮，广司四方，至于大廷，莫不来王。王命唐公，成（定）宅京师，□□晋邦”（《集成》10342），措辞与

---

① 湖北省文物考古研究所、随州市博物馆：《随州文峰塔M1（曾侯與墓）、M2发掘简报》，《江汉考古》2014年第4期。

② 徐元诰：《国语集解》，中华书局，2002年，第430页。

③ 随楚交兵见《左传》桓公八年、庄公四年、僖公二十年。

④ 随依附于楚的记载见《左传》昭公十七年、定公四年、哀公元年。

⑤（清）魏禧：《左传经世钞》卷21，《续修四库全书》第120册，上海古籍出版社，2002年，第695页。

曾侯與编钟十分相似，所云“和燮百蛮”即安抚百蛮之义。再如称颂韩侯受命的《诗·大雅·韩奕》“以先祖受命，因时百蛮。王锡韩侯，其追其貊。奄受北国，因以其伯”。除百蛮之外还提到貊，这些北方的民族都被视为韩侯的臣属。更为夸张的则有颂扬鲁僖公的《诗·鲁颂·閟宫》，说鲁侯“戎狄是膺，荆舒是惩”“至于海邦，淮夷来同”“淮夷蛮貊，及彼南夷，莫不率从”。鲁侯之武功可谓四夷皆服。在这种夸饰攘夷之功盛行的风气中，曾人也不免受其影响，既不能提伐楚之事得罪楚人，又要仿效流行的文风赞颂先祖，根据春秋时期的情况，可以取代荆楚镂诸彝铭的就只有淮夷了。前文列举考古材料已经说明两周之际淮夷的一部分族群迁居至淮河上游信阳地区，与曾国为邻。此外，春秋早期的曾伯霥簠（《集成》4631）铭文还有“克狄淮夷，抑燮繁汤，金道锡行”之语，是说曾伯驱逐淮夷，平定繁汤之地，使得输送金、锡之路畅通。繁汤亦见于晋姜鼎（《集成》2826），即《左传》襄公四年记载的繁阳，在今河南新蔡以北三十里，是东周时期著名的铜锡产地或集散地。由曾国北上取道大别山间的“义阳三关”，或绕经南阳盆地进入淮河上游，东行穿过淮夷分布区，就可以到达汝水之滨的繁阳。铭文“金道锡行”，就是穿过淮河上游的淮夷分布区的一条通道，亦属曾伯“克狄淮夷”之地。曾伯霥簠印证了“君庇淮夷”是春秋时期曾国对迁居淮河上游淮夷族群的征服，西周早期并无此事。

“君庇淮夷”虽是春秋之事，与西周历史不符，但东周以来人们所说的东夷、淮夷较西周时期发生了变化，使得“君庇淮夷”这一有悖于史实的说法变得顺理成章。原本在西周时期，东夷是东土敌对国族的泛称，淮夷则是淮河流域的夷人，因它在南土，亦称南淮夷或南夷。东夷、淮夷两者分布地域有别，为患时间也有早晚之不同，穆世以前是东夷为患，穆世以后才主要是淮夷为患[①]。但东周以来东夷概念发生扩大和泛化，与此同时淮夷概念却在缩小，专指一个具体的民族，又因为淮夷分布于东夷区域之中，淮夷遂被纳入到东夷集团中，与西周时期东夷、淮夷泾渭分明、互不统属的情况大不相同。具体分析如下。

关于淮夷，《左传》僖公十三年记载诸侯因淮夷病杞而会于咸，当时杞国政治中心在山东新泰[②]，能够侵扰杞国的淮夷应当在其附近，即鲁南地区。

---

① 张懋镕：《西周南淮夷称名与军事考》，《人文杂志》1990年第4期；何景成：《应侯视工青铜器研究》，《新出金文与西周历史》，上海古籍出版社，2011年，第224页。

② 钱益汇：《杞国都城迁徙及相关历史地理问题疏证》，《首都师范大学学报（社会科学版）》2011年第4期。

又《左传》昭公二十七年晋卿范献子评论鲁国内政说:“季氏甚得其民,淮夷与之。”季氏能得到淮夷的支持,也说明淮夷与鲁邻近,杜注“淮夷,鲁东夷”,其说可从。以山东地理而言,鲁国在山东南部,其周边地区皆称鲁南。这一地区的淮夷有可能是两周之际王室多故、四夷交侵的背景下,由淮河流域迁徙而来的。除鲁南之外,还有一部分淮夷居于淮河中上游。《春秋》昭公四年记载:“秋七月,楚子、蔡侯、陈侯、许男、顿子、胡子、沈子、淮夷伐吴。”以地理考之,追随楚人伐吴的这些国家皆在淮河中上游,淮夷当亦不例外。孔颖达《毛诗正义》曾指出病杞之淮夷在东国,召穆公所伐之淮夷在淮南,淮之南北皆有淮夷[①]。王应麟《诗地理考》亦认为,淮夷之地不一,徐州有之则在淮北,扬州有之则在淮南[②]。胡渭《禹贡锥指》亦取此说[③]。可见淮夷散居鲁南与淮河中上游,不止一种。而据前引《春秋》昭公四年淮夷参与盟会征伐的内容,亦可知它是一个具体的民族,与西周时期淮夷泛指淮河流域夷人诸邦相比,范围明显缩小。春秋时期淮夷大概如同狄分为赤狄、白狄、长狄一样,虽然居地不同,但风俗习惯差别不大,仍属于同一民族。

与淮夷概念不同,东夷概念变得十分宽泛。《左传》襄公二十六年声子评论成公十八年彭城之役说:“晋降彭城,而归诸宋,以鱼石归,楚失东夷。”宋国的彭城曾被楚人占据,不久又被晋夺下归还给宋,楚因而失去了对东夷的控制。彭城在今苏北徐州,占据此邑即能控制东夷,说明苏北地区有东夷。《左传》僖公十九年“宋公使邾文公用鄫子于次睢之社,欲以属东夷”,邾、鄫之属的鲁南小国,与宋国东方的彭城邻近,因此宋有号令这些东夷国族的地利之便。合观两条传文,宋公欲属之东夷与楚所失之东夷所指为一,当分布在鲁南苏北一带。《左传》襄公二十九年“杞,夏余也,而即东夷”,杞所即之东夷应当也在上述区域。除邾、鄫以外,春秋时期鲁南比较活跃的莒国、郯国在当时也被视为东夷。上述小国邾为曹姓、莒为己姓、郯为嬴姓、鄫为姒姓,族属本不相同,但同被视为东夷,可见东夷不是具体的某个民族,而是众多国族的泛称。鲁南苏北自西周以来即是东夷分布区,春秋时期东夷涵盖族群范围又远远超出了这一区域。根据《左传》记载,江淮吴楚之间的诸小国也是东夷。如《左传》文公五年“六人叛楚,即东夷”,六在今安徽六安,它所亲近的东夷当与之相距不远,都在安徽江淮地区。文公九年“楚公子朱自东夷伐陈”,陈在河南淮阳,楚公子朱据杜注是楚息县县公子朱。楚息县在今

---

① 《毛诗正义》卷18《大雅·江汉》。

② (宋)王应麟:《诗考 诗地理考》,中华书局,2011年,第308～309页。

③ (清)胡渭:《禹贡锥指》,上海古籍出版社,1996年,第133～134页。

河南信阳息县，地处淮河上游。公子朱"自东夷伐陈"应是由息县顺淮而下，至淮河中游的安徽江淮地区北上伐陈，其间假道东夷。假如是从鲁南苏北的东夷之地伐陈，则需要向西假道于宋，不能直接到达陈。因此这里所说的东夷还是在安徽江淮地区。实际上，东周时期，所谓东南概念亦较西周发生了变化，这时江淮地区亦称东，如《竹书纪年》记穆王东至于九江，前文已考证九江在寿春，再如嬴姓钟离国，其国君觓所作铜器铭文自谓："□□于东土，至于淮之上，世万子孙永保。"(《集成》429)钟离国考古发现已确认在安徽蚌埠凤阳一带，属淮河中游地区，当时其钟离已自认为其地属淮上东土。可见春秋战国时期的淮河流域属于东方而不是南方，此处之夷亦自然归属于东夷。

此外，《春秋》昭公五年"楚子、蔡侯、陈侯、许男、顿子、沈子、徐人、越人伐吴"，同年《左传》记此事云"楚子以诸侯及东夷伐吴"，合观两条材料，传文所说的东夷当即经文之徐、越两国，由此看来江淮下游的国族也是东夷。

春秋时期的东夷范围明显扩大，北及鲁南、南至江淮这一广阔区域中发展相对落后，或具有蛮夷血统的国族都属东夷，淮夷只是散居其间的一个民族，笼统地说淮夷也是东夷。原本与东夷互不统属的淮夷，随着东夷概念的扩大，被纳入东夷集团之中，二者之间的族群界限随之消失。又由于春秋时期许多夷人国族浸染华夏文明而不同程度更化，尽管中原诸侯有时仍以固有的文化优越者的心态斥之为夷，但这些小国追随大国参与国际事务，其实已经成为周王朝的诸侯或附庸，如邾、莒、郯、江、黄等皆属此类，而淮夷之族自西周中期以来即与周王朝为敌，强大难制，给周人留下深刻的印象，至春秋时期淮夷仍有一部分未服王化，因此它们很容易被认作东夷集团中最具代表性的民族。周秦之际人们谈论西周早期东夷历史的时候，就常常将淮夷视为东夷的主体。《史记》记载周初东征的历史，就反映了这种情况：

> 成王既迁殷遗民，周公以王命告，作《多士》《无佚》。召公为保，周公为师，东伐淮夷，残奄，迁其君薄姑。成王自奄归，在宗周，作《多方》。既绌殷命，袭淮夷，归在丰，作《周官》。兴正礼乐，度制于是改，而民和睦，颂声兴。成王既伐东夷，息慎来贺，王赐荣伯，作《贿息慎之命》。(《周本纪》)

> 管、蔡、武庚等果率淮夷而反。周公乃奉成王命，兴师东伐，作《大诰》。遂诛管叔，杀武庚，放蔡叔。收殷余民，以封康叔于卫，封微子于宋，以奉殷祀。宁淮夷东土，二年而毕定。诸侯咸服宗周。(《鲁周公

世家》)

伯禽即位之后，有管蔡等反也，淮夷、徐戎亦并兴反，于是伯禽率师伐之于肸，作《肸誓》。(《鲁周公世家》)

不难发现，上揭《史记》文字实际是在介绍《尚书》诸篇创作背景，与一般的叙史内容不同。因为司马迁在撰写周初历史的时候，由于材料不足，大量参考了《书序》，并根据个人对《尚书》内容的理解，改易《书序》生涩文字为汉代通行的浅近文字，以此权且弥补周初史料之不足。关于《书序》的时代，朱熹曾认为是“周秦间低手人作”[1]，此一观点得到阎若璩认同[2]，后世学者亦多从此说。今人陈梦家、屈万里等学者进一步指出《书序》形成于战国晚期[3]，其说大致不误。《史记》这三段采自《书序》的内容，其实反映了战国时期人们对周初历史的认识。《周本纪》说周公“东伐淮夷，残奄”，将淮夷与奄视为并列的东土国族，下文又承此而言“成王既伐东夷”，显然是统括淮夷、奄两个国族。《鲁周公世家》记载三监叛乱称淮夷、徐戎亦并兴反，也是将淮夷、徐戎并列为东土的两个国族。这与《春秋》经传中以淮夷为东土特定的民族，东夷为东土族群泛称的情况完全一致。因为淮夷的强大，有时就单说淮夷以代东夷其他国族，如《鲁周公世家》“管、蔡、武庚果率淮夷而反”“宁淮夷东土”即属此例。虽然淮夷在西周中期才与周为敌，但是周秦之际人们将淮夷视为东夷集团中的重要一员，淮夷出现的时代也因此与东夷为患的时间混淆不清。淮夷发展成为长期困扰周人的心腹之患，给人们留下深刻印象，以至于周秦之际人们谈论周初东土叛乱的国族时，也以淮夷居首，或说淮夷、奄，或称淮夷、徐戎，淮夷都名列在前，省略言之就单称淮夷以代指其他夷人国族，淮夷成了周初三监之乱东土国族的主角，其活跃的时间也被提前到周初。

最后，还要附带说明《费誓》的时代。《史记》称《费誓》是伯禽伐淮夷、徐戎而作，对此清代以前学者多无异辞。《史记》本是因袭《书序》，假如《书序》此说可信，《费誓》就是记录周初淮夷之患的可靠材料，这就与现代学者根据铜器铭文的研究得出的周初东夷为患、西周中期以后淮夷才开始作乱的结论矛盾。其实《费誓》文本的真实性虽毋庸置疑，但它本身并未明确交代誓师征伐淮夷的是哪位鲁公，清人孙星衍根据郑玄所注尚书《费誓》篇次在《顾

---

① (宋)黎靖德编:《朱子语类》第5册，中华书局，1986年，第1983页。

② (清)阎若璩:《尚书古文疏证》，上海古籍出版社，2013年，第555～556页。

③ 陈梦家:《尚书通论》，中华书局，2005年，第285页；屈万里:《尚书集释》概说，中西书局，2014年，第7页。

命》之后、《吕刑》之前，推测其时代在穆王时期[①]，否认《费誓》与鲁国始封君伯禽有关。当然，如按照《尚书正义》的解释，尚书诸篇的编排是依据“诸侯之事而连帝王”的原则，是《尚书》篇序不纯以时代为准，《费誓》因是诸侯之书而附于帝王书之后，也是一种合理的解释。近代以来学者对《费誓》文辞风格进行深入的研究，发现它与周初语言殊为不类，而具有明显的晚近特征，认为是鲁僖公时作品，如余永梁说：

> 《粊誓》的文章与《兮甲盘》铭极似。……铭中的“毋敢”与《粊誓》的“无敢不吊”“无敢伤牿”“无敢越逐”“无敢不逮”，及“汝则有常刑”“汝则有大刑”文例相同。《兮甲盘》是宣王时器，距春秋已不远了。……《粊誓》的文章最近似《秦誓》，篇首几句完全相同。《秦誓》是秦穆公时作，那时鲁是僖公。
>
> 据上所论，我们可说《粊誓》是春秋时僖公作的。[②]

杨筠如《尚书核诂》中亦论之甚详：

> 窃疑西周诸侯，当承王命征伐，而此篇无一语道及王命。当是东周以后，诸侯自专攻伐时代之作品。且其文字与《秦誓》，相去不远。据《鲁颂·閟宫》：“奄有龟蒙，遂荒大东；至于海邦，淮夷来同。”又曰：“保有凫绎，遂荒徐宅；至于海邦，淮夷蛮貊。”此确叙鲁公征讨徐戎、淮夷之事。《泮水》：“既作泮宫，淮夷攸服；矫矫虎臣，在泮献馘。”亦明为克服淮夷，献功之事。则《诗》《书》所载，自属一事。而《閟宫》有“庄公之子”一语，郑笺以为僖公时事，似尚可信。[③]

于省吾、屈万里、蒋善国等学者也赞同上述观点[④]。根据诸家举证分析，可以肯定《费誓》当是春秋时鲁僖公伐淮夷的作品，与鲁国始封君伯禽或周公东征无关。因此，《费誓》不能作为西周早期有淮夷之患的证据。就目前大量西周铜器铭文所反映的情况来看，淮夷是穆世之后才兴起的南土族群，此前则名不见经传。

---

① (清)孙星衍:《尚书今古文注疏》，中华书局，2004年，第510页。

② 按，“粊”即“费”。《说文》:“粊，恶米也……《周书》有《粊誓》。”唐卫包改“粊”为“费”。余文参余永梁:《〈粊誓〉的时代考》，《古史辨》第2册，上海古籍出版社，1982年。

③ 杨筠如:《尚书核诂》，陕西人民出版社，2005年，第439页。

④ 于省吾:《关于〈论西周金文中六自八自和乡遂制度的关系〉一文的意见》，《考古》1965年第3期；屈万里:《曾伯霥簠考释》，台北“中央研究院”史语所集刊第33本，1962年；蒋善国:《尚书综述》，上海古籍出版社，1988年，第250~251页。

综上所述，春秋时期不仅东土鲁南苏北有淮夷，淮河中上游也有淮夷，其时代在当时人看来又可以追溯到周初成王时期，与曾国始封时间恰好相同，其地理位置又与曾国相互邻近，因此曾侯與将“君庀淮夷”写进乃祖南公受命之辞就完全合乎当时人们的观念认识。此可视为真实历史湮没之后，人们受当时观念影响“层累造成古史”活动的一个典型范例。

# 结 语

## 一

武王克商时，周人实力尚不足以并吞中原，只能权且设立三监，防范武庚反叛，殷人因此得以保持自治。但回到宗周之后，武王又封康侯于殷王畿，选定洛邑筹建东都，已显示徐图东进之志。殷周之间貌似平和的假象之下蕴藏着爆发大战的危机。两年之后武王驾崩，武庚趁机联合三监率先发难，东土国族亦参与其事，一时间东方大乱，形势之严峻远甚于武王克商之时。为了保住新建立不久的王朝，并推行武王翦商东拓的遗志，成王与周公率军应战，历时3年终于平定了武庚与东土的叛乱。之后在周公的主持和策划下，完成了东都成周的营建，实施大规模的封建以拱卫王室，将领土范围扩张到黄河下游与江汉地区，遂入主中原，成为真正的天下共主。夷人居住的黄河下游山东地区，早在商代就是王朝长期经营的重镇，当时鲁北、鲁南大部分地区实际上已经属于商人控制范围。殷商晚期王朝多次征讨淄潍之间的人方，与东土土著矛盾加剧。成王与周公东征，对东土商人或亲商国族采取武力打击与优抚怀柔的手段，几乎将原属商人的领土全部纳入王朝统治范围，在东土建立起以齐、纪、鲁、滕、薛等诸侯为主的封建体系。这些诸侯从鲁北绵延至鲁西南，将鲁东南和胶东的东夷包围其中，形成新的夷夏对峙之势。需要指出的是，成王东征时，消灭或驱逐东土国族，在东土占据了大量土地，其中大部分已分封给诸侯，但仍有一部分要地掌控在王室手中，有的甚至驻军布防，比如金文中的宜、祝其、北麦等即是，这类土地基本沿淄汶一线分布，牢牢控制着齐、鲁之间的交通要道。

康王时期东夷再叛。由于成王时期在东土初步构建起较为完善的封建体系，加上淄汶一线王朝据点的守卫和支援，康世东征能够顺利地推进到胶东半岛东端。大约平定东夷后，康王开始逐渐将东土王有土地分封给诸侯，至穆世，东土王有土地大多分封出去，不过至西周晚期王室可能仍然保留了一小部分土地，如赐郑的祊田。

东夷反叛暂时平定，昭王即位之后，有志于推进周初已开始实施但由于东夷反叛被搁置的对江汉地区的经营，发动南巡、伐楚、伐豺方一系列活动。为防止东夷再生祸端，陷入两线作战的尴尬境地，昭王预先派军队驻扎在东土，并派遣使臣联络拉拢东土国族，以保证东方的稳定。昭王南征对江汉荆楚等土著的打击卓有成效，此后终西周之世江汉一带基本比较稳定，但昭王第二次南征殒身丧师，使得经营江汉成为后世的禁忌，穆王以降皆兴味索然。

穆王是周王朝在位时间最久的君主，统治时期也是王朝由盛而衰的转折阶段。穆王以喜好周游天下著称，即位之初就发动了对东土长达3年的战争，比较彻底地解决了周初以来长期困扰周人的东夷之患，此后东夷无力单独发动成规模的叛乱，只能追随淮夷偶生事端，对周人已经不构成主要威胁。东土夷夏格局在穆王早期基本定型。东土既已平定，南土荆楚等国族也因昭王驱逐而远遁，穆王将对外经营的重心转向了西北地区，发兵讨伐犬戎，西巡会见西方部族首领，采取恩威并施的手段，欲加强对西北地区的控制，但实际上却导致与犬戎关系的恶化，为宣幽时期的犬戎之祸埋下了隐患。由于周初以来周人经营重心在东土、江汉、西北之间交替转换，唯独对东南淮河流域不甚在意，淮河上游原本在商代形成的一些据点，至穆世已然全部废弃，以至于形成统治空白区。周初在成周以南封建的诸侯主要局促在汝、颍中上游的狭小范围，其中唯一较强的应国又居于后方，前方的蔡、胡、陈、许皆是无险阻可守的小国，最前沿蔡国距淮河尚有100公里，呈现出内轻外重的消极防御倾向，淮河干流没有诸侯，南土防御能力非常薄弱。由于周人对淮河流域长期以来重视不足，错过了扼制淮夷发展的最佳时机，为淮夷入侵中原创造了机遇。穆世晚期终于爆发了淮夷入侵事件，淮夷溯淮而西，并沿汝、颍二水北上威胁成周王畿，穆王命伯𢦚率军在汝、颍上游构建防线，坚守4年，才使成周免遭淮夷入侵之苦。穆王末年又东征九江，发起涂山之会，暂时平息了淮夷之患。恭、懿、孝、夷时期，王朝进入保守和中衰时期，淮夷则逐渐占据了淮河上游信阳地区，而王朝南土封建格局却一仍周初旧貌，未有改变。

淮夷之患长期不能解决，矛盾逐渐激化，在厉王时期爆发了两次大规模入侵王畿事件，暴露了周王朝南土封建体系的严重缺陷。由于成周以南的封建集中在汝、颍上游，防御能力不强，淮夷可以比较容易地冲破防线进入成周王畿。另外淮河干流上游的信阳地区为淮夷占据，信阳以西的南阳盆地又没有封建诸侯。淮夷溯淮而西进入南阳盆地，如入无人之境，再取道丹淅河谷北行就可以深入关中与成周之间的王畿腹地，甚至可以继续渡过黄河进入晋南。两次入侵对周王朝的安危造成极大威胁。厉王时期为平定淮夷之患，发动多次战争。其中两次影响较大。一是伐淮夷中的强邦𠬝孳，使南夷、东夷26邦表示归顺，但不久湖北随州的鄂侯（姞姓）又联络淮夷、东夷发动声势浩大的反叛，厉王动员王朝直属的西六师、殷八师及武公私属武装，灭掉鄂国，此后淮夷势力渐衰。宣王即位之后继续推行对淮夷的征讨，最终征服了淮夷。为弥补南土封建体系的缺陷，在淮河上游信阳扶植江、黄、樊、养等众多淮夷小邦的同时又插花式分封了息、蒋、番等少数周人邦国，在南阳盆地封建了申、吕、鄂等姬姜两姓诸侯，与南阳南北两端的应、邓两国相衔接，同时又与东面信阳诸邦联为一体，极大地强化了南土封建网络体系，同时也促进了淮河上游地区民族的融合。

军事上屈居末流的蔡国，也发挥了其独特的作用。蔡虽在南土最为接近淮域，但实力不强，在王朝发动对淮夷的军事行动中，蔡国听命于王朝卿士的指挥，与专事征伐、独当一面的应侯不可同日而语。但随着南土局势的平定，淮夷称臣纳贡，周与淮夷使臣往来，贡赋的集中转运，都要经由蔡国，蔡在南土为王朝操办物资转输，接待往来商旅与使节发挥了不可替代的作用，因而也形成了地方性的商贸中心，其中青铜冶炼与铸造就是颇具特色的生产部门，王朝专门设立了冢司工负责对当地工商业的运营和管理。

春秋时期在大国争霸的背景下，夷人诸邦亦身不由己地被裹挟、融入华夏集团中去。齐、鲁、宋、楚、吴等国地处东、南地区，夷人诸邦多为其兼并，而其中以楚所并国族最多。春秋初期，召陵之盟以后，楚人北上受阻，转而向淮河流域扩张，居于淮上的夷人诸邦基本为其所兼并，另外吴国在晋楚争霸过程中，由于晋人实施联吴制楚策略而强大起来，向西伐楚同时兼并不少南方小国。而山东地区的东夷小国，处境亦十分窘迫，其中比如郳、莒等国常受到鲁国欺凌，宋国对鲁东南地区东夷邦国亦恃强凌弱，山东地区最强的齐国所并东夷小国最多。至战国时期，淮泗间夷人彻底融入华夏民族中，成为中原诸侯治下之民。

# 二

周人本是西土民族，克商之后并未随即定鼎中原，其政治中心起初仍在关中地区，可以说直到西周初年周人与东土族群都缺少直接甚至密切的往来。而随着武王的崩逝，三监联合东土殷遗及土著发起大规模反叛，周人在二次东征时，才与东夷有了直接的接触。两个民族原本相隔悬远，缺乏交流往来，再加之双方爆发战争，隔阂加深，就很容易促成族群观念的产生。"夷"这一族称概念就是在这一背景下被周人发明出来的。究其渊源，则与商代的东土方国人方有关。人方本是晚商时期众多邦方中居于东土的一个，而并非东土族群的泛称，在商代人字写法多样，或与周金文中"人"字无别，或写作象人蹲踞状，即周金文中的"尸"字，其实都表示人。殷末人方成为商王朝东土主要敌对邦方，商王多次对人方发动大规模的征伐。周人克商之后，盖因人方强大难制，即借人方之名代指所有东土土著族群，为了与普通的"人"字相区别，将"尸"从"人"字分离出来专门表示东方土著泛称。在周代作为族名的"尸"与普通名词的"人"区别严格，绝不混用。周秦之际，才用"夷"字来假借"尸"，这就是作为族名的"夷"这一称号之来历。

西周时期人们所说的夷，有着明确的地域性，称居于山东之土著为东夷，居于淮河流域的土著为淮夷或南夷、南淮夷。偶亦称之为戎，但绝不称西北地区诸戎为夷。东夷、淮夷是两个地区族群泛称，包括了众多夷人邦国，周厉王㝬钟云"南夷、东夷具见廿有六邦"(《集成》260)即是其证。到了春秋战国时期，东夷、淮夷之概念发生了变化。东夷所囊括的族群范围超出了山东地区，将淮河流域也纳入其中，而与之相应的淮夷这一族称概念则明显缩小，虽然散居淮、泗之间，但已成为一个具体的国族，《春秋》经传中它与郳、莒、徐、杞等国并称无别。因其地处东夷之地，亦成为东夷之属。也就是说，东夷包括淮夷，淮夷是东夷之一员。两个西周时期原本对等并列的族群，随着东夷概念的扩大融合到一起。周秦文献追述周初历史时，关于周公东征所伐之国族，时而称东夷，时而称淮夷，其实就是受当时观念影响。淮夷之患起自西周中期，此前周与淮夷之间并无密切接触，东征淮夷之说并不符合史实。

此外，周秦文献中亦屡见"九夷"之称，其实亦即东周时期的东夷。《古本竹书纪年》及《后汉书·东夷传》中所谓夏代之九夷，实际上是东周时期人们对东夷的另一称谓，将其附会作九支夷人实在无据。九这一数字泛言其多，并非确实有九数。如九江之说，亦指水流众多，并非确有九条，清人汪中《释三九》对古书中三、九之数已有详论。表示族名的“夷”这一称号是周人的发明，商代并无此称，说夏代有九夷更是无稽之谈。卜辞中所谓“隹尸”之“尸”字实为“匕”读为“比”。卜辞所谓“东尸”当读为“东人”，指东侯国族之人，皆与“淮夷”“东夷”无涉。

夷这一民族称号本指东方土著民族，但有时因为政治上敌对的缘故，周人亦称那些居于东方的殷遗为“东夷”。理解这一称谓，不能拘泥于种族血缘或文化的标准，实际上，像𬭚鼎铭文中的䖒，其真实身份应当是商人，属于华夏民族，并非东土土著，周人称之为“夷”，完全是出于政治对立而冠此蔑称，不能据铭文所云视其为东夷土著。出于歧视或敌意，用“夷”称呼敌邦异族这种习俗一直影响到后世。

“夫作事者必于东南，收功实者常于西北”。淮夷为患从穆世晚期延续到宣王早期，历经六世七王，时间十分漫长，期间双方的战争虽然一度非常激烈，但最终还是被周人平定，而随后犬戎(亦即猃狁)兴师于西北，不过二三十年就灭亡了西周。淮夷始终不能灭周，其原因何在？这恐怕与地理因素、作战方式不无关系。南方气候温湿，不宜养马，淮夷作战以步兵为主，深入北方平原与周人兵车交锋不具备优势，并且淮河流域距周王朝政治核心关中地区路途十分遥远，步兵长途跋涉，也只能进行小规模的突袭或骚扰，很难取得较大战果。犬戎是西北民族，畜养马匹，习于车战，作战机动性和攻击力都很强，他们活动在关中以北邻近地区，一旦南下突破北方关口，就可长驱直入，对周人形成致命的打击。西汉吴王刘濞起兵之初，属下桓将军曾指陈吴汉双方利弊，即道出了南北作战的特点：

> 吴多步兵，步兵利险；汉多车骑，车骑利平地。愿大王所过城邑不下，直弃去，疾西据洛阳武库，食敖仓粟，阻山河之险以令诸侯，虽毋入关，天下固已定矣。即大王徐行，留下城邑，汉军车骑至，驰入梁楚之郊，事败矣。①

吴军步兵优势在于能够适应复杂地理环境，应当先发制人，占据险要，出奇制胜，否则一俟汉军调集车骑出击，吴就没有获胜的把握。结果吴王不纳桓将军之计，贻误战机，最终失败。可见古代南北由于自然环境差异而形成不

---

①《史记》卷106《吴王刘濞列传》。

同的作战方式,对战争胜负产生了重要影响。

淮河流域面积广大,没有完整的地理分界线,是无险可守的四战之地,周初又没有威胁王朝的敌对势力存在,不属于封建诸侯首选的形胜之地,因此不受周人重视。这就使淮夷有了充分的时间发展扩张,至厉王时期演变成大举入侵的祸患,因此厉王才发动伐𠬝孳和灭鄂的两场大战,扭转了局势。

综观西周历史上的外患,以淮夷为患持续时间最长。长期对外用兵,需要有雄厚的财力支持;周王统驭邦君贵族,也需要不断地实施封赏,以近似于“以恩惠换忠诚”的方式来实现统治[①]。内外双重压力的消耗,必然使王室经济日趋窘迫,王室权威也会下降。在这种背景下,厉王实施专利政策,以增加财政收入、强化王权的做法,也就不难理解了。而厉王实施的改革,并未因国人暴动而废止,宣王继位之后,仍然继续贯彻执行。虞官司掌山林川泽,是负责执行专利政策的官员,在宣王时期就颇受重视。比如吴虎鼎[②](《资料库》NA709)“唯十又八年十又三月既生霸丙戌,王在周康宫夷宫,道入右吴虎,王令膳夫丰生、司工雍毅,申厉王命,取吴盄旧疆付吴虎”。“吴”就是官名“虞”。厉王末年曾许诺将另一位虞官吴盄之田转赐吴虎,可能因为国人暴动未及实施,历经多年宣王即位之后,仍然遵从厉王遗愿,完成了土地转赐。更为重要的材料则是宣王四十三年的逨鼎,相关内容节录如下:

> 唯卌又三年六月既生霸丁亥,王在周康宫穆宫,旦,王各周庙,即位,司马寿右吴(虞)逨,入门,立中廷,北向。史淢受王命书,王呼尹氏册命逨。……昔余既命汝疋荣兑,总司四方吴(虞)林,用宫御,今余唯巠乃先祖考,有勋于周邦,申就乃命,命汝官司历人,毋敢妄宁……(《资料库》NA0748)

据铭文交代,吴逨曾被宣王任命为荣兑的副手,管理天下四方的虞林,王室对山泽之利的控制进一步加强。除此之外,西周晚期官制也发生了变化,周王侧近的膳夫、宰一类的官员被授以重权,地位显著提升,也是强化王权、重振王室权威的表现。导致一系列内政变化的诱因是多方面的,但不能否认,长期对外用兵,尤其是西周中晚期淮夷之患形成的压力,是其中一个重要因素。

---

① 李峰:《西周的灭亡——中国早期国家的地理和政治危机》,徐峰译,汤惠生校,上海古籍出版社,2007年,第132～137页。

② 关于吴虎鼎的时代参李学勤:《吴虎鼎考释——夏商周断代工程考古学笔记》,《考古与文物》1998年第3期。

# 参考文献

## 一、典籍


[1]（汉）孔安国传，（唐）孔颖达疏：《尚书正义》，台北艺文印书馆，2001年。

[2]（汉）毛亨传，（汉）郑玄笺，（唐）孔颖达疏：《毛诗正义》，台北艺文印书馆，2001年。

[3]（汉）郑玄注，（唐）孔颖达正义：《礼记正义》，上海古籍出版社，2008年。

[4]（晋）杜预注，（唐）孔颖达等正义：《春秋左传正义》，上海古籍出版社，1990年。

[5]（汉）赵岐注，（宋）孙奭疏：《孟子注疏》，上海古籍出版社，1990年。

[6]（清）孙诒让：《周礼正义》，中华书局，1987年。

[7]（汉）司马迁：《史记》，中华书局，1982年。

[8]（汉）班固撰，（唐）颜师古注：《汉书》，中华书局，1962年。

[9]（宋）范晔撰，（唐）李贤等注：《后汉书》，中华书局，1965年。

[10]（梁）萧统编，（唐）李善注：《文选》，上海古籍出版社，1986年。

[11]（宋）蔡沈注：《书集传》，凤凰出版社，2010年。

[12]（清）阎若璩：《尚书古文疏证》，上海古籍出版社，2013年。

[13]（清）孙星衍：《尚书今古文注疏》，中华书局，2004年。

[14] 杨筠如：《尚书核诂》，陕西人民出版社，1959年。

[15] 屈万里：《尚书集释》，中西书局，2014年。

[16]（宋）王应麟：《诗考 诗地理考》，中华书局，2011年。

[17]（清）陈奂：《诗毛氏传疏》，山东友谊书社，1992年。

[18]（清）孙希旦：《礼记集解》，中华书局，1989年。

[19]（清）王聘珍：《大戴礼记解诂》，中华书局，1983年。

[20]（清）孙诒让：《大戴礼记斠补（外四种）》，中华书局，2010年。

[21] (清)孙诒让:《墨子间诂》,中华书局,2001年。
[22] 杨伯峻:《春秋左传注》,中华书局,2016年。
[23] [日]竹添光鸿:《左氏会笺》,台北新文丰出版公司,1978年。
[24] (清)沈钦韩:《春秋左氏传地名补注》,商务印书馆,1936年。
[25] (清)沈钦韩:《春秋左氏传补注》,《续修四库全书》本,上海古籍出版社,1996年。
[26] (清)魏禧:《左传经世钞》,《续修四库全书》本,上海古籍出版社,2002年。
[27] (清)洪亮吉:《春秋左传诂》,中华书局,1987年。
[28] (清)惠栋:《春秋左传补注》,影印《皇清经解》本,上海书店,1988年。
[29] (清)顾栋高:《春秋大事表》,中华书局,1993年。
[30] 陈槃:《春秋大事表列国爵姓及存灭表譔异》,上海古籍出版社,2009年。
[31] (清)高士奇:《左传纪事本末》,中华书局,1979年。
[32] 黄怀信等:《逸周书汇校集注》,上海古籍出版社,2007年。
[33] (清)梁玉绳:《史记志疑》,中华书局,1981年。
[34] (清)王先谦:《后汉书集解》,中华书局,1984年。
[35] 徐元诰:《国语集解》,中华书局,2002年。
[36] 张觉校注:《商君书校注》,岳麓书社,2006年。
[37] 方诗铭、王修龄:《古本竹书纪年辑证》,上海古籍出版社,2005年。
[38] 范祥雍:《古本竹书纪年辑校订补》,上海古籍出版社,2011年。
[39] (西汉)刘向集录,范祥雍笺证:《战国策笺证》,上海古籍出版社,2006年。
[40] (清)陈立:《白虎通疏证》,中华书局,1994年。
[41] (北魏)郦道元注,(清)杨守敬、熊会贞疏:《水经注疏》,江苏古籍出版社,1989年。
[42] (北魏)郦道元著,陈桥驿校正:《水经注校证》,中华书局,2007年。
[43] (北魏)郦道元著,(清)王先谦校:《合校水经注》,中华书局,2009年。
[44] (唐)李吉甫:《元和郡县图志》,中华书局,1983年。
[45] (清)顾祖禹:《读史方舆纪要》,中华书局,2005年。
[46] (清)叶圭绶:《续山东考古录》,山东文艺出版社,1997年。
[47] (清)胡渭:《禹贡锥指》,上海古籍出版社,1996年。
[48] (宋)黎靖德编:《朱子语类》,中华书局,1986年。
[49] (汉)王符著,(清)汪继培笺,彭铎校正:《潜夫论校正》,中华书

局,1985年。
[50]（清）顾炎武著,（清）黄汝成集释:《日知录集释》,上海古籍出版社,2006年。
[51]（清）阮元:《揅经室集》,中华书局,1993年。
[52]（清）王引之、孙经世:《经传释词》,中华书局,1956年。

## 二、出土文献资料

[1] 郭沫若主编:《甲骨文合集》,中华书局,1978—1982年。
[2] 中国社会科学院历史研究所编:《甲骨文合集补编》,语文出版社,1999年。
[3] 中国社会科学院考古研究所编著:《殷墟花园庄东地甲骨》,云南人民出版社,2003年。
[4] 李学勤等编:《英国所藏甲骨集》,中华书局,1985年。
[5] 中国社会科学院考古研究所编:《小屯南地甲骨》,中华书局,1980年。
[6] 中国国家博物馆编:《中国国家博物馆馆藏文物研究丛书·甲骨卷》,上海古籍出版社,2007年。
[7] 段振美等编:《殷墟甲骨辑佚:安阳民间藏甲骨》,文物出版社,2008年。
[8] 黄天树主编:《甲骨拼合集》,学苑出版社,2010年。
[9] 蔡哲茂:《甲骨缀合集》,台北乐学书局,1999年。
[10] 中国社会科学院考古研究所编:《殷周金文集成》,中华书局,1984－1994年。
[11] 马承源主编:《商周青铜器铭文选》,文物出版社,1988年。
[12] 钟柏生等编:《新收殷周青铜器铭文暨器影汇编》,台北艺文印书馆,2006年。
[13] 吴镇烽编著:《商周青铜器铭文暨图像集成》,上海古籍出版社,2012年。
[14] 吴镇烽编著:《商周青铜器铭文暨图像集成续编》,上海古籍出版社,2016年。
[15] 枣庄市政协台港澳侨民族宗教委员会、枣庄市博物馆编著:《小邾国遗珍》,中国文史出版社,2006年。
[16] 陕西省文物局、中华世纪坛艺术馆编:《盛世吉金——陕西宝鸡眉县青铜器窖藏》,北京出版社,2003年。
[17] 随州市博物馆编:《随州出土文物精粹》,文物出版社,2009年。

[18] 马承源主编:《上海博物馆藏战国楚竹书(五)》,上海古籍出版社,2005年。
[19] 李学勤主编:《清华大学藏战国竹简(壹)》,中西书局,2010年
[20] 李学勤主编:《清华大学藏战国竹简(贰)》,中西书局,2011年。
[21] 李学勤主编:《清华大学藏战国竹简(伍)》,中西书局,2015年。
[22] 李学勤主编:《清华大学藏战国竹简(陆)》,中西书局,2016年。

## 三、工具书

[1] 刘庆柱等主编:《金文文献集成》,线装书局,2005年。
[2] 姚孝遂主编:《殷墟甲骨刻辞类纂》,中华书局,1989年。
[3] 吴镇烽编著:《商周青铜器铭文暨图像集成索引》,上海古籍出版社,2019年。
[4] 黄德宽主编:《古文字谱系疏证》,商务印书馆,2007年。
[5] 江学旺编著:《西周文字字形表》,上海古籍出版社,2017年。
[6] 徐在国等编著:《战国文字字形表》,上海古籍出版社,2017年。
[7] 于省吾主编,姚孝遂按语编撰:《甲骨文字诂林》,中华书局,1996年。
[8] 高亨纂著:《古字通假会典》,齐鲁书社,1989年。
[9] 王辉编著:《古文字通假字典》,中华书局,2008年。
[10] 谭其骧主编:《中国历史地图集》,地图出版社,1982年。
[11] 张培瑜:《中国先秦史历表》,齐鲁书社,1987年。

## 四、考古发掘简报与报告

[1] 安徽省文物考古研究所编著:《霍邱堰台——淮河流域周代聚落发掘报告》,科学出版社,2010年。
[2] 安徽省文物考古研究所等:《安徽凤阳卞庄一号春秋墓发掘简报》,《文物》2009年第8期。
[3] 安徽省文物考古研究所等:《安徽蚌埠双墩一号春秋墓发掘简报》,《文物》2010年第3期。
[4] 安徽省文物工作队:《安徽舒城九里墩春秋墓》,《考古学报》1982年第2期。
[5] 德州行署文化局文物组、济阳县图书馆:《山东济阳刘台子西周早期墓发掘简报》,《文物》1981年第9期。
[6] 杜传敏等:《1989年山东滕州庄里西西周墓发掘报告》,《中国国家博物馆馆刊》2012年第1期。

[7] 鄂兵:《湖北随县发现曾国铜器》,《文物》1973年第5期。
[8] 甘肃省博物馆文物队、灵台县文化馆:《甘肃灵台县两周墓葬》,《考古》1976年第1期。
[9] 郭克煜等:《索氏器的发现及其重要意义》,《文物》1990年第7期。
[10] 河南省文物考古研究所、平顶山市文物管理局:《河南平顶山应国墓地八号墓发掘简报》,《华夏考古》2007年第1期。
[11] 河南省博物馆等:《河南淅川县下寺一号墓发掘简报》,《考古》1981年第2期。
[12] 河南信阳地区文管会、光山县文管会:《春秋早期黄君孟夫妇墓发掘报告》,《考古》1984年第4期。
[13] 河南省博物馆等:《河南信阳市平桥春秋墓发掘简报》,《文物》1981年第1期。
[14] 河南省文物考古研究所、桐柏县文物管理委员会:《河南桐柏月河墓地第二次发掘》,《文物》2005年第8期。
[15] 荆州地区博物馆:《江陵岳山大队出土一批春秋铜器》,《文物》1982年第10期。
[16] 孔令远、陈永清:《江苏邳州市九女墩三号墩的发掘》,《考古》2002年第5期。
[17] 李启良:《陕西安康市出土西周史密簋》,《考古与文物》1989年第3期。
[18] 李光雨、张云:《山东枣庄春秋时期小邾国墓地的发掘》,《中国历史文物》2003年第5期。
[19] 扶风县文化馆等:《陕西扶风出土西周伯㺇诸器》,《文物》1976年第5期。
[20] 洛阳市文物工作队:《洛阳北窑西周墓》,文物出版社,1999年。
[21] 南阳市文物研究所、桐柏县文管办:《桐柏月河一号春秋墓发掘简报》,《中原文物》1997年第4期。
[22] 南京博物院等:《江苏邳州市九女墩二号墩发掘简报》,《考古》1999年第11期。
[23] 青州市博物馆:《青州市赵铺遗址的清理》,《海岱考古》第1辑,山东大学出版社,1989年。
[24] 山东大学东方考古研究中心等:《济南市大辛庄商代居址与墓葬》,《考古》2004年第7期。
[25] 山东大学东方考古研究中心:《大辛庄遗址1984年秋试掘报告》,

《东方考古》第4集,科学出版社,2008年。
[26] 山东大学东方考古研究中心等:《济南市大辛庄遗址出土商代甲骨文》,《考古》2003年第6期。
[27] 山东大学考古系:《山东长清县仙人台周代墓地》,《考古》1998年第9期。
[28] 山东大学历史文化学院考古系:《长清仙人台五号墓发掘报告》,《文物》1998年第9期。
[29] 山东大学历史文化学院考古系等:《济南大辛庄遗址139号商代墓葬》,《考古》2010年第10期。
[30] 山东省博物馆:《山东益都苏埠屯第一号奴隶殉葬墓》,《文物》1972年第8期。
[31] 山东省文物考古研究所:《山东济阳刘台子西周六号墓清理报告》,《文物》1996年第12期。
[32] 山东省博物馆等:《莒南大店春秋时期莒国殉人墓》,《考古学报》1978年第3期。
[33] 山东省文物考古研究所、沂水县文物管理站:《山东沂水刘家店子春秋墓发掘简报》,《文物》1984年第9期。
[34] 山东省文物考古研究所编著:《临淄齐故城》,文物出版社,2013年。
[35] 山东省文物考古研究所编著:《临淄齐墓》第1集,文物出版社,2007年。
[36] 山西省考古研究所、北京大学考古学系:《天马——曲村遗址北赵晋侯墓地第四次发掘》,《文物》1994年第8期。
[37] 陕西省考古研究所等:《陕西韩城梁带村遗址M19发掘简报》,《考古与文物》2007年第2期。
[38] 陕西省考古研究所等:《陕西韩城梁带村遗址M26发掘简报》,《考古与文物》2008年第1期。
[39] 陕西省考古研究所等:《陕西韩城梁带村M28发掘简报》,《考古与文物》2009年第4期。
[40] 陕西省考古研究院等:《陕西韩城梁带村芮国墓地西区发掘简报》,《考古与文物》2010年第1期。
[41] 寿光县博物馆:《山东寿光县新发现一批纪国铜器》,《文物》1985年第3期。
[42] 万树瀛、杨孝义:《山东滕县出土西周滕国铜器》,《文物》1979年第4期。

[43] 滕县博物馆:《山东滕县发现滕侯铜器墓》,《考古》1984年第4期。
[44] 王儒林:《河南桐柏发现周代铜器》,《考古》1965年第7期。
[45] 万树瀛、杨孝义:《山东滕县出土西周滕国铜器》,《文物》1979年第4期。
[46] 魏国:《山东新泰发现淳于戈》,《中国文物报》1990年3月1日。
[47] 信阳地区文管会、潢川县文化馆:《河南潢川县发现黄国和蔡国铜器》,《文物》1980年第1期。
[48] 信阳地区文管会、光山县文管会:《河南光山春秋黄季佗父墓发掘简报》,《考古》1989年第1期。
[49] 信阳地区文管会、罗山县文管会:《河南罗山县发现春秋早期铜器》,《文物》1980年第1期。
[50] 信阳地区文管会、罗山县文管会:《罗山县高店公社又发现一批春秋时期青铜器》,《中原文物》1981年第4期。
[51] 信阳地区文管会等:《信阳高市平桥西三号春秋墓发掘简报》,《中原文物》1981年第4期。
[52] 信阳地区文管会:《河南信阳发现两批春秋铜器》,《文物》1980年第1期。
[53] 徐州博物馆等:《江苏邳州市九女墩春秋墓发掘简报》,《考古》2003年第9期。
[54] 张肇武:《平顶山市出土周代青铜器》,《考古》1985年第3期。
[55] 郑杰祥、张亚夫:《河南潢川县发现一批青铜器》,《文物》1979年第9期。
[56] 中国科学院考古研究所山东工作队:《山东邹县滕县古城址调查》,《考古》1965年第12期。
[57] 湖北省文物考古研究所、随州市博物馆:《随州文峰塔M1(曾侯舆墓)、M2发掘简报》,《江汉考古》2014年第4期。
[58] 湖北省文物考古研究所、随州市博物馆:《湖北随州叶家山M65发掘简报》,《江汉考古》2011年第3期。
[59] 湖北省文物考古研究所、随州市博物馆:《湖北随州叶家山西周墓地发掘简报》,《文物》2011年第11期。
[60] 湖北省文物考古研究所、随州市博物馆:《湖北随州市叶家山西周墓地》,《考古》2012年第7期。
[61] 湖北省文物考古研究所、随州市博物馆:《湖北随州叶家山M28

发掘报告》,《江汉考古》2013年第4期。
[62] 信阳地区文管会、罗山县文化馆:《河南罗山县蟒张商代墓地第一次发掘简报》,《考古》1981年第2期。
[63] 信阳地区文管会、罗山县文化馆:《罗山县蟒张后李商周墓地二次发掘简报》,《中原文物》1981年第4期。
[64] 信阳地区文管会、罗山县文化馆:《罗山天湖商周墓地》,《考古学报》1986年第2期。
[65] 信阳地区文管会、罗山县文化馆:《罗山蟒张后李商周墓地第三次发掘简报》,《中原文物》1988年第1期。
[66] 河南省文物研究所等:《1991年河南罗山考古主要收获》,《华夏考古》1992年第3期。
[67] 信阳地区文管会、信阳县文管会:《河南信阳县浉河港出土西周早期铜器群》,《考古》1989年第1期。
[68] 河南省文物研究所:《信阳孙砦遗址发掘报告》,《华夏考古》1989年第2期。
[69] 河南省文化局文物工作队:《河南信阳三里店遗址发掘报告》,《考古学报》1959年第1期。
[70] 北京大学考古学系:《河南固始平寨古城遗址发掘报告》,《考古学报》2000年第3期。

## 五、专著与论文集

[1] 陈梦家:《殷虚卜辞综述》,中华书局,1988年。
[2] 陈梦家:《西周铜器断代》,中华书局,2004年。
[3] 陈梦家:《尚书通论》,中华书局,2005年。
[4] 陈絜:《商周姓氏制度研究》,商务印书馆,2007年。
[5] 陈絜:《商周金文》,文物出版社,2006年。
[6] 陈剑:《甲骨金文考释论集》,线装书局,2007年。
[7] 陈秉新等:《出土夷族史料辑考》,安徽大学出版社,2005年。
[8] 陈佩芬:《夏商周青铜器研究》,上海古籍出版社,2004年。
[9] 陈伟:《楚东国地理研究》,武汉大学出版社,1992年。
[10] 陈公柔:《先秦两汉考古学论丛》,文物出版社,2005年。
[11] 杜勇:《〈尚书〉周初八诰研究(增订本)》,中国社会科学出版社,2017年。
[12]〔日〕岛邦男:《殷墟卜辞研究》,濮茅左、顾伟良译,上海古籍出版

社,2006年。
[13] 董作宾:《董作宾先生全集》,台北艺文印书馆,1977年。
[14] 丁骕:《夏商史研究》,台北艺文印书馆,1993年。
[15] 方辉:《海岱地区青铜时代考古》,山东大学出版社,2007年。
[16] 傅斯年:《傅斯年全集》,新北联经出版事业公司,1980年。
[17] 高广仁、邵望平:《海岱文化与齐鲁文明》,江苏教育出版社,2005年。
[18] 顾颉刚编著:《古史辨》第2册,上海古籍出版社,1982年。
[19] 郭沫若:《郭沫若全集·考古编》,科学出版社,2017年。
[20] 郭沫若:《卜辞通纂》,科学出版社,1983年。
[21] 胡厚宣:《甲骨学商史论丛初集》,河北教育出版社,2002年。
[22] 何浩:《楚灭国研究》,武汉出版社,1989年。
[23] 何景成:《商周青铜器族氏铭文研究》,齐鲁书社,2009年。
[24] 河南省文物考古研究所编:《安金槐先生纪念文集》,大象出版社,2005年。
[25] 蒋善国:《尚书综述》,上海古籍出版社,1988年。
[26] 李白凤:《东夷杂考》,齐鲁书社,1981年。
[27] 李修松:《先秦史探研》,安徽大学出版社,2006年。
[28] 李学勤:《殷代地理简论》,科学出版社,1959年。
[29] 李学勤、彭裕商:《殷墟甲骨分期研究》,上海古籍出版社,1996年。
[30] 李学勤:《通向文明之路》,商务印书馆,2010年。
[31] 李学勤:《文物中的古文明》,商务印书馆,2008年。
[32] 李学勤:《新出青铜器研究(增订版)》,人民美术出版社,2014年。
[33] 林沄:《林沄学术文集》,中国大百科全书出版社,1998年。
[34] 蒙文通:《蒙文通全集》,巴蜀书社,2015年。
[35] 彭裕商:《西周青铜器年代综合研究》,巴蜀书社,2003年。
[36] 钱穆:《史记地名考》,商务印书馆,2001年。
[37] 裘锡圭:《裘锡圭学术文集》,复旦大学出版社,2012年。
[38] 任伟:《西周封国考疑》,社会科学文献出版社,2004年。
[39] 山东省地方史志编纂委员会编:《山东省志·自然地理志》,山东人民出版社,1996年。
[40] 陕西师范大学、宝鸡青铜器博物馆主办:《黄盛璋先生八秩华诞纪念文集》,中国教育文化出版社,2005年。
[41] 陕西省考古研究院、上海博物馆编:《两周封国论衡——陕西韩城出土芮国文物暨周代封国考古学研究国际学术研讨会论文

集》,上海古籍出版社,2014年。
[42] 宋镇豪:《夏商社会生活史》,中国社会科学出版社,2005年。
[43] (清)孙诒让:《古籀余论》,中华书局,1989年。
[44] 孙亚冰、林欢:《商代地理与方国》,中国社会科学出版社,2010年。
[45] 石泉:《古代荆楚地理新探·续集》,武汉大学出版社,2004年。
[46] 水利部淮河水利委员会、《淮河志》编纂委员会编:《淮河志》第2卷《淮河综述志》,科学出版社,2000年。
[47] 沈长云:《先秦史》,人民出版社,2006年。
[48] 沈建华:《初学集:沈建华甲骨学论文选》,文物出版社,2008年。
[49] 唐兰:《唐兰全集》,上海古籍出版社,2015年。
[50] 唐兰:《西周青铜器铭文分代史征》,中华书局,1986年。
[51] 童书业:《春秋左传研究》,中华书局,2006年。
[52] 童书业:《童书业历史地理论集》,中华书局,2004年。
[53] 童书业:《春秋史》,上海古籍出版社,2010年。
[54] 王国维:《观堂集林》,中华书局,1959年。
[55] 王玉哲:《中华远古史》,上海人民出版社,2003年。
[56] 王玉哲:《古史集林》,中华书局,2002年。
[57] 王迅:《东夷文化与淮夷文化研究》,北京大学出版社,1994年。
[58] 王世民等:《西周青铜器分期断代研究》,文物出版社,1999年。
[59] 王献唐:《春秋邾分三国考》,齐鲁书社,1982年。
[60] 王献唐:《山东古国考》,齐鲁书社,1983年。
[61] 吴荣曾主编:《尽心集:张政烺先生八十庆寿论文集》,中国社会科学出版社,1996年。
[62] 吴良宝:《出土文献史地论集》,中西书局,2020年。
[63] 夏含夷:《古史异观》,上海古籍出版社,2005年。
[64] 徐旭生:《中国古史的传说时代》,文物出版社,1985年。
[65] 徐少华:《周代南土历史地理与文化》,武汉大学出版社,1994年。
[66] 徐中舒:《先秦史论稿》,巴蜀书社,1992年。
[67] 杨宽:《西周史》,上海人民出版社,1999年。
[68] 杨宽:《战国史》,上海人民出版社,2003年。
[69] 杨宽:《战国史料编年辑证》,上海人民出版社,2001年。
[70] 杨树达:《积微居金文说(增订本)》,中华书局,2004年。
[71] 杨树达:《积微居甲文说》,上海古籍出版社,2006年。
[72] 严志斌:《商代青铜器铭文研究》,上海古籍出版社,2013年。

[73] 严耕望:《唐代交通图考》,北京联合出版公司,2021年。
[74] 姚孝遂等:《小屯南地甲骨考释》,中华书局,1985年。
[75] 于省吾:《甲骨文字释林》,中华书局,1979年。
[76] 朱德熙:《朱德熙古文字论集》,中华书局,1995年。
[77] 赵伯雄:《周代国家形态研究》,湖南教育出版社,1990年。
[78] 朱凤瀚:《商周家族形态研究》,天津古籍出版社,2004年。
[79] 朱凤瀚:《中国青铜器综论》,上海古籍出版社,2009年。
[80] 朱凤瀚、赵伯雄编:《仰止集——王玉哲先生纪念文集》,天津人民出版社,2007年。
[81] 朱凤瀚主编:《新出金文与西周历史》,上海古籍出版社,2011年。
[82] 张政烺:《张政烺文史论集》,中华书局,2004年。
[83] 张永山主编:《胡厚宣先生纪念文集》,科学出版社,1998年。
[84] 张昌平:《曾国青铜器研究》,文物出版社,2009年。
[85] 枣庄市山亭区政协编:《小邾国文化》,中国文史出版社,2006年。
[86] 郑杰祥:《商代地理概论》,中州古籍出版社,1994年。
[87] 钟柏生:《殷商卜辞地理论丛》,台北艺文印书馆,1989年。
[88] 中国社会科学院考古研究所编著:《中国考古学·夏商卷》,中国社会科学出版社,2003年。
[89] 中华书局编辑部编:《中研院历史语言研究所集刊论文类编·历史编·先秦卷》,中华书局,2009年。
[90] 中华书局编辑部编:《中研院历史语言所集刊论文类编·语言文字编·文字卷》,中华书局,2009年。
[91] 邹逸麟主编:《黄淮海平原历史地理》,安徽教育出版社,1993年。

## 六、博士学位论文

[1] 孔令远:《徐国的考古发现与研究》,四川大学博士学位论文,2002年。
[2] 韩巍:《西周金文世族研究》,北京大学博士学位论文,2007年。
[3] 门艺:《殷墟黄组甲骨刻辞的整理与研究》,郑州大学博士学位论文,2008年。
[4] 魏芃:《西周春秋时期的"五等爵称"研究》,南开大学博士学位论文,2012年。
[5] 王旭东:《殷代国家形态研究》,南开大学博士学位论文,2021年。

## 附:引用资料简称表

| 全称 | 简称 |
|---|---|
| 《甲骨文合集》 | 《合集》 |
| 《甲骨文合集补编》 | 《合补》 |
| 《殷虚书契前编》 | 《前》 |
| 《殷虚书契后编》 | 《后》 |
| 《殷周金文集成》 | 《集成》 |
| 《新收商周青铜器铭文暨器影汇编》 | 《新收》 |
| 《商周青铜器铭文暨器影集成》 | 《铭图》 |
| 《商周青铜器铭文暨器影集成续编》 | 《铭图续》 |
| 殷周金文暨青铜器资料库(https://bronze.asdc.sinica.edu.tw/qry_bronze.php) | 《资料库》 |

# 后　记

2006年，我考入南开大学历史学院跟随陈絜先生学习出土文献和先秦史。读书期间，除了阅读典籍、学术专著，更多的时间用在研读金文上。金文中有较多周伐淮夷的材料，引起了我的兴趣，于是就打算利用这些材料撰写毕业论文。论文初稿完成之后，根据陈师的建议确定题名为《西周淮夷综考》。硕士毕业之后，我跟随赵伯雄先生攻读博士学位。淮夷的史料有限，不足以完成博士论文的写作，并且已有的成果较多，继续研究，几乎题无剩义。博士论文选题，是另起炉灶，还是在硕士论文的基础上进行扩充，我曾有过一段时间的犹豫，后来还是确定后者。为了扩充论文，我将时代向上拓展到西周早期和晚商时期，纳入东夷和人方问题的讨论，下限延续到东周时期，探讨夷夏融合。研究商代历史需要利用考古和卜辞材料，两者我都不熟悉，在卜辞材料上花费精力尤多。博士论文的写作，可以说是摸着石头过河。有些预期要解决的问题，因为材料和个人能力所限，未能如愿。最终以《商周时期的东夷与淮夷》这篇论文参加毕业答辩，答辩专家宋镇豪先生、朱凤瀚先生、杜勇先生都提出了有价值的修改意见。我自知博士论文还很不成熟，不适合公之于众，提交论文时，设置了保密，没有公开上传知网。

2012年毕业，我应聘来到辽宁师范大学历史文化学院任教，想尝试围绕夷夏关系问题继续做一些深入细致的研究，写几篇实证性的文章，至于何时修改博士论文，留待问题考虑成熟之后再说。陆续写成的几篇论文，或是解读旧史料，或是探究新材料，都有新的发现。当初曾担心这个选题山穷水尽，却又变得柳暗花明，别有洞天。对周代历史背景和夷夏关系也有了更为深刻的认识。2018年初，我着手修改博士论文，删除原稿不理想的部分，融入新撰写的内容。收入书中的论文，有的写作时间较早，后来我的观点发生变化，收入本书时也做了修改，为了适应章节安排，有的在结构上也做了适当调整。商代作为追溯性的讨论,只保留一章,主体部分探讨两周时期。当年申请国家社科基金后期资助项目,获批立项。项目在研期间,采纳匿名评审专家的意见做了进一步修改,补充了一些新材料和新认识。

写作过程中,我比较重视对史料的考辨,不作轻率比附,对各家说法也都尽量进行审查,不盲从成说。提出的观点,有的是充分搜集了各种材料、经过严密考证而得出的,也有一些是不太成熟的假设。虽然经过多次修改和补充,有一些创获,但不敢自认为是定论。我个人能力有限,书中存在各种问题在所难免,我愿意接受学界同行和读者的批评指正。

本书的写作,得到恩师赵伯雄、陈絜两位先生的指点和鼓励,刘源先生,同门李晶、赵庆淼、刘洋、田秋棉、王旭东等,也热心提供材料、分享观点,其中与赵庆淼的交流获益尤多,在此谨致谢忱。我的学生伊格慧帮助校订书稿,纠正了一些错误。湖北人民出版社刘婉玲女士,对书稿进行了认真的审校,尤其是对书中各种图片、造字作了精心处理,付出了不少辛劳,在此也表示感谢。

鄢国盛

2023 年 10 月 8 日